Wolfgang Petritsch
Bruno Kreisky

MARGIT TSCHERNITZ

Wolfgang Petritsch
Bruno Kreisky

Die Biografie

Residenz Verlag

Bibliografische Information der Deutschen Bibliothek

Die Deutsche Bibliothek verzeichnet diese Publikation in der Deutschen
Nationalbibliografie; detaillierte bibliografische Daten sind im Internet
über http://dnb.ddb.de abrufbar.

www.residenzverlag.at

© 2010 Residenz Verlag
im Niederösterreichischen Pressehaus
Druck- und Verlagsgesellschaft mbH
St. Pölten – Salzburg

Mit freundlicher Unterstützung des Dr.-Karl-Renner-Instituts

Alle Rechte, insbesondere das des auszugsweisen Abdrucks
und das der fotomechanischen Wiedergabe, vorbehalten.

Umschlaggestaltung: Thomas Kussin
Umschlagbild: Atelier Klebinger, www.klebinger.com
Grafische Gestaltung/Satz: www.boutiquebrutal.com
Schrift: Utopia
Gesamtherstellung: CPI Moravia

ISBN 978-3-7017-3189-3

„Den Gleichmut wahr dir

mitten im Ungemach

wahr ihn desgleichen,

lächelt dir hold das Glück."

Horaz

Diese Zeilen aus einer Ode des Horaz hatte
der SPÖ-Vorsitzende Bruno Kreisky
in seinem Arbeitszimmer in der
Wiener Löwelstraße hängen

INHALT

Vorbemerkung		9
1.	Kindheit und Jugend	15
2.	Die „Große Bewegung"	31
3.	Häftling, Flüchtling	49
4.	Exil in Schweden	69
5.	Verzögerte Heimkehr	87
6.	Staatssekretär und Staatsvertrag	101
7.	Der Staatssekretär wird Außenminister	115
8.	Vom Ballhausplatz in die Löwelstraße	143
9.	Der Bundeskanzler	173
10.	Der Nahe Osten rückt näher	215
11.	Vom Wahlerfolg 1975 zum Wahltriumph 1979	261
12.	Der internationale Friedensvermittler	291
13.	Schatten über der letzten Legislaturperiode	333
14.	Der lange Abschied	373
Danksagung		403
Quellen- und Literaturverzeichnis		407
Namensregister		413
Fotonachweis		420

VORBEMERKUNG

Dieses Buch hat eine lange Vorgeschichte. Und es hat sehr viel mit meiner eigenen Biografie zu tun: Seit ich politisch denken kann, ist die Figur Bruno Kreisky für mich gegenwärtig.

Während meiner Wiener Studentenzeit um das magische Datum 1968 herum – ich war über Intervention meines Glainacher Dorfpfarrers in einem katholischen Studentenheim untergekommen – bin ich erstmals Bruno Kreisky begegnet. Gemeinsam mit ein paar Mitbewohnern hatten wir den damaligen Oppositionsführer der SPÖ zu einem Vortrag ins Studentenheim eingeladen. Zweifellos eine Provokation, denn noch nie zuvor war ein sozialistischer Spitzenpolitiker dort aufgetreten. Eine Ungehörigkeit aus der Sicht der Heimleitung, ein politischer Affront für die vielen CVer des Heimes. Doch zum Verbieten sollte es damals nicht mehr reichen.

In der zweiten Hälfte der 1970er Jahre habe ich dann mehr als sechs Jahre lang als einer von Bruno Kreiskys Sekretären den „Dienst um die Person des Bundeskanzlers" – wie es im Amtskalender der Republik heißt – versehen. Kreisky hatte 1976 meine kurze Analyse der damaligen österreichisch-jugoslawischen Spannungen im Zusammenhang mit dem Kärntner Ortstafelkonflikt gelesen und mich kurze Zeit später wissen lassen, ich könne in seinem Kabinett mitarbeiten.

Der Bundeskanzler legte in seinem Büro keinen besonderen Wert auf eine strenge und systematische Aufteilung der anfallenden Arbeit. Jeder musste so ziemlich alles machen und vor allem stets zur Verfügung stehen. So konnte ich aus einer großen Palette der täglichen Themen weitgehend meine eigene Wahl treffen. Kreisky interessierte in erster Linie das Resultat, von wem es kam, war ihm in der Regel nicht so wichtig. In meinem Anfangsjahr, 1977, betreute ich etwa als Geschäftsführer die kurz zuvor eingeführte Presse- und Parteienförderung, kümmerte mich intensiv um das damals aktuelle Thema AKW Zwentendorf und um die spannende Kulturszene. Hinzu kamen bald enge Kontakte zu den Medien, bis ich schließlich 1981 auch formell Kreiskys Pressesekretär wurde.

In dieser zweiten Hälfte der Ära Kreisky konnte ich an seiner Seite die Höhepunkte seiner Laufbahn aus der Nähe miterleben: die Kehrtwendung nach der verlorenen Zwentendorf-Abstimmung 1978, den Wahltriumph 1979, seinen ungemein leidenschaftlichen Einsatz für die Lösung des Nahostkonflikts; und schließlich den schmerzlichen Niedergang: den Streit mit seinem präsumtiven Nachfolger und das Ende des jahrelang erfolgreichen Kreisky-Androsch Kurses, den Skandal um den Bau des Allgemeinen Krankenhauses, seinen sich stetig verschlechternden Gesundheitszustand. Und am Ende dann den Rücktritt nach dem Verlust der absoluten Mehrheit 1983.

In dieser langen, aufregenden, turbulenten, oft sehr schwierigen Zeit konnte ich Bruno Kreisky dabei beobachten, wie er an Probleme heranging, ihm dabei zusehen, wie er Politik machte.

Gerade als ehemaligem Pressesekretär ist mir bei der Abfassung dieser Biografie das Motto der *New York Times* in den Sinn gekommen: „All the News That's Fit to Print." Der vorliegende Band ist allerdings in erster Linie eine politische Biografie, der die Schlüssellochperspektive meidet und mit intimen Enthüllungen, wenn es überhaupt etwas zu enthüllen gibt, sehr sparsam umgeht. Stets habe ich, seit ich für Kreisky gearbeitet habe, auch über die größeren Zusammenhänge seines Wirkens nachgedacht und herauszufinden versucht, wie dieser große Staatsmann „tickt", was ihn motiviert. Zu meiner Zeit war er bereits im politischen Olymp angelangt, insofern ist mein Kreisky-Bild stärker beeinflusst vom bereits Erreichten. Wie aber ist er dorthin gekommen, was hat ihn in Österreich und weit darüber hinaus zum „Sonnenkönig" und zum „Großen Zampano" werden lassen?

Dieses Buch verspricht keine simplen politischen Antworten. Ebenso war der persönliche Umgang mit Bruno Kreisky nicht immer ganz einfach. Man musste sich immer im Klaren sein, wie man an ihn herankommen wollte, was man sagen würde, um eine brauchbare Antwort von ihm zu erhalten. Auch konnte Kreiskys Arbeitsweise, sein Verständnis des Politischen, durchaus widersprüchlich erscheinen. Sie war suchend angelegt. Besonders im Nahostkonflikt hatte er sich mit viel Geduld und Wissen umsichtig tastend an diesen schwierigen Komplex herangearbeitet. Informationen behandelte auch Kreisky als Machtinstrument und Manipulationsmasse, die es sorgfältig einzusetzen und abzuwiegen galt. Als durchaus visionär, wenn auch nicht unbedingt strategisch könnte man seine Politik charakterisieren; was ihn auszeichnete, war das rasche – raschere – Erkennen von Gelegenheiten.

Seine Position in Österreich als die beherrschende politische Persönlichkeit seiner Zeit – gestützt durch sein internationales Ansehen – hat sein Charisma nur noch verstärkt. In den späteren Jahren hat es kaum noch jemanden gegeben, der ihm ruhigen Tones zu widersprechen wagte. Vielfach bestimmte dann die Strahlkraft der Persönlichkeit sein Handeln, trieb seine Entscheidungen an, eröffnete ihm einen weiten Horizont nahezu unbegrenzter Möglichkeiten.

Naturgemäß machen meine eigenen Erfahrungen als Mitarbeiter Bruno Kreiskys nur einen kleinen Teil jener Quellen aus, aus denen ich schöpfen konnte. Es sind die zahllosen Gespräche mit nahezu allen Akteuren und Zeitgenossen der Ära Kreisky, die ich über viele Jahre geführt habe und die sozusagen das Grundmaterial zu diesem Buch ausmachen. Es sind aber auch meine eigenen Beiträge über Bruno Kreisky, die zum Fundus der Vorbereitungen für diese Biografie zählen. Beginnend mit dem Foto-Text-Band *Bruno Kreisky*, von Konrad R. Müller, Gerhard Roth und Peter Turrini, anlässlich des 70. Geburtstages, zu dem ich die erste – damals noch von ihm persönlich redigierte – Kurzbiografie verfasst habe, bis hin zu meinem 1995 bzw. 2000 veröffentlichten Beitrag „Bruno Kreisky, Ein politischer Essay", der dem vorliegenden Band die inhaltliche Linie vorgibt. Gemeinsam mit Margaretha Kopeinig habe ich 2008 ein schmales Büchlein über Kreiskys Politik der Vollbeschäftigung verfasst, *Das Kreisky Prinzip – Im Mittelpunkt der Mensch*. Darin geht es um die Demaskierung des unsäglichen Vorwurfs, alle Schulden der Republik Österreich seien auf Bruno Kreisky zurückzuführen. Noch 2007 verwies ein Kurzzeit-Finanzminister in seiner Ratlosigkeit auf den „Kreisky-Malus". Dessen Außenminister-Kollegin, eine Nutznießerin der Kreiskyschen

Reformen, warnte noch Ende 2006 vor einer „Rolle rückwärts in die siebziger Jahre".

Zu Kreisky, scheint's, kann man auch heute – mehr als ein Vierteljahrhundert nach dessen Abtreten von der politischen Bühne – keine nüchterne Haltung einnehmen. Diese Biografie unternimmt daher den Versuch, dem Politiker Kreisky in all seinen Dimensionen gerecht zu werden. Gerade als Mitarbeiter einer so beeindruckenden Persönlichkeit habe ich auch die Schattenseiten seiner Politik und Persönlichkeit unmittelbar miterlebt, gelegentlich miterlitten. Auch diese Aspekte sollen nicht verschwiegen werden. Kreiskys historischer Leistung tut dies gewiss keinen Abbruch.

Wie jede Biografie muss auch diese im sozio-kulturellen Kontext plaziert werden. Auch und gerade Kreiskys jüdische Abstammung, seine familiäre und seine – bei ihm so besonders wichtige – politische Sozialisation im mitteleuropäischen Kosmos Wiens der 1920er und 1930er Jahre haben seine Vision einer „Heimat Österreich ohne Pathos" geformt. Insofern betrachte ich die präzise Nachzeichnung seiner Herkunft, der politischen und weltanschaulichen Strömungen seiner Jugendjahre für äußerst wichtig zum Verständnis seiner späteren politischen Entscheidungen.

Mehr als der Nationalsozialismus hat Kreisky die erbärmliche Episode des sogenannten Austrofaschismus emotional geprägt. Erst das Exil im demokratischen Schweden sollte ihm Mut für ein anderes Österreich einflößen. Kreiskys „kakanischer Möglichkeitssinn" – den er sich von Robert Musil abgelesen hat – war in den Anfängen der demokratischen Republik wohl mehr Utopie als Vision. Erst mit seiner überraschenden Wahl zum Parteiobmann 1967 ist daraus – dank Kreiskys motivierenden Fähigkeiten – ein umfassendes Programm für ein modernes Österreich entstanden, das er in den 1970er Jahren mit einem engagierten Regierungsteam umzusetzen verstand.

Wenn es in Kreiskys politischem Leben einen zentralen Begriff gegeben hat, dann war dies die Vollbeschäftigung. „Die Menschen in Arbeit halten", wie er es in seiner unvergleichlichen Wortwahl auszudrücken pflegte, war ihm Leit- und

Lebensmotiv zugleich. Gerade weil er als überzeugter Aufklärer Sachpolitik vorangestellt hat, sind die Emotionen gelegentlich mit ihm durchgegangen. Auch davon handelt dieses Buch.

Womöglich erschließt sich der Zugang zu Kreiskys kreativen Gegensätzen und dialektischen Widersprüchen nicht zuletzt über seine Vorliebe für die Literatur. Nicht nur Musil oder, wie zu zeigen sein wird, Leo Perutz lieferten ihm Anregung, Ablenkung und Entspannung. Von seinen vielfach verwendeten Zitaten aus Dichtung, Geschichte und Politik ragen für mich zwei hervor. Der erste Merksatz aus einer Ode des Horaz ist diesem Buch vorangestellt. Der zweite – für die Ergründung von Kreiskys Psyche womöglich noch wichtigere – stammt aus *Don Carlos* von Friedrich Schiller: „Sagen Sie ihm, dass er für die Träume seiner Jugend soll Achtung tragen, wenn er Mann sein wird."

Daran muss der Achtundsiebzigjährige wohl auch in den Tagen des europäischen Umbruchs 1989/90 oft gedacht haben, als er „zehn Jahre jünger" sein wollte.

Damals wurde Bruno Kreisky auch an die von ihm so oft zitierte Weisheit erinnert, wonach der Sinn des Lebens im Unvollendeten zu suchen sei.

Paris, im September 2010

1. Kapitel
Kindheit und Jugend

1.

„Zehn Jahre jünger müsste man sein …!", sinnierte der vom Alter und seiner schweren Krankheit gezeichnete Bruno Kreisky in einem unserer letzten Gespräche, wenige Tage nach dem Fall der Berliner Mauer am 9. November 1989. Mit resigniertem Bedauern über seine altersbedingte Gebrechlichkeit, jedoch geistig auf der Höhe der Zeit, verfolgte der bedeutendste Staatsmann der Zweiten Republik die sich überstürzenden politischen Ereignisse der historischen Zeitenwende 1989.

Wenige Monate später, am 29. Juli 1990, ist er neunundsiebzigjährig in seiner Geburtsstadt Wien gestorben. Der Kalte Krieg, der Kreiskys mehr als dreißigjährige politische Karriere als Staatssekretär und Außenminister, Parteichef der SPÖ und Vizepräsident der Sozialistischen Internationale, Führer der Opposition und am längsten dienender Bundeskanzler der Republik Österreich geprägt hatte, war mit dem Fall der Berliner Mauer zu Ende gegangen. Der Zerfall des sowjetischen Imperiums, das Ende des großen Ringens der Ideologien zwischen Ost und West war aber nicht bloß der letzte Bruch in einem an biografischen und politischen Umbrüchen reichen Leben. Der Kalte Krieg war auch, so muss man es wohl sehen, der letzte Ausläufer jenes 19. Jahrhunderts, das die Themen des 20. vorgegeben hatte: Nationalismus, Sozialismus, Faschismus. Sie bildeten die ideologischen Konstanten im ereignisreichen Leben Bruno Kreiskys.

2.

Bei seiner Geburt im fünften Wiener Gemeindebezirk, am 22. Jänner 1911, hatte das Habsburgerreich, die k. u. k. Monarchie Österreich-Ungarn, noch knapp acht Jahre, davon vier Kriegsjahre, bis zu ihrem endgültigen Untergang vor sich. Bruno Kreiskys Familienbiografie reicht weit zurück in Geschichte und Geografie dieses multiethnischen Imperiums. „Ich habe mich immer als Ergebnis jenes gewaltigen *melting pot* gefühlt, der die Monarchie nun einmal war", hielt Kreisky in seinen 1986 erschienenen Memoiren *Zwischen den Zeiten* fest, „als Ergebnis einer brodelnden Mischung von Deutschen, Slawen, Magyaren, Italienern und Juden." Aber auch das politische Spektrum der Familienmitglieder auf väterlicher wie auf mütterlicher Seite erscheint so uneinheitlich, wie die Donaumonarchie vielfältig war.

Urkundlich erwähnt sind die Kreiskys erst um 1780: als Bewohner des mährischen Ortes Kanitz (Kanice) nahe Brünn. Allerdings gibt es die Theorie einzelner Stammbaum-Forscher, der Familienname Kreisky könnte auf die katalanisch-sephardischen Gelehrten Abraham und dessen Sohn Jehuda Cresques zurückgehen. Sie seien, als König Pedro IV. den Juden 1381 das Tragen des „Gelben Flecks" verordnete und sie mit der Inquisition bedrohte, in das Königreich Böhmen ausgewandert. Bruno Kreisky betrachtete diese Annahme allerdings mit der für ihn so typischen Skepsis: „Alle Juden wollen Spaniolen sein." Er begnügte sich mit der Deutung, das tschechische Wort *krajský* bedeute „am Kreis", der Name sei mithin dem um 1780 nachweislich registrierten Jakob Kreisky gegeben worden, nachdem Kaiser Karl VI. 1727 „Familiantengesetze" eingeführt hatte, um die Zahl der jüdischen Einwohner zu beschränken: In einem Landkreis durfte sich jeweils nur eine behördlich bestimmte Anzahl jüdischer Familien niederlassen.

Jakob Kreisky wurde Hausbesitzer in der Judengemeinde von Kanitz. Er hatte zwei Söhne, die zwei unterschiedliche Linien begründeten: Bernard wurde Lehrer an der örtlichen Schule, sein Bruder Moses aber Berufssoldat, der unter Feldmarschall Radetzky diente. Bernards Nachkommen waren überwiegend

Lehrer; es hielt sie nicht in Kanitz, sie zogen nach Böhmen und nach Wien, während Moses' Nachkommen mehrheitlich politisch konservative Gewerbetreibende, Kaufleute und Techniker waren, die ihre Heimat Kanitz in der Regel nicht verließen.

Benedikt, Bruno Kreiskys Großvater väterlicherseits, den der junge Enkel besonders liebte, wurde Oberlehrer und später stellvertretender Direktor der Lehrerbildungsanstalt Budweis. Seine Gattin Katharina, geborene Neuwirth, war eine der ersten Lehrerinnen Mährens. Das Ehepaar hatte zehn Kinder. In späteren Jahren zogen Brunos Großeltern nach Wien und wohnten im Bezirk Fünfhaus. Benedikt Kreisky war politisch keineswegs sozialistisch eingestellt, er bezeichnte sich als Deutsch-Freiheitlicher und soll nicht selten bemerkt haben: „Gott sei Dank kommen die Sozis nie ans Ruder!"

Benedikt und Katharinas 1876 geborener Sohn Max – Bruno Kreiskys Vater – absolvierte die Höhere Technische Textilschule in Brünn und schaffte den Aufstieg zum Generaldirektor der Österreichischen Wollindustrie und Textil A.G. mit Sitz in Wien. Als angesehener Manager berief man ihn zum Zensor der Österreichischen Nationalbank. Ehe er 1944 im schwedischen Exil starb, leitete er dort noch zwei Jahre lang eine Textilfabrik. Max Kreisky, der nie Sozialdemokrat wurde, war dennoch ein Mann mit sozialem Gewissen, der seine Ideale von Freiheit und Brüderlichkeit bei den Freimaurern[1] suchte. Er nahm unter anderem an der Aktion der Industrieangestellten zur Durchsetzung der vollen Sonntagsruhe teil, wurde Mitglied des Zentralvereins der kaufmännischen Angestellten, und es gelang ihm – als Vorsitzendem eines Schiedsgerichts – einen langwierigen Streik zu beenden. Er war ein bürgerlicher Liberaler, ein Mann von vornehmer Gesinnung, der Politik und Kultur seiner Zeit aufmerksam verfolgte, ohne aber über sein standespolitisches Engagement hinaus politisch aktiv zu werden. Als Freimaurer verfügte er über viele Kontakte zu führenden Persönlichkeiten der Hauptstadt, er kannte vermutlich Arthur Schnitzler und

---

1 Im Freimaurermuseum in Rosenau, Niederösterreich, ist ein Foto ausgestellt, auf dem Max Kreisky abgebildet ist.

verkehrte regelmäßig mit einer Reihe prominenter Journalisten und Intellektueller.

Die Beziehung zu seinem „strengen und gütigen" Vater beschrieb Bruno Kreisky als innig. Auch wenn sie nicht einer gewissen Sprödigkeit entbehrte, hatte er ihn „sehr gern". Wohl auch deshalb, weil der Vater der politischen Betätigung seines Sohnes viel Verständnis entgegenbrachte. In der Zeit der illegalen politischen Aktivitäten des jungen Kreisky und seiner damit verbundenen Inhaftierung durch die Austrofaschisten sollte diese tolerante Haltung des Vaters eine ernste Bewährungsprobe erleben.

Kein Wunder, dass der andere Kreisky-Zweig, die Nachkommen von Moses Kreisky, ihre Verwandten gerne als „die Roten" bezeichneten: Rudolf Kreisky, Max Kreiskys jüngster Bruder, war Mitglied der Sozialdemokratischen Partei und leitender Funktionär der sudetendeutschen Konsumgenossenschaften. „Er war in meinen Augen der hervorragendste und derjenige, der mich eigentlich zur Sozialdemokratie hingeführt hat, soweit es noch eines Hinführens bedurfte", erinnert sich Bruno Kreisky in seinen Memoiren. Der beginnende industrielle Kapitalismus produzierte Wohlstand, die Dynamik der Veränderung schuf aber auch neue soziale Fragen, die der junge Bruno in den frühen zwanziger Jahren auf den Fußwanderungen mit seinem Onkel in den verelendeten Dörfern des Böhmerwaldes und des Riesengebirges kennenlernte. Das angewandte Modell der Genossenschaften, wie es Rudolf Kreisky vertrat, schärfte den Blick des Kindes aus wohlhabendem Haus für die Veränderbarkeit gesellschaftlicher Ungleichheit. Rudolf überlebte den Zweiten Weltkrieg in England und kehrte nach Kriegsende nach Prag, später nach Wien zurück, wo er 1966 starb.

Zwei Brüder von Max Kreisky, Oskar und Otto, Lehrer der eine, Advokat der andere, waren Mitglieder einer schlagenden Verbindung und machten aus ihrer deutsch-freiheitlichen Einstellung nie ein Hehl. Ein dritter deutsch-freiheitlicher Onkel Bruno Kreiskys, Ludwig, auch er Lehrer, setzte sich mit Nachdruck für die Erhaltung des Deutschtums in Böhmen ein. Oskar Kreisky gelang die Flucht nach Amerika, wo er ein jüdisches

Behindertenheim leitete. Er kam 1955 nach Wien zurück, behielt aber bis zu seinem Tod im Jahre 1976 die amerikanische Staatsbürgerschaft bei. Ludwig und Otto hingegen wurden trotz ihrer deutschfreundlichen Gesinnung – in den Konzentrationslagern der Nationalsozialisten umgebracht.

Fünfundzwanzig seiner engsten Verwandten, so errechnete der ehemalige Bundeskanzler, kamen durch den Naziterror um: Sie wurden vergast, verschleppt, vertrieben, erschossen, enthauptet. Kreisky resümierte: „Ich kann sagen, dass meine beiden Familien den Nazismus in seiner grauenhaftesten und umfassendsten Form erfahren haben und dass nur wenige von uns übrig geblieben sind. Über die Welt verstreut, trifft man hier und da den einen oder anderen. Jedesmal, wenn jemand herumzudividieren beginnt, ob das vier oder sechs Millionen gewesen seien, die dem Holocaust zum Opfer gefallen sind, kann ich trotz eines gewissen Verständnisses für die Schwächen der Menschen nur sagen: Von den mir Nahestehenden wurden so viele umgebracht, dass Zahlen mich nicht mehr interessieren."

Eine Schwester Max Kreiskys, Brunos Tante Rosa, wanderte rechtzeitig nach Palästina aus, sie hat den Krieg in Tel Aviv überlebt. Ihr Sohn Viktor war Zionist der ersten Stunde, ein Anhänger Zeev Jabotinskys, der, wie Bruno Kreisky sich Jahrzehnte später erinnern sollte, „einen ganzen Sommer hindurch mit viel Geschick versucht (hat), mich für den Zionismus zu begeistern. Der Erfolg war, dass ich mich für diese Richtung zwar zu interessieren begann, sie aber ablehnte."

Ganz anders sein vierzehn Monate älterer Bruder Paul: Er litt unter dem wachsenden Antisemitismus schon in der Ständestaat-Zeit und entschloss sich 1938 zur Flucht nach Palästina; seine Sehnsucht war schon lange das „Land der Juden" gewesen. Dort nannte er sich Schaul und hatte kaum mehr Beziehungen zu seinem Bruder, was viele Jahre später zu gehässigen Vorwürfen gegen den Bundeskanzler in der Sensationspresse führen sollte. In Wahrheit hat Bruno Kreisky seinen Bruder über Jahrzehnte hinweg finanziell unterstützt und war darum besorgt, ihm in Israel ein Leben in Würde zu ermöglichen. Paul war wegen früher Krankheiten und einer Kopfverletzung durch einen

Schulkameraden immer das Sorgenkind der Familie gewesen. Die Eltern bemühten sich mit aller Macht, das bedrückende Schicksal ihres ältesten Sohnes zu mildern. Viel Geld und Zeit wurde aufgewendet, die neuesten Erkenntnisse der Medizin wurden aufgeboten, und eine Zeitlang hoffte der Vater, mit Hilfe des Individualpsychologen Alfred Adler die Entwicklung seines Ältesten positiv beeinflussen zu können. Die Psychologin und Pädagogin Stella Klein-Löw erinnert sich in diesem Zusammenhang: „Als Bruno Kreisky vierzehn Jahre alt war, widmete er seinem Bruder viel Zeit und Geduld. (…) Statt zu spielen und zu sporteln" habe er Paul in seiner Freizeit für „Stunden und Stunden in bewundernswertem, für sein Alter fast unglaublichem Einfühlungsvermögen" zur Seite gestanden.

Ein von Bruno Kreisky hochverehrter Großonkel, der Bruder seiner Großmutter Katharina, war Joseph Neuwirth, der bis dahin einzige aktive Politiker der großen Familie Kreisky. Lange Jahre hindurch diente er als Vertreter der Brünner Handelskammer im Abgeordnetenhaus. Der langjährige Abgeordnete der Liberalen im Wiener Reichstag, ein Mitbegründer der *Neuen Freien Presse* und Verfasser zahlreicher wirtschaftspolitischer Abhandlungen, erntete große Hochachtung für seine Reden und Schriften zum Budget und zur Volkswirtschaft. Kaiser Franz Joseph wurde sein Name sogar einmal als möglicher Finanzminister vorgeschlagen. Neuwirth bekannte sich als konfessionslos, eine Haltung, die der Kaiser keineswegs guthieß; er strich ihn denn auch aus der Ministerliste mit den Worten: „Da wär' mir schon lieber, er wär' a Jud."

Irene Felix, Paul und Bruno Kreiskys Mutter, heiratete Max Kreisky im Jahre 1909. Sie war eines von sechzehn Kindern, stammte aus Znaim in Mähren, wo ihr Vater – Kreiskys Großvater Moritz Felix – zusammen mit seinem Cousin Herbert Felix die Basis für einen bedeutenden Konservenkonzern schuf. Ein Unternehmen, das seine Waren, vornehmlich eingelegte Gurken und Sauerkraut, weit über die Grenzen der Monarchie hinaus exportierte. Irene Felix brachte eine beachtliche Mitgift in die Ehe, die den komfortablen Wohlstand der Kreiskys absicherte. Sie besorgte die Erziehung der beiden Söhne, führte den

Haushalt und überwachte die Hausangestellten und Kindermädchen. Bruno erlebte sie als eine „unendlich gütige Frau",
die mit ihm aber wenig anzufangen wusste: „Der Liebling meiner Mutter war eigentlich mein Bruder Paul." Sie deckte jedoch
immer Brunos Jugendstreiche: „Sie wusste mit fast instinktiver
Sicherheit, wann ich in der Schule war und wann nicht." Sein
früh einsetzendes politisches Engagement verfolgte sie hingegen mit leidendem Unverständnis. Bis zu ihrem Tod im Jahr
1969 hat ihr zweitgeborener Sohn im Grunde nie zu einem besonders innigen Verhältnis zu seiner Mutter gefunden.

Seit den Zeiten Wallensteins sind Irene Felix' Vorfahren
in Mähren urkundlich nachweisbar, etwa ab der Mitte des 19.
Jahrhunderts brachten sie es dort auch zu beträchtlichem Wohlstand. Bereits 1694 wird der Name Felix in einem Empfehlungs-
schreiben einer Gräfin von Zierotin-Waldstein erwähnt, für die
ein früher Ahne im mährischen Ort Trebitsch acht Jahre lang
als Bader tätig war. In dem Geleitbrief, den die Reichsgräfin ihm
mitgab, als er sie verließ, heißt es, dass er mit seinen ärztlichen
Kenntnissen „mit profitio Christ und Jud" gedient habe und
daher jedem „männiglich bestens rekommandieret" werden
könne. Später wirkte er als Wundarzt und Chirurg.

In einem Gespräch, das Bruno Kreisky kurz vor seinem Lebensende mit der Fotografin Herlinde Koelbl führte, brachte er
die Details seiner Herkunft wie folgt auf den Punkt: „Mein Vater stammt aus einer kleinbürgerlichen Beamtenfamilie. Meine
Mutter stammt aus einer besser situierten Familie, in der die
intellektuellen Berufe überwogen. Viele ihrer Vorfahren waren Ärzte. Die ersten Ärzte dieser Ahnenreihe sind offenbar aus
Spanien eingewandert, haben sich in der Wallensteinischen
Zeit bei der Reichsgräfin Zierotin-Waldstein im mährischen
Trebitsch Verdienste erworben und sind dort in den Strudel des
Dreißigjährigen Krieges geraten."

In Trebitsch, unweit der Städte Znaim und Brünn, war seit
dem Mittelalter eine Judengemeinde von beachtlicher Größe
angesiedelt. Solche Gemeinden hatten überall in Böhmen und
Mähren, nach Vertreibungen und Pogromen anderswo, bessere Lebensverhältnisse, größere religiöse Toleranz und mehr

gesellschaftliche Akzeptanz vorgefunden, als dies etwa in den östlichen Teilen der Monarchie oder gar in Russland der Fall gewesen war. Seit den Reformen Kaiser Josephs II., Ende des 18. Jahrhunderts, fühlten sich die Juden Böhmens und Mährens mehr und mehr dem „deutschen Kulturkreis" zugehörig. Das Haus Habsburg wurde als zivilisierende Macht gesehen, die Loyalität zu Krone und Kaiserhaus war bei den jüdischen Bewohnern dieser Landesteile daher besonders ausgeprägt.

Ein Nachkomme des erwähnten Urahnen der Familie Felix, Moritz Felix' Vater Salomon, war ursprünglich Feldarzt, gab seinen Beruf jedoch auf, als er 1842 die kaiserliche Erlaubnis erhielt, Bier zu brauen und Branntwein herzustellen. Hundert Jahre später sollte die Familie, die seit Generationen in Böhmen und Mähren ansässig war und sich als Deutsche fühlte, von der Verfolgung durch die Nationalsozialisten nicht verschont bleiben: Die meisten Geschwister und Verwandten Irene Kreiskys sind in den Vernichtungslagern umgekommen; nur wenigen gelang die Flucht. Eine dieser Ausnahmen war Bruno Kreiskys Cousin und Lieblings-Verwandter, der geschäftstüchtige Herbert Felix, ein Neffe von Irene Kreisky, der rechtzeitig eine Niederlassung des Konzerns in Schweden gegründet und diese mit zuletzt tausend Angestellten zum zweitgrößten Konservenunternehmen des Landes ausbauen sollte. Als er 1973 starb, hinterließ er ein beträchtliches Vermögen.

Der letzte Firmenchef in der bis 1939 noch freien Tschechoslowakei war Herberts Vater Friedrich Felix, Irenes jüngster Bruder; man deportierte ihn von Znaim zunächst nach Theresienstadt und dann weiter nach Auschwitz. Ein anderer ihrer Brüder, Julius Felix, ließ sich taufen. Er wurde Richter und Vizepräsident am Wiener Handelsgericht. „Was soll mir passieren?", sagte er oft, „niemand weiß, dass ich vorher Jude war." Am Tag, da ihn eine Vorladung zur Gestapo ereilte, holte er seine besten Weine aus dem Keller und lud seine engsten Freunde ein. Am nächsten Morgen fand ihn seine Wirtschafterin tot im Bett – er hatte Selbstmord begangen.

3.

Bruno Kreisky muss ein frühreifes Kind gewesen sein: einen Tag nach Ende des Ersten Weltkriegs las der damals Siebeneinhalbjährige der tschechischen Köchin der Familie – während sie den Ofen saubermachte – den Leitartikel aus der *Neuen Freien Presse* vor: „Plötzlich merkte ich, dass Marie gar nicht zuhörte", erinnert er sich. „Ihr genügte die Mitteilung, dass nun der Friede gekommen sei. Ich werde nie ihre Worte vergessen, dass ich das Lesen einstellen könne: ‚Wer weiß, für was gut ist!'"

Kreisky bezeichnete sich selbst im Rückblick als „Epigone des alten Österreich". Dies keineswegs aus nostalgischer Hinneigung zu der siebenhundertjährigen Herrschaft der Habsburger, sondern aus dem Bedauern über den Untergang eines übernationalen staatlichen Gebildes. Die österreichische Politik im Kaiserstaat habe die großen historischen Möglichkeiten niemals genützt, empfand Kreisky, sie stellte sich ihm als „ein tragisches Gewebe aus Trugschlüssen, Missverständnissen und verpassten Gelegenheiten" dar. Wäre diese große Wirtschafts- und Kulturgemeinschaft imstande und willens gewesen, ihre Möglichkeiten zu nützen, so meinte er, wären Europa die Katastrophen des 20. Jahrhunderts wohl erspart geblieben.

Den Tod Kaiser Franz Josephs, der Österreich-Ungarn achtundsechzig Jahre lang regiert hatte, erlebte Bruno Kreisky im November 1916 bewusst mit, obwohl er damals noch nicht fünf Jahre alt war: „Der Leichenzug führte durch Mariahilf, und die Kinder in den Bezirken, durch die er von Schönbrunn zur Stadt hineinzog, mussten Spalier stehen. Es war ein eiskalter, grausiger Tag, und wir froren entsetzlich. Als der Trauerkondukt endlich herankam, schien es mir, als fülle sich die ganze Welt mit Schwarz."

Er hatte die Not und das Elend des Weltkriegs in den Straßen der Stadt gesehen. Die Verwundetentransporte zu den vielfach in Schulen untergebrachten Lazaretten, die ungezählten Kriegsinvaliden und Bettler im bürgerlichen Wohnbezirk seiner Eltern übten einen prägenden Eindruck auf ihn aus. „Der Krieg ließ uns rascher alt werden", erinnerte er sich an jene Zeit des Untergangs der alten Ordnung. „Den Glanz der Monarchie, von dem meine Eltern erzählten, habe ich nicht erlebt. Für mich war der ganze Pomp der Monarchie nur düster."

Das Auseinanderbrechen des Habsburgerreiches löste einen Schock aus, dessen Ausmaße man sich hundert Jahre später, zu Beginn des 21. Jahrhunderts, kaum vorstellen kann. Aus der einstigen Großmacht Österreich-Ungarn war „ein halbes Dutzend Ohnmächte" geworden und das kleine deutschsprachige Kernland ein Rumpf, dem man nicht zutraute, jemals aus eigener Kraft lebensfähig zu sein. Wien aber war mit seinen prunkvollen, zunächst beinahe leerstehenden Regierungsgebäuden, den zahllosen arbeitslosen Beamten und Berufssoldaten zum „Wasserkopf" verkommen. Die ehemalige Hauptstadt eines blühenden Imperiums mit 53 Millionen Einwohnern wirkte mit einem Mal wie eine ärmliche Provinzstadt.

In den ersten Monaten nach Kriegsende wurde die Situation immer dramatischer: Der Ausbruch der Spanischen Grippe im Jahr 1918 forderte allein in Österreich Zehntausende Opfer, dazu gesellten sich Hungersnöte, Mehlkürzungen, Brotknappheit. Es war keine Kohle mehr vorhanden, da die neu gegründete Tschechoslowakei die Lieferungen eingestellt hatte; die Menschen froren bitterlich.

„Nach aller irdischen Voraussicht konnte dieses von den Siegerstaaten künstlich geschaffene Land nicht unabhängig leben", schrieb Stefan Zweig in seinen Erinnerungen, „und alle Parteien, die sozialistische, die klerikalen, die nationalen, schrien es aus einem Munde – wollte gar nicht selbständig leben. (…) Einem Lande, das nicht existieren wollte – Unikum in der Geschichte! – wurde anbefohlen: ‚Du musst vorhanden sein!'"

Einen Tag nach der Abdankung Kaiser Karls I. von Österreich, Königs von Ungarn – er verließ an diesem 12. November 1918 mit Gemahlin Zita seine Heimat für immer – wurde vor dem Wiener Parlamentsgebäude durch die Präsidenten der Nationalversammlung, Franz Dinghofer und Karl Seitz, die Republik Deutschösterreich ausgerufen. Hunderttausende strömten aus allen Bezirken der Stadt zusammen, versammelten sich zwischen Rathaus und Oper. Es brach sogar eine kleine, von sogenannten „Roten Garden" angeführte Revolution aus:

24

Nach Ausrufung der Republik hissten sie rote Flaggen, hatten aus den gerade erst fabrizierten rotweißroten Österreichfahnen die weißen Streifen herausgerissen. Plötzlich brach Tumult aus, das Gerücht kursierte, auf dem Dach des Parlamentsgebäudes sei ein Maschinengewehr postiert, um auf die Revolutionäre zu feuern. Es kam zu einem Schusswechsel, im panischen Gedränge wurden zwei Menschen tödlich verletzt, zahlreiche Kundgebungsteilnehmer erlitten schwere Verletzungen. „Zweihundert entschlossene Männer hätten damals Wien und ganz Österreich in die Hand bekommen können", heißt es bei Stefan Zweig. „Aber nichts Ernstliches geschah."

Schon am nächsten Tag hatte sich die Lage beruhigt; soziale Unruhen und Revolten sollten das Land allerdings noch jahrelang nach dem Zusammenbruch erschüttern. Der auf die Republik verheerend wirkende Friedensvertrag von Saint-Germain – die Bezeichnung „Deutschösterreich" wurde von den Siegeralliierten verboten –, der Bruch der Koalition zwischen Sozialisten, Christlichsozialen und Deutschnationalen im Jahr 1920, die Etablierung restaurativer, bürgerlich-klerikaler Kräfte, dies alles führte zu einer ungeheuren Polarisierung in jenem Staat, von dem man später sagen sollte, dass ihn keiner wollte.

Zur „Anschlussfrage" der kleinen Republik Österreich an das Deutsche Reich hatte Bruno Kreisky – im Rückblick auf die Erste Republik – eine eher distanzierte Haltung. Er unterschied sich darin von seinem Idol Otto Bauer, dem großen Theoretiker und Politiker, dem Führer der Sozialdemokraten und Nachfolger des Gründers der österreichischen Sozialdemokratie, Victor Adler. „Eine der stärksten Triebkräfte des Anschlussgedankens war die österreichische Sozialdemokratie", hält Kreisky fest; Otto Bauer habe sich immer nur als österreichischer Deutscher verstanden. Bis zur Machtergreifung Hitlers hatte die Sozialdemokratische Arbeiterpartei (SDAP), die übrigens ab 1920 in die Opposition verbannt war, die Anschlussforderung in ihrem Programm, und das Zentralorgan *Arbeiter-Zeitung* behielt bis zu ihrer Einstellung durch den Ständestaat 1934 „Deutsch-Österreich" im Untertitel.

Als der Vertrag von Saint-Germain 1919 am Anschlussverbot festhielt, trat Bauer als damaliger Staatssekretär für Äußeres zurück. Selbst noch nach der nationalsozialistischen Annexion 1938 war er gegen eine Rückgängigmachung dieses so nicht gewollten „Anschlusses" und hoffte auf eine „gesamtdeutsche Revolution". Kreisky hat immer betont, den Anschlusswunsch weder in der Ersten Republik noch in der Zeit des Austrofaschismus oder gar in der Zeit danach akzeptiert zu haben. Als junger Funktionär sei er auch in den frühen Jahren in seiner Bildungsarbeit in der SDAP kein einziges Mal für das Thema „Anschluss" in politisch militanter Weise eingetreten.

4.

Bruno Kreiskys Schulzeit war von der spürbaren Armut der meisten seiner Klassenkameraden geprägt, wenn auch seine eigene Kindheit von materiellen Sorgen frei war. Er stellte seinem Vater nicht selten die Frage, woran es denn liege, dass manche Menschen bettelarm, andere aber wohlhabend seien. Max Kreisky bemühte sich, seinem Sohn Erklärungen dafür zu geben, meinte sogar, die meisten Menschen seien an ihrer Armut keineswegs allein schuld, Antworten, die den Heranwachsenden allerdings nur partiell befriedigten.

Er war behütet von Kindermädchen, die seine Eltern aus Böhmen oder aus dem kärntnerischen Gailtal, wohin sein Vater berufliche Kontakte unterhielt, nach Wien holten. Ebenso wie die anderen Hausangestellten gehörten sie zur Familie. Ihnen allen bewahrte er „eine lichte und freundliche Erinnerung, denn sie haben es mit uns immer gut gemeint und besonders mit mir".

Die Erziehung, die er in der weitläufigen, großbürgerlich eingerichteten Wohnung seiner Eltern in der Schönbrunner Straße 122[2] genoss, war aufgeschlossen und liberal. Was Vater und Mutter offenbar nicht ahnten: Schon als Siebenjähriger, kurz

---

2   Bruno Kreisky wurde in dieser Wohnung auch geboren, die Hebamme wohnte im selben Haus.

vor Kriegsende, schloss er sich nach der Schule einer Gruppe von Kindern an, die sich in den Elendsvierteln der Vorstädte herumtrieb. Er stieß dort auf Deserteure und Unterweltler, beobachtete mit wachsender Neugierde das Wiener Lumpenproletariat. Dem Anführer der Bande, einem Buben, der zehn Jahre älter war als er, lieferte er, es ist kaum vorstellbar, Messingschnallen aus dem Kreiskyschen Haushalt ab, aber auch Zucker in rauen Mengen, damals ein Artikel, der am Schwarzmarkt besonders teuer gehandelt wurde. Körperliche Züchtigung erfuhr er nur ein einziges Mal: Seine Mutter hatte eines seiner Beute-Verstecke entdeckt, im Winter begann der Zucker hinter dem Ofen zu stinken. „Die Köchin legte mich übers Knie und verabreichte mir eine empfindliche Tracht Prügel."

Da ihm sein Großvater, der Lehrer Benedikt Kreisky, sehr früh das Lesen und Schreiben beigebracht hatte, las er als Kind ungemein gerne und viel – am liebsten Grimms und Andersens Märchen –, seinen Klassenkameraden war er dadurch immer weit voraus. „Merkwürdigerweise" las er „nie eine Zeile von Karl May", allerdings mit besonderer Begeisterung Harriet Beecher-Stowes „Onkel Toms Hütte", später mit Faszination eine vielbändige Ausgabe von Ullsteins Weltgeschichte, die ihm sein Vater zum vierzehnten Geburtstag schenkte.

In den Memoiren bleibt unerwähnt, dass Brunos Großvater Benedikt Kreisky dem Enkel die hebräischen Buchstaben beigebracht hat. Er konnte als Kind Hebräisch lesen und auch ein wenig schreiben, wie aus einem Interview hervorgeht, das die österreichische Autorin und Journalistin Barbara Taufar in den 1990er Jahren mit der israelischen, aus Pressburg gebürtigen Chefredakteurin der israelischen Tageszeitung *Davar* Hanna Semer geführt hat. Frau Semer erinnert sich: „Er hat mir gesagt, dass seine Eltern schon konfessionslos waren und dass er eigentlich nie eine jüdische Erziehung gehabt hat, außer von seinem Großvater, der ihn Hebräisch lesen gelehrt hat. Also er kann die Buchstaben lesen. Das hat damals mit dem Gebet zu tun gehabt. Er kann nicht beten, und er kann nicht schnell lesen, aber er kann die Buchstaben identifizieren, weil ihn sein Großvater das gelehrt hat. Aber außer dem hat er überhaupt vom Judentum keine Ahnung gehabt und wurde nicht dazu erzogen, wurde nicht in diesem Geiste von seinen Eltern erzogen. Und deshalb findet er nicht, dass er sich irgendwie vom Judentum mehr entfernt hat, als es seine Eltern getan haben."

Als er 1921 ins Gymnasium kam, galt er als der große Rädelsführer. „Der Kreisky", hieß es seitens seiner Lehrer, „ist ein reiner Bösewicht." Er trieb es so weit, dass man ihn schließlich, sehr zum Ärger seines Vaters, der Schule verwies. Er ließ sich in ein Gymnasium im dritten Wiener Gemeindebezirk versetzen, wo er – trotz zahlloser Abwesenheitstage – im Jahr 1929 die Matura ablegen sollte.

5.

Bruno Kreisky, der Spross einer assimilierten bürgerlich-jüdischen Familie, wuchs also konfessionslos auf. Viele Juden waren in der zweiten Hälfte des 19. Jahrhunderts der urbanen Ausstrahlungskraft des kaiserlichen Wien gefolgt und hatten damit zur geistig-kulturellen Revolution des Fin de Siècle Entscheidendes beigetragen. Die aufgeklärten jüdischen Zuwanderer hofften, hier ihre Diaspora beenden zu können. Im Schutz der Metropole waren sie auch bereit, die alten Traditionen vollends aufzugeben; die Assimilation wurde vielfach nur noch als konsequenter letzter Schritt in eine scheinbar vollständige gesellschaftliche Emanzipation empfunden.

Zwar verleugnete man im Hause Kreisky sein Judentum nicht, tat Religion aber schlicht als unerheblich und gesellschaftlich irrelevant ab. Konfessionelle Unterschiede zu thematisieren erachtete man als „unfein", so wie man auch nicht über Geld sprach. Mit der ostjüdischen, streng orthodoxen Gemeinde, die auf der sogenannten „Mazzesinsel" im zweiten Wiener Gemeindebezirk Leopoldstadt lebte, gab es keinerlei Berührungspunkte. Im Gegenteil, man schämte sich dieser armseligen Glaubensbrüder, die zu großen Teilen vor den Pogromen im slawischen Osten geflohen waren. Man verleugnete gleichsam ihre Existenz, als habe man mit ihnen nicht das Geringste gemein. Ein gewisses Überlegenheitsgefühl gegenüber den Schtetl-Juden aus Galizien und der Bukowina, ein leicht überhebliches Selbstverständnis machte sich vielmehr breit, zur gesellschaftlichen Avantgarde der Großstadt zu gehören. Sigmund Freud und Karl Kraus, Peter Altenberg, Arthur Schnitzler, Theodor Herzl und Egon Friedell, Gustav Mahler und Arnold Schönberg, sie alle gehörten zu dieser aufgeklärten, assimilierten jüdischen Gesellschaft Wiens, und sie alle verdrängten die Leopoldstadt mit ihren streng religiösen Ghettobewohnern, die weniger als einen Kilometer von den Kaffeehäusern und Salons entfernt lebten, in denen sie in aller Mondänität verkehrten.

„Selbst wenn ich es wollte, ich könnte meine jüdische Herkunft nicht verleugnen", pflegte Kreisky später zu sagen, bezeichnete sich aber als Agnostiker und setzte sich gegen „Vereinnahmungen" durch Exponenten des Judentums zur Wehr, man denke nur an seine hasserfüllten Auseinandersetzungen mit Simon Wiesenthal, von denen noch ausführlich die Rede sein wird. Sein sehr persönlich bestimmtes Verhältnis zum Judentum, das auch nach 1945 von den Vor-Holocaust-Erfahrungen bestimmt geblieben war, sollte während seines späteren politischen Lebens eine Quelle des Konflikts, aber auch großer Missverständnisse bleiben. Eines jedoch steht fest: In den Matriken der Israelitischen Kultusgemeinde in Wien findet sich ein Eintrag, Dr. jur. Bruno Kreisky sei am 13. Oktober 1931 aus der jüdischen Gemeinde ausgetreten.

2. Kapitel
Die „Große Bewegung"

1.

Bruno Kreiskys politische Neugierde, seine Begierde, die gesellschaftlichen Realitäten der Nachkriegszeit zu begreifen, zu analysieren, setzte sehr früh in seinem Leben ein. Im Jahr 1924, als 13-Jähriger, nahm er erstmals an einer Demonstration teil. Die Vereinigung sozialistischer Mittelschüler hatte zu einer Protestveranstaltung vor dem Gebäude des Wiener Stadtschulrats aufgerufen, nachdem ein Gymnasiast die Schikanen eines seiner Professoren nicht mehr ertragen und sich aus der elterlichen Wohnung zu Tode gestürzt hatte.[3] Unmittelbar nach dieser Kundgebung trat Kreisky der Vereinigung sozialistischer Mittelschüler bei. Zunächst bedeutete diese Mitgliedschaft vor allem eine Art Wandervogeldasein, man fühlte sich als Teil einer großen Aufbruchbewegung, die vor allem im benachbarten Deutschland sehr viele jugendliche Anhänger hatte.

„Raus aus der Stadt!", lautete damals eines der zentralen Leitmotive der Jugend. Ob deutschnationale Wandervögel, katholische Neuländer, ob Sozialisten oder junge Zionisten: Sie alle hatten eine zivilisationskritische Grundhaltung, verknüpft mit politischen Utopien, wie etwa die „klassenlose Gesellschaft". Zumeist waren die Gruppen militärähnlich organisiert und von charismatischen Führern geleitet.

An Wochenenden traf sich der Wanderbund, dem Bruno Kreisky angehörte, und fuhr in die Natur, man übernachtete

---

3 Vgl. Friedrich Torbergs ersten Roman *Der Schüler Gerber*, 1930

in Zeltlagern; der Heranwachsende genoß das Zusammenge-
hörigkeitsgefühl, wenn er es auch bedauerte, zunächst noch
kaum politisch tätig sein zu dürfen. Das sollte sich jedoch bald
ändern.

Ende Jänner 1927 war es in dem burgenländischen Ort
Schattendorf zu Zusammenstößen zwischen einer rechtsgerichteten Bürgerwehr, den „Frontkämpfern" und dem „Republikanischen Schutzbund", einer paramilitärischen Organi-
siation der Sozialdemokratischen Arbeiterpartei, gekommen.
Mitglieder der Frontkämpfervereinigung attackierten aus dem
Hinterhalt eine Versammlung des Schutzbundes, wobei zwei
Menschen getötet wurden: ein vierzigjähriger Kriegsinvalider
und ein achtjähriger Bub. Am 2. Februar 1927, dem Tag des Be-
gräbnisses der beiden Getöteten, streikten in ganz Österreich
die Arbeiter – eine Viertelstunde lang.

Im Juli 1927 kam es zum Prozess gegen die Todesschützen
von Schattendorf, der nach zehn Tagen mit einem Freispruch
endete: Der Mord wurde als Notwehr dargestellt und die Täter
als „ehrenwerte Männer" bezeichnet. Als die Nachricht am 15.
Juli allgemein bekannt wurde, kam es zu einem Massenprotest
Tausender Wiener Arbeiter gegen das als ungerecht empfundene Gerichtsurteil. Sie zogen in großen Scharen durch die
Innenstadt, versuchten zunächst vergeblich, die Universität
und das Parlament anzugreifen, wichen sodann auf den nahe-
gelegenen Justizpalast aus, der als Symbol für die bürgerliche
„Klassenjustiz" empfunden wurde. Der Wiener Bürgermeister
Karl Seitz sowie Theodor Körner, der Anführer des sozialistischen Schutzbundes, versuchten, die Massen zu beruhigen,
die jedoch nicht mehr aufzuhalten waren. Zunächst wurden
nur die Fensterscheiben des Justizpalastes eingeschlagen,
doch dann drangen einige der Aufgebrachten in das Gebäude
ein. Plötzlich schlugen Flammen aus den Stockwerken. Der
Brand breitete sich rasch aus, verwüstete alle Akten – es war
„das Nächste zu einer Revolution, was ich am eigenen Leibe
erlebt habe", wie Elias Canetti das Ereignis in seinen Erinnerungen festhielt. „Seither weiß ich ganz genau, ich müsste kein
Wort darüber lesen, wie es beim Sturm auf die Bastille zuging."

Polizeipräsident Schober erteilte Schießbefehl – der christlichsoziale Bundeskanzler Prälat Ignaz Seipel hatte ihm freie Hand gegeben –, und die Beamten schossen tatsächlich wahllos in die Menge. Im Zuge der erbitterten Straßenkämpfe kamen neunundachtzig Menschen ums Leben, tausend Verletzte waren zu beklagen. Der Justizpalast aber brannte bis auf die Grundmauern nieder.

Bruno Kreisky hatte sich mit seinem Cousin Artur, einem Sohn seines politisch aktiven Onkels Rudolf Kreisky, der Demonstration vor dem Wiener Justizpalast zunächst aus reiner Neugierde angeschlossen, doch „plötzlich peitschten Schüsse. Wir haben die Salven nicht nur gehört, wir haben auch die fallenden Menschen gesehen, das Blut. Zum ersten Mal sah ich Menschen sterben. Das Herz klopfte uns bis zum Halse." Auch Elias Canetti schildert diesen Moment in seinem Memoirenband *Die Fackel im Ohr*: „Das Rennen der Menschen, in Seitengassen, und wie sie dann gleich wieder erscheinen und sich wieder zu Massen formieren. Ich sah Leute fallen und Tote am Boden liegen (…) Furchtbare Scheu besonders vor diesen Toten. (…) Bis der Schutzbund kam, der sie vom Boden hob, war gewöhnlich leerer Raum um sie, als erwarte man, dass gerade hier wieder Schüsse einschlagen würden. Die Berittenen machten einen besonders schrecklichen Eindruck, vielleicht weil sie selber Angst hatten."

Als Kreisky und sein Cousin Artur wohlbehalten, wenn auch tief erschüttert nach Hause zurückkehrten, erfuhren sie von dem Gerücht, ein Mann namens Artur Kreisky sei in der Wiener Innenstadt lebensgefährlich verletzt worden. Es stellte sich heraus, dass ein entfernter, der Familie beinahe unbekannter Verwandter, ein angesehener Juwelier auf der Kärntner Straße, als gänzlich Unbeteiligter auf dem Nachhauseweg von Gewehrkugeln der Polizei getroffen worden war. Er erlag drei Tage später seinen schweren Verwundungen. Auch Brunos Cousin Artur sollte sechzehn Jahre später eines gewaltsamen Todes sterben: Er wurde wegen seiner Widerstandtätigkeit 1943 in Berlin-Plötzensee enthauptet.

Unter dem Eindruck der Ereignisse des 15. Juli – „es war ein furchtbarer Tag auch für mich" – trat Bruno Kreisky der

Sozialistischen Arbeiterjugend (SAJ) bei. Das politische System Österreichs hatte durch das Fehlurteil, den Brandanschlag auf den Justizpalast und die brutale Niederschlagung der Demonstration irreparablen Schaden erlitten – es war ein Wendepunkt in der politischen Geschichte der Ersten Republik. Wollte er zur gesellschaftlichen Veränderung Entscheidendes beitragen, so wurde Kreisky nunmehr bewusst, musste er den Verein der Mittelschüler verlassen und sich einem „wirklichen Engagement" stellen.

Kreisky dürfte sich allerdings keinen Illusionen hingegeben haben, er befürchtete sogar, dass der Abstieg der Sozialdemokratie bereits begonnen hatte: „Im gleichen Moment, in dem der Staat bewies, dass er sich traute, auf demonstrierende ‚Rote' zu schießen, war der Bann ihrer Politik gebrochen", sollte er rückblickend feststellen. Schutzbund und Partei sahen an diesem 15. Juli ihre Hauptaufgabe darin, einen drohenden Bürgerkrieg zu verhindern: „Wir sind nicht im Kampf besiegt worden, wir sind vielmehr dem Kampf ausgewichen", lautete die Devise. Kreisky empfand diese Haltung seitens der sozialdemokratischen Politiker als Zeichen ihrer Führungsschwäche. Seine Enttäuschung war daraufhin so groß, dass er zunächst sogar darüber nachdachte, der Bewegung den Rücken zu kehren. Der Glaube an die Ideale der „Großen Bewegung" gewann jedoch schließlich die Oberhand, mehr noch, er traute sich zu, einer wiedererstarkten Partei in Zukunft persönlich durchaus von Nutzen sein zu können.

Der Wechsel zur SAJ sollte nicht ohne anfängliche Schwierigkeiten verlaufen: Bruno tauchte stets makellos gekleidet bei den Arbeiter-Versammlungen auf, da er seiner besorgten Mutter – sie wollte immer wissen, wo er gerade sei – vorgaukeln musste, er besuche in Wirklichkeit die Tanzschule Elmayer. Die Arbeiterjugend trat dem Gymnasiasten aus bürgerlichem Hause daher lange Zeit mit Misstrauen gegenüber, verspottete ihn sogar ganz offen. Getreu dem Motto Victor Adlers, einen Intellektuellen müsse man dreimal wegschicken, wenn er dann immer noch zur Parteiarbeit bereit sei, dürfe er bleiben, überwand Kreisky die anfängliche Ablehnung – die durchaus auch auf antisemitische Ressentiments zurückzuführen war – und wurde endlich in den Kreis der SAJ aufgenommen. Es gelang ihm danach relativ rasch, das Vertrauen seiner neuen Genossen zu gewinnen, mehr noch, er sollte sich in ihrem Umfeld bald sehr wohl fühlen.

„Ich habe seinerzeit zu meinen Referaten bei der sozialistischen Arbeiterjugend ein Bündel Holzstäbchen mitgenommen", erinnerte sich Kreisky Ende der 1980er Jahre während eines Gesprächs mit dem Schriftsteller Franz Schuh. „Was ich demonstrieren wollte, war, dass ein einzelnes Stäbchen ganz leicht zu brechen war, das Bündel jedoch nur sehr schwer. Dazu bedarf es einer beträchtlichen Anstrengung. Das heißt, die Macht der Machtlosen ist genau von dieser Art – das ist das Geheimnis der Organisation."

Bereits ein Jahr nach seiner Aufnahme wählte man ihn zunächst zum 3. Stellvertretenden Parteiobmann, wenig später zum Obmann für den gesamten Bezirk Wieden, den vierten Wiener Gemeindebezirk. Zu seinen frühen Aufgaben zählte es unter anderem, die Bewegung gegenüber kommunistischer Einfluss- nahme abzugrenzen. Ein Freund, der im Verdacht stand, Kommunist zu sein, wurde von Kreisky gar persönlich aufgefordert, die SAJ zu verlassen. „Von da an galt ich sozusagen als Spezialist für die Bekämpfung von jungen Kommunisten."

2.

Im Frühjahr 1929 legte Bruno Kreisky an der Bundesrealschule Radetzkystraße im Wiener Bezirk Landstraße die Matura ab. In der Maturazeitung hieß es: „Kreisky, der ein Idealist, ist ein wenig Kommunist. Jeder, der anders orientiert, ist ein Bourgeois, total borniert." Seine ehemaligen Mitschüler bescheinigten ihm darüber hinaus, man erahne in ihm bereits „den künftigen Gemeinderat".

Tatsächlich widmete er sich gleich nach dem Schulabschluss mit großem Elan den Vorbereitungen zu einem internationalen Treffen sozialistischer Jugendlicher, das Mitte Juli

1929 in Wien stattfinden sollte. Rund 50.000 junge Menschen aus ganz Europa, darunter viele später führende Sozialdemokraten, nahmen an diesem größten Jugendtreffen in der Geschichte der sozialistischen Bewegung teil. Höhepunkte der dreitägigen Veranstaltungen waren ein Sportfest auf der Hohen Warte, ein mächtiger Fackelzug zum beleuchteten Rathaus und ein abschließender Festzug über die Ringstraße und die Prater-Hauptallee. Anlässlich des fünfzigsten Jahrestages des Treffens hielt Bruno Kreisky 1979 fest: „Unauslöschlich ist uns allen die Erinnerung an diese Tage. In den düstersten Zeiten politischer Bedrängnis haben wir uns die Erinnerung an dieses große Erlebnis unserer Jugend bewahrt. Es waren Tage erlebter internationaler Gemeinschaft und Solidarität, es war, wie wenn der Geist der Internationale für drei Tage lebendige Wirklichkeit geworden wäre."

Wien hatte man aus guten Gründen für diese Zusammenkunft auserwählt: das „Rote Wien" war ab 1918 die erste sozialistisch regierte Metropole außerhalb der Sowjetunion. Nicht der Marxismus bolschewistischer Prägung wurde in der Hauptstadt des republikanischen Österreich verwirklicht – der war seit dem Misserfolg der Rätebewegung 1919 diskreditiert. Wien wurde von den mit absoluter Mehrheit gewählten Sozialdemokraten beherrscht, und einer Reihe Kommunalpolitikern gelang es hier, das austromarxistische Postulat vom „neuen Menschen" in die politische Praxis umzusetzen. Intellektuelle Politiker und Theoretiker vom Schlage Otto Bauers, Karl Renners, Friedrich Adlers oder Max Adlers forcierten den großen Wurf einer grundlegenden Umgestaltung der proletarischen Lebensweise.

„Was wir für die Jugendhorte ausgeben, werden wir an Gefängnissen ersparen. Was wir für Schwangeren- und Säuglingsfürsorge verwenden, ersparen wir an Anstalten für Geisteskranke", verkündete etwa der Wiener Sozial- und Gesundheitsstadtrat Dr. Julius Tandler. Die Neuordnung des gesamten öffentlichen Fürsorgewesens reichte gleichsam „von der Wiege bis zur Bahre" und fand ihren monumentalen Höhepunkt in der erfolgreichen Bekämpfung der extremen Wohnungsnot in der Nachkriegszeit:

36

im kommunalen Wohnbau, als dessen weltweit bewundertes Beispiel der Karl-Marx-Hof in Wien-Heiligenstadt galt und bis heute gilt.

Im Herbst 1929 begann Bruno Kreisky an der Wiener Universität zu studieren. Er hatte zunächst den Wunsch, Mediziner zu werden, ein Gespräch im Hochsommer des Jahres 1929 sollte seine Einstellung jedoch grundlegend ändern. Otto Bauer, der stellvertetende Parteivorsitzende der SDAP, die damals in Wahrheit wichtigste Persönlichkeit innerhalb der sozialdemokratischen Arbeiterpartei, stellte dem Achtzehnjährigen eines Nachts auf dem Weg zur *Arbeiter-Zeitung*, deren Redaktionsmitglied er war, die Frage, was er denn eines Tages werden wolle. Als Bauer von Kreiskys Vorstellungen erfuhr, meinte er, es sei kaum denkbar, Arzt zu sein und sich zugleich politisch zu betätigen. Er zählte eine ganze Reihe von Ärzten auf, die Parteimitglieder waren und ihren Beruf aufgeben mussten. „Die Partei braucht gute Juristen und hat davon zu wenige", ließ Bauer den Jüngling wissen, „wenn Sie der Partei wirklich einen Dienst erweisen wollen, müssen Sie Jurist werden. Studieren Sie Jus!" Und noch etwas gab er ihm schon damals mit auf den Weg, einen Rat, an den er sich viele Jahre später nur allzu gut erinnern sollte: „Sprechen Sie immer schön langsam und auch sonst so, dass die Leute Sie verstehen!"

Kreisky, der sich laut eigener Aussage „mit allen Fasern" seines politischen Denkens an Otto Bauer gebunden fühlte, immatrikulierte denn auch an der juristischen Fakultät. Trotz mannigfacher Ablenkungen – seiner stets wachsenden politischen Interessen und Verpflichtungen wegen – kam er mit dem Lernen gut voran. Seine Erinnerungen an die Studentenzeit waren jedoch alles andere als positiv. Zum einen, da er der Jurisprudenz im Endeffekt nicht viel abgewinnen konnte, ein Studium, das laut seiner Aussage „für die praktische Arbeit in der Politik nicht viel Hilfe gibt". Und zum zweiten: noch im hohen Alter betrat er das Auditorium Maximum der Wiener Universität mit einem Gefühl der Beklommenheit. Zu sehr hatten sich ihm die Militanz der immer rücksichtsloser und rüpelhafter auftretenden Deutschnationalen und der rabiate Antisemitismus eingeprägt, die die Studienatmosphäre der dreißiger Jahre vergifteten. „Es war schlicht und einfach eine Hölle", stellte er fest; vor allem jüdische und linke Studenten wurden regelmäßig verprügelt, nicht selten sogar während des Unterrichts: „War man aus dem Hörsaal einigermaßen heil heraus, stand das Schlimmste noch bevor." Nicht selten wurde man während des Spießrutenlaufs durch die Korridore und über die Stiegen des Universitätsgebäudes verprügelt.

Das politische Klima in Österreich verdüsterte sich im Verlauf der 1920er und frühen 1930er Jahre zunehmend. Italien, seit 1922 von Benito Mussolini beherrscht, verwandelte sich in eine faschistische Hochburg, während in Ungarn und Jugoslawien rechts-autoritäre Regime die Macht übernommen hatten. In Deutschland gewann die Nationalsozialistische Arbeiterpartei unter Adolf Hitler zwar zunächst nur langsam an Boden, doch nach und nach zeichneten sich erste deutliche Erfolge ab. Der große Zuwachs an Wählerstimmen für die NSDAP anlässlich der Reichstagswahl des Jahres 1930 warf auch auf Österreich seine Schatten und führte zu einem Erstarken der rechtsgerichteten Gruppierungen, der Christlichsozialen, der von Bundeskanzler Ignaz Seipel unterstützten, von Ernst Rüdiger Starhemberg angeführten „Heimwehr" und der nationalsozialistischen Bewegung österreichischer Prägung. Insbesondere unter dem Eindruck der Weltwirtschaftskrise setzten sich zunächst jene Fraktionen immer mehr durch, welche die Vereinigung mit Deutschland beschleunigt herbeiführen wollten.

Parallel zu diesen Entwicklungen nahm Bruno Kreiskys politische Karriere in jenen Jahren einen deutlichen Aufschwung. Schon 1930 wurde er zum Vorsitzenden der Regionalorganisation für Klosterneuburg, Purkersdorf und Tulln der SAJ bestellt und schließlich in das Führungsgremium des Gesamtverbandes gewählt. 1933 wählte man ihn zum Vorsitzenden des „Reichsbildungsausschusses" der SAJ; damit war er für die gesamte Bildungs- und Kulturarbeit des Verbandes zuständig. Seine damaligen Gefühle nach der Ernennung beschrieb Kreisky noch Jahrzehnte später mit den Worten: „Als ich den Saal verließ, war ich ganz einfach glücklich." Er empfand die

Zeit als Mitglied der sozialistischen Jugendbewegung insgesamt „als so erlebnisreich, dass ich fast geneigt wäre, sie zu den schönsten meines Lebens zu rechnen".

Der junge Kreisky positionierte sich als „linker Sozialdemokrat" und stellte die „Theorie der Pause" zur Diskussion, die vor allem den jungen Linken innerhalb der Partei gefiel. Diese These besagt sinngemäß, dass die Sozialdemokratie sich den revolutionären Gestus bewahren müsse, weil es Revolutionen und Phasen *dazwischen* gebe; und in einer solchen Pause befinde man sich eben. Die politischen Diskussionen der dreißiger Jahre kreisten daher auch um die Frage, ob die gegenwärtige nur eine der großen Krisen des Kapitalismus oder schon seine letzte sei.

Die Massenarbeitslosigkeit der dreißiger Jahre – auf ihrem Höhepunkt gab es in Österreich sechshunderttausend Arbeitslose – vernichtete das ohnehin nur in Ansätzen vorhandene staatliche Sozialnetz, sieht man von den Errungenschaften des „roten Wien" ab. Und so erlebte der junge Sozialist in diesen Jahren der gesellschaftlichen und politischen Umbrüche, wie sich die deklassiert fühlenden Arbeiter und Kleinbürger dem Faschismus zuwandten. „Sie nahmen bedenkenlos die rote Fahne und setzten in die Mitte die Swastika. Sie übernahmen die alten sozialistischen Lieder und unterschoben ihnen einen neuen Text. Und wie die Sozialisten und Sozialdemokraten marschierten sie an den Feiertagen. Nur teilten sie die Kapitalisten in Schaffende und Raffende ein und setzten dem Wort Sozialismus das Wörtchen national voran. Es war wie in der Legende, wonach am Jüngsten Tag der Teufel in Gestalt des Herrn erschien."

Die Weltwirtschaftskrise mit ihren fatalen Folgen für die klassische Arbeiterbewegung hat Kreiskys politisches Denken tief geprägt; seine Politik der Vollbeschäftigung, die er in den 1970er Jahren mit großer Verve vertreten sollte und wider so manche scheinbare ökonomische Rationalität verteidigt hat, ist nur aus dem unmittelbaren Erleben jener Zeit zu verstehen.

3.

Im Frühjahr 1932 stand Österreich ganz im Zeichen eines tiefgreifenden politischen Umschwungs: Nach dem Rücktritt des christlichsozialen Bundeskanzlers Karl Buresch übernahm der bisherige Landwirtschaftsminister Engelbert Dollfuß die Regierungsgeschäfte. Der niederösterreichische Politiker, im Volksmund nicht zuletzt seiner kleinen Körpergröße wegen „Millimetternich" genannt, koalierte mit den faschistischen Heimwehren und dem deutschnationalen Landbund für Österreich. Dollfuß' Programm eines „sozialen, christlichen, deutschen Staates in Österreich (…) unter starker, autoritärer Führung dieses Staates" lehnte sich deutlich am Modell des italienischen Faschismus an und rückte erstaunlicherweise von der Anschlussidee nachdrücklich ab. Dollfuß hob vielmehr die „besondere Mission" Österreichs gegenüber Deutschland hervor, eine Haltung, die auch nach Adolf Hitlers Machtergreifung am 30. Jänner 1933 österreichische Staatsräson blieb. Den Führer dürfte das nicht sonderlich beeindruckt haben, längst sah er in seiner Heimat einen Teil des künftigen „Tausendjährigen Reichs".

Die sukzessive Zerschlagung der seit November 1918 in Österreich errichteten demokratischen Strukturen erreichten im März 1933 mit der Ausschaltung des Parlaments ihren vorläufigen Höhepunkt. Es war das Jahr, „als die große Beschleunigung in die Welt kam, die alles mit sich fortreißen sollte", wie Elias Canetti es formuliert hat.

Unter Ausnutzung einer Geschäftsordnungpanne im Nationalrat legte Dollfuß am 4. März 1933 die Volksvertretung lahm und schaltete in der Folge auch den Verfassungsgerichtshof aus. Er etablierte die „Vaterländische Front" als Regierungspartei und herrschte fortan auf Basis des Notverordnungsrechts ohne Parlament. Sowohl der Republikanische Schutzbund als auch die Kommunistische Partei samt ihren Nebenorganisationen, der Freidenkerbund sowie der Verband Sozialistischer Mittelschüler wurden von der Regierung aufgelöst. Die Todesstrafe wurde wieder eingeführt. Zeitungszensur und die Einschränkung des Versammlungsrechts folgten. Ab Mai 1933 wurde auch die nationalsozialistische Partei Österreichs wegen ihrer Terrorakte mit Todesfolgen verboten, sollte in der Illegalität aber immer größere Triumphe feiern.

Stefan Zweig, in dieser Umbruchszeit vorübergehend in seine Heimat zurückgekehrt, stellte fest: „Aus der stillen und sicheren Atmosphäre Englands in dies von Fiebern und Kämpfen geschüttelte Österreich zu kommen, war, wie wenn man an einem heißen New Yorker Julitag aus einem luftgekühlten Raum plötzlich auf die glühende Straße tritt." Es sollte nicht mehr lange dauern, da verwandelte sich diese politische Hitze in einen regelrechten Flächenbrand.

„Am 12. Februar 1934 saß ich zu Hause über meinen Büchern, um mich auf Prüfungen vorzubereiten, als plötzlich das Licht ausging", heißt es in Bruno Kreiskys Memoiren. „Da hatte ich gleich das Gefühl, dass etwas los sei." Er eilte zum Hauptquartier der Sozialistischen Partei auf der Rechten Wienzeile, wo aber niemand anzutreffen war. Die Stromversorgung war unterbrochen, dies galt unter der Arbeiterschaft als das Startsignal für einen Generalstreik. Was war geschehen? In den Morgenstunden des 12. Februar hatten Polizisten ein Linzer Arbeiterheim, das Hotel Schiff, unter dem Vorwand überfallen, dort ein Waffenlager zu vermuten. Es kam zu einem Schusswechsel, die Nachricht von den Auseinandersetzungen breitete sich sehr rasch im ganzen Land aus. Zwar wurde der Generalstreik kaum befolgt, dennoch griff der Aufstand auf größere Teile des Landes über und weitete sich schließlich sogar zu einem Bürgerkrieg aus. Vor allem in Wien und anderen Industriestädten (Steyr, St. Pölten, Weiz, Eggenberg bei Graz, Kapfenberg, Bruck an der Mur) wurde einige Tage lang heftig gekämpft.

In der Hauptstadt zogen sich die sozialistischen Schutzbündler in die Arbeiterheime sowie in die großen Gemeindebauten des „roten Wien", in den Karl-Marx-, George-Washington- und Reumann-Hof zurück und begannen von dort aus das Bundesheer, die Polizei und die Heimwehr zu beschießen. „Es sprach gegen jede Vernunft", sollte Bruno Kreisky später kritisch anmerken, „den Kampf dorthin zu verlegen, wo Frauen und Kinder waren." Der Bürgerkrieg dauerte vier Tage, wobei die Regierungstruppen nicht davor zurückschreckten, auch Kanonen gegen die Arbeiterschaft aufzufahren. Als die hoffnungslos unterlegenen Schutzbündler am 15. Februar endgültig kapitulierten, waren auf beiden Seiten beinahe dreihundert Tote und rund achthundert Schwerverletzte zu beklagen.

Tausende wurden inhaftiert, angeklagt beziehungsweise aus ihren Berufen geworfen oder flüchteten ins Exil. Exakte Zahlen fehlen bis heute, rund zehntausend dürften aber von diesen Formen der politischen Verfolgung betroffen gewesen sein. 7.169 Personen wurden bis zum Februar 1938 amnestiert – vor allem Sozialdemokraten, aber auch einige Kommunisten.

Der junge Kreisky war nicht aktiv an den Februarkämpfen beteiligt, hatte jedoch einen Kampfaufruf der Partei redigiert, aktualisiert, hektografiert und die Flugblätter in einem Rucksack quer durch die bürgerkriegsgeschüttelte Stadt getragen und verteilt. Was ihm aber in diesen Tagen besonders auffiel und schmerzlich bewusst wurde, war die Desorganisation der schlecht vernetzten Partei und ihrer dilettantischen Führer. Die Zeitzeugin Rosa Jochmann brachte es auf den Punkt: „Otto Bauer blieb ein wunderbarer Mensch – General war er jedoch keiner."

Zahlreichen Arbeiteranführern gelang die Flucht in die Tschechoslowakei, unter ihnen auch Bauer, andere jedoch wurden gefasst und im Auftrag des Justizministers Kurt Schuschnigg wenige Tage später gehängt – der charismatische Koloman Wallisch etwa oder Karl Münichreiter, der schwer verletzt auf einer Krankentrage zum Galgen geschleppt wurde.

Stolz verkündete Dollfuß, die „Revolution" der Arbeiter erfolgreich niedergeschlagen zu haben. Die Toten des österreichischen Bürgerkriegs waren noch nicht bestattet, als die Bundesregierung am 16. Februar die Annullierung der sozialdemokratischen Mandate und die Beschlagnahme der Vermögenswerte der Sozialdemokratischen Partei und ihrer Organisation verfügte. Die Gewerkschaften wurden aufgelöst und ihr Vermögen beschlagnahmt. Das Gleiche geschah mit den wirtschaftlichen Organisationen der Partei, wie der Arbeiterbank und dem Vorwärts-Verlag; alle kulturellen Parteiorganisationen, etwa die Kunsthalle, die Kinderfreunde, die Naturfreunde, die Bibliotheken, und mehr als dreitausend sozialdemokratische Vereine aller Art wurden liquidiert. Innerhalb weniger Wochen waren ungefähr 40 Prozent der österreichischen Bevölkerung zu gesellschaftlichen Parias geworden.

„Nie wird die Arbeiterschaft diesen ‚Februar-Aufstand' vergessen, der sie Dollfuß fanatischer hassen (ließ) als sogar Hitler", hielt der Schriftsteller und Filmemacher Georg Stefan Troller fest, der als Schüler in Wien die Kämpfe miterlebt hat. Für den jungen Parteiaktivisten Kreisky aber war infolge der Unruhen 1934 „das, was ich für meine Welt hielt, zusammengebrochen".

In einem Gespräch mit der Politologin und Journalistin Elisabeth Horvath, wenige Jahre vor seinem Tod geführt, gab er zu Protokoll: „Es haben jene Leute recht, die sagen, ‚der Kreisky hat eigentlich die Christlichsozialen mehr gehasst als die Nazis'. Die Christlichsozialen haben uns ja am 12. Februar 1934 besiegt, und wir sind die Unterlegenen gewesen. Unsere unmittelbare Niederlage hat in dem Feuer des Februar gebrannt. (…) Die wirklichen Faschisten waren für uns die Christlichsozialen. Das ist auch der Schlüssel, warum ich gegen junge Leute, die vom Hitler-Regime verführt worden sind, keinen Hass empfunden habe, außer jemand trägt durch seine Taten das Stigma des Holocaust."

4.

Das formelle Verbot der Sozialdemokratie führte zu tiefgreifenden Veränderungen innerhalb der nunmehr im Untergrund agierenden Organisationen der Arbeiterbewegung. Die sozialdemokratische Führungsschicht hatte sich, soweit möglich, in die Tschechoslowakei abgesetzt, die Reste des alten Parteiapparats wurden von Brünn aus verwaltet. Auch die illegale *Arbeiter-Zeitung* wurde in Brünn gedruckt und über die Grenze nach Österreich geschmuggelt. Otto Bauer genoss noch einige Zeit eine scheinbar ungebrochene Autorität. Doch nach und nach sah sich die Führungsschicht der Partei einer rabiaten innerparteilichen Kritik ausgesetzt. Die Ablehnung war bei den jungen Ex-Funktionären besonders ausgeprägt, den Alten schlug oft sogar blanke Verachtung entgegen. Hinzu kam, dass der Hass auf die „schwarze Brut", eine „Art Rachsucht, die aus der Niederlage kam", in vielen Sozialisten eine perverse Hoffnung auf die Nazis aufkommen ließ. Sie würden mit dem Dollfuß-Regime „aufräumen", spekulierte man. Kreisky lapidar: „Der Hass auf Dollfuß war stärker als die Angst vor allem anderen." Daher war sein „Verhältnis zu ehemaligen Nazis ein anderes", so seine rückblickende, nicht ganz unproblematische Feststellung. Ein Vorgriff: In der „Affäre Friedrich Peter/Simon Wiesenthal" der späten 1970er Jahre sollte diese Einschätzung politisch auf die problematischste Art und Weise wirksam werden.

Viele Basisfunktionäre und einfache Parteimitglieder wendeten sich in der Folge enttäuscht von der sozialdemokratischen Partei ab und traten, zum Teil als geschlossene Gruppen, zur ebenfalls illegalen Kommunistischen Partei über. Nicht jedoch Bruno Kreisky: Er hatte, wie noch zu zeigen sein wird, stets den „demokratischen Sozialismus" im Blick; eine Bezeichnung übrigens, die er gerne als Abgrenzung zum „realen Sozialismus" sowjetischer Lesart verwendete. Daher stand der junge Kreisky auch allen Einigungsbestrebungen der Linken, wie sie in der Sozialdemokratie namentlich von Otto Bauer betrieben worden waren, ablehnend gegenüber.

Wenige Tage nach dem Ende des Bürgerkriegs, am Sonntag, dem 18. Februar 1934, war Kreisky bei der Gründung der „Revolutionären Sozialistischen Jugend" (RSJ) auf einer Lichtung im tiefverschneiten Wienerwald dabei. Gemeinsam mit seinem besten Freund in der Bewegung, dem Arbeiter Roman Felleis, übernahm er die Leitung der Gruppierung. „Revolutionär" wollte man sein, denn nur eine Revolution könne die Demokratie wieder zurückbringen und den Menschen das geben, was ihnen im November 1918 versagt geblieben war.

Besorgt wegen der immer bedrohlicheren Verhaftungswelle rieten die Eltern ihrem Sohn, er solle sich für eine Weile zu den

Großeltern nach Trebitsch zurückziehen. Bruno aber blieb in Wien, um sich an den zunächst nur zögernd einsetzenden illegalen Aktivitäten der zerschlagenen Partei zu beteiligen. (Seine Decknamen in der Zeit der Illegalität lauteten übrigens Rainer, Braun, Brand und Pichler.) Einerseits wollten die nun „Illegalen" der Öffentlichkeit beweisen: Wir sind noch da. Andererseits galt es, die versprengten Reste der Parteiorganisation neu zu formieren.

Immer wieder reiste er in dieser turbulenten Zeit für einige Tage in die Tschechoslowakei, konnte den Behörden vorgaukeln, dort seine Verwandten zu besuchen, in Wirklichkeit leistete er heimliche Parteiarbeit: Er betätigte sich als Kurier, um beim Auslandsbüro der Partei Briefmarken für den Versand der *Arbeiter-Zeitung* abzuliefern, und sorgte außerdem dafür, dass das verbotene Blatt in klandestinen Säcken über die Grenze geschmuggelt wurde. „Man hat sie nach Znaim gebracht und dort in Gurkensäcke verpackt, und zwischen Znaim und Retz auf der österreichischen Seite der Grenze wurden die Gurkensäcke hin- und hertransportiert." Familie Felix, die Verwandten seiner Mutter, besaß Gurkenfelder in dieser Gegend – auch sie steuerten Säcke bei.

Während eines dieser Besuche kam es erneut zu einer längeren Unterredung Bruno Kreiskys mit Otto Bauer, die ihm sein Leben lang in Erinnerung bleiben sollte. Bauer sprach ausführlich von seiner Vision, Österreich werde in Bälde Opfer des deutschen Nationalsozialismus und von Hitler mit an Sicherheit grenzender Wahrscheinlichkeit dem Deutschen Reich einverleibt werden; ein zweiter Weltkrieg sei überdies unausweichlich. Seine Vorstellung zukünftiger Entwicklungen ging aber noch weiter: Der neue Weltkrieg werde rund sieben Jahre, die ganze Schreckenherrschaft des Nationalsozialismus aber „unter Umständen zwölf bis dreizehn Jahre dauern, und da werden ungeheure Opfer gebracht werden müssen".

Schon wenige Wochen später sollte Bauers apokalyptische Weltsicht eine Bestätigung erfahren. Am 25. Juli 1934 kam es zu einem von langer Hand vorbereiteten Putsch der illegalen österreichischen Nationalsozialisten – als Soldaten des

Bundesheeres und als Polizisten verkleidete SS-Männer über-
fielen mehrere Schlüsselpositionen im Land, darunter den
Radiosender Rawag, und drangen ins Bundeskanzleramt am
Wiener Ballhausplatz ein. (Ob sie Helfer im Kanzleramt hatten,
bleibt bis heute ungeklärt.) Sie erschossen Engelbert Dollfuß
und ließen ihn drei Stunden lang in seinem Blut liegen; er starb
eines langsamen, qualvollen Todes, ärztliche Hilfe wurde ihm
versagt. Doch der Putsch schlug fehl, das österreichische Bundesheer verhielt sich loyal, die von den deutschen Drahtziehern
erhoffte Staatskrise blieb zunächst noch aus.

Nach anfänglicher Weigerung übernahm der bisherige Jus-
tiz- und Unterrichtsminister Kurt Schuschnigg die Regierungsgeschäfte im Ständestaat und setzte den herrschenden klerikal-
autoritären Kurs seines Vorgängers unbeirrt fort.

Zum Entsetzen seiner großen intellektuellen Anhängerschaft, darunter Robert Musil, Elias Canetti, Hermann Broch,
Adolf Loos, Peter Altenberg, schrieb der vermeintlich unbe-
stechliche, „unfehlbare" Karl Kraus in der *Fackel* eine Art Nachruf auf Dollfuß, in dem zu lesen stand: „Im Gehirn des einen
kleinen Retters aus großer Gefahr" ließe sich „mehr Grütze vermuten, als vierzig Jahre österreichischer Regierung und insbesondere österreichischer Opposition aufzuweisen hatten".

Der Historiker Golo Mann fasste die Juli-Ereignisse des Jahres 1934 wie folgt zusammen: „Dollfuß, der Diktator, wird in
seiner Amtswohnung umgebracht. Aber wieder erweist sich der
Staat, wenn er sich nur zu verteidigen wagt, als stärker als die
Putschisten. Die Nazis mögen ein gutes Drittel aller Österreicher hinter sich haben; trotzdem lässt sich der Staat von ihnen
nicht erobern. Und da nun Mussolini seine Divisionen drohend
oder schützend am Brenner aufmarschieren lässt, so wagt Hitler es auch von außen nicht. Eilends zieht er sich aus der Affäre
zurück."

Bruno Kreisky hat aus seinen Gefühlen Dollfuß gegenüber
nie ein Geheimnis gemacht: „Ein Mann, der verantwortlich war
für die faschistische Entwicklung im eigenen Lande und für das
Bündnis mit Mussolini, ein Mann, der an den Exekutionen sozialdemokratischer Arbeiter Mitschuld trug, der es geschehen

ließ, dass ein schwerverwundeter Schutzbündler, Karl Münich-reiter, gegen alles Recht zum Galgen geschleppt wurde – als dieser Mann am 25. Juli 1934 von den Nazis ermordet wurde, war ich keines Mitleids fähig." Dabei hatte er ihn 1929, als Jugendlicher, sogar einmal persönlich kennengelernt: Im Zuge der Recherchen für seine Matura-Arbeit über die wirtschaftliche Lebensfähigkeit Österreichs besuchte er den damaligen Direktor der niederösterreichischen Landwirtschaftskammer in dessen Büro. Dollfuß empfahl dem Achtzehnjährigen, er möge Otto Bauers *Kampf um Wald und Weide* lesen: die seiner Meinung nach beste Darstellung der österreichischen Landwirtschaft.

5.

Zu Weihnachten 1934 wurde in einem alten Bauernhof am Lahnsattel, an der niederösterreichisch-steirischen Grenze, die erste Jugendkonferenz der „Revolutionären Sozialisten" (RS) abgehalten. An ihr nahmen auch kommunistische Jugendfunktionäre teil, und wieder einmal ging es um die Vereinigung beider Jugendorganisationen, die jedoch mit großer Mehrheit abgelehnt wurde.

Eine Woche später, um die Jahreswende, fand dann in Brünn die erste Reichskonferenz der „Vereinigten Sozialistischen Partei" statt – so hieß die alte SDAP nunmehr. Als Delegierte der RS entsandte man Bruno Kreisky und seinen Freund Roman Felleis.

Was die Teilnehmer der Brünner Sylvester-Konferenz nicht ahnten: Es war der österreichichen Polizei gelungen, einen Spitzel einzuschleusen, und schon wenige Wochen später begann eine Verhaftungswelle, die immer mehr Männer und Frauen aus der Bewegung ihre Freiheit kosten sollte. Kreisky reiste Ende Jänner 1935 wieder nach Brünn, zu Otto Bauer, berichtete ihm ausführlich, was geschehen war, und holte seinen Rat ein. Auf der Rückreise nach Österreich fielen ihm im Nebencoupé zwei Männer auf, die er für Kriminalbeamte hielt. Er stieg daher früher aus als ursprünglich geplant, bereits in Floridsdorf und nicht erst am Nordbahnhof, und konnte ihnen entkommen.

Die Freude, „der Polizei ein Schnippchen geschlagen zu haben, sollte nicht lange währen", schreibt Kreisky in seinen Memoiren. „Einige Tage später läutete es um 6 Uhr in der Früh an der Tür, und noch bevor ich öffnen konnte, haben sie mit der Taschenlampe hereingeleuchtet und nur gesagt: ‚Staatspolizei‘."

Formell festgenommen wurde Bruno Kreisky an diesem 31. Jänner 1935 sonderbarerweise nicht, man forderte ihn lediglich auf, sich zur Auskunftserteilung in das Polizeipräsidium zu begeben, redete ihm sogar ein, er sei sicherlich schon zur Mittagszeit wieder zuhause. „Ich wurde selbstverständlich sofort ins Gefangenenhaus gebracht, worüber bei mir vom ersten Augenblick kein Zweifel bestand", heißt es in Kreiskys Gefängnistagebuch. „Trotzdem war ich heiter und recht guter Dinge. Wie ich jedoch hinter mir die erste Gittertür ins Schloss fallen hörte, gab es mir einen leichten Riss."

3. Kapitel
Häftling, Flüchtling

1.

Bei der Durchsuchung der Wohnung seiner Eltern wurde nichts Verdächtiges gefunden, Kreisky leugnete daher während zahlreicher Verhöre die Teilnahme an der Konferenz in Brünn standhaft. Doch der Kommissar blieb hartnäckig, zeigte ihm schließlich einen zweiten Reisepass, den der „Revolutionär" Kreisky besaß, jedoch bei einer engen Freundin deponiert hatte. Darin prangten die Stempel, die seine Reisen nach Brünn zweifelsfrei dokumentierten. Zunächst glaubte er – wenn er es auch nicht fassen konnte –, seine Genossin habe ihn verraten, doch sollte sich herausstellen, dass das Dokument während einer Übersiedlung aus der Schublade ihres Schreibtisches gerutscht und anschließend zum Fundamt getragen worden war. So geriet dieser Zweit-Pass in die Hände der Polizei. Leugnen war nun zwecklos, Kreisky blieb nichts anderes übrig, als zumindest ein Teilgeständnis abzulegen.

Nach vier Monaten im Polizeigefängnis an der ehemaligen Elisabethpromenade, der heutigen Roßauer Lände, wurde der Häftling am 30. Mai 1935 „in einem finsteren Verschlag ins Landesgericht I transportiert", wie er in seinem Ende Juni 1935 begonnenen Gefängnistagebuch schreibt. Neben dem Briefwechsel mit seinem Vater sind diese heimlichen Aufzeichnungen die persönlichsten und berührendsten Zeugnisse der existentiellen Krisensituation des Vierundzwanzigjährigen.

Nach fünf Monaten Haft, zahlreichen Verhören, einem Hungerstreik der „Politischen" gegen die skandalösen

49

Zustände im Polizeigefangenenhaus kamen dem Jugendführer so manche Zweifel über seine weitere Zukunft. Der Hauptangeklagte Karl Hans Sailer, Mitglied des Zentralkomitees der illegalen Partei, war unter dem psychischen und physischen Terror des austrofaschistischen Justizapparates zusammengebrochen. Kreiskys ursprünglicher, demonstrativ zur Schau getragener Optimismus – „Mir scheint's, Ihna g'fallt's da" soll ein Wächter zu ihm gesagt haben – wich bald nagender Sorge, die er dem Tagebuch anvertraute: „Ob sie, die Freunde jahrelanger Gemeinschaft sich hie und da meiner erinnern? Was werde ich nur anfangen, wenn ich wieder einmal draußen bin? Soll's wirklich aus sein mit der Juristerei? Mit 25 Jahren wieder von vorne anfangen?"

Aus seinen Briefen, aus der Haft geschmuggelten Kassibern und dem Gefängnistagebuch, das er sich mühevoll aus Blättern selbst anfertigte und vor den Gefängniswärtern zu verstecken wusste, geht hervor, wie sehr er unter der Isolation gelitten hat, sich aber gleichzeitig mit dem Niederschreiben selbst neuen Mut zusprach. „Wir die 25 Jährigen, wir haben also auch schon eine Vergangenheit", stellte er fest, „wir haben ‚unser Fronterlebnis'!" In schwülen Sommernächten auf dem Rücken liegend und durch das kleine, vergitterte Fenster einen Ausschnitt vom Himmel findend, blickte er zuweilen mutig in die Zukunft, der Revolutionär brach wieder durch: „Dann sehe ich mich in der Verhandlung, der Kämpfer erwacht in mir. Ich will und werde mutig sein – das weiß ich. Ich werde zu meinen Richtern treten und ihnen von meinem Leben erzählen, wie die herrliche Jugendbewegung zum Lebensinhalt für mich geworden ist, was sie aus mir gemacht hat. Ich werde mein politisches Bekenntnis ablegen ..." Und an anderer Stelle: „Ich werde mit meinem Optimismus langsam lächerlich ... Ja, ich muss Optimist bleiben, auch hier drinnen. Wenn's auch noch so schwer ist. Ich darf meiner Lebenshaltung nicht untreu werden. Das bin ich mir schuldig und vor allem aber all denen, die an mich glauben ..."

An seine Eltern schrieb er kaum etwas über die schweren Bedingungen der Haft, erwähnte weder Hunger noch Schmutz, noch Einsamkeit oder gar Krankheiten und Erschöpfungszustände. In einem der Briefe liest man: „Der plötzliche Kälteeinbruch ist für einen Gefangenen keineswegs angenehm. Ihr wisst wohl selbst, dass ich nicht verweichlicht bin u. in den vergangenen Jahren im Sommer oft in Zelten genächtigt habe."

Max Kreisky empfand es als unehrenhaft, seine Beziehungen ins Spiel zu bringen, um den Sohn vorzeitig aus der Haft befreien zu lassen. Er schrieb ihm: „Dass ich nichts unternehme, was unter Deiner und meiner Würde ist, braucht wohl nicht erst bemerkt zu werden. Ich habe dazu sogar schon Gelegenheit gehabt, doch habe ich verzichtet, weil es mir würdelos und unmännlich erschienen ist. Was immer auch kommen mag, hoffe ich, dass wir beide es gemeinsam zu tragen wissen ..." Bruno antwortete seinem Vater: „... wie immer auch das Urteil ausfallen wird, dürft Ihr Euch nicht aufregen, eingesperrt bin schließlich ich, und mir macht's nichts. Ich bin gesund und kräftig genug, um jede Haft auszuhalten. Übrigens ist eine Haft eine ganz gute Sache, man lernt ausreiben, Socken waschen und stopfen – und vor allem schlecht essen. Das schadet nie, ein paar Jahre das Leben von der schlechtesten Seite kennenzulernen ..."

Nach der vorläufigen Haft im Polizeiarrest, in denen die Häftlinge meist in der Nacht Verhören unterzogen und mit Aussagen von Mithäftlingen konfrontiert wurden, bot die Überstellung in das Landesgericht I bessere Möglichkeiten der Verbindung nach draußen und des Informationsaustausches unter den Gefangenen. So konnten zum Beispiel die Besuche beim Anstaltszahnarzt für Absprachen mit anderen Häftlingen oder Anwälten genutzt werden. Dabei halfen die Häftlinge einander über alle politischen Barrieren hinweg.

Bruno Kreisky machte in der Gefängniszeit nicht nur die Bekanntschaft anderer politischer Gefangener, Sozialdemokraten, Kommunisten, Nazis (kein zweites Land brachte so unterschiedliche politische Dissidenten hinter Gitter wie Österreich zur Zeit des Ständestaats), sondern begegnete auch einer recht großen Zahl gewöhnlicher Verbrecher. Er empfand eine gewisse Sympathie für sie – darunter Taschen- und Schlafwagendiebe, Scheckbetrüger und Passfälscher, Hehler und Zuhälter.

Einige seiner aus politischen Gründen inhaftierten Zellengenossen im Wiener Landesgericht aber wurden sogar seine Freunde: etwa der illegale Nationalsozialist Freiherr Egon Müller-Klingspor, Mitglied einer alten deutsch-schwedischen Adelsfamilie. Jahrzehnte später sollte sich Klingspor erinnern: „Es gab ein sehr harmonisches Zellendasein." Sowohl Kreisky als auch Klingspor lasen begeistert Rilke, machten einander, so Klingspor, „auf besonders schöne Stellen aufmerksam". Und Kreisky urteilte rückblickend: „Im Gefängnis gab es keine Vorurteile."

Im Gespräch mit Herlinde Koelbl kam er 1988 noch einmal auf seinen Zellengenossen zu sprechen: „Einige Nazis, die mit mir im Gefängnis gewesen sind, habe ich schon vorher gut gekannt. Zum Beispiel den Egon Müller-Klingspor, mit schwedischen Vorfahren. Er hat in meinem Bezirk gewohnt. Wir haben uns hasserfüllt angeblickt, wenn wir aneinander vorübergegangen sind. Er zum Naziaufmarsch, ich zum Roten Aufmarsch. Wir haben uns im Gefängnis wiedergesehen und sind dann eigentlich gute Freunde geworden. Die Freundschaft, wenn man das so nennen kann, hält noch heute. Als er achtzig geworden ist, da habe ich ihm gratuliert."

Ein anderer illegaler Nazi, der Malermeister Josef Weninger, ein antisemitischer Kleinbürger, der im Verdacht stand, Sprengstoffanschläge geplant zu haben, sollte Kreisky noch näher kommen. Er bat seinen Zellengenossen eines Tages um einen großen Gefallen: Weninger schrieb einen Kassiber, auf Zigarettenpapier, mit der Bitte, Kreisky möge ihn seinem Anwalt übergeben, der ihn dann an Weningers Anwalt weiterleiten sollte. Eine überraschende Leibesvisitation durch Justizwachebeamte – während er im Wartezimmer saß – zwang Kreisky jedoch dazu, den Kassiber zu verschlucken. „Gott sei Dank!", stöhnte Weninger, „wenn die *des* erwischt hätten, wär' ich verloren gewesen!" Es ging um Hinweise auf einen terroristischen Anschlag, ein Delikt, auf das die Todesstrafe stand. Kreiskys Verschlucken des kleinen Papiers war eine kleine Heldentat, die der illegale Nazi dem illegalen Sozialdemokraten nie vergessen sollte.

Auch ein junger Kommunist namens Rudolf Auerhahn saß mit Kreisky ein, auch mit ihm vertrug er sich durchaus: „Ein lieber, frecher Kerl, sehr eloquent, politisch allerdings unerträglich, weil er Stalin in allem und jedem verteidigte." In gewisser Weise beneidete er die beiden Zellengenossen – der eine glühende Idealist fühlte sich Hitler, der andere Stalin verpflichtet. „Und da saß der kleine Sozialdemokrat Kreisky zwischen diesen beiden, die einen Stalin und einen Hitler hatten, und er hatte gar nichts."

Der „kleine Sozialdemokrat" wusste die langen Monate in der Haft allerdings gut zu nutzen: Er nahm sich die Worte des Mitbegründers der deutschen sozialdemokratischen Arbeiterbewegung, August Bebel, zu Herzen, der einst feststellte, seine zweijährige „Festungshaft", 1872 bis 1874, habe ihm das Universitätsstudium ersetzt. Kreisky las beinahe ununterbrochen, sowohl Bücher und Zeitschriften aus der Gefängnis-Bibliothek als auch Werke, die seine Angehörigen ihm zur Lektüre in die Zelle bringen durften. „Man bekam alles und brauchte nur Listen aufzustellen." In den Tagebuchblättern des wissbegierigen Häftlings finden sich diese Listen von Büchern, denen er seine Studien widmete. Eines seiner Lieblingswerke war der halb-autobiografische Roman *Eine Frau allein* (im Original: *Daughter of Earth*) der amerikanischen Autorin Agnes Smedley, der ihren Werdegang von einer Farmerstochter aus ärmsten Verhältnissen zur sozialistischen Vorkämpferin nachzeichnet.

Er befasste sich mit marxistischer Literatur, arbeitete zunächst *Das Kapital* genauestens durch und las *Materialismus und Empiriokritizismus*, „Lenins unverständlichstes Buch"; weiters Max Adlers *Staatsauffassung des Materialismus* und andere Werke sozialistischer Theoretiker. Ausführlich beschäftigte er sich mit Ökonomie (sie erweckte schon während des Studiums sein Interesse) und las Bücher von Rudolf Hilferding, Othmar Spann, Lloyd George und Nikolai Bucharin. Eine besondere Vorliebe hatte er für Biografien historischer Persönlichkeiten, darunter Bismarck, Gandhi, Hindenburg und Walther Rathenau. Er las Neuerscheinungen über Mussolini und Hitler, verschaffte sich dadurch Einblicke in den wachsenden Personenkult des Faschismus. Auch Bücher über die „Rassenfrage" finden sich auf Kreiskys Leseliste: „Ich dachte dabei viel über das Erbgut nach, das in mir steckt." Arnold Zweigs *Bilanz der deutschen Judenheit* hat er akribisch studiert. Der im späteren Leben als „Lieblingsbuch des Kanzlers" bekannt gewordene Roman *Der Mann ohne Eigenschaften* von Robert Musil gehörte bereits wenige Jahre nach seinem Erscheinen zu Kreiskys Lektüre. Es mag gut sein, dass er ihn auch im Gefängnis bei sich hatte. Der erste Band des auf drei Bücher angelegten Romans war Ende 1930, der erste Teil des zweiten Buches 1932 erschienen.

Werke von Alfred Polgar, Friedrich Torberg, Ilja Ehrenburg, Rainer Maria Rilke, Robert Neumann, Heinrich Mann, H. G. Wells, Albert Einstein und Max Adler sowie eine ganze Reihe von Lyrikbänden komplettierten seinen schier unbändigen Lesehunger.

Die Geduld der Häftlinge und auch ihr Mut wurden nach wie vor harten Bewährungsproben ausgesetzt. Das gerichtliche Verfahren zog sich in die Länge – zwar waren die Erhebungen der Staatsanwaltschaft am Ende des Sommers 1935 abgeschlossen, aber die ursprünglich für Oktober angesetzte Hauptverhandlung wurde immer wieder vertagt. „Hinzu kam, dass ein Leben ohne Frauen für einen jungen Menschen eine besondere Belastung darstellt", wie Kreisky freimütig bekannte. „Dennoch habe ich mich eigentlich nicht sehr bedrückt gefühlt", fügte er hinzu.

Erst am 17. Jänner 1936, beinahe ein Jahr nach seiner Festnahme – die Inhaftierten hatten wieder einmal einen Hungerstreik abgehalten –, wurde den Beschuldigten die Anklageschrift endlich zugestellt. Das Entsetzen war groß, als bekannt wurde, dass sie auf Todesstrafe für die Hauptangeklagten lautete. Sämtliche Beschuldigten wurden des Hochverrats bezichtigt. Sie hätten die gewaltsame Veränderung der Regierungsform gewollt und auf die „Herbeiführung einer Empörung" oder eines Bürgerkriegs hingearbeitet.

Nach Bekanntwerden der Anklage erhöhte sich jedoch der internationale Druck auf das Schuschnigg-Regime. Dutzende Solidaritätstelegramme aus dem gesamten demokratischen Europa trafen in Wien ein: Es war Friedrich Adler gelungen, berühmte Sozialisten wie Léon Blum, den

Friedensnobelpreisträger Arthur Henderson, aber auch den prominenten belgischen Sozialdemokraten Emile Vandervelde zu mobilisieren. Die Kommunisten organisierten eine Postkartenaktion, da unter den Angeklagten auch zwei ihrer Genossen waren. Die beiden hatten zwar nichts mit der Brünner Konferenz zu tun gehabt, das austrofaschistische Regime war aber – ganz im Stil stalinistischer „Amalgamprozesse" – darum bemüht, strafverschärfende Zusammenhänge zu konstruieren.

2.

Die Verhandlung im Großen Schwurgerichtssaal des Grauen Hauses begann am Montag, dem 16. März 1936, in Anwesenheit einer breiten internationalen politischen und publizistischen Öffentlichkeit. Achtundzwanzig Angeklagte standen vor Gericht, praktisch der gesamte Führungskader der Revolutionären Sozialisten.

Den Höhepunkt des ersten Verhandlungstages bildete die Verteidigungsrede Bruno Kreiskys, in welcher er sein politisches Bekenntnis zu Protokoll gab. Monatelang hatte er sich in Gedanken auf diesen Augenblick vorbereitet, immer und immer wieder jedes Detail seiner Rede durchdacht, hinterfragt, neu formuliert, auswendig gelernt. Entgegen seinen ursprünglichen Angaben vor der Polizei, er sei nur zufällig in Brünn gewesen, sagte er nun vor Gericht: „Das war nicht richtig. Ich wurde vorher von einem Parteigenossen, den ich nicht nenne, aufgefordert, zu einer Zusammenkunft ehemaliger Vertrauensleute zu fahren, und ich habe mich dazu bereit erklärt." Er berichtete in der Folge – der offizielle Pressebericht spricht sogar von „weitläufigen Ausführungen" – über seine Aktivitäten. „Ich traf während der Verbotszeit öfters Freunde aus der Partei. Ich gebe zu, dass ich gelegentlich illegale Zeitungen gelesen habe, denn die legalen Zeitungen dürfen die Wahrheit nicht schreiben. Ich bin nach wie vor Sozialist." Er bekannte sich „weiterhin zum Klassenkampf", den er „für das einzige

Mittel der Befreiung der Arbeiterschaft" halte. Auf den Einwurf des vorsitzenden Richters, die Brünner Konferenz hätte den Beschluss gefasst, die österreichische Regierung mit Gewalt zu stürzen, antwortete Kreisky: „Ich muss sagen, dass für uns Sozialisten ganz klar ist, dass Revolution keinesfalls mit blutiger Gewalt identisch ist. Man nennt uns Marxisten, aber nirgends steht, dass man darunter blutige Gewalt versteht. Revolution heißt Umwälzung. Mittel der Gewalt sind dazu nicht notwendig. Eine Revolution kann sich im tiefsten Frieden vollziehen, so sagt unser großer Lehrmeister Lassalle." Auch bei Marx und Engels fände sich nichts, was mit blutiger Gewalt zu tun hätte. Obwohl „wir Feinde des Dr. Dollfuß gewesen sind", fuhr Kreisky fort, sei es nie zu sozialistischen Attentaten auf ihn gekommen.

Wie sehr Kreisky auch 1936 noch an die Möglichkeit einer gemeinsamen Verteidigung von Österreichs Unabhängigkeit glaubte, geht aus der nächsten Passage seiner Rede hervor: „Ich möchte weiter sagen, dass es für Österreich einen Augenblick geben kann, in dem durch die Bedrohung von außen es notwendig sein wird, dass man ein großes Volksaufgebot erlässt, denn unser verhältnismäßig kleines Heer könnte nur wenige Stunden die Grenzen verteidigen. Ganz anders ist es aber, wenn die überwiegende Mehrheit des Volkes das Land verteidigt. Dieser Wille und der Mut wird nur da sein, wenn Freiheit herrscht."

Kreiskys eindrucksvolle Rede fand ein großes internationales Echo. Der Londoner *Daily Herald* etwa zitierte in seinem Korrespondentenbericht vom Sozialistenprozess Passagen aus der Verteidigungsrede, auch die *Times* berichtete. Wesentlicher aber war der Eindruck, den das mutige Bekenntnis des jungen Sozialisten bei seinen Genossen hinterlassen hatte und das seine Position in der österreichischen Sozialdemokratie begründete. Es dürfte nicht schwerfallen, eine Parallele zwischen dieser „Bewährungsprobe" des Jahres 1936 und Bruno Kreiskys späterer internationaler Politik zu ziehen, die sich in seinem Engagement für die Verfolgten in aller Welt besonders deutlich spiegeln sollte.

Am siebenten Verhandlungstag wurden die Urteile verkündet. Die Hauptangeklagten Karl Hans Sailer und Marie Emhart bekamen zwanzig respektive achtzehn Monate, Roman Felleis sechzehn, Bruno Kreisky zwölf Monate schweren Kerkers. Überraschend milde Urteile also – dreizehn Angeklagte wurden sogar freigesprochen, die meisten erhielten geringe Haftstrafen –, die allerdings weniger der richterlichen Einsicht zu verdanken waren als der großen internationalen Publizität in Verbindung mit der damaligen außenpolitischen Isolation des Regimes. (Protektor Mussolini war seit Herbst 1935 in das Abessinien-Abenteuer verstrickt.) Die Akten des Bundeskanzleramtes belegen, wie sehr das Regime Wert auf eine gute Presse im demokratischen Ausland gelegt hat. Nicht ganz ohne Wirkung dürfte auch die Intervention des Wiener Kardinals Theodor Innitzer geblieben sein, der am Tag vor Prozessbeginn angemahnt hatte, man solle die österreichische Arbeiterschaft nicht noch mehr in die Enge treiben.

Bruno Kreisky aber erlebte „ein Hochgefühl der Freude" über die Unterstützung und Sympathie, die den Verurteilten entgegengebracht wurde. „Diese Zeichen der Solidarität waren die Luft unter den Flügeln, die wir brauchten." Als er 1970 Bundeskanzler werden sollte, war er übrigens der erste wegen „Hochverrats" verurteilte Staatsmann: „Ich habe nie den Versuch unternommen, dieses Urteil tilgen zu lassen."

3.

Von den vier beim Sozialistenprozess zu Kerkerstrafen verurteilten Genossen war Bruno Kreisky der erste, der sein Jahr abgesessen hatte. Er wurde am 3. Juni 1936 aus der Haft entlassen. Der Wiedereintritt ins zivile Leben war für den Vorbestraften nicht einfach: Er war von allen österreichischen Universitäten ausgeschlossen worden. Studienangebote aus dem Ausland, so von der schwedischen Universität in Uppsala, konnte er nicht wahrnehmen, da ihm die Ausstellung eines neuen Passes verweigert wurde.

Auch die Suche nach einem Arbeitsplatz erwies sich als durchaus kompliziert. Der „Generalkommissär für außerordentliche Maßnahmen zur Bekämpfung staats- und regierungsfeindlicher Bestrebungen in der Privatwirtschaft" hatte ein Arbeitsverbot verfügt. Die illegale politische Tätigkeit stieß ebenfalls auf Schwierigkeiten, denn die „Politischen" standen unter ständiger Observation. Zudem hatte sich in der demoralisierten Sozialdemokratie zur Spannung zwischen dem Brünner Auslandsbüro und den in Österreich verbliebenen Aktivisten auch noch die Rivalität zwischen Letzteren und den Haftentlassenen gesellt. Kreisky meinte dazu kryptisch: „Auch in der Politik ist nicht alles hell und klar wie in einem Kristall; es gibt, um in diesem Bild zu bleiben, kleine egoistische Einschlüsse, Animositäten, Rivalitäten. Die neuen, die draußen auf den inzwischen allerdings gefährlichen Plätzen der Alten saßen, wollten sie denen, die aus dem Gefängnis kamen, nicht wieder freimachen."

Mittlerweile war Joseph Buttinger zum unumstrittenen Führer der „Revolutionären Sozialisten" aufgestiegen. Der aus ärmsten Verhältnissen stammende Arbeitersohn war damals bereits mit der amerikanischen Millionärstochter Muriel Gardiner verheiratet. Otto Bauer hatte wohl schon kurz nach seiner Flucht resignierend feststellen müssen, dass die geschlagene Partei voll Groll gegen jene ist, „die eine Schlacht verloren" hatten. Vom tschechischen Exil aus musste er die neuen Machtverhältnisse in seiner Partei zur Kenntnis nehmen. Kreisky stand zwar in Kontakt mit Buttinger, durfte ihm hier und da sogar seine theoretischen Überlegungen bezüglich der möglichen zukünftigen Entwicklung der Partei unterbreiten, zur Wiederaufnahme seiner politischen Tätigkeit wurde er von der neuen Führungsmannschaft jedoch nicht eingeladen.

Unter dem Datum des 28. Dezember 1936 ist Kreiskys Ansuchen um Aufhebung der Relegierung vom Unterrichtsministerium zunächst abgewiesen worden. In dieser ausweglosen Situation entschloss er sich – nicht zuletzt auf Drängen seines Vaters – Wien auf unbestimmte Zeit zu verlassen. Als „Exil" wurde ein kleines Dorf in Oberkärnten ausgewählt, wohin sein

Vater berufliche Kontakte hatte. So verbrachte Kreisky einige Monate des Jahres 1937 in Jadersdorf im Gitschtal, wo er in der örtlichen Weberei verschiedene handwerkliche Tätigkeiten ausübte. Er bediente den Tuchwebstuhl, lernte, wie man Wolle reißt und krempelt, sah beim Spinnen zu oder wurde in die Geheimnisse der Lodenherstellung eingeweiht: „Ich bin also, wenn man so will, ein angelernter Hilfsarbeiter der Textilindustrie ...“

Eines Tages hatte er allerdings genug vom Leben auf dem Dorfe und kehrte nach Wien zurück. Noch immer musste er sich regelmäßig bei der Staatspolizei melden, die überdies an bestimmten Tagen – dem 1. Mai oder dem 12. November (dem Jahrestag der Ausrufung der Republik Deutschösterreich im Jahr 1918) – mit Verwahrungshaft drohte.

Nun wurde auch endlich das im August 1935 erlassene Studienverbot aufgehoben, und so konnte Kreisky im November 1937 seine staatswissenschaftliche Prüfung ablegen. Zum erfolgreichen Abschluss seines schon über acht Jahre dauernden Studiums fehlte ihm nur noch das Romanum, eine seiner Meinung nach „ganz sinnlose Prüfung“, die denn auch im Zuge der Studienreformen der 1970er Jahre abgeschafft wurde. „Man musste noch einmal den Stoff der ersten rechtshistorischen Staatsprüfung lernen, den man längst vergessen hatte und den man als praktizierender Jurist nie wieder brauchen würde.“ Die Vorbereitung auf diese letzte Prüfung aber fiel in die entscheidenden und dramatischen letzten Wochen des Ständestaates.

4.

Ironie des Schicksals: Am 12. Februar 1938, dem vierten Jahrestag des Ausbruchs des österreichischen Bürgerkriegs, fanden auf dem Obersalzberg, nahe Berchtesgaden, überraschend Verhandlungen zwischen Adolf Hitler und Kurt Schuschnigg statt. Hitler beharrte auf der bedingungslosen Erfüllung der im Juli 1936 getroffenen Vereinbarungen zwischen Deutschland und

Österreich über die augenblickliche Freilassung aller inhaftierten illegalen Nationalsozialisten sowie eine deutlich deutschfreundlichere Politik der österreichischen Bundesregierung: Österreichische Nazis müssten ins Kabinett aufgenommen werden, der Hitlergruß müsse gestattet sein, die Hakenkreuzfahne habe nicht länger als staatsfeindlich zu gelten. Hitler drohte Schuschnigg: „Verhandelt wird nicht, ich ändere keinen Beistrich. Sie haben zu unterschreiben oder alles Weitere ist zwecklos. Ich werde dann im Laufe der Nacht meine Entschlüsse zu fassen haben." Um dem drohenden Einmarsch deutscher Truppen in Österreich vorzubeugen, erklärte sich Schuschnigg zur Annahme der ultimativen Forderungen bereit.

Der Jus-Student Kreisky war noch am Rande an Bemühungen beteiligt, eine breite politische Front zur Verteidigung der Unabhängigkeit Österreichs zu zimmern. Bekanntlich sind alle diesbezüglichen Versuche gescheitert. „Die Politik vom alten Österreich über die Erste Republik bis hin zur austrofaschistischen Epoche war durch ‚zu wenig und zu spät' gekennzeichnet", bemerkte Kreisky rückblickend in seinen Memoiren.

Kanzler Schuschnigg sah sich nach der Rückkehr aus Berchtesgaden immer aggressiverer Polemik aus Berlin ausgeliefert, am 9. März schließlich rang er sich endlich dazu durch, die österreichische Bevölkerung aufzurufen, am 13. des Monats in einer Volksabstimmung über ihr künftiges Schicksal selbst zu entscheiden. Er rechnete wohl mit einem großen Bekenntnis der Österreicher zur Souveränität ihres Staates. Sollte sich allerdings die Mehrheit für einen „Anschluss" Österreichs an das Deutsche Reich entschließen, so verkündete er, wollte er diesen Volksentscheid respektieren.

Die Vertreter der illegalen Gewerkschaft und der verbotenen Sozialdemokratischen Partei zeigten sich bereit, Schuschniggs Aufruf zur Volksabstimmung zu unterstützen; in den Verhandlungen verlangten sie die gleichen politischen Rechte, wie sie den Nationalsozialisten nach dem Treffen Hitlers mit dem österreichischen Kanzler in Berchtesgaden bereits gewährt worden waren. „Die Arbeiterschaft schien in diesen Tagen wie neugeboren", befand Kreisky; deren Kampfstimmung, davon

war er auch viele Jahre später noch überzeugt, hätte man aus-
nützen sollen: „Es hätte sich jedenfalls gelohnt, und Österreich
wäre 1945 anders dagestanden, wenn es im Jahre 1938 eine gemeinsame Widerstandsfront gegen Hitler gegeben hätte."

Schuschnigg lehnte die Einheitsfront ab. Die geplante
Volksbefragung aber löste in Berlin hektische Reaktionen aus
– deutsche Truppen wurden an der Grenze zu Österreich mas-
siert, Schuschnigg zur Verschiebung des Plebiszits, schließlich
zum Rücktritt aufgefordert. Am 11. März demissionierte der
Bundeskanzler, verkündete in einer knappen, im Radio übertragenen Rede: „Der Herr Bundespräsident beauftragt mich,
dem österreichischen Volk mitzuteilen, dass wir der Gewalt
weichen. So verabschiede ich mich in dieser Stunde von dem
österreichischen Volk mit einem deutschen Wort und einem
Herzenswunsch: Gott schütze Österreich!"

Kreisky verurteilte in diesen dramatischen Tagen das Zurückweichen Schuschniggs vor den Drohungen aus Berlin und
dessen Rücktritt scharf, rückblickend lautete sein vernichten-
des Urteil über die austrofaschistische Diktatur: „Dieses Regime erwies sich als stark nur uns gegenüber, nur brutal gegenüber den Arbeitslosen, von arrogantem Übermut. Überall aber,
wo es der echten Stärke bedurfte, Hitler gegenüber und Mussolini gegenüber, war es unterwürfig und servil, immer zur Kapi-
tulation bereit."

Bereits in der Nacht nach Schuschniggs Rücktritt wurde in
Wien die Ernennung einer nationalsozialistischen Regierung
unter der Führung von Arthur Seyß-Inquart bekanntgegeben.
Am Morgen des 12. März marschierte die deutsche Wehrmacht
in Österreich ein, von großen Teilen der Bevölkerung stür-
misch begrüßt. Das österreichische Bundesheer schloss sich
den deutschen Truppen an, Adolf Hitlers Traum, seine Heimat Österreich mit dem Deutschen Reich zu vereinigen, wurde
Wirklichkeit.

Der Dichter Franz Werfel hat den 12. März in seinem Ro-
manfragment *Cella oder die Überwinder* wie folgt beschrieben: „Plötzlich war die Masse fertig, der Opernchor einer Ge-
schichts-Première. Und nun brach er los, der Mords-Gesang,

der nur aus zwei Tönen besteht: ‚Sieg-Heil! Sieg-Heil! Sieg-Heil!‘
Wie das I-ah eines automatischen Esels von Bergesgröße! Wie
das Kriegsgeheul der Steinzeit. Auf den Gesichtern der Männer lag eine grandiose Leere und Ichverlassenheit. Sie lebten
so sauber, so exakt, so ohne Gedanken, so ohne Gewissen, wie
Motore leben. Sie warteten nur darauf, angelassen oder abge-
stellt zu werden. Motormenschen.“

Am darauffolgenden Montag, dem 14. März, waren für den
Studenten Bruno Kreisky die Prüfungen für das letzte juri-
dische Rigorosum angesetzt. Der Ordinarius für Staatsrecht,
Ernst Schönbauer, „ein sehr boshafter und hasserfüllter Nazi
mit einer ekelhaften Fistelstimme“, der von Kreiskys Vorstra-
fen wusste, stellte ihm die Frage: „Herr Kandidat, sagen Sie mir,
wie begründen Sie staatsrechtlich den Anschluss Österreichs
an Deutschland?“ Der Student überlegte und sagte dann – vor
Zeugen –: „Herr Professor, ich bitte vielmals zu entschuldigen,
aber ich bin ja, wie Sie aus den Unterlagen erkennen, aus politischen Gründen im Gefängnis gewesen, eben weil ich mich
schon mit der Rechtsgrundlage des früheren Regimes nicht ab-
finden konnte. Ich bitte um eine andere Frage.“ Der Professor
darauf: „Wären Sie nicht von dieser Abstammung, hätte man
das vielleicht als mutig bezeichnen können, so aber kann ich
das nur als Chuzpe bezeichnen.“ Da aber dieser 14. März 1938
ein historischer Freudentag sei, wolle er dem Kandidaten kein
weiteres Hindernis in den Weg legen. Die Prüfungen waren bestanden. Das Doktordiplom konnte der Doktorand allerdings
nicht mehr selbst in Empfang nehmen – auf den Gängen waren
randalierende Nazistudenten auf der Suche nach Juden. Sein
Freund Dr. Kurt Scheffenegger sollte die Urkunde der Alma Ma-
ter erst Monate später, am 30. September 1938, stellvertretend
für ihn entgegennehmen. Da aber weilte Bruno Kreisky bereits
im Exil.

An diesem 14. März hatte die Polizei in der Wohnung seiner
Eltern nach ihm gesucht, hinterließ die Aufforderung, er möge
am nächsten Tag auf das Polizeikommissariat kommen. Dieser
nächste Tag war der 15. März, jenes Datum, an dem Adolf Hitler
auf dem Wiener Heldenplatz unter dem Jubel Zehntausender

verkündete: „Ich kann somit in dieser Stunde dem deutschen Volke die größte Vollzugsmeldung meines Lebens abstatten: Als Führer und Kanzler der deutschen Nation und des Reiches melde ich vor der Geschichte nunmehr den Eintritt meiner Heimat in das Deutsche Reich!"

5.

Um seiner Familie keine Schwierigkeiten zu verursachen („Unserer Haushälterin hatte man gesagt, wenn man mich nicht fände, werde die Familie ‚drankommen‘"), meldete sich Bruno Kreisky am 15. März – wohl unmittelbar nach Hitlers Rede, die er nicht miterlebte – im Polizeikommissariat und wurde unverzüglich in die nächstbeste Zelle gesteckt. Nach kurzem Aufenthalt im Arrest überstellte man ihn ins Landesgericht II.

Alle, die im österreichischen Klerikofaschismus Rang und Namen hatten, fanden sich nun mit den früheren sozialistischen und kommunistischen Gegnern gemeinsam im Gefängnis wieder. So auch Dr. Ludwig Draxler, in den Jahren 1935/1936 Finanzminister der abgelösten Regierung Schuschnigg, der Kreiskys Zellengenosse wurde. Der Hafterfahrene gab dem Neuling Tipps, was er sich unbedingt für den Gefängnisaufenthalt besorgen, worauf er zu achten habe. Erstaunt erkundigte sich der festgenommene Politiker: „Herr Doktor, woher wissen Sie denn das alles?" „Weil Sie mich eingesperrt haben", gab der Befragte schmunzelnd zurück. „Wieso ich? Ich hab nie jemanden …" Kreisky fiel ihm ins Wort: „Nein, aber Ihre Regierung. Und jetzt sitzen wir alle da, und das habe ich Euch schon vor ein paar Jahren in meinen Aufsätzen vorausgesagt …"

Aus der gemeinsamen Haft wurde ein freundschaftliches Verhältnis, das bis zu Draxlers Tod 1972 andauern sollte. Als der Politiker ins KZ Dachau abtransportiert wurde, schenkte er Kreisky eines seiner Hemden aus bestem Garn, welches dieser viele Jahre später noch besaß: „Als wir uns nach dem Krieg wiedersahen, sagte ich ihm: ‚Du, ich trag noch immer dein Hemd.‘"

Wegen Überfüllung der Kerker verlegte man Kreisky und Draxler zusammen mit vielen anderen Häftlingen in eine Wiener Volksschule im zwanzigsten Bezirk, in der Karajangasse; das Notgefängnis war im Turnsaal untergebracht. Hier stellte die Gestapo bereits erste Transporte für das KZ Dachau zusammen. Die Namen der Ausgesuchten – darunter jüdische und nichtjüdische Industrielle, Künstler, politische Aktivisten – wurden laut nach dem Alphabet vorgelesen. Auch der spätere Bundeskanzler Leopold Figl und der berühmte Kabarettist Fritz Grünbaum waren unter ihnen. Der Name Kreisky aber wurde nicht aufgerufen. Wie er später vermutete, hatte ihn ein sozialdemokratischer Polizist, der ihn kannte, wahrscheinlich „übersehen".

Da noch ein weiteres Verfahren gegen ihn anhängig war, wurde Kreisky ins Gestapo-Hauptquartier im Hotel Metropol[4] am Franz-Josefs-Kai zum Verhör gebracht. Ausgerechnet ihm wurde vorgeworfen, den kommunistischen Jugendverband reaktivieren zu wollen. Zwei Zähne wurden ihm ausgeschlagen – daran wollte er in späteren Jahren nicht gerne erinnert werden – „mit einem Überschwung, so nannte man die breiten Militärgürtel". Blutüberströmt und halb bewusstlos brachte man ihn schließlich in die Zelle zurück. In der Folge ließen sie den „Politischen" unterschreiben, dass er gut behandelt worden sei, und schickten ihn zurück ins Landesgericht.

Wie in den Jahren 1935 und 1936, als Häftling des Ständestaates, wurde Kreisky dem Zahnarzt vorgeführt, dieses Mal, um die Verletzungen nach dem Ausschlagen der Zähne zu untersuchen. „Es dauert nimmer lang", flüsterte ihm der Arzt bei dieser Gelegenheit zu, „der Weninger weiß schon, dass Sie da sind."

Doch zunächst geschah gar nichts. Monate vergingen. Auf Anraten von Gefängniskameraden richtete Kreisky Anfang Juli 1938 ein Ansuchen um Auswanderung an die Gestapo, in dem er auf seine politische Feindschaft gegenüber dem Schuschnigg-Regime hinwies. Er betonte: „Heute führende

---

4   Vgl. Stefan Zweigs *Schachnovelle*. Der Protagonist Dr. B. beschreibt darin das „Metropol", in dem er monatelang in Einzelhaft gehalten wurde.

Nationalsozialisten (können) Zeugnis ablegen über mein Verhalten im Gefängnis, wonach ich oftmals Nachrichten im Hause und aus dem Hause oder von Nationalsozialisten zu Nationalsozialisten vermittelt habe, wobei ich dieses Verhalten für den selbstverständlichen Ausdruck der Gefangenensolidarität gehalten habe." In dem Schreiben hieß es weiter: „Ich kann mich darauf berufen, dass ich der Gegnerschaft zum Schuschnigg-Regime offen Ausdruck gegeben habe, und erkläre bei dieser Gelegenheit, dass ich naturgemäß weiterhin meine sozialdemokratische Gesinnung nicht verleugnen will. Da jedoch einerseits der Nationalsozialismus mir als Juden keinerlei Anteil an der politischen Willenskundgebung zugesteht, ich aber Anhänger der verbotenen sozialdemokratischen Gesinnung bin, (…) bin ich bereit, über Aufforderung auszuwandern."

Schon wenige Tage später wurde Kreisky von der Gestapo erneut zum Verhör geladen – ein deutscher und ein österreichischer SS-Offizier saßen ihm gegenüber. Um ihn einzuschüchtern, legten sie ihre Gürtel und ihre Pistolen vor ihm auf den Tisch. Da bekannt sei, dass er sich in der Haft unter Schuschnigg als mutig erwiesen und sich kameradschaftlich gegenüber seinen Nazi-Zellengenossen verhalten habe, so ließ man ihn wissen, könne er ins Ausland gehen. Die einzige Bedingung: Er müsse sich ein Emigrationsland aussuchen, das möglichst weit von Österreich, ja von Europa entfernt liege. Der Häftling erwiderte, ohne nachzudenken: Bolivien!, ein Land, von dem er keine Ahnung hatte. „Es war das erste weit entfernte Land, das mir in den Sinn kam."

Wenige Tage später, am 8. August 1938, wurde er aus der Haft entlassen – er hatte dieses Mal fünf Monate hinter Gittern verbracht – und erhielt im Polizeikommissariat Taubstummengasse einen Reisepass für Deutschland, Polen und Übersee. In Wirklichkeit wollte er jedoch nach Schweden auswandern, wo er Verwandte und Freunde hatte. Vom damaligen Führer der schwedischen Sozialisten (und späteren Außenminister) Torsten Nilsson lag ihm sogar eine Einladung vor, nach Stockholm zu kommen, eine Einreisebewilligung für Schweden war bereits für ihn besorgt worden.

Ein früherer Parteifreund, inzwischen Leiter eines Wiener Reisebüros, erkannte, wer die handschriftlichen Einträge in Kreiskys Pass ausgeführt hatte. Zufällig kannte er das Mädchen, machte sie zur verschwiegenen Helferin, die den Geltungsbereich des Passes mit geschickter Hand für eine Gebühr von 5 Mark um das Wort „Schweden" erweiterte.

Auch Australien dürfte kurzfristig als Exilland ins Visier der Überlegungen gerückt sein. Ein Unbedenklichkeitszeugnis des Polizeipräsidiums in Wien bestätigte „dem Herrn Bruno Kreisky" nämlich am 21. September 1938 (dem Tag übrigens, an dem er Wien tatsächlich verlassen sollte!), dass „zum Zwecke der Reise nach Australien keinerlei bedenkliche, die Reise behindernden Tatsachen vorgemerkt sind".

Mitte September 1938 – in der Zwischenzeit hatte es erneute Hinweise auf seine mögliche neuerliche Verhaftung gegeben – erhielt Kreisky den geheimnisvollen Anruf eines Unbekannten, wie er der Journalistin Erika Wantoch zu Beginn der 1980er Jahre erzählte, als sie für das Wochenmagazin *profil* eine Titelgeschichte zu seiner Biografie recherchierte. „Fragen Sie nicht viel, kommen Sie zur Hietzinger Brücke, am Stadtbahnperron wird ein Herr in Uniform auf Sie warten." Obwohl er sich sorgte, dies könnte eine Falle sein, ging er hin. Ein Mann in brauner Uniform stand dort, ein kurzer Blick, und Kreisky folgte ihm wortlos. Er hatte schon erkannt, dass es sein Zellenkamerad Weninger war, dessen Kassiber er verschluckt hatte. Am Stationsausgang stand ein roter PKW. Weninger setzte sich, ohne ein Wort zu sagen, ans Lenkrad. Im Wienerwald ließ er ihn aussteigen und murmelte nur: „Du hast mir einmal geholfen. Du musst sofort weg. Dich werdens jetzt wieder holen, dann kommst nimmer aussi!"

In größter Zeitnot versuchte der Gefährdete nunmehr, seine Ausreise voranzutreiben. Noch blieb das Problem, dass er Geld (das Vermögen seines Vaters war bereits gesperrt) und ein Durchreisevisum für Dänemark benötigte. Hilfe kam jedoch von seinem Parteifreund Beppo Afritsch, dem späteren österreichischen Innenminister, der damals für die Quäker-Bewegung, eine international verbreitete christliche Hilfsorganisation, tätig war. Er verschaffte ihm in aller Eile ein Flugbillet Wien–Berlin–Kopenhagen und zurück. Das Retourbillet war die Bedingung der dänischen Fluglinie, einem Reisenden, der kein Visum für Dänemark besaß, das Ticket zu verkaufen.

Er durfte nur wenige Habseligkeiten auf die Reise mitnehmen. Sein Vater hatte ihm rasch einen Wintermantel aus dickem Material anfertigen lassen, der für die Spätsommertage viel zu warm war. In den großen Taschen aber ließ sich einiges verstauen – auf der Suche nach der geeigneten Reiselektüre stieß er auf eine kartonierte Ausgabe von Musils *Der Mann ohne Eigenschaften*, die ließ er im Mantel verschwinden. „Das ist wohl das beste, was ich mitnehmen kann, dachte ich mir, es wird mich immer an Österreich erinnern und ein Mittel gegen allzu großes Heimweh sein."

Am Nachmittag des nächsten Tages, es war der 21. September 1938, brachten Kreiskys Vater und Alois Reitbauer, sein Freund aus der Jugendbewegung, den jungen Emigranten zum Flughafen Aspern. Seltsamer Zufall: Eine funkelnagelneue viermotorige „Condor"-Maschine der Lufthansa wurde an diesem Tag erstmals auf der Strecke Wien–Berlin zum Einsatz gebracht, ein Ereignis, das zahlreiche Journalisten und Fotografen anlockte, sodass Bruno Kreisky seine Flucht aus Österreich inmitten einer illustren Schar von Ehrengästen antrat.

Als das Flugzeug seine Reisehöhe erreicht hatte, wurde Gratissekt serviert. Kreiskys Sitznachbar, ein Holländer, von diesem Lufthansa-Jungfernflug sichtlich beeindruckt, beugte sich zu ihm hinüber und schwärmte: „Tja, Deutschland ist schon ein herrlich wohlorganisiertes Land!"

Der Flüchtling antwortete nicht. Er holte aus seiner tiefen Manteltasche Robert Musils *Mann ohne Eigenschaften* hervor und begann darin zu blättern.

4. Kapitel

Exil in Schweden

1.

Während eines Zwischenaufenthaltes in Berlin, der nur wenige Stunden dauerte, bekam Bruno Kreisky den Eindruck, sich in einer von den Nazis befreiten Stadt aufzuhalten. Verglichen mit der Hochstimmung in Wien war in der deutschen Reichshauptstadt, fünf Jahre nach Hitlers Machtübernahme, kaum etwas von Begeisterung zu spüren, „und kein Mensch hatte, wo immer ich ging, ein Hakenkreuz angesteckt".

Erst als er den Anschlussflug nach Kopenhagen besteigen wollte, bekam er die Härte des Regimes zu spüren. Nicht etwa, weil man ihn für einen Juden, sondern weil man ihn für einen Deutschen im wehrfähigen Alter hielt. Der Flüchtling wies auf sein Retour-Billett hin und schaffte es schließlich, dank seiner Überredungskunst, nach Dänemark weiterreisen zu dürfen. Doch auch in Kopenhagen schien noch nicht alle Gefahr gebannt: Dort wollte man ihn nicht einreisen lassen, da er für Dänemark kein Transitvisum besaß. Es sah bereits so aus, als ob man ihn nach Österreich abschieben wollte – „Wenn Sie mich jetzt zurückschicken, liefern Sie mich den Leuten aus, denen ich gerade entkommen bin!", stöhnte er –, doch da tauchte endlich eine Delegation der dänischen Sozialisten am Flughafen auf, reichte die nötigen Papiere nach und klärte alle Missverständnisse auf.

Er hielt sich einige Tage lang in Kopenhagen auf, genoss diese ersten Schritte in die Freiheit wie kaum je einen Moment seines bisherigen Lebens: Die Flucht war gelungen! Kaum zwei

Tage später klingelte es in Wien an der Wohnungstür seiner Eltern – die Gestapo suchte vergeblich nach ihm.

Eine Woche später reiste Bruno Kreisky nach Stockholm weiter. Da stand er nun, an einem kalten, nebligen Herbsttag, der Flüchtling aus dem nicht mehr existierenden „Osterrike", siebenundzwanzigjährig, „Doktor juris" ohne bürgerlichen Beruf, ehemaliger Spitzenfunktionär der sozialistischen Jugendorganisation, illegaler „Revolutionärer Sozialist", der beinahe zwei Jahre in den Gefängnissen der Austrofaschisten und der Nationalsozialisten zugebracht hatte. Erst als ihm keine andere Wahl mehr geblieben war, hatte Kreisky Österreich verlassen. Auch in späteren Jahren legte er auf diesen Umstand großen Wert: Er sei nicht bei der erstmöglichen Gelegenheit geflüchtet, denn ein „Davongelaufener" wollte er nicht sein. „Mit schwerem Herzen" sei er von Wien weggefahren, nun aber fühlte er sich in Stockholm, zumindest anfangs, „unglücklich wie lange nicht".

Die Zahl österreichischer Exilanten in Schweden betrug insgesamt nicht mehr als rund tausend. Sie waren nach dem „Anschluss" nach Schweden geflohen, viele von ihnen zogen bald in andere Länder weiter. Zu keiner Zeit hielten sich mehr als sechshundert österreichische Emigranten in Schweden auf. Die meisten von ihnen, etwa 80 Prozent, waren jüdischer Herkunft.

Zehn schwedische Kronen besaß Kreisky bei seiner Ankunft in Stockholm – so steht es auf dem offiziellen Erhebungsbogen, den er wie alle Flüchtlinge ausfüllen musste. Auch war er verpflichtet, Personen anzugeben, die für ihn bürgten, nannte unter anderen den einflussreichen deutschen Sozialdemokraten Erich Ollenhauer, den er 1929 beim internationalen Jugendtreffen der Sozialistischen Arbeiterjugend in Wien kennengelernt hatte. (In den 1950er Jahren, nach dem Tod Kurt Schumachers, sollte Ollenhauer Parteivorsitzender der bundesdeutschen SPD werden.) Schwedische Kontakte, wie etwa der Sozialistenführer Torsten Nilsson, sowie Verwandte und Freunde aus Österreich, die bereits vor ihm nach Schweden geflüchtet waren, erleichterten ihm den Start ins neue Leben. Neben den parteipolitischen

Beziehungen besaß er familiäre Bindungen: Sein Cousin Herbert Felix, für ihn „von allen Verwandten der liebste", war mit einer Schwedin verheiratet und trieb dort das Geschäft des Familienunternehmens Felix voran.

Von vielen seiner österreichischen Parteigenossen fühlte sich Kreisky im Stich gelassen und vermisste sowohl deren moralische als auch materielle Unterstützung. An Joseph Buttinger, der mittlerweile im Pariser Exil lebte, schrieb er 1939 recht verbittert: „Die erste Zeit ging es mir hier, wie alle hier gesehen haben, sehr dreckig." Er habe von der Parteiführung Unterstützung erwartet, doch keine Hilfe erhalten, bemerkte Kreisky weiter.

Allerdings hatte er sich nach einigen Wochen doch schon so weit etabliert, dass er sich etwas zu seiner kargen Flüchtlingsunterstützung dazuverdienen konnte. Vom Organ des Sozialdemokratischen Jugendverbandes erhielt er einen journalistischen Auftrag: Er sollte die letzten Tage vor dem „Anschluss" Österreichs an das Deutsche Reich schildern, mit besonderer Berücksichtigung seiner eigenen Erlebnisse in Wien. Er bekam danach weitere Aufträge für Artikel, die er zunächst in deutscher Sprache verfasste und von einem schwedischen Genossen übersetzen ließ. Großzügig wurde ihm auch gleich ein Arbeitszimmer mit Telefon zur Verfügung gestellt, übrigens nicht weit vom Zimmer Bertolt Brechts entfernt, der damals vom Sozialdemokratischen Laientheaterverband über Wasser gehalten wurde. Brecht sollte bald über Finnland und die Sowjetunion nach Amerika auswandern. Sie trafen sich eines Abends bei einer finnischen Schriftstellerin. Kreisky stellte Brecht die freche Frage, warum er denn nicht nach Moskau übersiedeln wolle, er sei ja schließlich Kommunist. „Brecht antwortete barsch, das sei seine Sache, wohin er fahre!" Zu diesem Zeitpunkt hatten Stalins Säuberungsaktionen ihren ersten Höhepunkt erreicht, eine Entwicklung, die dem Dramatiker mit Sicherheit nicht entgangen war.

Britische Genossen verhalfen Kreisky zu Aufträgen für die *Tribune*, das Sprachrohr der Linken in der britischen Labour Party. Er schrieb aber auch Reportagen für andere ausländische

Blätter, bereiste das ganze Land bis in den hohen Norden Lapplands. Finanziell stand er ab Dezember 1938 bereits relativ gut da, auch in seiner Wohnsituation schlug sich diese Besserung bald nieder. Hatte er zu Beginn häufig die Unterkunft wechseln müssen, fand er Ende des Jahres 1938 ein kleines Zimmer an der teuren Sturegatan im vornehmen Stockholmer Stadtteil Östermalm.

Von seinem Freund, dem schwedischen Sozialistenführer Torsten Nilsson, wurde Kreisky aufgefordert, bei einer Veranstaltung der Partei in Lappland anlässlich des 1. Mai 1939 eine Rede zu halten. Er sprach auf Deutsch, wurde übersetzt und zu seiner großen Überraschung bejubelt. Sein Übersetzer erklärte ihm daraufhin: „Sie können mir glauben, dass ich eine wesentlich bessere Rede gehalten habe als Sie." Obwohl er keine Kurse belegte, war Kreisky dank seiner zahlreichen Verbindungen nach einer gewissen Zeit des Schwedischen leidlich mächtig, bald fühlte er sich in der neuen Sprache sogar heimisch. Schon nach wenigen Monaten sagte ihm der schwedische Lebensstil sehr zu.

Im Frühjahr 1939 fand er im wissenschaftlichen Sekretariat der Stockholmer Konsumgenossenschaft eine Beschäftigung als ökonomischer Berater. Ob dabei wohl der Name seines Onkels Rudolf, der in der internationalen Genossenschaftsbewegung Klang besaß, mitgespielt hat? Man hörte in der Genossenschaft fortan auf seinen Rat, er lernte gleichzeitig ungemein viel, sammelte Erfahrungen vor allem auf wirtschaftlichem Gebiet, Erkenntnisse, die ihm im späteren Leben besonders hilfreich sein sollten. Sieben Jahre lang blieb er Beschäftigter des Konsumverbands.

Gleich zu Beginn seines Exils hatte sich Kreisky den Rat von Moritz Robinson, dem ehemaligen Chefredakteur des Grazer *Arbeiterwillen* zu Herzen genommen, der ihm aus eigener Erfahrung empfahl, sich vom „Makel" des Emigrantendaseins frei zu machen und sich so sehr wie nur möglich dem Gastland zuzuwenden: „Assimilieren Sie sich und Sie werden Ihren Weg machen!" Wohl nicht zuletzt dieser Empfehlung folgend, gelang es ihm erstaunlich rasch, intensive Kontakte zu schwedischen Politikern, Wissenschaftlern und Künstlern aufzubauen.

Sicherlich gehörte Kreisky zu den Privilegierteren unter den Emigranten in Schweden und nahm trotz des schwierigen Starts unter den österreichischen Exilanten im Norden eine herausgehobene Stellung ein: sowohl aufgrund seiner guten Kontakte als auch angesichts seiner sich stetig bessernden finanziellen Situation.

Bruno Kreisky konnte einiges von dem, was er als Bildungsfunktionär im „roten Wien" gesehen hatte, in Stockholm verwirklichen. So gelang es ihm etwa, seinen Vorgesetzten in der Konsumgesellschaft die Einrichtung eines betriebsinternen Buchklubs nahezulegen. Mittels Lotterie brachte er Bücher schwedischer Autoren unter die Arbeiter; mit den erzielten Überschüssen finanzierte er Dichterlesungen und andere Bildungsaktivitäten. In gewisser Weise setzte Kreisky damit auch eine Tradition fort, die bereits in der Zwischenkriegszeit die schwedische und die österreichische Sozialdemokratie verbunden hatte. Schon damals hatten die Schwesterparteien in regelmäßigem Austausch gestanden. Das „Rote Wien" vor allem die neuen Gemeindebauten, galt in Schweden als gelungenes Modell sozialdemokratischer Politik. Seit den frühen 1930er Jahren gab es auch in Schweden eine Arbeitslosenversicherung, existierten Rentengesetze, Mutterhilfe und Wohnbaukredite. Die Wirtschaftspolitik des streng neutralen Staates unter sozialdemokratischer Führung profitierte nach der Rezession der Weltwirtschaftskrise massiv von der Aufrüstung des Dritten Reiches. Schweden exportierte nämlich ab den späten 1930er Jahren Eisenerz in großen Mengen: 40 Prozent des deutschen Bedarfs kam aus schwedischen Bergwerken.

2.

Im Juli 1939 reiste Bruno Kreisky als österreichischer Dele-
gierter zum großen Kongress der Sozialistischen Jugendinternationale nach Lille. Als Repräsentant der RSJ wandte er sich
dort unter seinem Pseudonym Gustav Pichler gegen die vom
späteren spanischen Kommunistenführer Santiago Carrillo
angestrebte Fusionierung der sozialistischen und kommunistischen Jugendverbände. Überdies warnte er die französischen
Sozialisten vor der erstaunlich hartnäckigen Unterschätzung
der Kriegsgefahr, wie sie sich dort nach dem Münchner Abkommen des Jahres 1938 verbreitet hatte. „Quel pessimiste!",
musste er sich dafür von der französischen Delegation wiederholt anhören.

Auch bei seinem Freund Torsten Nilsson eckte Kreisky in
Lille an. Angesichts der gelähmten Sozialistischen Internationale widersprach er Nilsson, der die Arbeit der Organisation
auf die eines Informationsbüros beschränken wollte. Kreisky
betonte: „Die Internationale hat größere Aufgaben als die einer
Informationsstelle, sie müsste es sein, die an die großen Probleme, die vor uns stehen, heranzutreten hätte."

Anschließend an seinen Frankreichaufenthalt machte
Kreisky einen kurzen Abstecher nach England, bevor er nach
Schweden zurückkehrte. Während er noch auf Reisen war,
geschah ein neuer, weltpolitischer Umsturz: Hitler und Stalin
unterzeichneten am 23. August 1939 einen Nichtangriffspakt.
Damit stand für jeden politisch wachen Geist fest, dass es zum
Krieg kommen würde. Kreisky empfand inmitten der sich an-
bahnenden Katastrophe so etwas wie Genugtuung, dass seine
jahrelange strikte Abgrenzung gegenüber den Kommunisten
nunmehr ihre unbedingte Bestätigung erfahren hatte. Er war
standhaft geblieben und hatte gegenüber den Kommunisten
historisch recht behalten. Diese antikommunistische Grundhaltung zieht sich wie ein roter Faden durch Kreiskys Biografie.
Sie bestimmte die sozialistischen Diskussionen und Auseinandersetzungen während der Zwischenkriegszeit; und nachdem
die sozialdemokratische Parteispitze ins Brünner Exil geflohen
war, hatte sich Kreisky – anders als viele in der Parteijugend

74

– nicht den Kommunisten angeschlossen. In der Zweiten Republik blieb dieser Antikommunismus bestehen und verband sich mit den aktuellen Gegebenheiten des Kalten Krieges – auch Kreiskys engagierte Neutralitätspolitik änderte an dieser Grundhaltung nichts.

Otto Bauers Prophezeiung, Europa werde in naher Zukunft dem Horror eines neuen Weltkriegs ausgeliefert sein, sollte nur allzu bald Wirklichkeit werden. Der Visionär hat das Eintreten seiner schlimmsten Befürchtungen nicht mehr erlebt: Er starb im Juli 1938 im Pariser Exil. Seine Witwe, Helene Bauer, übersiedelte nach seinem Tod nach Stockholm. Den Ausbruch des Zweiten Weltkriegs am 1. September 1939 erlebte sie an Bruno Kreiskys Seite.

Nachdem Stalin Ende November 1939 in Finnland einmarschiert war, bemühte sich Kreisky, einige Zeitungen, für die er arbeitete, dazu zu überreden, ihn an die finnisch-sowjetische Front zu entsenden. Er suchte um einen schwedischen Fremdenpass an und reiste zu Beginn des Jahres 1940 ins Kriegsgebiet. „Jeder von uns bekam einen weißen Pelz", schilderte er seine Erlebnisse, „dann wurden wir in Autos verfrachtet, und ab ging's, hinauf zum Ladogasee. Vorsichtshalber hatte man jedem von uns einen Mannlicher-Stutzen in die Hand gedrückt. Ich hatte in meinem Leben noch nie ein Gewehr in der Hand gehabt und konnte überhaupt nichts damit anfangen." Bombenangriffe und Fliegeralarm schienen ihm keine große Angst einzuflößen, man bewunderte ihn gar für seine starken Nerven. Im Verlauf einiger Wochen erlebte der Reporter mit, wie die sowjetische Übermacht das kleine Finnland in die Knie zwang.

Während er sich noch in Finnland aufhielt, trafen seine Eltern im Februar 1940 endlich aus Wien in Stockholm ein. „Immer wieder hatte ich sie beschworen, mir nachzukommen", doch Max Kreisky wollte sich von seiner Heimat zunächst nicht trennen. Nur Brunos Druckmittel, seine politische Tätigkeit könne sich nicht voll entfalten, solange seine Eltern noch in Österreich weilten, da er immer auf sie Rücksicht nehmen und sie nicht gefährden dürfe, hatte den Vater schließlich dazu bewogen, nachzugeben. Alle Wertgegenstände der Familie wurden konfisziert, darunter auch einige Gemälde, etwa ein Bild des italienischen Symbolisten Giovanni Segantini. Max Kreisky wurde im schwedischen Exil nicht glücklich und gab seine Hoffnung, eines Tages doch noch nach Wien zurückkehren zu dürfen, nie auf. Doch er starb im Juni 1944, erst achtundsechzigjährig. Brunos Bruder Paul aber war zu diesem Zeitpunkt bereits längst nach Palästina ausgewandert.

3.

Das Gastland Schweden beobachtete die politischen Aktivitäten der zahlreichen Emigranten aus Zentraleuropa mit steigendem Argwohn. Die politische und strategische Lage Schwedens war in der Tat misslich. Nach dem Hitler-Stalin-Pakt, der Besetzung Dänemarks und Norwegens Anfang April 1940 und dem Waffenbündnis Finnlands mit dem Deutschen Reich war Schweden praktisch isoliert. Trotz überwiegend antinationalsozialistischer Einstellung, insbesondere der Medien, wollte Schweden den Status der Neutralität nicht durch die Tolerierung offener Agitation antifaschistischer Exilgruppen gefährden. Nach einer Phase politischer Konzessionen an Deutschland – etwa durch die Gewährung des Transitrechts für deutsche Truppen und Materialtransporte – wurden diese jedoch ab 1942 sukzessive zurückgenommen. Die restriktive Flüchtlingspolitik der schwedischen Regierung, von der liberalen schwedischen Presse immer wieder angeprangert, wurde durch diverse Einzelinitiativen, vornehmlich der Arbeiterbewegung, des radikal-liberalen Bürgertums sowie einzelner Intellektueller, zumindest teilweise gemildert. Doch erst mit den militärischen Erfolgen der Alliierten sollte schließlich auch die offizielle, zurückhaltende schwedische Neutralitätspolitik durch eine aktivere, flüchtlingsfreundliche Politik ersetzt werden.

Auch Kreisky bekam das Misstrauen der schwedischen Behörden zu spüren. Im Frühjahr 1941, am Höhepunkt der

Hitlerschen Machtentfaltung, wurde er von der Polizei festgenommen und einem Verhör unterzogen. Ein Briefwechsel Kreiskys mit dem ehemaligen Chefredakteur der *Arbeiter-Zeitung*, Oscar Pollak, der mittlerweile im Londoner Exil lebte, war von den Behörden entdeckt worden und erregte ihren Verdacht. Ein norwegischer Kurierdienst hatte Pollaks Antwort übermittelt, „einige in diesem Kurierdienst mitarbeitende Schwedinnen" waren jedoch beobachtet worden, als sie Kreisky den Brief überbrachten. Auf jede Form nachrichtendienstlicher Tätigkeit stand bis zu einem Jahr Gefängnis, „und war man erst angeklagt, war man so gut wie verloren". Doch nach zwei Tagen wurde der Verhaftete über Intervention aus schwedischen Regierungskreisen bereits wieder entlassen. „Immerhin – es war der einzige unerfreuliche Zwischenfall in zwölf langen Jahren gewesen" und das erste Mal, dass diese „wunderbare und konfliktfreie Zeit" von einem erschreckenden Erlebnis überschattet wurde. Selbst hier zeigte sich die privilegierte Situation Kreiskys, in der er sich dank seiner Kontakte im Exilland befand. Ein einfacher Emigrant, der nicht derartige Netzwerke und Referenzen besaß, hätte wohl kaum über einen solch direkten Draht zur schwedischen Regierungsspitze verfügen können.

Trotz seiner engagierten politischen Arbeit blieb Zeit für das Privatleben. Kreisky genoss vor allem den Umgang mit Schriftstellern, bildenden Künstlern und Schauspielern. Bei Freunden lernte er die junge Vera Fürth kennen, eine besonders hübsche, dunkelhaarige Sprachstudentin. Am 23. April 1942 haben die beiden geheiratet. Die Hochzeitsfeier fand im noblen Stockholmer Grand Hotel statt, dem Ort, an welchem bis 1929 die Bankette der Nobelpreisverleihungen veranstaltet worden waren. Selbst der Stockholmer Bürgermeister beehrte die Festgesellschaft mit seiner Anwesenheit. Noch später kommentierte Alois Reitbauer, Parteikollege und Exilgenosse Kreiskys, dessen gute Eingewöhnung in die schwedische Gesellschaft mit der Bemerkung, Kreisky habe sich die „Rosinen" aus dem Stockholmer Establishment herausgesucht. Vera Fürth war zwar 1916 in Stockholm zur Welt gekommen, doch ihre Familie stammte aus Österreich: Die Eltern Grete und Theo Fürth

waren aufgrund wirtschaftlicher Misserfolge – sie hatten, um
es genauer zu sagen, bankrott gemacht – noch vor dem Ersten Weltkrieg aus Wien ausgewandert. Nunmehr gehörten
sie „zu den ersten industriellen Familien; Papier-, Textil- und
Zündholzfabriken waren von ihnen errichtet worden". Kreiskys Schwiegervater, „ein Mann von erheblichen Vorurteilen",
war der klassische Vertreter eines Manchester-Liberalismus.
Die politischen Ambitionen seines Schwiegersohns verfolgte
er mit Argwohn. Mehrmals hatte er vergeblich versucht, ihn in
sein Wirtschaftsunternehmen zu locken. Kreisky aber wollte
„Politik machen", auch wenn ihm dafür das Land abhanden
gekommen war. Als er nach Kriegsende erstmals wieder nach
Österreich reiste, prophezeite ihm Herr Fürth: „Mit großen Blumensträußen werden sie dich dort nicht empfangen."

Vera und Bruno Kreisky übersiedelten bald in eine moderne
und komfortable Wohnung. In der Wahl der Adresse schlug
sich die Treue zu den sozialdemokratischen Wurzeln nieder:
Die Wohnung lag im Stockholmer Stadtteil Södermalm, einem
klassischen Arbeiterbezirk, den Kreisky seiner Frau gegenüber
mit dem zehnten Wiener Gemeindebezirk Favoriten verglich.

4.

Im Sommer 1940 begegnete Bruno Kreisky erstmals einem
Mann, der für sein weiteres politisches Leben mitbestimmend
werden sollte: dem aus Lübeck stammenden Sozialdemokraten Willy Brandt. Er war 1933 aus Deutschland emigriert und
besaß mittlerweile die norwegische Staatsbürgerschaft. In
Norwegen hatte er im Untergrund gearbeitet und war nach der
Besetzung des Landes nach Schweden geflohen, für ihn bereits
das zweite Exil. „Eines Tages begegneten wir einander, wobei
ich nicht einmal genau weiß, was der Anlass war. Vom ersten
Augenblick an haben wir Sympathie füreinander empfunden."
Kreisky gefiel Brandts „starke Ausstrahlung" und seine Gesel-
ligkeit. Mit der Zeit wurde eine enge Freundschaft daraus, die

sich im Laufe der nächsten fünf Jahrzehnte zu einer zwar nicht immer konfliktfreien, aber politisch eminent wirksamen Achse sozialdemokratischer Politik entwickeln sollte.

Während seiner Zeit im schwedischen Exil war Brandt in verschiedenen Kreisen politisch aktiv. Das bedeutendste Forum stellte die „Internationale Gruppe demokratischer Sozialisten" dar, der spätere Minister, Parlamentarier und Diplomaten angehörten. Bruno Kreisky sah in Brandt den „Inbegriff des politischen Verstandes in dieser Zeit und darüber hinaus eine politische Führungskapazität". Willy Brandt spielte eine zentrale Rolle und wurde im November 1942 formell Sekretär eines Komitees, das im Dialog mit den übrigen Mitgliedern einen ersten Entwurf der Friedensziele der „Internationalen Gruppe demokratischer Sozialisten" – auch „Kleine Internationale" genannt – ausarbeitete, die sich in erster Linie mit der Frage einer Nachkriegsordnung Europas beschäftigten. Hier leistete er, gemeinsam mit Kreisky, maßgebliche Vorarbeit. Eines der Ziele lautete: die Überwindung nationaler Gegensätze künftig mithilfe der internationalen Arbeiterbewegung sicherzustellen.

Die Mitglieder der „Kleinen Internationale" trafen sich in Versammlungshäusern und kleinen Cafés, wo sie schier endlose Gespräche führten. Aufgrund der restriktiven schwedischen Flüchtlingspolitik bezeichnete man sich als „Studienzirkel". Die Besonderheit der „Kleinen Internationale" lag darin, dass sie nicht ausschließlich eine Exilorganisation war, sondern ihr auch Repräsentanten des Gastlandes Schweden angehörten sowie dass zuweilen britische und amerikanische Diplomaten, an manchen der Treffen teilnahmen.

In diesem Zusammenhang sei darauf hingewiesen, dass Kreisky sich zwar nie der Spionage schuldig gemacht hat, dass er aber doch – ob mit dem Wissen der schwedischen Behörden oder nicht, kann nicht mehr festgestellt werden – gemeinsam mit seinem Freund Willy Brandt im Pressebüro des von Winston Churchill neu geschaffenen britischen Geheimdienstes „Special Operations Executive" (SOE) Zeitungsberichte auswertete und deutsche Flüchtlinge befragte. Der Brandt-Biograf Peter Merseburger dazu: „Mit der typischen Vorstellung vom

Geheimdienstmitarbeiter (...) hat dies alles in der Tat wenig zu tun, und SOE-Offizier Peter Tennant, damals in Stockholm für den Dienst verantwortlich, nannte die Arbeit Brandts und Kreiskys denn auch ‚offene Nachrichtentätigkeit'."

Mit den „Friedenszielen" der „Kleinen Internationale", welche deutlich die Handschrift Willy Brandts trugen, sollte auch die schwedische Öffentlichkeit angesprochen werden. Am 1. Mai 1943 wurde die Resolution feierlich vorgestellt. Veranstaltungen wie diese ließen den selbstbewussten Anspruch der Gruppe erkennen, die sich selbst eine repräsentative Stellung innerhalb der europäischen Sozialdemokratie zuwies. „Durch die ganze Erklärung der Stockholmer internationalen Sozialisten", so Merseburger, „zieht sich ein Hauch von *one world*, sie ist von internationalem Optimismus bestimmt und damit sicher auch nicht frei vom *genius loci*. Denn die Hoffnung auf eine neue Weltordnung der kollektiven Sicherheit (...) findet damals begeisterten Anklang in kleinen und neutralen Ländern wie Schweden, die zwischen den Machtblöcken stehen."

In einer Resolution, die Kreisky zusammen mit Brandt sowie dem Ungarn Vilmos Böhm und dem Schweden Richard Sterner im Dezember 1943 verfasste, forderten die Autoren darüber hinaus die Neugestaltung der Sozialistischen Internationale. Ein Dokument, welches sich aus der Rückschau wie ein früher Ausblick auf Kreiskys spätere Politik liest. Die Internationale müsse ihre europäische Beschränkung aufgeben, explizit wurde hier sogar schon der Nahe Osten als zukünftiger Aktionsradius genannt.

Peter Merseburger hat angesichts der Mitglieder der „Kleinen Internationale", die nach dem Krieg teils erstaunlich parallele Karrieren machen sollten, die Gruppe als „sozialistische Kaderschmiede" bezeichnet. Neben Brandt und Kreisky sind hier etwa Halvard Manthey Lange, ab 1946 norwegischer Außenminister, und der spätere schwedische Außenminister Torsten Nilsson zu nennen.

Außer seinen vielfältigen Kontakten mit dem Gastland pflegte Kreisky intensiven Umgang mit britischen, amerikanischen und sowjetischen Diplomaten. Galt es zu Beginn des

Krieges, Informationen über die Lage in Österreich an die Alliierten weiterzugeben und Chancen und Möglichkeiten für ein unabhängiges Nachkriegsösterreich zu erforschen, stand nach der von den Außenministern Großbritanniens, der USA und der Sowjetunion unterzeichneten „Moskauer Deklaration" vom 30. Oktober 1943 die Unterstützung der Wiedererrichtung Österreichs im Vordergrund. Das Großdeutsche Reich hatte nach der Niederlage in Stalingrad zu Beginn des Jahres 1943 den Nimbus der Unbesiegbarkeit längst eingebüßt, an allen Fronten schöpften die Feinde Hitlers langsam Hoffnung. Man begann, zunächst zögerlich, doch dann immer dringlicher, über die Zeit nach dem Krieg nachzudenken. In der „Moskauer Deklaration" war Österreich als erstes Opfer der Hitlerschen Angriffspolitik bezeichnet worden: Das Land sollte nach dem Krieg wieder ein unabhängiger Staat werden. Österreich wurde aber auch daran erinnert, dass es für die Teilnahme am Krieg an der Seite Hitlerdeutschlands eine Verantwortung trage, der es nicht entrinnen könne. Man werde seitens der Alliierten nach Kriegsende sehr genau prüfen, inwieweit Österreich zu seiner Befreiung selbst beigetragen habe. Die Erklärung enthielt demnach auch ein Moment der psychologischen Kriegsführung, denn sie forderte explizit zum Widerstand gegen das NS-Regime auf.

Bereits 1941 war Kreisky Obmann des Klubs österreichischer Sozialisten in Schweden geworden. Joseph Buttinger, der sich in der „Auslandsvertretung Österreichischer Sozialisten" (AVÖS) in Paris durchsetzen konnte, war bestrebt, die politischen Legitimitätsansprüche Bruno Kreiskys in Stockholm zurückzudrängen. Er sandte sogar einen Vertrauensmann in die schwedische Hauptstadt, um Kreisky, immerhin Mitbegründer der Revolutionären Sozialistischen Jugend und „Held" des Sozialistenprozesses von 1936, seine Position streitig zu machen. Buttinger wollte sämtliche Parteiorganisationen gesammelt von Paris aus betreuen und Kreiskys Führungsanspruch dadurch neutralisieren. In ihren Briefen diskutierten Buttinger und Kreisky teils heftig über die Vertretung der Partei im Exil. Buttinger machte Kreisky in seinen Briefen schwere Vorwürfe, warnte ihn gar davor, einen

„typischen Emigrationskonflikt heraufzubeschwören". Auch die anderen auf unterschiedliche Exilzentren in Europa und den Vereinigten Staaten verteilten österreichischen Sozialisten stritten auf dem Briefweg oft äußerst kontrovers über die Zukunft Österreichs. Die Idee der österreichischen Souveränität blieb bis zur Verabschiedung der „Moskauer Deklaration" ein Streitpunkt zwischen den österreichischen Sozialisten in Stockholm und der Mehrheit der Londoner und New Yorker Vertreter. Das frühe Bekenntnis der österreichischen Sozialisten in Schweden zu einem unabhängigen Österreich unterschied sie von den meisten ihrer Parteigenossen in anderen Exilländern. Selbst Otto Bauer hatte Österreichs Unabhängigkeit von Deutschland nach dem Krieg – ähnlich Karl Renner – für unvorstellbar gehalten. Die österreichischen Sozialisten unter Kreiskys Führung sahen sich mithin gezwungen, eine Auseinandersetzung an zwei Fronten zu führen. Neben der Ablehnung der „großdeutschen Lösung", wie sie dem Londoner Büro auch nach der „Moskauer Deklaration" noch immer vorschwebte, galt es, sich den konstanten Vereinnahmungstendenzen der Kommunisten zu entziehen.

In einer von Kreisky konzipierten Resolution vom 28. Juli 1943 hieß es schon Monate vor Verabschiedung der „Moskauer Deklaration" unmissverständlich: „Die österreichischen Sozialisten in Schweden fordern die Wiederherstellung einer selbständigen, unabhängigen, demokratischen Republik ‚ÖSTERREICH' und lehnen vorbehaltlos ein Verbleiben im Rahmen des Deutschen Reiches im Einverständnis mit der österreichischen Arbeiterschaft und in Kenntnis ihrer Anschauungen ab." Darüber hinaus gründete Kreisky 1944 eine überparteiliche Organisation, bestehend aus Emigranten aller politischen Lager: die „Österreichische Vereinigung in Schweden", ÖSV. Ihre Mitglieder hofften, von den Alliierten nach Kriegsende als Vertretung Österreichs anerkannt zu werden.

Trotz dieses eindeutigen Bekenntnisses zur österreichischen Eigenstaatlichkeit wurden die österreichischen Exilanten bei schwedischen Regierungsstellen allerdings weiterhin offiziell als „Reichsdeutsche" geführt. Kreisky hatte bereits Jahre zuvor den formalen Rahmen des Flüchtlingsbogens genutzt, um seine österreichische – und nicht deutsche – Herkunft deutlich zu machen. „Aus Österreich ausgewiesen!" schrieb er in großer Schrift und gleich zweimal unterstrichen an den Schluss des Dokuments. Als Staatsbürgerschaft führte er nicht nur die offizielle, nämlich „reichsdeutsch" an, sondern ergänzte sie handschriftlich mit dem Zusatz „österreichisch".

In diesem Zusammenhang ist auch Kreiskys erfolgreicher Versuch zu verstehen, aus den schwedischen Internierungslagern für deutsche Deserteure jene herauszuholen, die aus Österreich stammten und sich zu ihrer Heimat bekannten. Diese wurden nun als sogenannte „Militärflüchtlinge" und nicht, wie die Deutschen, als Deserteure angesehen. Das hatte den Vorteil, dass sie den weniger rigiden Zivilbehörden unterstellt wurden. Kreisky bemühte sich um Arbeit für sie; die meisten konnten als Holzfäller unterkommen. Er selbst bewertete seinen Einsatz für die „Militärflüchtlinge" als ersten politischen Schritt für ein unabhängiges Österreich. Sein Engagement für die österreichischen Soldaten in Schweden brachte Kreisky jedoch Ende 1953 die Kritik deutschnationaler österreichischer Kreise ein. Die als antisemitisch geltende Zeitung *Wiener Samstag* warf ihm vor, er habe sich 1945 nur für jene „Deserteure" eingesetzt, die sich zu Österreich bekannten, für jene österreichischen Soldaten aber, „die bis zuletzt ihre soldatische Pflicht getan" und dem Deutschen Reich die Treue gehalten hätten, habe er solche Erfolge nicht aufzuweisen gehabt.

5.

Die Jahre im schwedischen Exil hat Bruno Kreisky als wesentliche Bereicherung und Abrundung seiner politischen Fort- und Meinungsbildung empfunden; mehr noch, als die „große Lehre": Schweden war für ihn „das große Erlebnis einer funktionierenden und lebendigen Demokratie, wie es sie in dieser Form auch im alten Österreich nie gegeben hat".

Die oft formulierte These, er habe das schwedische Modell als Bundeskanzler auf Österreich übertragen wollen, wurde von ihm in dieser Verknappung immer wieder zurückgewiesen. Zweifellos hat jedoch sein zwölf Jahre währender Aufenthalt im sozialdemokratischen Musterland einen unauslöschlichen Eindruck bei ihm hinterlassen. Sein Handeln als „working politician" – diesen vom amerikanischen Präsidenten Truman stammenden Ausdruck mochte er besonders gern – wurde vom schwedischen Modell nachhaltig geprägt. Die „ausgezeichnet funktionierende Demokratie und das geglückte Beispiel des Reformismus, der die schwedische Gesellschaft in ihrer ganzen Struktur verändert hat", wurden denn auch zu Konstanten seines politischen Programms für Österreich. Der Unterschied zwischen systemimmanenten und systemverändernden Reformen sei ihm anhand der schwedischen politischen Praxis klar geworden. Für Österreich habe er viel später daraus den Schluss gezogen, „dass es durchaus die Quantität der Reformen sein kann, die die Qualität der Gesellschaft verändert".

Die wirtschaftspolitischen Auffassungen der schwedischen Sozialdemokraten waren für Kreisky „vollständig neu". Das schwedische Modell führte ihn weg von der „altmarxistisch-fatalistischen Auffassung", wonach der Kapitalismus gleichsam naturgegeben in präformierten Phasen ablaufe. Der Glaube an die Veränderbarkeit von gesellschaftlichen Zuständen, die Möglichkeit der aktiven Überwindung von Krisen mittels staatlicher Eingriffe in ökonomische Abläufe – im Schweden der 1940er Jahre erlebte Kreisky gewissermaßen die Fortentwicklung des „roten Wien" auf staatlicher Ebene. Sein sozialistischer Internationalismus wurde in Schweden mit einem „neuen Patriotismus" der Arbeiterschaft konfrontiert; etwas, das er aus seiner Heimat nicht kannte. Dieses sozial fundierte Bekenntnis zu Staat und Heimat beeindruckte ihn: „Ich nahm mir damals vor, eines Tages auch in Österreich einen solchen Patriotismus zu verwirklichen."

Überdies beeindruckt vom hohen Standard der Presse, zumal der liberalen, erkannte er rasch deren überragende Bedeutung im gesellschaftlichen Prozess. Kreiskys sprichwörtliche Affinität zum Journalismus erklärt sich nicht zuletzt aus dieser Erfahrung. In der späteren Politik verwies er immer wieder auf seine schwedischen Jahre, in denen er wichtigen Anschauungsunterricht für die österreichische Neutralitätspolitik erhalten habe. Gleichwohl darf nicht übersehen werden, dass der Emigrant sein Exilland Schweden ein wenig verklärte. Als er 1986 seine Memoiren veröffentlichte und darin ausführlich die Exil-Jahre schilderte, wunderte sich ein schwedischer Rezensent sehr: Beim Lesen der Erinnerungen gewinne man den Eindruck, das Land sei ausschließlich von sozialdemokratischen Arbeitern und Funktionären bevölkert.

Bereits 1939 hatte Kreisky an Joseph Buttinger geschrieben: „Die Arbeiter sind zufrieden mit ihrer Regierung, weil sie tatsächlich und täglich ihren Lebensstandard verbessert. Es ist wahr, nirgends wohnen die Arbeiter so gut wie hier." Kreiskys Wahrnehmung war wohl von der Situation in den Städten geprägt, anders als die Arbeiter lebten die Bauern auf dem Land jedoch teils noch in sehr armen Verhältnissen.

Ein anderer Punkt, den Kreisky kaum kritisierte, war die restriktive schwedische Flüchtlingspolitik. Sie traf vor allem jüdische Emigranten, die man – ähnlich wie in der Schweiz während der Kriegsjahre – oft bereits an den Grenzen wieder zurückschickte. Kreisky war bei seiner Ankunft in Schweden nicht als Jude registriert worden – sein Pass trug noch nicht den J-Stempel, der erst kurze Zeit später eingeführt wurde. Er hat sich auch nicht als jüdischen Flüchtling wahrgenommen und bezeichnete sich bis ins hohe Alter stets als „politischer", nicht als „jüdischer" Emigrant. Seinen Sohn Peter, der am 8. Mai 1944 zur Welt kam, ließ er übrigens bald nach seiner Geburt evangelisch-lutherisch taufen. Erst als Erwachsener, 1975, sollte Peter Kreisky diesen Schritt seiner Eltern rückgängig machen und aus der Kirche austreten.[5] Seit damals fühlt er sich laut eigener Aussage durchaus der jüdischen Gemeinde zugehörig.

---

5 Peter Kreisky erinnert sich: „Als ich meinem Vater sagte, dass ich aus der Kirche austreten möchte, fragte er mich: ‚Bist du sicher, dass das eine gute Idee ist?' Ich fragte zurück: ‚Meinst du, das könnte dir als Bundeskanzler schaden, dass dein Sohn konfessionslos ist?' Daraufhin hat er nur geschmunzelt, aber nichts weiter gesagt."

Erst zu Beginn des Jahres 1945, als dank einer Initiative Graf Folke Bernadottes, des Präsidenten des schwedischen Roten Kreuzes, immer mehr jüdische Überlebende aus den Konzentrationslagern nach Schweden kamen, änderte sich die Haltung der dortigen Behörden. Mit den von Bernadotte organisierten Transporten, die laut Abmachung nur skandinavische Konzentrationslagerinsassen betreffen sollten, in Wirklichkeit jedoch auch Tausenden Juden aus allen europäischen Ländern das Leben rettete, „kam ein moralischer Schock. Die Gräuelnachrichten waren auf einmal keine mehr: Die Wirklichkeit übertraf alles, was die Emigranten erzählt hatten."

Das Ende des Zweiten Weltkriegs, den 8. Mai 1945, erlebte Bruno Kreisky als „unfassbares Glück", als einen der ganz großen Momente seines Lebens. Schon am 27. April 1945 war Wien von den vorrückenden sowjetischen Truppen befreit worden – es war die Geburtsstunde des Neuen Österreich. Eine provisorische Staatsregierung unter Karl Renner als Staatskanzler – den Stalin persönlich kannte, schätzte und dessen Installierung er befohlen hatte – trat zusammen und proklamierte die Errichtung der Zweiten Republik. Stalin, dem Westen gegenüber misstrauisch, stellte die Alliierten damit vor vollendete Tatsachen: Österreich sollte eine ihm willfährige Regierung bekommen, mit einem alten Mann an der Spitze.

5. Kapitel
Verzögerte Heimkehr

1.

So sehr Bruno Kreisky sich danach sehnte, Österreich möglichst rasch nach dem Ende des Krieges wiederzusehen, so schwierig schien es zunächst, diesen Wunsch in die Tat umzusetzen. Es sollte noch ein ganzes Jahr dauern, bevor der inzwischen 34-jährige Emigrant zum ersten Mal wieder österreichischen Boden betreten durfte.

Das Land war in vier Sektoren unterteilt. Auf Geheiß der Besatzungsmacht USA wurde ihm ein Einreisevisum verweigert – die Gründe hierfür sind nie aufgeklärt worden. Seine innige Hoffnung, so bald wie nur möglich auch am politischen Wiederaufbau seiner Heimat teilzuhaben, musste also noch warten. Ein schwedischer Rotkreuztransport bekam im Herbst 1945 sogar erst dann Landeerlaubnis auf dem US-Flugplatz Langenlebarn erteilt, nachdem die Besatzung glaubhaft versichern konnte, ein gewisser Kreisky befinde sich nicht an Bord.

Vorerst beschäftigte er sich in erster Linie mit der Organisation der Hilfslieferungen für Österreich. Am 23. Oktober 1945 wurde Kreisky als Vorsitzender der „Österreichischen Vereinigung" vom schwedischen Innen- und Sozialministerium offiziell beauftragt, für das schwedische Hilfswerk Verbindungen mit seinem Heimatland herzustellen. Sendungen mit dringend benötigten Medikamenten, Trockenmilch und anderen Lebensmitteln für Tausende Kinder gelangten so nach Österreich. Nur Kreiskys gute Kontakte in Schweden hatten den großen Erfolg der Österreichhilfe ermöglicht.

Auch unter den österreichischen Emigranten warb er intensiv um die Unterstützung der schwedischen Österreichhilfe: „Wir alle, die wir uns täglich satt essen können, dürfen nicht vergessen, dass unsere Landsleute zuhause hungern", hieß es etwa in einem von ihm verfassten Rundschreiben.

Erst im Mai 1946, nach beinahe acht Jahren im Exil, reiste er dank einem Visum der französischen Behörden, das ihm sein Freund, der exilierte, bestens vernetzte Rechtsanwalt Dr. Kurt Grimm[6] vermittelt hatte, in die Heimat zurück: ab Ostende mit einem der ersten Züge des Arlberg-Express.

Der Empfang am noch halb zerstörten Wiener Westbahnhof verlief ganz anders, als sein Schwiegervater – der ihn nach wie vor mit aller Überredungskunst für das Familienunternehmen zu gewinnen trachtete – wenige Jahre zuvor prophezeit hatte: Zahlreiche Freunde standen am Bahnsteig und begrüßten ihn mit riesigen Blumensträußen aus ihren Gärten. „Es war die Zeit der Blüte des Jasmins: duftende Sträuße in den Armen ausgemergelter Leute, gezeichnet vom Hunger und der Not der Zeit und durch die Gefängnisjahre, die viele hinter sich hatten. Die Seligkeit der Rückkehr, der Duft der Blüten: Ich war wie betäubt und ‚schwebte' über die Trümmer des Wiener Westbahnhofs. Binnen weniger Augenblicke schien es mir so, als wenn ich nie weggegangen wäre."

Die Stadt Wien, Ende April 1945 von den Sowjets befreit, war in vier Sektoren unterteilt. Einzige Ausnahme: Die innere Stadt wurde von allen vier Besatzungsmächten verwaltet. Die gemeinsame Militärpatrouille, auch als die „Vier im Jeep" bekannt, prägten bis zur Wiedererlangung der Unabhängigkeit im Jahr 1955 das Straßenbild. Vor diesem Hintergrund spielt auch der gleichnamige Spielfilm des Jahres 1951, in dem die Frau eines aus russischer Kriegsgefangenschaft geflohenen Österreichers von den Russen gesucht wird. Die vier Landesvertreter sind sich uneinig, ob und wie sie der Frau helfen können. Schließlich drückt auch der Russe Voroshenko ein Auge zu.

---

6 Grimm war ein wichtiger Kontaktmann und Freund des amerikanischen OSS-Chefs Allen W. Dulles, bis 1945 „Station Chief" in Bern.

Das Hauptquartier der Amerikaner war das Gebäude der Oesterreichischen Nationalbank, die Briten bezogen Schloss Schönbrunn, die Franzosen das Hotel Kummer in Mariahilf, und die Sowjets etablierten sich im Palais Epstein neben dem Parlament. Die Stadt war in diesen Jahren ein Spionagezentrum der Besatzungsmächte, die sich gegenseitig bespitzelten. Der legendäre Spielfilm „Der dritte Mann" ist ein Spiegelbild jener außergewöhnlichen Zeit.

Georg Stefan Troller, der 1938 aus Wien geflohen war, schildert in seinem Buch *Selbstbeschreibung* seine Rückkehr nach Wien, Ende 1945: „Emigranten sind Spezialisten in Heimweh. (…) Bauwerke, die ich hundertmal in meiner Erinnerung vor mir gesehen hatte, waren ausgebrannt, zur unverputzten Ziegelfassade reduziert, zu Schutt. Der Stephansdom war ausgebrannt, die Oper, das Burgtheater (gibt es Jammervolleres als einen eingestürzten Bühnenraum?). Der halbe Kai war fort. Teile von Parlament und Universität, die Bahnhöfe. Sämtliche Brücken außer der Reichsbrücke gesprengt, die Menschen kletterten akrobatisch auf einer Art tibetischem Fußsteg über die Segmente. Im Prater, durch den die Sowjets sich in die Stadt gekämpft hatten, waren meine Kinderparadiese in Flammen aufgegangen. Der Watschenmann, der Kalafati. Bis hinauf zu den obersten Waggons des Riesenrads. Im Belvederegarten grasten Kühe, soweit man sie nicht im Dunkeln mit dem Schlachtermesser massakrierte."

2.

Noch am Tag seiner Ankunft in Wien begann Bruno Kreisky damit, an seinem Wiedereinstieg in die österreichische Politik zu arbeiten. Er besuchte den Bundespräsidenten Karl Renner sowie den Vorsitzenden der wieder gegründeten „Sozialistischen Partei Österreichs" Adolf Schärf. Er begab sich auch in die Redaktion der *Arbeiter-Zeitung*, deren Chefredakteur wieder Oscar Pollak hieß. Renner ließ Kreisky wissen, dass man der Meinung sei, er könne Österreich am besten dienen, wenn er zunächst noch im Ausland bleibe: „Wir haben ja keine geeigneten Diplomaten", meinte der Bundespräsident, ideal wäre es daher, er vertrete seine Heimat in den skandinavischen Ländern, „denn dort brauchen wir jemanden!"

Drei Monate blieb Kreisky in Österreich; seiner Frau berichtete er brieflich – „Liebes Verali" – von seinen Erlebnissen und Begegnungen in Wien, die er als „totwunde Stadt" bezeichnete, welche „langsam und unter schweren Anstrengungen zu neuem Leben" erwache. Er erzählte ihr von einem „sehr mutigen Aufbauprogramm" der sozialistischen Partei, „das den Abzug der Besetzungstruppen" fordere. Er habe „in einer großen Versammlung in dem großen Arbeiterbezirk Favoriten (…) gesprochen. Es war ein erschütterndes Gefühl nach so vielen Jahren wieder zu den Wiener Arbeitern sprechen zu können und ich gebe gern zu, dass ich tief gerührt war über den Beifall, den meine Worte fanden." Das Land leide „furchtbar unter dem Druck der Besetzung. Bekommen wir das Land frei, dann sind wir sehr bald aus dem Ärgsten draußen und die Aussichten sind nach ein paar Jahren harten und schweren Ringens mit den Problemen des Aufbaus absolut positiv zu bewerten."

Seine Frau dürfe nur ja nicht denken, „dass hier alles zum Guten bestellt ist". Alles sei in Österreich „viel weniger einfach, als man von Schweden aus glaubt". Dort war ihm im Gespräch mit österreichischen Deserteuren bewusst geworden, wie komplex sich der politische Neubeginn in Österreich gestalten würde. Die alten Lagergrenzen waren noch lange nicht überwunden. An Vera schrieb er weiter: „Es gibt viel zu tun. Sieben Jahre Hitlerherrschaft, vier Jahre Schuschniggdiktatur sind eben an den Menschen nicht spurlos vorübergegangen und der Krieg macht die Menschen auch nicht besser." Schon jetzt muss Kreisky bewusst geworden sein, dass eine künftige Entnazifizierung Österreichs kein einfaches Unterfangen darstellen würde. Er nennt in seinem ausführlichen Brief Mitte Mai 1946 dafür ein sehr prägnantes Beispiel: „Heute z. B. habe ich einen guten Freund in einem Spital besucht, der sich im Konzentrationslager eine schwere TBC geholt hat und dem man den halben Brustkorb wegoperieren musste. (...) Nun ist der bekannteste Lungenchirurg ein Mitglied der Nazis gewesen. Was soll man tun? Soll man ihn Schutt wegräumen lassen oder unsere besten und totkranken Freunde wieder gesund machen lassen?"

Für kurze Zeit dürfte Kreisky trotz allem mit dem Gedanken gespielt haben, einen „dicken Strich" zwischen sich und dem Land zu ziehen, wie er seiner Parteifreundin Frieda Nödl in einem Schreiben vom 1. April 1946, einen Monat vor seiner Reise nach Österreich, anvertraute. „Eins aber ist gewiss, sehr aufdrängen werde ich mich nicht." Noch immer zeigte er sich vor allem von seiner Partei enttäuscht: „Die Partei hat mir gegenüber keine Verpflichtungen, sie hat sich auch kaum sehr angestrengt, meine Rückkehr zu ermöglichen." Zu einer „peinlichen Verlegenheit" wolle er nicht werden. Zwar ließ die liebenswürdige Rosa Jochmann Kreisky schriftlich wissen, „dass alle von ganzem Herzen bedauern, dass uns noch so viele fehlen", und es nicht stimme, dass die Rückkehrer als „Störung" empfunden würden. Doch war nicht zu übersehen, dass die meisten Remigranten nicht gerade mit offenen Armen empfangen wurden. Die Sozialdemokratie wollte zudem vermeiden, wie einst in den Zeiten der Ersten Republik, als „Judenpartei" zu gelten. Rückkehrer mit jüdischen Wurzeln hatten es daher beim Wiedereinstieg in die österreichische Sozialdemokratie besonders schwer.

Da hatte nun der Fünfunddreißigjährige seit seiner frühesten Jugend für die sozialdemokratische Idee gekämpft, war für sie ins Gefängnis gegangen, hatte sich große Verdienste um die österreichische Emigration in Schweden erworben. Und jetzt, nachdem dieses Österreich, an das er gegen jede praktische Vernunft geglaubt hatte, wiedererstanden war, schien man ihn in Wien nicht zu brauchen.

Nach einer gewissen Zeit empfing Bundeskanzler Leopold Figl den Heimkehrer und schlug ihm vor (wobei er im Grunde nur Renners und Schärfs Vorschlägen folgte), er solle offizieller Vertreter Österreichs in Schweden werden und die Gründung einer Gesandtschaft in Stockholm vorbereiten.

Im Juli 1946 kehrte Kreisky tatsächlich als offizieller Vertreter Österreichs nach Stockholm zurück. „Ich bekam den Titel eines Spezialattachés; was genau damit gemeint sein sollte, wusste ich allerdings nicht." Unter schwierigsten Bedingungen – das nötige Geld hatte ihm das schwedische Außenministerium vorgestreckt, nachdem österreichische Stellen ihn wissen ließen, über keinerlei Mittel zu verfügen – errichtete Kreisky die diplomatische Vertretung, die schließlich im Februar 1947 mit einem altösterreichischen Baron mit jüdischen Vorfahren, dem Gesandten Paul Winterstein, besetzt wurde; Kreisky aber wurde im November 1947 zum „Legationssekretär Erster Klasse" ernannt.

Die Zusammenarbeit mit dem Gesandten Winterstein, der für seine cholerischen Anfälle bekannt und im diplomatischen Umfeld keineswegs beliebt war, gestaltete sich für Kreisky überraschend positiv: „Obwohl wir den denkbar größten Gegensatz darstellten und politisch überhaupt nichts miteinander gemeinsam hatten, sind wir gute Freunde geworden."

In seiner neuen Funktion setzte Legationssekretär Kreisky sowohl den großen Einsatz für die Österreichhilfe wie auch sein kulturpolitisches Engagement entschieden fort. Im Jahr 1948 gelang es ihm – gegen den unbegreiflichen Widerstand der Wiener Behörden –, eine Auswahl österreichischer Kunstschätze in Stockholm auszustellen. Kurz zuvor war bereits eine Schweden-Tournee der Wiener Sängerknaben mit Erfolg über die Bühne gegangen. Freilich trug eine solche Kulturpolitik die Opferthese implizit mit: Nicht die österreichische Verantwortung an den Verbrechen des Nationalsozialismus wurde thematisiert, sondern Österreich als Hort der Kultur präsentiert. Es gelang Kreisky aber auch, eine größere Zahl herzkranker österreichischer Kinder – die blauen Babys – nach Schweden zu bringen und sie hier von den besten Kardiologen und Chirurgen behandeln und heilen zu lassen. In Dänemark und Norwegen verhandelte er über die Rückführung konfiszierten österreichischen Eigentums. Seine womöglich seltsamste Aufgabe in jenen Jahren bestand aber in der Beschaffung von mehreren Millionen dänischen Fisch-

92

Eiern, um die fischarmen österreichischen Seen – sie waren angeblich von den Sowjets geplündert worden – mit neuem Leben zu befruchten.

Seiner persönlichen Vorliebe entsprechend kümmerte er sich besonders um die Kontakte zur skandinavischen Presse. Wissenschafter und Parteikollegen wie Adolf Schärf, Karl Seitz oder Theodor Körner lud er nach Schweden ein, um sie mit dem Land bekannt zu machen und ihnen seine positiven Erfahrungen weiterzugeben. Und dennoch: Im Grunde wollte er nur das Eine – nach Österreich zurückkehren, um dort wieder politisch aktiv werden zu können.

Die endgültige Heimkehr ließ allerdings noch auf sich warten, wobei die Erkrankung seiner Frau eine nicht unmaßgebliche Rolle bei der Verzögerung spielte: Bald nach der Geburt ihrer Tochter Suzanne, die am 14. April 1948 zur Welt gekommen war, hatte bei Vera Kreisky eine schwere Depression eingesetzt. Bis zu ihrem Lebensende sollte sie phasenweise großen psychischen Schwankungen ausgesetzt sein, die mit unterschiedlicher Intensität andauerten.

3.

Im Herbst 1949 ließ Adolf Schärf den nicht mehr ganz jungen Genossen Kreisky wissen, dass man nun darüber nachdenke, ihn nach England zu versetzen, doch der Umworbene winkte ab: Er sei keineswegs geneigt, Diplomat zu bleiben. Er ließ keinen Zweifel aufkommen, bat mit allem Nachdruck darum, in die dem Bundeskanzleramt eingegliederte wirtschaftspolitische Abteilung der Sektion für auswärtige Angelegenheiten eintreten zu dürfen. Ende 1950 wurde er denn auch tatsächlich nach Wien zurückberufen, wo er am 2. Jänner 1951, wenige Tage vor seinem vierzigsten Geburtstag, seinen Dienst antreten konnte.

Zum Abschied aus Schweden gab Kreisky in seiner Stockholmer Privatwohnung noch ein großes Diner für seine Freunde, an dem auch der damalige schwedische Ministerpräsident Tage

Erlander teilnahm. Dieser erhob nach dem Dessert das Glas zu einem Trinkspruch und forderte seinen Gastgeber auf, sich die Rückkehr nach Österreich doch noch einmal zu überlegen. In Schweden stehe dem Politiker beinahe jede Position zur Verfügung, mit einer Ausnahme allerdings: die des schwedischen Ministerpräsidenten.

In welches Österreich aber kehrte Bruno Kreisky nach zwölf Jahren Emigration zurück? Anfang 1951 hatte Österreich die schwierigsten und gefährlichsten Phasen der unmittelbaren Nachkriegszeit glücklich überstanden. Die Wiedererrichtung der Republik, ermöglicht durch die „Moskauer Deklaration" der Alliierten vom November 1943, vereinte Widersprüchliches: Neubeginn und Kontinuität, Restauration und Restitution, Bruch, Umbruch, aber auch „Rückbruch", wie es der österreichische Diplomat Josef Schöner schon damals kenntnisreich notierte.

Die Stilisierung des Wiederaufbaus zum Gemeinschaftserlebnis, der ehrlich gemeinte Schwur „Nie wieder Bürgerkrieg!" waren Bekundungen eines ernst gemeinten Neuanfangs. Diesem entsprachen objektive Änderungen wie der deklarierte Rückzug der katholischen Kirche aus der Politik; auch der Marxismus hatte an Prägekraft eingebüßt. Insgesamt war wohl – die reale Macht der vierfachen Besatzung hatte mitgeholfen – eine merkliche Ent-Ideologisierung der österreichischen Politik zu konstatieren. Der weltanschauliche Pluralismus zeigte seine ersten Ansätze. Anderseits reichte der militärische und ökonomische Druck nicht aus, um Entnazifizierung und Reedukation nachhaltig wirksam werden zu lassen. Gerade das Thema der Bewältigung der nationalsozialistischen (in Österreich auch austrofaschistischen) Vergangenheit erwies sich als überaus komplex. Nur allzu bereit wurde diese Frage alsbald zugunsten eines strammen Antikommunismus aufgegeben.

Am 25. November 1945 durften die Österreicher zum ersten Mal nach fünfzehn Jahren wieder an demokratischen Wahlen teilnehmen. Ausgeschlossen blieben die ehemaligen Mitglieder der NSDAP und die Kriegsgefangenen; ausgeschlossen aber blieben auch die über die halbe Welt verstreuten österreichischen

Flüchtlinge vor dem Nazismus. Sie hatten, zerstritten im Ausland, unerwünscht in Österreich, nie eine Chance bekommen, am Wiederaufbau mitzuwirken.

Die von den Amerikanern und Briten, später auch von den Sowjets forcierte „Entfaschisierung" wurde angesichts des „Sonderfalls Österreich" alsbald zugunsten einer bürokratisch durchgeführten Entnazifizierung aufgegeben. Diese verlief bis 1947 mit einer gewissen Härte – immerhin gab es 43 Todesurteile –, wurde dann aber im Zuge des herannahenden Kalten Krieges praktisch eingestellt. Die „Ehemaligen" blieben allerdings noch bis 1949 auf der „demokratischen Strafbank". Eines der Todesurteile betraf übrigens Bruno Kreiskys ehemaligen Zellengenossen Josef Weninger: Der zum SA-Führer avancierte Nazi der ersten Stunde ließ noch im April 1945 auf dem Semmering einige junge Männer erschießen. Ein Volksgerichtshof verurteilte Weninger 1947 zum Tode, am 15. Mai 1948 wurde das Urteil vollstreckt.

Während einer Ministerratssitzung, die zufälligerweise am 9. November 1948, dem zehnten Jahrestag der Reichskristallnacht, stattfand, kam es zu einer Aussage des sozialistischen Innenministers Oskar Helmer, die ein bezeichnendes Licht auf die damalige Atmosphäre in der Zweiten Republik wirft. In Wien lebten damals rund neuntausend Juden, Helmer jedoch meinte: „Ich sehe überall nur jüdische Ausbreitung wie bei der Ärzteschaft, beim Handel, vor allem in Wien." Er wies auf „die Grausamkeiten der Juden im Palästina-Krieg" hin und empfahl dann im Zusammenhang mit Wiedergutmachungsforderungen jüdischer Kreise: „Ich wäre dafür, dass man die Sache in die Länge zieht."

Im April 1948 hatte die Regierung mit einem Amnestiegesetz bereits die Sanktionen gegen 482.000 registrierte Nationalsozialisten aufgehoben, sie erhielten das Wahlrecht zurück. Das hatte ein heftiges Werben der Parteien um die Stimmen der „Ehemaligen" zur Folge. Die ÖVP, die eine eigene Nebenorganisation als Auffanglager für „Ehemalige" und Heimkehrer aufgebaut hatte, schien dabei die besseren Karten zu haben. Daher glaubte man in der SPÖ, dem Zustrom zum bürgerlichen Lager durch die Zulassung einer vierten Partei, für die sich bereits Proponenten fanden, vorbeugen zu können. Mit Zustimmung der Alliierten und mit kräftiger Unterstützung durch Innenminister Helmer wurde 1949 der „Verband der Unabhängigen", VdU, aus der Taufe gehoben. Neben liberalen Kräften sammelten sich in ihm viele ehemalige Nationalsozialisten. Die Nationalratswahl von 1949 enttäuschte die Hoffnungen beider Großparteien, der VdU hingegen zog auf Anhieb mit sechzehn Mandaten als Oppositionspartei in den österreichischen Nationalrat ein.

Im Wahlkampf 1949 bemühte ich der Ex-KZ-Häftling und steirische ÖVP-Chef Alfons Gorbach, der spätere Bundeskanzler, unter anderem mit folgendem Statement um die Gunst der Wähler: „Da mögen die Herren Emigranten noch so viel Moralinsäure verspritzen: Jene, die draußen (an der Front) ihren Mann gestanden haben, wissen besser, was anständig ist, als jene, die sich beim ersten Kräuseln des Ozeans in Übersee in Sicherheit gebracht haben. Ich spreche den Emigranten das Recht ab, in der NS-Frage mitzureden."

Ein Erlebnis während eines Spaziergangs, den Bruno Kreisky Mitte der 1950er Jahre mit seiner Frau auf der Kärntner-Straße machte, illustriert die Stimmung im Lande in jener Zeit. Hinter dem Paar ging ein Mann, der seinem Begleiter zuraunte: „Schau, schau, da geht der Jude Kreisky!" Das hat den Heimkehrer vorübergehend so betroffen gemacht, dass er zumindest ein paar Tage lang über eine Rückkehr nach Schweden nachdachte.

Als er seine Tätigkeit am Wiener Ballhausplatz als „Legationsrat dritter Klasse" aufnahm, waren die beiden Pfeiler des neuen Österreich bereits etabliert: der Marshallplan, der Österreich ins westliche Wirtschaftssystem integrierte, und die Sozialpartnerschaft, jener historische Kompromiss zwischen Arbeit und Kapital, der die politische Kultur der Zweiten Republik entscheidend prägen sollte. Als ökonomisches Rückgrat Nachkriegsösterreichs wurde per Gesetz – das erste davon sogar einstimmig – die Verstaatlichung des sogenannten deutschen Eigentums beschlossen.

Wiederaufbau bedeutete in erster Linie die wirtschaftliche Rekonstruktion des Landes. Kreiskys erste berufliche Schritte in Österreich waren denn auch eng mit dem wirtschaftlichen Wiederaufbau des Landes verbunden. Gemeinsam mit Hans Igler – dem späteren Präsidenten der Industriellenvereinigung – war er für die Erstellung von Wirtschaftsplänen und Devisenübersichten verantwortlich; Igler war damals Referent des „European Recovery Program" (ERP), einer eigenen Abteilung innerhalb des Bundeskanzleramtes.

Im April 1951 übersiedelten Bruno Kreiskys Frau und seine beiden Kinder, der siebenjährige Peter und die dreijährige Suzanne, nach Wien. Es fiel der in Schweden aufgewachsenen Vera durchaus nicht leicht, ihre Heimat zu verlassen. Sohn Peter vermutet: „Ich glaube, dass diese Übersiedlung nach Wien für meine Mutter ein ziemlicher Bruch gewesen sein muss. In Schweden hatte der liberale Aufbruch in eine freiere Sicht der Geschlechterrollen längst begonnen, dieses spätfeudale, patriarchale, klerikale Österreich muss sie als großen Rückschritt empfunden haben."

Veras Vater starb etwa zur selben Zeit; bis zum Schluss hatte er noch versucht, seinen Schwiegersohn umzustimmen: „Wann immer du glaubst, dass es nicht geht in Wien, kannst du zurückkommen. Solange ich lebe, kannst du in die Firma eintreten. Im Moment meines Todes allerdings sind die Würfel gefallen, dann übernimmt mein Sohn alles, und du wirst es gegenüber deiner Familie verantworten müssen, dass sie nie reich sein wird."

4.

Am letzten Tag des Jahres 1950 war Österreichs erster Nachkriegs-Präsident Karl Renner gestorben. Bei den Wahlen zu seiner Nachfolge, im Mai 1951, stellte die SPÖ den als chancenlos geltenden, bereits achtundsiebzigjährigen Bürgermeister der Stadt Wien der Jahre 1945 bis 1951 Theodor Körner auf. Der ehemalige k. u. k Oberst und Generalstabschef der 1. Isonzo-Armee, der nach dem Ersten Weltkrieg überzeugter Sozialdemokrat geworden war, war während der Naziherrschaft jahrelang inhaftiert geblieben. Zur allgemeinen Überraschung setzte sich Körner bei der Stichwahl am 27. Mai gegen Heinrich Gleißner, den Kandidaten der ÖVP, durch. Schon am Tag nach seiner Wahl ließ Körner Bruno Kreisky ausrichten, ihn dringend sprechen zu wollen.

„Schau, ich bin sehr traurig", eröffnete der Bundespräsident die Unterredung. Er sei gerne Bürgermeister von Wien gewesen, da habe man etwas bewegen können, doch als Staatsoberhaupt sei man gleichsam machtlos: „Hat ja gar keinen Sinn. Ich habe ja nur kandidiert, weil ich überzeugt war, dass ich nicht gewählt werde." Und dann kam er ohne Umschweife zur Sache: „Du musst unbedingt zu mir kommen. Ich kenn' mich ja gar nicht aus in diesen ganzen Sachen."

Kreiskys freundlicher Erinnerung an Körners Worte steht aber eine andere Version zur Seite. Mit dem politisch ambitionierten und international erfahrenen Diplomaten wollte die Partei dem außenpolitisch unerfahrenen Körner einen „Aufpasser" zur Seite stellen.

Am 22. Juni 1951, ein halbes Jahr nach seiner Rückkehr aus dem Exil, trat Bruno Kreisky seinen neuen Dienst an, den ersten, der so etwas wie einen größeren Karrieresprung bedeutete: Er wurde außenpolitischer Berater des neuen Bundespräsidenten. Man wies ihm in der Hofburg ein kleines, im Stil des mariatheresianischen Barock gehaltenes Büro zu. Sein informeller Titel aber lautete nunmehr immerhin: Kabinettsvizedirektor.

Der neue politische Mitarbeiter des Bundespräsidenten kam bald in engen Kontakt mit den sozialistischen Regierungsmitgliedern und durfte an den fraktionellen Gesprächsrunden teilnehmen, die der Bundespräsident jeweils an Montagabenden zu sich einlud. „Der Beschluss, mich hinzuzuziehen, hatte deshalb eine solche Bedeutung für mich, weil ich dadurch in den innersten Kreis der obersten Spitze der SPÖ gekommen bin. Ich fühlte mich dort nicht als Fremdkörper. Im Gegenteil: alle hatten großes Vertrauen zu mir."

Das politische Hauptthema jener Tage war die Rückgewinnung der vollen Souveränität Österreichs. Ein „Staatsvertrag" sollte die Einheit und Unteilbarkeit des Landes festschreiben. Anlässlich des Dreißig-Jahr-Jubiläums der Zugehörigkeit des Burgenlandes zu Österreich – es lag bis 1955 in der sowjetischen Zone – hielt Bundespräsident Körner am 11. November 1951 in Eisenstadt eine Ansprache. Kreisky hatte den politisch heiklen Teil der Rede konzipiert, der den Friedenswillen hervorhob, um schließlich die Allianzfreiheit anzusprechen: „Niemand kann unserem kleinen Staat den selbstmörderischen Größenwahn zutrauen, bei Auseinandersetzungen von Weltmächten mitreden und mithandeln zu wollen. Ein freies, unabhängiges Österreich, allen Rivalitäten entrückt, nach keiner Richtung hin einseitig gebunden, einzig und allein der Sache des Friedens ergeben, wird ein Gewinn für Europa, für die Welt sein." Es war das erste Mal, dass sich ein österreichisches Staatsoberhaupt unmissverständlich für die Neutralität der Zweiten Republik aussprach; Körners Rede sorgte denn auch für beträchtliches internationales Aufsehen.

Die Sowjets konnten sich unter dem Begriff „Neutralität" zunächst nichts Genaues vorstellen. Auch die Westmächte reagierten nicht besonders begeistert, vorerst schien die Idee allgemein auf Ablehnung zu stoßen. Das Konzept der Neutralität eines künftig selbständigen Staates Österreich war ursprünglich von Julius Deutsch 1944 im amerikanischen Exil formuliert worden, er sprach damals von einem Staat, der „strictly and scrupulously neutral" sein sollte. Ein Jahrzehnt später sollte gerade dieser Grundgedanke wesentlich dazu beitragen, die Staatsvertragsverhandlungen zu einem erfolgreichen Ende zu bringen.

6. Kapitel

Staatssekretär und Staatsvertrag

1.

Bei der dritten Nationalratswahl nach dem Krieg, am 22. Februar 1953, wurde die SPÖ stimmenstärkste, aus Gründen der Wahlarithmetik aber nicht mandatsstärkste Partei des Landes. Die Verhandlungen über eine neue Regierung zogen sich in die Länge, denn Bundespräsident Körner verweigerte (nicht zuletzt auf Bruno Kreiskys Drängen hin) einer Dreierkoalition mit dem rechtslastigen „Verband der Unabhängigen" seine Zustimmung. Das Ergebnis der Koalitionsverhandlungen war die Weiterführung der Großen Koalition unter der Leitung Julius Raabs, des starken Mannes der ÖVP. Raab war am 2. April 1953 Leopold Figl nachgefolgt, dem ÖVP-interne Kritiker allzu große Kompromissbereitschaft gegenüber der SPÖ zum Vorwurf gemacht hatten. Die SPÖ durfte erstmals zwei Staatssekretäre stellen, einen im Außenamt – der Posten wurde damals neu geschaffen – und einen im Handelsminsterium. Beiden wurde allerdings zunächst keine größere Bedeutung beigemessen.

Als der Parteivorsitzende der SPÖ, Adolf Schärf, Bruno Kreisky wenige Tage später zu sich rief und ihm mitteilte, ihn für das Amt des Staatssekretärs im Außenamt vorgeschlagen zu haben, war der Berufene „wie vom Blitz getroffen. Endlich sollte ich wieder den Weg in die wirkliche Politik finden", wie es in den Memoiren heißt. „Ausschlaggebend mag nicht zuletzt ein Brief Körners an Schärf gewesen sein, in welchem es unter anderem hieß: ‚Ich glaube, es wäre für Dich und für die Partei sehr gut, wenn Kreisky Staatssekretär im Außenministerium würde. (…) Ich halte ihn für einen kommenden Mann für die Partei. (…) Auch kennen ihn die Genossen sehr gut, weshalb letztere es als einen politischen Gewinn buchen werden."'

Als Berater des Bundespräsidenten hatte Kreisky bereits politisch mitgewirkt, war aber immer diskret im Hintergrund geblieben. Nach seiner Bestellung zum Staatssekretär muss er wohl – wie nie zuvor in seinem bisherigen Leben – das Gefühl gehabt haben, politisch mitentscheiden zu können. Die Übersiedlung von der einen Seite des Ballhausplatzes auf die andere, von der Hofburg ins Bundeskanzleramt, hatte allerdings zunächst nichts Grandioses an sich: Ihm wurde „einer der winzigsten und schäbigsten Räume zugeteilt; die Leute um (Außenminister) Gruber versuchten mich auf diese und ähnliche Weise an meine Bedeutungslosigkeit zu erinnern." Für den Zweiundvierzigjährigen aber begann eine politische Karriere, die sich über einen Zeitraum von dreißig Jahren erstrecken sollte. Nur vier davon, die Jahre 1966 bis 1970, hat Bruno Kreisky nicht auf der Regierungsbank verbracht.

Als er in die Regierung Raab I eintrat, existierte die Große Koalition bereits seit acht Jahren. Nach der Episode Renner und den ersten Wahlen hatte sich am 20. Dezember 1945 die Koalitionsregierung Figl/Schärf etabliert. Julius Raab, bereits Handelsminister im Schuschnigg-Regime, blieb aufgrund des Vetos der sowjetischen Besatzungsmacht bis 1953 von Regierungspositionen ausgeschlossen. Im Hintergrund spielte Raab jedoch die Rolle der bestimmenden politischen Persönlichkeit der ÖVP und war der eigentliche große Gegenspieler von Vizekanzler und SPÖ-Parteiobmann Adolf Schärf.

Seine erste Auslandsreise als Staatssekretär führte Kreisky Anfang Juni 1953 nach London, zu den Krönungsfeierlichkeiten für Elisabeth II. Er erlebte zum ersten und einzigen Mal den von ihm zutiefst verehrten Winston Churchill, der eine Rede während des großen Festdiners hielt. Er begegnete Staatsmännern aus aller Welt und knüpfte Kontakte, die ihm in späteren Jahren von Nutzen sein sollten. Mit dem jungen Labour-Politiker Harold Wilson freundete er sich an, suchte mit ihm lieber ein kleines französisches Restaurant auf, als am „abscheulichen" offiziellen Lunch nach der Krönung teilzunehmen.

Noch im selben Jahr begleitete er den österreichischen Außenminister Karl Gruber – der seinen ihm aufgezwungenen Staatssekretär nicht besonders mochte und im Grunde eher zu behindern als zu fördern trachtete – nach West-Deutschland, wo er erstmals Konrad Adenauer begegnete. Adenauer schien Gefallen an Kreisky zu finden, verwickelte ihn von Anbeginn in Gespräche bezüglich der Wiedergutmachungszahlungen der Bonner Republik an Israel. „Ich habe Adenauer geantwortet (…) eine Entschädigungsleistung (werde) sehr positive Folgen für Deutschland haben", hat Kreisky festgehalten. In der Folge sollten sie noch oftmals zusammenkommen; während einer dieser Begegnungen – Kreisky verhandelte in Bonn über die Rückgabe österreichischen Eigentums, das sich noch in Deutschland befand – ließ ihn der deutsche Kanzler wissen: „So, österreichisches Eigentum in Deutschland? Wissen Sie, Herr Kreisky, wüsste ich, wo die Gebeine Hitlers zu finden sind, würde ich sie Ihnen liebend gern als österreichisches Eigentum zurückstellen."

Kreisky stimmte mit Adenauers striktem Westkurs und der geplanten Einbindung der BRD in die Europäische Verteidigungsgemeinschaft (EVG) überein, wenn Letztere auch 1954 an der französischen Nationalversammlung scheitern sollte. In den Jahren 1953 bis 1955 traf er häufig mit dem deutschen Botschafter Carl Hermann Mueller-Graaf zusammen, bediente sich seiner, um seine Einschätzungen nach Bonn zu übermitteln. Mehrfach lehnte er Mueller-Graaf gegenüber die „recht unkluge Haltung der SPD gegenüber der EVG-Politik" ab, was Mueller-Graaf nur allzu erfreut nach Bonn weiterleitete: Kreisky sei gegen „jede auch nur taktische Annäherung an die Sowjets". Mit klarer Anspielung auf die EVG-Politik der deutschen Sozialdemokraten habe Kreisky stattdessen gefordert, dass „der Gedanke des ‚Neutralismus' (…) geistig nachdrücklich bekämpft werden" müsse.

2.

Das erste Ziel der österreichischen Regierungspolitik blieb in den frühen 1950er Jahren das Ringen um die nationale Unabhängigkeit. Naturgemäß stand auch die Außenpolitik ganz im Zeichen dieser von allen demokratischen Parteien unterstützten innenpolitischen Priorität. Auf der Pariser Außenministerkonferenz 1949 schien der Staatsvertrag schon zum Greifen nahe. Doch der Kalte Krieg und damit verbundene widerstrebende ökonomische und strategische Interessen von Ost und West verhinderten eine frühzeitige Lösung. Zudem war die österreichische Frage aus der Sicht der Siegermächte aufs Engste mit dem weit größeren Problem der deutschen Teilung verknüpft.

Als am 5. März 1953 Josef Stalin starb, herrschte in aller Welt zunächst Ungewissheit und Beunruhigung, wer ihm nachfolgen würde. Niemand rechnete damit, dass ein vergleichsweise Unbekannter, Nikita Chruschtschow, neuer Kremlherr werden würde. Die Überraschung war perfekt, als durch Chruschtschows Machtantritt eine Art Tauwetterperiode in der Sowjetunion ihren langsamen Anfang zu nehmen schien. Nach und nach veränderten sich in der Folge die bis dahin gültigen Konstanten der Nachkriegsära.

Julius Raab, der gemeinsam mit seinem Finanzminister Reinhard Kamitz einen neuen wirtschaftspolitischen Weg eingeschlagen hatte (der früh-keynesianische „Raab-Kamitz-Kurs" sorgte für eine deutliche Liberalisierung, stärkte die „Hartwährungspolitik" und führte zu einer Reduzierung der Einzelbesteuerung), wollte zwischen den beiden Kontrahenten USA und Sowjetunion eine unabhängigere Außenpolitik steuern. So war es nur eine Frage der Zeit, bis der als unbedingter Verfechter eines Amerika-freundlichen Westkurses bekannte Außenminister Karl Gruber den Hut nehmen musste. Seine im November 1953 in einem Vorabdruck der *Presse* erschienenen und mit brisanten Enthüllungen über ÖVP-KPÖ-Kontakte angereicherten Memoiren *Zwischen Befreiung und Freiheit* boten den Anlass, Gruber im Herbst 1953 abzusetzen. Er wurde durch den weit umgänglicheren, jedoch außenpolitisch unbedarften Leopold Figl ersetzt, den Bundeskanzler der Jahre 1945 bis 1953.

Kreiskys Beziehung zu seinem ersten Chef, Karl Gruber, war dadurch belastet gewesen, dass der Außenminister durch zahlreiche Alleingänge den außenpolitischen Parteienkonsens strapaziert hatte. Hinzu kam, dass der neue Staatssekretär zu Beginn seiner politischen Tätigkeit auf außenwirtschaftliche Fragen beschränkt werden sollte. Zu Figl war das Verhältnis entspannter und erfuhr vor allem eine beträchtliche Aufwertung, wohl auch deshalb, weil dieser „außenpolitisch keineswegs initiativ war", wie Raab in späteren Jahren festhalten sollte. Mehr noch, Figl, bei seinen Zeitgenossen überaus beliebt, galt als wenig gebildet – ein liebenswerter Mensch, dem Wein zugeneigt, der großen Charme, aber kaum Weltkenntnis oder diplomatische Raffinesse besaß. Dadurch ging die Führung der Außenpolitik *de facto* an Raab über; dies umso mehr, da das Außenamt zu jener Zeit noch kein selbständiges Ministerium bildete, sondern lediglich eine Sektion des Bundeskanzleramtes war.

Kreiskys Verhältnis zu Raab war durchaus korrekt, mehr noch, er schätzte ihn als Bundeskanzler sogar „außerordentlich". In der Tat zeigte sich im deutlicher konturierten außenpolitischen Kurs Kreiskys eine gewisse Parallelität zu den Zielrichtungen Raabs.

Mit Leopold Figls Ernennung zum neuen Außenminister war von österreichischer Seite jedenfalls ein entscheidender Schritt in Richtung Arrangement mit den Sowjets getan worden. Es sollte aber trotzdem noch eineinhalb Jahre dauern, bis nach enttäuschten Hoffnungen und Rückschlägen der Abschluss des Staatsvertrages möglich wurde.

Ende Jänner 1954 begann in Berlin eine weitere Außenministerkonferenz der vier Siegermächte des Zweiten Weltkriegs, an der Österreich als gleichberechtigter Partner teilnehmen durfte. Insgesamt zweihundertachtundfünfzig ergebnislose Sitzungen waren dieser Begegnung vorausgegangen. Die Sowjets, angeführt von Außenminister Molotow, wollten nun erstmals mit einem neutralen Österreich Verträge schließen, wenn auch nur unter der Auflage, dass fünftausend sowjetische

Truppen bis zur Klärung der Zukunft Gesamtdeutschlands im Lande blieben. „Wir werden Ihnen volle Autorität geben", ließ Molotow Figl wissen, „wir ziehen die ganze sowjetische Verwaltung ab, Sie werden vollkommen frei und souverän sein. Wir wollen lediglich in einem Teil Österreichs unsere Präsenz aufrechterhalten." Doch weder Figl und seine Delegationsmitglieder noch die Westmächte stimmten diesem Vorschlag zu, den Julius Raab übrigens per Telefon von Wien aus anzunehmen bereit gewesen wäre: „Mir sind fünftausend Russen lieber als fünfzigtausend", soll er bemerkt haben. Es kam zu keiner Einigung; die österreichische Delegation kehrte schließlich ohne Ergebnis nach Wien zurück.

Der Journalist Hellmut Andics hat diesen historischen Moment in dem anlässlich der Nationalratswahl 1971 entstandenen Büchlein *Ein Mann auf Draht*, folgendermaßen beschrieben: „Es war eine Frage der Nerven, die man hatte, und es war zugleich ein risikoreiches Vabanque-Spiel: Wenn man nicht unterschrieb, verpasste man damit eine Gelegenheit, die nie wiederkommen würde, oder durfte man hoffen, dass die Sowjets in absehbarer Zeit nachgiebiger würden? (…) Man spürte eine beklemmende, atemberaubende Drohung, die von einer falschen Entscheidung ausging. (…) Kreisky hatte sich mit seiner Überzeugung durchgesetzt, und er hielt an dieser Überzeugung fest. Aber war diese Überzeugung auch richtig? Erst ein Jahr später sollte es sich erweisen."

Die Neutralität war zur entscheidenden Frage des Staatsvertrages geworden und Österreich trotz des Misstrauens der USA entschlossen, eine akzeptable Formel zu finden. Kreisky hatte sich als einer der wenigen Sozialisten schon frühzeitig auf eine „Politik der Allianzfreiheit" festgelegt – das Wort „Neutralität" hätte den Verdacht der „Neutralisierung" wecken können. So fungierte der junge Staatssekretär als Vermittler zwischen der letztlich erfolgreichen Position Raabs und dem skeptisch-hinhaltenden Schärf. Aber auch die Westalliierten, namentlich die USA, fürchteten eine Neutralisierung Österreichs, ein Abgleiten in Richtung Blockfreiheit. Kreiskys Grundposition im Kalten Krieg keine Berührungsangst mit den Kommunisten bei klarem westlich-demokratischem Standpunkt – zeichnete sich in jenen staatspolitisch entscheidenden Tagen bereits deutlich ab.

Der Staatssekretär verwies übrigens immer wieder auf seine praktischen Erfahrungen mit der Neutralitätspolitik in Schweden und nannte auch in internen Besprechungen im Vorfeld der Staatsvertragsverhandlungen das skandinavische Beispiel. Es spielte auch insofern bereits in seiner frühen Außenpolitik eine wichtige Rolle, als er die Kontakte zur schwedischen Sozialdemokratie weiterhin intensiv pflegte – zum Beispiel zum schwedischen Gesandten in Wien, Sven Allard. Auch nach Abschluss des Staatsvertrags sollte Kreisky seine schwedischen Kontakte nutzen, um die österreichische Neutralität der schwedischen „Allianzfreiheit" vorsichtig anzugleichen. So sorgte er dafür, dass Ministerpräsident Tage Erlander bei seinem Besuch in Wien 1955 – wenige Monate nach Abschluss des Staatsvertrags – in seiner Rede darauf verwies, dass die österreichische Neutralitätspolitik der schwedischen ähneln würde.

3.

Julius Raabs außenpolitische Kurskorrektur und sein Gespür für ideologische Veränderungen im Kreml wurden von Moskau honoriert. Am 24. März 1955 erhielt die österreichische Bundesregierung eine Einladung von Außenminister Molotow zur „Herstellung eines persönlichen Kontaktes zwischen den führenden Staatsmännern der Sowjetunion und Österreichs", wie es im Schreiben hieß. Erst später sollte sich herausstellen, dass die neue Kremlführung die jahrelange Junktimierung der deutschen und österreichischen Frage fallengelassen hatte; man wollte mit der Lösung für Österreich ein deutliches Zeichen der Kompromissfähigkeit in der weit wichtigeren Deutschlandfrage setzen.

Bundeskanzler Raab sollte Chruschtschow drei Jahre später, während eines Staatsbesuchs in Moskau, an dem auch Kreisky teilnahm, die Frage stellen, wie es eigentlich möglich wurde, dass die Sowjetunion 1955 zu einem Umdenken bereit war. Der Parteichef antwortete ihm freimütig, man habe damals nach Wegen gesucht, die neue Linie, die Abkehr vom Stalinismus, auch dem Westen deutlich vor Augen zu führen. Eine der sich bietenden Möglichkeiten sei ein Einlenken in der Österreichfrage gewesen, als ein weithin sichtbares Zeichen der Entspannung zwischen Ost und West.

Zunächst aber, im März 1955, löste das Schreiben aus Moskau in Wien beträchtliche Verwirrung aus, „… weil niemand wusste, was die Russen eigentlich von uns wollten". Es wurde sogar für möglich gehalten, dass man die österreichische Delegation vor vollendete Tatsachen stellen und sie mit der Entscheidung konfrontieren werde, „dass an der Enns, der russisch-amerikanischen Demarkationslinie, der Eiserne Vorhang endgültig heruntergeht", so Kreisky in seinen Erinnerungen.

Innerhalb der Bundesregierung gab es zwei Lager. Die einen meinten, es sei besser, nur eine kleine Delegation zu entsenden, während Kreisky auf dem Standpunkt beharrte, es sei sinnvoller, mit einer größeren Delegation nach Moskau zu reisen: „Falls Moskau unangenehme Forderungen stelle, müsse die Abordnung stark genug sein, gleich an Ort und Stelle nein zu sagen."

Bereits am 17. März, wenige Tage vor der Moskauer Initiative, hatte Kreisky zwei sowjetische, einen französischen, den schwedischen Diplomaten Allard, Vizekanzler Schärf sowie einige österreichische Beamte zu einem privaten Mittagessen zu sich nach Hause eingeladen. Er versuchte von den anwesenden sowjetischen Vertretern eine Präzisierung der von Molotow geforderten „Garantien gegen den Anschluss" zu erhalten. Als diese nicht kam – inzwischen waren Stunden vergangen, es war bereits Abend –, holte er aus seiner Bibliothek das *Dictionnaire diplomatique* hervor und las den Anwesenden jenen Passus vor, der die immerwährende Neutralität der Schweiz betraf, welche 1815 anlässlich des Wiener Kongresses festgeschrieben worden war. Mehr noch, er fragte anschließend die russischen Gäste, ob eine ähnliche Bestimmung Moskau akzeptabel erscheine. Botschafter Allard schildert besagten Abend in seinen

Erinnerungen: „Zu unserer großen Überraschung antwortete Kudriawzew: ‚Ja, dieser oder ein ähnlicher Vorschlag könnte auf jeden Fall einer weiteren Diskussion des österreichischen Staatsvertrags zugrunde gelegt werden.'"

Ob Kreisky hier in erster Linie in Richtung einer „Territorialgarantie" durch die Alliierten argumentierte oder in der Tat die Neutralität ins Spiel bringen wollte, ist nicht ganz klar. Tatsache aber ist, dass das Zauberwort „Neutralität" erstmals historisch konkret bestimmt worden war. Dass der Schritt zum Bücherregal keiner plötzlichen Eingebung entsprungen war, lässt sich daraus ableiten, dass Kreisky bereits auf der Rückreise von der erfolglosen Berliner Außenministerkonferenz 1954 in Bern Station gemacht hatte, um bei schweizerischen Regierungsvertretern die Frage der Neutralität zu sondieren.

Der Wiener Historiker Gerald Stourzh weist darauf hin, dass der amerikanische Außenminister John Foster Dulles die Schweizer Neutralität gegenüber der Sowjetunion bereits „ein gutes Jahr zuvor (…) als Vorbild in die Diskussion gebracht (habe), um so einer Neutralisierung Österreichs durch die Sowjetunion zu entgehen."

Ähnlich wie sein Parteivorsitzender Schärf war Kreisky im Umgang mit dem Begriff der Neutralität lange sehr vorsichtig gewesen. Er schwenkte erst relativ spät auf „Neutralität" um und überzeugte Schärf von diesem Kurs. Hier zeigt sich denn auch sein politisches Talent, eine gewisse Flexibilität an den Tag zu legen, sobald er sich davon Vorteile für Österreich versprach: In den Unterredungen mit sowjetischen Vertretern hatte sich bei ihm der Eindruck verstärkt, dass Chruschtschow tatsächlich an Österreich ein erstes Exempel seiner Politik der „friedlichen Koexistenz" mit dem Westen statuieren wollte.

Schließlich entschied die Bundesregierung Ende März 1955, der Einladung aus Moskau Folge zu leisten, und entsandte am 11. April eine hochrangige Delegation: Bundeskanzler Raab, Vizekanzler Schärf, Außenminister Figl und Staatssekretär Kreisky sowie einen Dolmetscher, Raabs Sekretär und zwei weitere Beamte. „Die Sowjets holten uns mit einer Maschine ab, die grotesk ausgestattet war – mit Perserteppichen auf dem Boden, gestickten Teppichen an den Wänden und roten Plüschmöbeln. Das Flugzeug selbst machte allerdings einen eher ramponierten Eindruck; als wir in Vöslau starteten, kam es kaum vom Boden."

Der Empfang am Flughafen verlief durchaus pompös: von Nikita Chruschtschow abgesehen, kam das gesamte Politbüro, um die Männer aus Wien mit militärischen Ehren – ein riesiges Militärmusik-Regiment marschierte auf – willkommen zu heißen. Wer so begrüßt werde, raunte Kreisky Schärf noch auf dem Flugfeld zu, den werde man wohl sicher „nicht sang- und klanglos abziehen lassen".

4.

Neben dem völkerrechtlichen Status Österreichs standen vor allem wirtschaftliche Fragen – Reparationszahlungen, Erdölförderrechte, der schwierige Komplex des deutschen Eigentums – im Zentrum der Verhandlungen, die von 11. bis 15. April 1955 in Moskau stattfanden. Chruschtschow nahm an den Gesprächen persönlich nicht teil – er erschien erst zum feierlichen Abschlussdiner im Kreml. Gesprächspartner der österreichischen Delegation waren in erster Linie Außenminister Molotow und der Erste Stellvertretende Ministerpräsident Anastas Mikojan. Österreich verpflichtete sich, zukünftig keine wie immer geartete politische oder wirtschaftliche Vereinigung mit West-Deutschland einzugehen, akzeptierte mithin ein „Anschlussverbot" – diese Option war nach 1945 natürlich ohnehin tot. Das Habsburger-Gesetz von 1919[7] wurde ausdrücklich aufrechterhalten, darüber hinaus wurden die Minderheitenrechte der Slowenen und Kroaten verhandelt sowie Österreichs Verpflichtung festgeschrieben, alle nationalsozialistischen

---

7   Das Gesetz vom 3. April 1919 betrifft die Landesverweisung und die Übernahme des Vermögens des Hauses Habsburg-Lothringen durch Deutschösterreich.

110

Organisationen aufzulösen und keinerlei Wiederbetätigung nazistischer oder faschistischer Organisationen zuzulassen. In der sowjetischen Besatzungszone waren unter anderem die gesamte Erdölindustrie, die Donaudampfschifffahrtsgesellschaft sowie eine größere Zahl Industrieunternehmen als deutsches Eigentum beschlagnahmt worden und standen seither – als sogenannte USIA-Betriebe – unter der Verwaltung der Sowjets. Österreich versprach, mit Unterzeichnung, der Sowjetunion alle von ihr bis dahin verwalteten deutschen Vermögenswerte abzulösen. Innerhalb von sechs Jahren mussten 150 Millionen Dollar bezahlt werden, allerdings in Form von österreichischen Warenlieferungen. Dies war im Übrigen ein Vorschlag gewesen, den Kreisky ursprünglich unterbreitet hatte und der nunmehr von sowjetischer Seite akzeptiert worden war. Die russischen Unterhändler verpflichteten sich ihrerseits, alle in Österreich stationierten Truppen abzuziehen, sollten die anderen drei Siegermächte es ihnen gleichtun. Schließlich kündigte Österreich an, nach Abschluss des Staatsvertrags aus freien Stücken die „Immerwährende Neutralität" zu erklären, die somit zwar nicht im Staatsvertrag, jedoch mit diesem in engem Zusammenhang steht.[8] Kurz vor Abschluss der Verhandlungen war es Außenminister Figl übrigens noch gelungen, eine Klausel zu Österreichs Mitverantwortung für die nationalsozialistische Vergangenheit aus dem Vertragstext streichen zu lassen. Eine Aktion, über die man unterschiedlicher Meinung sein kann und deren Auswirkungen noch Jahrzehnte später das politische und gesellschaftliche Klima in Österreich überschatten sollten.

Zwar beherrschte die österreichische Delegation bis zum Schluss „immer noch die Angst, dass im letzten Augenblick etwas dazwischenkommen könne. Aber am Ende bekamen wir eigentlich alles, was wir hatten erreichen wollen." Nun musste nur noch festgelegt werden, ob der Abzug der Truppen innerhalb eines Jahres oder weniger Monate erfolgen sollte. Man

---

8 Die Erklärung der Immerwährenden Neutralität durch den österreichischen Nationalrat am 26. Oktober 1955 wird seit dem 26. Oktober 1965 als österreichischer Nationalfeiertag begangen.

einigte sich schließlich darauf, der Abzug solle sehr rasch, innerhalb von nur drei Monaten, vonstatten gehen.

Im prunkvollen Katharinensaal des Kreml und im Beisein Nikita Chruschtschows wurde der erfolgreiche Abschluss der Gespräche mit der sowjetischen Führung gefeiert, „in überaus herzlicher Atmosphäre", wie Kreiskys erster Biograf, der Journalist Viktor Reimann,[9] zu berichten weiß. „Es ging heiter zu, Witze wurden gemacht und Chruschtschow nahm sich die Gäste der Reihe nach vor. So sagte er zu Raab: ‚Sie sind ein Kapitalist', worauf Raab antwortete: ‚Ja, schon, aber ein ganz kleiner.' (…) Zu Schärf, der statt Wodka nur Mineralwasser trank und sich lange nicht so wohl fühlte wie Raab, ganz zu schweigen von Figl, der sich einen Festrausch angetrunken hatte, sagte Chruschtschow: ‚Es tut mir in der Seele weh, dass sich Österreichs Arbeiter nicht durch die KPÖ, sondern durch die SPÖ vertreten lassen. Aber ich bin Realist genug, um mich damit abzufinden.'"

Die Unterzeichnung des Moskauer Memorandums erfolgte am Morgen des 15. April. In Kreiskys Memoiren heißt es zu diesem Ereignis: „Zu Mittag flogen wir nach Hause. Dort wurden wir mit ungeheurem Jubel empfangen. Tausende säumten die Straßen vom Flughafen Bad Vöslau nach Wien." Und ungewohnt pathetisch – es klingt wie für die Nachwelt formuliert – schließt der erste Band von Kreiskys Autobiografie, *Zwischen den Zeiten*, mit den Worten: „Dieser 15. April 1955 war der größte Tag meines politischen Lebens. Nie wieder, so schien es mir, würde ich ähnliches erleben. Und so ist es bis heute geblieben."

Die letzten Einzelheiten des Vertrages wurden in Wien ausgehandelt. Kreisky und Schärf hatten es übernommen, die bis zuletzt skeptischen Amerikaner zu beschwichtigen und bei der Stange zu halten. Diese Aufgabe war ihnen zugefallen, da Raab in den Augen der Amerikaner zu sowjetfreundlich war. Angesichts des später gelegentlich geäußerten Vorwurfs, Kreiskys

---

9   Der auch als VdU-Politiker tätige Reimann sollte 1974 insbesondere durch seine berüchtigte, als antisemitisch empfundene Serie in der *Neuen Kronen Zeitung*, „Die Juden in Österreich" auf sich aufmerksam machen.

Politik sei „antiamerikanisch" gewesen, entbehrt die Feststellung von Douglas MacArthur II, dem politischen Berater von Außenminister Dulles, nicht einer gewissen Pikanterie, der es „als Konservativer" bedauerte, sagen zu müssen, dass Schärfs und Kreiskys Ausführungen sich „wohltuend von Raabs überschwänglichen Erklärungen über Moskau" unterschieden.

Vier Wochen nach Rückkehr der österreichischen Delegation wurde der Staatsvertrag im Marmorsaal des Wiener Belvederes von den Außenministern der vier Siegermächte UdSSR, USA, Großbritannien und Frankreich sowie von Außenminister Leopold Figl feierlich unterzeichnet. Kaum waren alle Unterschriften unter das Dokument gesetzt, erhob sich Figl und sprach im Augenblick, da seine Heimat die Souveränität wiedererlangt hatte (und nicht erst, wie die Folklore behauptet, auf dem Balkon des Belvederes), die historischen Worte: „Österreich ist frei!"

Im Park des barocken Palastes von Prinz Eugen warteten Tausende, sie brachen in Freudenrufe aus, als die Männer – mit Bundeskanzler Raab in der Mitte – endlich auf der Terrasse erschienen. Figl hob den unterzeichneten Vertrag in die Höhe und zeigte ihn der jubelnden Menge.

Bruno Kreisky aber muss an diesem Tag von dem aufwühlenden Gefühl beseelt gewesen sein, nicht nur an Österreichs Zukunft, an seiner Staatsbildung mitgewirkt, sondern ein Stück Weltgeschichte mitgestaltet zu haben. Sein politisches Profil hatte in diesen für Österreich so entscheidenden Jahren ungemein rasch an Kontur gewonnen.

113

7. Kapitel

Der Staatssekretär wird Außenminister

1.

Beim SPÖ-Parteitag im November 1955 stand der Staatssekretär und Staatsvertragsverhandler, der heimliche Außenminister Bruno Kreisky zwar nicht auf der Kandidatenliste für den Parteivorstand, wurde jedoch mit hundertdreiundzwanzig Stimmen gewählt. Das Gleiche geschah ein Jahr später, als er wieder nicht auf die Kandidatenliste gesetzt wurde und es zu einer Kampfabstimmung kam. Der Wiener Karl Mark, ein unkonventioneller Linker, hatte dafür gesorgt: „In den Parteivorstand gehören die besten Köpfe", forderte er, „und auch jener Genosse, den wir alle kennen und von dem wir alle wissen, dass er eine unserer größten Hoffnungen in der Partei ist – Genosse Kreisky." Im Jahr 1956 wurde er im Wahlkreis St. Pölten als Nachfolger des ehemaligen Innenministers Oskar Helmer in den Nationalrat gewählt, dem er ohne Unterbrechung bis 1983 angehören sollte. Bereits 1957 zählte er mit Bruno Pittermann, Felix Slavik und Franz Olah zur Parteiexekutive und damit zum maßgebenden Führungsgremium der SPÖ.

Sein Einfluss in der Partei war 1958 bereits so groß, dass er die grundsätzlichen Weichenstellungen in Fragen der österreichischen Integrationspolitik wesentlich mitgestalten konnte. Es fällt aber auch auf, dass er in den innerparteilichen Diskurs zunehmend Positionen seines „schwarz" geführten Ministeriums eingebracht hat. Sein stringenter Neutralitätskurs – Antikommunismus im Inneren, Dialogfähigkeit zwischen den

Blöcken – wurde wesentlich von der Völkerrechtsabteilung des Außenamtes unter Rudolf Kirchschläger geprägt.

Elisabeth Röhrlich betont in ihrer umfassenden Studie zu Bruno Kreiskys Außenpolitik: „Von Beginn an stand die Zweite Republik vor einem integrationspolitischen Dilemma. Auf der einen Seite fühlte man sich in Österreich mit Westeuropa politisch und kulturell verbunden, die Handelsbeziehungen intensivierten sich von Jahr zu Jahr. Andererseits befand sich Österreich aber in einer Sonderrolle, die sich aus der zehnjährigen alliierten Besatzung und den Inhalten des Staatsvertrags ergab." Über den integrationspolitischen Bemühungen Österreichs schwebte von Anfang an das „Damoklesschwert eines sowjetischen Protests oder gar einer Intervention", so der Innsbrucker Historiker Michael Gehler ergänzend.

Die Niederschlagung des antikommunistischen Aufstandes in Ungarn durch sowjetische Panzer Ende Oktober 1956 untermauerte die österreichische Haltung und verstärkte die ideologische Verbundenheit mit dem Westen. Die Sorge vor sowjetischem Druck nahm hingegen zu. Österreich war inzwischen UNO-Mitglied geworden, und gleich in der ersten Abstimmung ging es um die Verurteilung der sowjetischen Aggression. Ohne sich hinter der Neutralität zu verschanzen und etwa Stimmenthaltung zu üben, votierte Österreich gegen die Sowjetunion. Seit diesem frühen Signal, von dem sich Moskau verständlicherweise äußerst irritiert zeigte, hat Österreich in den Vereinten Nationen einen eigenständigen, wenngleich grundsätzlich pro-westlichen Kurs gesteuert.

Die österreichische Europapolitik schwankte also zwischen Rücksicht auf und Distanznahme zur UdSSR. Weil sich das Land am von den USA finanzierten Marshallplan beteiligt hatte, gehörte es bereits drei Jahre nach dem Ende des Zweiten Weltkriegs der OEEC an. Die frühe Beteiligung an den Programmen der Organisation für europäische wirtschaftliche Zusammenarbeit führte zu einer raschen und – wie wir heute wissen – entscheidenden Einbindung der Zweiten Republik in das westliche Wirtschafts- und Sozialsystem. (Die OEEC, im April 1948 von sechzehn europäischen Ländern gegründet, um ein gemeinsames Konzept zum wirtschaftlichen Wiederaufbau und zur Zusammenarbeit in Europa zu erarbeiten und umzusetzen, wurde 1961 in die OECD übergeführt.)

Entscheidend für die Neutralität Österreichs war die Verpflichtung, keinen militärischen oder politischen Organisationen beizutreten. Die 1958 ins Leben gerufene EWG aber hatte bereits in ihrer Gründungsurkunde eine politische Finalität – das geeinte Europa – angesprochen; der Beitritt eines neutralen Österreich war daher aus der Sicht der Sowjetunion keine Option. Dennoch machten sich Organisationen wie der Österreichische Gewerkschaftsbund und die Arbeiterkammer für einen EWG-Beitritt stark: sie stellten die pragmatische, nicht ganz unberechtigte Frage, wie man in Zukunft die Schaffung von Arbeitsplätzen in Österreich fördern könne. Kreisky stand hinter der Position des Außenamtes, welches 1956 offiziell erklärt hatte, dass „in Hinblick auf den politischen Status Österreichs an einen Beitritt zum Gemeinsamen Markt derzeit nicht gedacht werden kann". Er wollte die österreichische Neutralität weder wirtschaftlich noch politisch gefährden und lehnte daher eine vollständige Integration in die EWG zunächst ab. Ein wichtiges Argument war für ihn auch das im Staatsvertrag festgeschriebene Anschlussverbot: Die Sowjetunion werde dies sehr genau überwachen, davon war Kreisky überzeugt.

Im Juli 1958 stellte er in einem Artikel für die katholische *Furche* Überlegungen zur Zukunft der europäischen Integration an und stellte fest, „dass die Frage, ob sich das neutrale Österreich ohne weiteres der Europäischen Wirtschaftsgemeinschaft in ihrer gegenwärtigen Zusammensetzung und ihrer gegenwärtigen Zielsetzung anschließen kann, jedenfalls nicht ohne vorhergehende gründliche Prüfung bejaht werden kann". Allerdings sprach er sich für eine Annäherung Österreichs an einen gemeinsamen europäischen Markt aus – gemeint war die „unpolitische" EFTA: „Bei der starken wirtschaftlichen Verflechtung, die es heute in Europa gibt, scheint mir auch für die neutralen Staaten eine Assoziierung mit der Europäischen Wirtschaftsgemeinschaft der Sechs für unbedingt notwendig. Dies wird am praktischsten und auch unbestrittensten über die Verwirklichung der europäischen Freihandelszone gefunden werden."

Bereits als Staatssekretär zeigte sich jedenfalls Kreiskys eindeutig prowestliche Grundhaltung, die er auch in Artikeln für die von Friedrich Torberg herausgegebene Zeitschrift *FORVM* unterstrich. Der 1951 aus dem amerikanischen Exil nach Wien heimgekehrte Schriftsteller Torberg hatte sich als Österreichs wohl radikalster Antikommunist profiliert, der unter anderem dafür Sorge trug, dass Bertolt Brechts Theaterstücke im Wien der späten 1950er und frühen 1960er Jahre striktes Aufführungsverbot erhielten. Die Finanzmittel für das *FORVM* stammten von der antikommunistischen US-Organisation „Congress for Cultural Freedom" (CCF), die von der CIA kontrolliert und finanziert wurde. Anders als etwa Willy Brandt, der bereits im Zweiten Weltkrieg über Kontakte zum OSS (Office of Strategie Services) verfügt hatte, war Kreisky kein CCF-Mitglied.

Während also die sozialistischen Arbeitnehmervertretungen ÖGB und Arbeiterkammer zwischen 1957 und 1959 immer wieder versuchten, die SPÖ auf EWG-Kurs zu bringen, setzte sich letztlich die Fraktion um den neuen Parteiobmann Bruno Pittermann mit Karl Waldbrunner und Bruno Kreisky durch. Pittermann polemisierte gegen die EWG als „Bürgerblock" und lehnte ihren „Kartellkapitalismus" strikt ab. Kreiskys Argumente gegen einen Beitritt waren im Vergleich weniger ideologisch gefärbt und präsentierten sich denn auch um einiges komplexer.

Die österreichische Regierung unterstützte zunächst den Vorschlag des britischen Premierministers Harold Macmillan, der für eine große europäische Freihandelszone (FHZ) der OEEC-Staaten warb. Anders als bei einem Beitritt zur EWG hätte man innerhalb der FHZ die österreichische Neutralität formal wahren können; nach Inkrafttreten der Römischen Verträge Anfang 1958, die den Grundstein zur EWG legten, verlangsamten sich die FHZ-Verhandlungen jedoch. Selbst der strikte Neutralitätspolitiker Julius Raab dachte damals kurzzeitig und im engsten Kreis über einen Beitritt zur EWG nach, verwarf die Idee nach Gesprächen mit Bruno Pittermann aber wieder.

Anfang 1959 unterstützte der Parteivorstand schließlich die Regierungslinie eines Engagements bei den Staaten, die nicht Gründungsmitglieder der EWG waren: Dänemark, Großbritannien, Norwegen, Schweden und der Schweiz. Diese nicht der EWG zugehörigen Staaten der „European Free Trade Association" (EFTA) wurden denn auch, nachdem Österreich hinzugezählt werden konnte, als „Six-Non-Six" bezeichnet.

Als auch Franz Olah, damals bereits ein führender ÖGB-Funktionär, diesen Kurs unterstützte, war selbst eine Sozialpartnerkoalition von Arbeiterkammer, Teilen des ÖGB und der Industriellen-Vereinigung nicht länger imstande, den EFTA-Beitritt Österreichs abzulehnen, der schließlich im Jänner 1960 feierlich vollzogen werden sollte.

Wien wollte letztendlich weder auf die wirtschaftlichen Vorteile einer westeuropäischen Integration verzichten noch die Sowjetunion provozieren. Art, Umfang und Intensität der Teilnahme Österreichs am europäischen Einigungsprozess waren aber damals wie noch Jahrzehnte später – im Grunde bis zum Ende des Kalten Kriegs – wesentlich vom Verhältnis zur östlichen Supermacht beeinflusst.

2.

In den Jahren nach Abschluss des Staatsvertrages etablierte sich zwischen Julius Raab und Bruno Kreisky eine gewisse Arbeitsteilung. Der „Staatsvertragskanzler", der 1957 einen leichten Schlaganfall erlitten hatte, von dem er sich nie wieder ganz erholen sollte, forcierte die Verbesserung der Beziehungen zur Sowjetunion durch eine demonstrative Besuchspolitik, während Kreisky das diskrete Gespräch, die Vermittlung hinter den Kulissen des Kalten Kriegs besorgte, wobei er nicht selten auf eigene Faust agierte.

Als Beispiel dafür ist sein Vermittlungsversuch zwischen West-Deutschland und der UdSSR während der Berlinkrise zu werten, die Ende November 1957 begonnen hatte. Sowohl

Konrad Adenauer als auch Kreiskys enger Freund Willy Brandt, ab Oktober 1957 Regierender Bürgermeister von Berlin, zogen den österreichischen Politiker in der heiklen Berlin-Frage wiederholt zu Rate. Chruschtschow hatte den Westmächten ein Ultimatum gestellt: Innerhalb von sechs Monaten sollte die Umwandlung West-Berlins in eine selbständige politische Einheit, in eine freie, von der Bundesrepublik Deutschland und der DDR unabhängigen Stadt vollzogen werden. Die Sowjetunion drohte, andernfalls mit der DDR einen separaten Friedensvertrag abzuschließen, die somit die Kontrolle über alle Verkehrswege nach West-Berlin übertragen bekäme.

Anfang 1959 engagierte sich Staatssekretär Kreisky persönlich für ein Sondierungsgespräch zwischen Brandt und Chruschtschow. Kreisky hatte Brandt das Gesprächsangebot Chruschtschows, das womöglich auf seine Anregung hin erfolgt war, unterbreitet, als Brandt einen Zwischenstopp am Flughafen Schwechat machte. Brandt nahm das Angebot zur Kenntnis, erklärte aber, sich zuvor noch absichern zu müssen. Der Versuch scheiterte spektakulär: Das bereits vereinbarte Treffen musste nämlich auf Wunsch Brandts in letzter Minute abgesagt werden – wohl aufgrund amerikanischen Widerstandes, wenn auch die wahren Gründe nie ganz aufgeklärt wurden. Brandts Biograf Merseburger hält Freunde Willy Brandts im Berliner Senat für hauptverantwortlich, sie hätten in Adenauers Einverständnis für diese Zusammenkunft eine Falle gewittert. „Und als der amerikanische Gesandte in Berlin, Bernard Gufler, kategorisch und beinahe drohend abrät", so Merseburger weiter, „wird das Treffen schließlich abgesagt: Wünsche nach einem Zusammentreffen mit Chruschtschow seien vom Senat für Berlin nicht ausgegangen."

Kreisky vermutete hinter diesem Vermittlungsdesaster aber auch Herbert Wehner, der „nie ein wirklicher Freund Willy Brandts" gewesen sei. Das Scheitern dieses Versuchs Kreiskys, sich als diskreter Vermittler zwischen den Blöcken einzuschalten, wertete er selbst als „eine schwere persönliche Niederlage" und nannte es anschließend in einem vorwurfsvollen Brief an den Freund eine „der peinlichsten Zwischenfälle meiner öffentlichen Tätigkeit". Er hatte in diesen Tagen sogar das Gefühl, „Chruschtschow genarrt zu haben", und war eine Zeitlang „auf Willy Brandt nicht gut zu sprechen". Brandt selbst bekannte in seinen Memoiren, sein damaliges Verhalten sei ein Fehler gewesen, er hätte der Begegnung mit Chruschtschow nicht ausweichen dürfen.

Zur diplomatischen Blamage gesellten sich veritable innenpolitische Probleme. Nach der Absage sickerte nicht nur die Nachricht, dass Kreisky hinter der Aktion stecke, über Ostberliner Quellen an die APA durch, sondern zuvor hatte Chruschtschow bereits verkündet, die Verabredung sei auf „nichtdeutschem Boden" getroffen worden. „Diese Meldung wurde innenpolitisch ausgeschlachtet, und beinahe hätte mich das Scheitern meines Vermittlungsversuches für lange Zeit, wenn nicht für immer, disqualifiziert und vielleicht sogar zum Rückzug aus der Politik gezwungen."

Kreisky, der zwar einen grundsätzlich antikommunistischen Kurs fuhr, hatte andererseits in seiner späteren Laufbahn keinerlei Schwierigkeiten, direkte Gespräche zwischen Ost und West zu vermitteln und zu führen, trotz aller ideologischen Unvereinbarkeit – beides war für ihn kein Widerspruch. Zudem zeigt sich an Kreiskys Einsatz während der Berlinkrise sein frühes großes außenpolitisches Selbstbewusstsein – war er doch zum Zeitpunkt des Vermittlungsversuchs lediglich Staatssekretär.

3.

Bei der Nationalratswahl am 10. Mai 1959 errang die SPÖ einen überragenden Erfolg. Sie wurde stärkste Partei des Landes, erreichte jedoch, wie bereits 1953, aufgrund der Wahlarithmetik um ein Mandat weniger als die ÖVP. Julius Raab bildete – unter dem Eindruck der Gewinne der Sozialisten – sein drittes Kabinett. Er bot Kreisky zunächst das Finanzministerium an, doch sowohl die Partei als auch der bisherige Staatssekretär lehnten dies ab. Raab, von den Folgen seiner Krankheit nach wie vor geschwächt, musste nachgeben. Er ersetzte Leopold Figl durch jenen österreichischen Politiker, der für dieses Amt in Wahrheit mehr prädestiniert war als irgendjemand anderer im Lande. Bruno Kreisky wurde am 16. Juli 1959 als neuer österreichischer Außenminister angelobt. Ein Posten, den er sieben Jahre lang – bis 1966 – beibehalten sollte.

Im Zuge der Neuverteilung der Ressorts wurden die außenpolitischen Agenden auf Kreiskys Insistieren hin aus dem Bundeskanzleramt – wo sie sich seit 1926 befunden hatten – herausgelöst und in einem eigenen „Bundesministerium für auswärtige Angelegenheiten" zusammengefasst. Der seit zwei Jahren amtierende Bundespräsident Adolf Schärf (Theodor Körner war im Jänner 1957 verstorben) widersetzte sich Kreiskys Forderung zunächst, doch nachdem auch der Parteivorstand dem Vorschlag zustimmte, lenkte Schärf ein.

Mit diesem Schritt machte sich Kreisky auch bei den konservativen Beamten im auswärtigen Dienst beliebt. Schon vorher hatte der damalige Generalsekretär des Außenamtes, Martin Fuchs, festgehalten, welche Schwierigkeiten die organisatorische Verbindung mit dem Bundeskanzleramt für das Außenamt mit sich bringe und dass daher auch „viele bürgerliche Beamte mit Kreisky liebäugeln". Kreisky hatte nämlich schon im Vorfeld der Wahl gesagt, dass er sich nur dann vorstellen könne, das Amt des Außenministers zu übernehmen, falls dies ein eigenes Ministerium erhalte. Auch in seiner Personalpolitik setzte er weiterhin auf konservative Mitarbeiter und beließ etwa den Figl-Vertrauten Martin Fuchs auf seinem Posten.

Bereits sechs Wochen später, am 28. August 1959, sandte die amerikanische Botschaft in Wien eine vertrauliche Einschätzung des neuen Mannes im österreichischen Außenministerium an das „Department of State" in Washington.[10] Nach einer Zusammenfassung seiner Biografie, die auch den finanziellen Status und seine Hobbys („likes to read history and literature")

---

10 Biographic Report on Austrian Foreign Minister Dr. Bruno Kreisky, Embassy Vienna, August 28, 1959. (Aus: Kreisky-Archiv, Bestand Familie, Jugend, Exil, Box 19).

nicht unerwähnt ließ, begann die Einschätzung des Mannes, der als einer der „intelligentesten und fähigsten Funktionäre innerhalb der österreichischen Sozialdemokratie" bezeichnet wurde; sogar seine politischen Widersacher würden ihm zugestehen, so der diplomatische Bericht, der wichtigste Experte des Landes in außenpolitischen Fragen zu sein. Seine Freundschaften und Bekanntschaften mit führenden Politikern wurden hervorgehoben, darunter zu Schwedens Ministerpräsidenten Tage Erlander, zu West-Berlins Regierendem Bürgermeister Willy Brandt oder zu UN-Generalsekretär Dag Hammarskjöld. Auch die Tatsache, dass Deutschlands Kanzler Konrad Adenauer Kreisky offenbar schätze, blieb nicht unerwähnt.

„Kreisky ist verschiedentlich ein Opportunist genannt worden", heißt es weiter, „eine Eigenschaft, die sicherlich Teil seiner großen politischen Ambition ist. Dass er aber eine sichere Existenz in Schweden, einem reichen, unabhängigen Land, aufgegeben hat, um sich nach Österreich zurückzubegeben, in ein vom Krieg zerstörtes, besetztes Land, sich mithin einem ganz unsicheren Schicksal ausgeliefert hat, zeugt von seinem Idealismus, seinem starken Charakter und seinem Patriotismus." Er sei zwar ein freundlicher Mann, der es vermeide, sich Feinde zu machen, dennoch habe er innerhalb der sozialistischen Partei nicht nur Freunde. In Gesprächen mit amerikanischen Botschaftsangehörigen sei aufgefallen, dass er sehr ausführlich über gewisse Themen spreche, die ihn interessieren – er sei allerdings nicht jemand, dem man Geheimnisse anvertrauen sollte. („He is not good in keeping confidences.")

Kreiskys familiäre Sorgen wurden angeführt, zweifellos seien sie eine große Belastung für ihn, sie würden seine politische Karriere jedoch offenbar nicht behindern. Seit Jahren leide seine Frau unter Depressionen („a nervous disorder"), die verschiedentlich längere Spitalsaufenthalte notwendig gemacht hätten. „Der latente Antisemitismus des durchschnittlichen Österreichers", hieß es weiter, „scheint seiner Karriere keinen Abbruch getan zu haben, wenn er auch zu Reibungen innerhalb der Partei geführt haben mag." Kreisky zähle zu jenen Ausnahmen in der SPÖ, die, obwohl sie wohlhabende

Männer seien, ihrer Gesellschaftsklasse den Rücken gekehrt hätten und ihr Leben einer Bewegung unterordneten, die ihrer Herkunft zuwiderlaufe. Er sei in den 1930er Jahren ein extrem links stehender Sozialist gewesen, der aber für den Kommunismus oder gar Stalin nie Sympathien empfunden habe; in späteren Jahren habe sich sein Weltbild mehr in die Mitte verschoben, wohl nicht zuletzt unter dem Einfluss der schwedischen Sozialdemokratie.

Kreiskys Außenpolitik, so der Bericht, werde keine Änderungen im Verhältnis Österreichs zu seinen Nachbarn oder in seiner pro-westlichen Grundhaltung nach sich ziehen; die Neutralität seines Landes wolle er mit allem Nachdruck bewahren, sie vielleicht noch im Sinne Schwedens und der Schweiz weiter ausbauen. Auch der misslungene Versuch im März 1959, Nikita Chruschtschow und Willy Brandt zusammenzubringen, blieb nicht unerwähnt – aus amerikanischer Sicht nur ein weiterer Beweis für die Weltläufigkeit des neuen Außenministers. Gegenüber der amerikanischen Außenpolitik erweise sich Bruno Kreisky übrigens nicht ganz unkritisch: „Er stimmt mit der amerikanischen politischen Linie gegenüber Jugoslawien überein, kritisiert jedoch die Weigerung der USA, Rotchina anzuerkennen. Er argumentiert, dass die Anerkennung eines Staates nicht gleichzusetzen sei mit einem Einverständnis – schließlich unterhalten die Vereinigten Staaten ja auch diplomatische Beziehungen zur Sowjetunion – eine Nation, die so groß und so dicht bevölkert sei wie das chinesische Festland, dürfe auf Dauer nicht ignoriert werden." Die Verfasser des Berichts bedauerten, dass Kreisky zu Großbritannien keine engeren Beziehungen pflege, und hoben hervor, dass er Frankreichs Algerienpolitik „verachte", mehr noch, die französische Politik in ihrer Gesamtheit geringschätze.

„Man kann davon ausgehen", hieß es abschließend, „dass Kreisky in den kommenden Jahren beträchtlichen Einfluss auf Österreichs Innen- und Außenpolitik ausüben wird. Während er es wohl niemals schaffen dürfte, österreichischer Kanzler zu werden, ist es schwer vorstellbar, dass ein österreichisches Kabinett in absehbarer Zeit ohne Kreisky auskommen könnte."

So weit der in großen Teilen bemerkenswert weitsichtige Bericht der amerikanischen Botschaft in Wien.

4.

Der neue Ressortchef hatte in der Tat sehr klare Vorstellungen von der Führung der Geschäfte. Noch als Staatssekretär, damals jedoch darauf bedacht, seine Ausführungen als „meine höchst privaten Auffassungen" zu deklarieren, entwickelte er im Sommer 1958 vor den Teilnehmern des internationalen Diplomatenseminars auf Schloss Klesheim in Salzburg seine Überlegungen zu „Demokratie und Diplomatie". Seine breit angelegten Ausführungen zu den weltpolitischen Ereignissen mündeten in die Frage: „Wie können wir in der gegenwärtigen Lage nebeneinander existieren, wollen wir eine offene militärische Auseinandersetzung vermeiden?" Die Konturen einer „Außenpolitik als Sicherheitspolitik" wurden sichtbar und damit auch eine Vergrößerung des außenpolitischen Aktionsradius.

Zu einer der ersten Aufgaben des 1959 selbständig gewordenen Außenministeriums gehörte denn auch der systematische Ausbau der diplomatischen Beziehungen zu den Staaten in der sogenannten „Dritten Welt". Vor allem zu deren Unabhängigkeitsfeiern schickte Kreisky österreichische Delegationen – eine Forderung, mit der er im Ministerrat nicht immer auf Verständnis stieß.

Zwar hatten österreichische Politiker nach dem Ende der Besatzung auch außereuropäische Länder bereist; so besuchte Vizekanzler Schärf 1956 den Fernen Osten, Außenminister Figl unternahm 1958 eine große Asienreise, in der UNO engagierte sich Österreich in den Konfliktzonen Kaschmir, Naher Osten und Zypern. Aber erst durch die Errichtung eines eigenen Ressorts konnte die Globalisierung der österreichischen Außenbeziehungen begonnen werden. Dieses Interesse Österreichs wurde schon bald erwidert. Zu den ersten afrikanischen

125

Besuchern in Österreich gehörte 1961 Präsident Kwame Nkrumah von Ghana, der wortgewaltige Vertreter der afrikanischen Einheit. Von den Führern des neuen Asiens war es vor allem der indonesische Präsident Sukarno, der die Beziehungen zu Wien schätzte.

In den Vereinten Nationen, die in den sechziger Jahren so ganz im Banne des postkolonialen Aufbruchs standen, entwickelte Kreisky die Grundzüge der Haltung Österreichs gegenüber den neuen Mitgliedern der Völkergemeinschaft. Diese seien zwar durch ihre koloniale Erfahrung von Ressentiments gegenüber dem Westen erfüllt, doch folge daraus keineswegs, dass sie sich die ideologischen und politischen Ziele des Ostens zu eigen machen wollten. Denn, so Kreisky weiter, man könne sehr wohl den westlichen Grundsätzen ergeben sein, ohne deshalb deren politische Praxis *in toto* zu akzeptieren. Die Ära des Kolonialismus sei jedenfalls zu Ende, und es müsse nunmehr den neuen Nationen der „Eintritt in die Geschichte" durch konkrete Beweise der internationalen Solidarität erleichtert werden.

Diesem Akt der rhetorischen Solidarität – etwa durch die Unterstützung Österreichs für jene historische Erklärung der Generalversammlung vom 13. Dezember 1960 über die Gewährung der Unabhängigkeit an die Kolonialgebiete und Kolonialvölker[11] – folgte Anfang Juli 1962 die Einberufung einer Konferenz für wirtschaftliche Zusammenarbeit und Partnerschaft nach Salzburg und Wien. Politische Vertreter aus 36 Industrie- und Entwicklungsländern, darunter der indische Premier Jawaharlal Nehru, beschlossen die „Wiener Erklärung", in der erstmals Kreiskys Idee eines „Marshallplanes für die Dritte Welt" umrissen wurde.

Als direkte Folge dieser Konferenz sollte Kreisky 1964 das „Wiener Institut für Entwicklungsfragen" gründen, das die entwicklungspolitische Diskussion in Österreich bis in die achtziger Jahre prägte. Die großen internationalen Initiativen wie die

---

11 Vor den Vereinten Nationen verknüpfte Kreisky übrigens die Anliegen der algerischen Befreiungsbewegung FLN, die er offen unterstützte, mit jenen der deutschsprachigen Bewohner Südtirols.

UN-Entwicklungsdekaden, aber auch die Weiterentwicklung von Kreiskys Marshallplanidee wurden vom Wiener Institut als einer Art PR-Agentur der Dritten Welt unterstützt. Womöglich noch wichtiger war die Arbeitsmethode, nämlich über Ziele und Initiativen zum Abbau des Nord-Süd-Gefälles ausschließlich partnerschaftlich zu entscheiden.

5.

Die ÖVP war durch das schlechte Ergebnis der Wahlen vom Mai 1959 nachhaltig schockiert. Nicht zuletzt Bundeskanzler Raabs gesundheitlich bedingter Schwächung wegen drängten die innerparteilichen Reformer nach vorne. Im Verlauf der nächsten Jahre sollte denn auch die Staatsvertragsgeneration in beiden Parteien abgelöst werden. In der ÖVP begann die Wachablöse zuerst. Finanzminister Kamitz ging in die Nationalbank, Alfons Gorbach löste Raab im Februar 1960 als Parteiobmann und ein Jahr später auch als Bundeskanzler ab; Hermann Withalm folgte Alfred Maleta als Generalsekretär. Der kommende Mann in der ÖVP aber war der aus Kärnten stammende Salzburger Landeshauptmann Josef Klaus. Er wurde 1961 Finanzminister und bereits 1963 Bundesparteiobmann.

Wie in der ÖVP, so formierten sich auch in der SPÖ Ende der fünfziger Jahre jene Männer, die die Politik des nächsten Jahrzehnts und darüber hinaus bestimmen sollten. Neben Kreisky waren dies vor allem der neue Justizminister Christian Broda sowie Vizekanzler und Parteiobmann Bruno Pittermann, der für die SPÖ die Agenden der Verstaatlichten Industrie zurückgewinnen konnte.

Aus der Gewerkschaftsfraktion aber drängte jener Mann in den Vordergrund, der die Partei in eine ihrer schwersten Krisen nach 1945 stürzen sollte: Franz Olah. Bruno Kreisky kannte ihn schon aus den Zeiten der Illegalität, einer breiteren Öffentlichkeit war Olah aber im Zusammenhang mit dem sogenannten „Oktoberstreik" des Jahres 1950 bekannt geworden, als kommunistische Arbeiter das öffentliche Leben tagelang zum Erliegen brachten. Olah hatte seine Gewerkschaftsmitglieder gegen die Streikenden mobilisiert, unter seiner Führung gelang es, den Ausstand zu beenden.

Als Vorsitzender der Bau- und Holzarbeiter, Vizepräsident des Gewerkschaftsbundes und geschäftsführender Klubobmann der SPÖ rückte Olah nach dem Tod Johann Böhms, der damals nicht nur Präsident des ÖGB, sondern auch zweiter Präsident des Nationalrates war, in beide Positionen nach. Seine Machtfülle überstieg damals jene des Parteivorsitzenden Pittermann, und er nutzte sie weidlich aus. Mit seinen ausgezeichneten Verbindungen zu den USA, aber auch gleichermaßen zur katholischen Kirche und zur 1956 aus dem VdU hervorgegangenen FPÖ, der er später bedeutende finanzielle Mittel zuschieben sollte, nahm er bald gegen seine eigene Partei und gegen jene Funktionäre Stellung, die ihm den Weg zur Obmannschaft versperrten.

Olah war auch einer der ersten Sozialisten, der sich bürgerlicher Medien bediente. Die von ihm finanziell geförderte *Neue Kronen Zeitung* eröffnete alsbald eine Kampagne gegen Pittermann, Broda und Anton Benya, Olahs späteren Nachfolger als Gewerkschaftspräsident. Damit war eine folgenreiche Bruchlinie innerhalb der Partei vorgezeichnet.

6.

Bereits bald nach der Übernahme des Außenministeriums griff Bruno Kreisky eines der politisch brisantesten Themen jener Zeit auf: die Suche nach einer Lösung des seit Jahren schwelenden Südtirol-Problems. Das Abkommen, welches der österreichische Außenminister Karl Gruber und sein italienischer Amtskollege Alcide De Gasperi am 5. September 1946 nach Geheimverhandlungen in Paris abgeschlossen hatten, war ein Zeichen der Verständigung, verbesserte die Situation aber nicht grundsätzlich. Der Vertrag versprach den Südtirolern

Autonomie. Er war jedoch so offen formuliert, dass seine Umsetzung über Jahrzehnte liegen blieb und notgedrungen zu Streitigkeiten führen musste. Einen ersten herben Rückschlag erhielten Südtirols Autonomieforderungen im Jahr 1948, als die italienische Regierung die Region Bozen mit dem Trentino zur Region „Trentino-Alto-Adige" zusammenlegte. In dieser vergrößerten Region waren die Südtiroler in der Minderheit. Die Regierung in Wien verhielt sich nach dem Abschluss des Gruber-De-Gasperi-Abkommens anfangs eher zurückhaltend, was die Südtirolpolitik betraf. Auf Bozener Druck hin mahnte Österreich jedoch regelmäßig zur Einhaltung des Pariser Vertrags.

Der im Untergrund agierende „Befreiungsausschuss Südtirol" (BAS) machte seit 1957 durch Bombenanschläge auf staatliche italienische Symbole auf sich aufmerksam. Er wollte damit die Sezession der Autonomen Provinz Bozen von Italien erkämpfen. Bevorzugtes Ziel waren Strommasten sowie faschistische Denkmäler. Das Ziel der Anschläge war die Rückkehr Südtirols zu Österreich und somit die Wiedervereinigung Tirols. Der italienische Staat sah den BAS als „terroristische und separatistische Bedrohung", von großen Teilen der einheimischen Bevölkerung jedoch wurden die „Bumser" als Freiheitskämpfer empfunden.

Mit der erfolgten Installierung eines eigenen Außenamtes und wohl auch unter dem Eindruck einer ersten Radikalisierung wagte die österreichische Diplomatie den Schritt zur Internationalisierung des Südtirol-Problems. Der Europarat hatte sich als unwirksam erwiesen, und so entschloss sich Kreisky, wohl auch als Demonstration der nunmehr eigenständiger agierenden Außenpolitik, zum Schritt vor die Vereinten Nationen.

Noch als Staatssekretär hatte sich Kreisky wiederholt zur offenen Südtirolfrage geäußert und sie seit jeher zu den dringenden Fragen der österreichischen Außenpolitik gezählt. Dieses Interesse blieb bei Kreisky auch nach der Übernahme des Außenamtes bestehen. Klar erkannte er auch die innenpolitische Bedeutung des Themas: Kreisky war davon überzeugt, dass sein Vorgänger Leopold Figl auch aufgrund seines zurückhaltenden Einsatzes für Südtirol politisch gescheitert war.

In seinen Memoiren nennt Kreisky einen subjektiven Grund dafür, warum er sich eines traditionell eher konservativen Themas wie der Südtirolfrage so engagiert angenommen hatte: „Ich musste verhindern, dass man aus meiner sozialistischen Haltung und meiner kosmopolitischen Neigung, die manchmal mit meiner jüdischen Abstammung in Verbindung gebracht wurde, die Schlussfolgerung zog, ich würde mich mit dem Südtirolproblem nicht intensiv genug beschäftigen." Regelmäßig kam er in den folgenden Jahren nach Innsbruck – die Tiroler waren die wichtigsten innenpolitischen Fürsprecher für die Anliegen der Südtiroler. Ein weiterer Grund für sein Engagement könnte mit seinem von ihm so verehrten Großonkel Joseph Neuwirth in Verbindung gestanden haben, der sich einst im Reichsrat wiederholt für die von Unwetterkatastrophen heimgesuchte Bevölkerung der Südtiroler Täler eingesetzt hatte.

Gleichwohl hatte Kreisky anfangs gezögert, die Internationalisierung der Südtirolfrage vor den Vereinten Nationen zu wagen. Als ihn Tiroler und Südtiroler Politiker am 1. August 1959 – Kreisky war gerade einmal zwei Wochen im Amt des Außenministers – nicht nur mit dem Ruf nach Selbstbestimmungsrecht, sondern auch mit jenem nach dem Gang zur UNO konfrontierten, versuchte er vorerst zu bremsen. Er lehnte die Forderung nach Selbstbestimmung ab und hielt die Internationalisierung im Rahmen der Vereinten Nationen zunächst „nicht für den besten Weg". Am Ende der Sitzung stand eine Kompromisslösung: Kreisky versicherte den anwesenden Vertretern der beiden Tirol-Hälften, Südtirol in seiner nächsten Rede vor den Vereinten Nationen anzusprechen, das Thema dieses Mal aber noch nicht auf die Tagesordnung setzen zu lassen. Angesichts der zeitlichen Nähe zur nächsten Generalversammlung war dies auch eine terminlich bedingte Entscheidung.

Am 21. September 1959 deponierte der österreichische Außenminister Südtirol als „Beschwerdefall" vor der Generalversammlung in New York. Die Reaktionen auf den österreichischen Appell waren größtenteils positiv, soweit sie aus den blockfreien Ländern kamen. Die USA konnten sich angesichts der NATO-Mitgliedschaft Italiens zu keiner positiven

Stellungnahme durchringen; auch die UdSSR hielt sich weitgehend bedeckt. Die Südtirolfrage war, wie es der Innsbrucker Historiker Rolf Steininger treffend formuliert hat, bereits „frühzeitig in die Mühlsteine des Kalten Krieges" geraten.

Doch die österreichische Beschwerde sollte nur der Auftakt sein. Im folgenden Herbst brachte Österreich bei den Vereinten Nationen eine Resolution ein, die *de facto* auf eine Revision des Gruber-De-Gasperi-Abkommens hinauslief. Bruno Kreisky, der die österreichische Position vor der Generalversammlung begründete, hatte sich ohne viel Hoffnung auf Erfolg die Tiroler Wünsche zu eigen gemacht. Der Paukenschlag wirkte, wiewohl es klar schien, dass Österreich für seinen Entwurf keine Mehrheit finden würde. Kuba und Afghanistan waren dafür, die USA und die übrigen NATO-Mitglieder selbstverständlich dagegen. Der österreichische Außenminister war besonders von der ablehnenden Haltung seines früheren Exillandes Schweden enttäuscht, mit dem ihn immer noch enge politische Kontakte verbanden. Erst ein abgeänderter Textentwurf hatte Erfolg. Dieser war mit Hilfe des neutralen Irland zustande gekommen und Italien blieb nichts anderes übrig, als der Resolution am 31. Oktober 1960 zuzustimmen. Darin wurde Italien zu zügigen Verhandlungen über das Abkommen von 1946 und zur Durchführung der Autonomiegesetzgebung in Südtirol aufgefordert. Kreisky war mit diesem Ergebnis zwar nicht ganz glücklich, versuchte aber, es dennoch als Erfolg darzustellen.

Unmittelbar nach Abschluss des Staatsvertrages hatte man freilich nicht wissen können, dass die Südtirolfrage – durch das Gruber-De-Gasperi-Abkommen 1946 nur scheinbar gelöst – noch einmal zum zentralen Anliegen der österreichischen Politik werden sollte. Die Schaffung der Region „Trentino-Alto-Adige" durch die italienische Zentralverwaltung hatte das Abkommen jedoch größtenteils unwirksam gemacht und die österreichische Regierung unter Handlungsdruck gesetzt.

Zunehmend erkannte Kreisky aber auch die Grenzen, an die er im Zusammenhang mit seinem Südtirolengagement stieß. Die Stimmung radikalisierte sich, die Forderungen der Nord- und Südtiroler wurden immer lauter. Immer wieder zeigte sich, dass Südtirol ein besonderes innenpolitisches Gewicht hatte – etwa als Kreisky im Ministerrat den Vorschlag einbrachte, angesichts der slowenischen Minderheit in Kärnten nun zweisprachigen Beamten den Vorzug zu geben, schließlich verlange man für Südtirol viel mehr. Dieser Vergleich der beiden Minderheitenthemen wurde umgehend zurückgewiesen, Südtirol hatte offensichtlich ein ungleich größeres nationales Gewicht.

Besorgt war der Außenminister angesichts westdeutscher Aktivisten, die das Südtirolthema zunehmend zu dem ihren machten. Nicht nur deutschnationale Kreise, Burschenschafter oder die Vertriebenenverbände solidarisierten sich im Nachbarland mit den Anliegen der Südtiroler, auch deutsche Politiker und Journalisten wurden zu deren Fürsprechern. Kreisky, dessen Außenpolitik bei allen guten Beziehungen auch stets die Abgrenzung von der Bundesrepublik berücksichtigte, fürchtete nunmehr, dass Südtirol zu einem „gesamtdeutschen" politischen Thema werde – eine Entwicklung, die er unbedingt vermeiden wollte.

Die bereits 1956 einsetzende Serie von Bombenanschlägen in Südtirol ist im Zusammenhang mit Kreiskys Engagement auch insofern von Bedeutung, als die Haltung des österreichischen Außenministers zu den Anschlägen bis heute nicht eindeutig geklärt ist. Immer wieder gab es Hinweise darauf, dass er die „Bumser" zwar keineswegs unterstützte, deren Methoden aber – sofern sie keine Menschenleben gefährdeten – zumindest duldete. So erhob ein Artikel in der *Neuen Zürcher Zeitung* 1961 diesen Vorwurf und beschuldigte Kreisky, aber auch andere österreichische Politiker, wie Beppo Afritsch oder Staatssekretär Franz Gschnitzer, der Mitwisserschaft. 1965 wurde diese Anschuldigung erneut öffentlich diskutiert, und noch in den 1990er Jahren erklärte der prominente Verleger und Südtirol-Sympathisant Fritz Molden, Kreisky habe einst gesagt, dass es ihm „auf ein paar Masten mehr oder weniger" nicht ankomme. Bis heute besteht auch in der Zeitgeschichtsforschung keine Einigkeit darüber, wie Kreiskys Haltung zu den Attentätern tatsächlich ausgesehen habe.

132

Fest steht, dass er mit manchen von ihnen in seinem Haus in der Wiener Armbrustergasse zusammengetroffen war. Ob er die Attentate aber ablehnte und sie lediglich stillschweigend hinnahm oder sie in begrenztem Umfang tolerierte, konnte man von ihm nie erfahren. (In späteren Jahren sollte er im Umgang mit der palästinensischen Befreiungsorganisation PLO stets auf den Zusammenhang zwischen Unterdrückung und Terror hinweisen, drängte Jassir Arafat jedoch gleichzeitig zum Verzicht auf Gewalt im Kampf um einen palästinensischen Staat.)

Die bilateralen Verhandlungen zwischen Rom und Wien, informelle Gespräche und offizielle Besuche zogen sich hin, Österreich informierte regelmäßig die jährlichen UNO-Generalversammlungen; schließlich aber begann sich eine Wende abzuzeichnen. Am Rande der Genfer Außenministerkonferenz im Mai 1964 informierte der italienische Außenminister Giuseppe Saragat seinen österreichischen Kollegen über die Ergebnisse einer aus Italienern und Südtirolern zusammengesetzten Kommission, der sogenannten „Neunzehner-Kommission", welche der Regierung ein „Paket" unterbreitete, das hundertundzehn Maßnahmen zum besseren Schutz der Südtiroler enthielt. Dieses ebnete schließlich den Weg zur Pariser Geheimkonferenz am 16. Dezember 1964 zwischen Saragat und Kreisky. Das Ergebnis bedeutete den Durchbruch. Erstmals war eine akzeptable Basis für die endgültige Regelung des jahrelangen Konflikts gefunden worden. Ein Schiedsgericht sollte die Durchführung der beschlossenen Maßnahmen überwachen, der Inhalt des „Pakets" wurde damit wesentlich verbessert. Obwohl die Südtiroler das Verhandlungsergebnis vorerst ablehnten, stützte sich das später von der Regierung Klaus finalisierte „Südtirol-Paket" in wesentlichen Teilen auf den in Paris erzielten Kompromiss.

Als der Nationalrat das „Paket" im Jahr 1969 diskutierte, stimmte die oppositionelle SPÖ auf Vorschlag Kreiskys dagegen. Ihm fehlte die mit Saragat bereits vereinbarte internationale Verankerung. Auch vermeinte der nunmehrige Oppositionschef, den Italienern seinerzeit eine bessere Schullösung abgerungen zu haben. Wie immer man die Einzelheiten bewertet, fest steht, dass durch den jahrelangen intensiven Einsatz der österreichischen Regierungen die deutschsprachigen Südtiroler heute zu jenen europäischen Volksgruppen gehören, deren Autonomie am besten abgesichert ist. Der Beitritt Österreichs zur EU hat schließlich die Grenze für die Menschen diesseits und jenseits des Brenners praktisch aufgehoben.

Kreiskys riskante – und daher auch von ihm selbst nur zögernd getroffene – Entscheidung, das Südtirol-Problem vor die Vereinten Nationen zu bringen, war zweifellos das Ergebnis einer über die Jahre selbstbewusster gewordenen Außenpolitik Österreichs. Seine Parteinahme für eine traditionell von der ÖVP besetzte Frage brachte ihm aber auch das Vertrauen vieler Konservativer ein. Und sie begründete eine bis in die achtziger Jahre wirksame und von gegenseitiger Sympathie bestimmte innenpolitische Achse zum ÖVP-„Denkmal", dem in Südtirol geborenen Tiroler Landeshauptmann Eduard Wallnöfer.

Wie kaum ein anderes Problem beweist der Konflikt mit Italien die enge Verknüpfung von Innen- und Außenpolitik. Seit dem Abschluss des Staatsvertrages 1955 hat wahrscheinlich keine andere außenpolitische Frage derart weitreichende Auswirkungen auf das gegenseitige Verhältnis der politischen Akteure und Gruppen in Österreich gehabt.

7.

Als Außenminister ging Bruno Kreisky schon bald von der von Raab forcierten Ausrichtung auf die UdSSR ab, er konnte dessen teils erstaunlich sowjetfreundliche Linie nicht nachvollziehen. Als ein Beispiel für Kreiskys ideologische Westbindung kann sein Engagement im Zusammenhang mit dem kommunistischen Jugendfestival in Wien, im Sommer 1959, gewertet werden. Bundeskanzler Raab hatte die Einladung für dieses Festival ausgesprochen, Kreisky – und mit ihm Christian Broda, aber auch Friedrich Torberg, Fritz Molden und der Bankier Georg Fürstenberg – wollte diesem Propaganda-Event ein wirksames Alternativprogramm gegenüberstellen. Schon seit dem Frühjahr 1958 waren sie regelmäßig zusammengekommen, um eine „westliche" Festivalzeitschrift zu organisieren. Zudem bewirkten sie ein Presseboykott (außer der kommunistischen *Volksstimme* berichtete keine österreichische Zeitung über das kommunistische Jugendfestival), „Anschauungsfahrten" zum Eisernen Vorhang und anderes mehr. Für Kreisky wurde die Situation dadurch erschwert, dass er in der Zwischenzeit Außenminister geworden war – und damit als prominenter Regierungsvertreter einem von der Regierung begrüßten Festival entgegenarbeitete.

Im Zusammenhang mit dem Staatsbesuch von Nikita Chruschtschow im Juni 1960 in Wien (auch diese Einladung war von Raab ausgegangen), versuchte Kreisky bereits in dessen Vorfeld Raab zu bremsen – mit Rücksicht auf die Westmächte. Vor allem wenn es um die Außendarstellung Österreichs ging, mahnte der Außenminister seinen Bundeskanzler immer wieder zur Vorsicht. Im Ministerrat entzündete sich denn auch eine heftige Debatte, ob Chruschtschows Rede vor der „Österreichisch-Sowjetischen Gesellschaft", die er in der Hofburg halten würde, mittels Lautsprechern auf den benachbarten Heldenplatz übertragen werden sollte. Julius Raab wollte den Wunsch der Österreichisch-Sowjetischen Gesellschaft erfüllen, Bruno Kreisky aber – und mit ihm die meisten SPÖ- und ÖVP-Minister – protestierte, wie aus dem Ministerratsprotokoll hervorgeht: „Ich muss leider widersprechen, wenn dort Lautsprecher auf dem Heldenplatz angebracht werden, wird niemand Chruschtschow hindern können, den amerikanischen Präsidenten und den deutschen Bundeskanzler zu beschimpfen." Österreich könne sich nicht dazu hergeben, so Kreisky weiter, Chruschtschow nicht nur „einen freundlichen Empfang zu geben, sondern auch eine Riesenkundgebung zu konzedieren". Unterrichtsminister Heinrich Drimmel von der ÖVP pflichtete ihm bei: „Das ist ein Politikum ersten Ranges. Der Heldenplatz ist eine Stelle, wo wir sehr empfindlich sind. Ich würde es sehr fatal finden, wenn Chruschtschow auf den Balkon treten würde, auf dem Hitler gestanden ist." Ironisch meinte daraufhin Bundeskanzler

135

Raab, man könne den Zugang zum Balkon vielleicht „mit Stacheldraht vermauern". Um dann mit größerem Ernst hinzuzufügen: „Und schließlich wollen wir ja was von den Russen." Raab versprach sich von Chruschtschows Besuch zusätzliche Erleichterungen in der Frage der staatsvertraglich festgelegten Öllieferungen an die Sowjetunion. Österreich sollte sie in der Folge auch tatsächlich erhalten. Kreisky allerdings konterte damals: „Das Kleinste, was wir vom Westen bekommen, ist mehr, als Chruschtschow uns geben kann."

Der Bundeskanzler setzte sich mit seinem prosowjetischen Kurs noch einmal durch: Die Übertragung fand statt, inklusive der befürchteten Angriffe gegen die USA und die Bundesrepublik Deutschland. Raabs Zeit als Kanzler sollte allerdings zehn Monate später ablaufen: Im April 1961 übernahm Alfons Gorbach die Regierungsgeschäfte.

8.

Als die ÖVP bei vorgezogenen Wahlen Ende 1962 wieder stark zulegen konnte, wollte Gorbach das Außenministerium jemandem aus seiner Partei anvertrauen. Erst nach viermonatigen Verhandlungen mit der Parteispitze des Koalitionspartners SPÖ, in denen sich vor allem ÖGB-Präsident Franz Olah für ein Verbleiben seines Parteifreundes im Amt des Außenministers stark machte – berühmt ist sein Ausspruch, kurz vor Weihnachten 1962, dass „für die Schwarzen das Außenministerium nicht am Christbaum" hänge –, wurde Bruno Kreisky Ende März 1963 in seinem Amt bestätigt. Die Debatte um seinen Verbleib als Außenminister war, nebenbei bemerkt, eines der Kernprobleme der überaus mühevollen Koalitionsverhandlungen gewesen.

Staatsvertrag und Neutralität waren in jenen Jahren gleichermaßen in Ost und West zu akzeptierten Grundlagen der Zweiten Republik geworden. Die Befürchtungen des Westens, Österreich würde in einen Neutralismus abgleiten, hatten sich als gänzlich unbegründet erwiesen. Die Beziehungen zur Sowjetunion erreichten mit dem Besuch Nikita Chruschtschows 1960 in Österreich ihren Höhepunkt; das Gipfeltreffen zwischen Chruschtschow und John F. Kennedy im folgenden Jahr begründete schließlich Wiens Rolle als Ort der Begegnung zwischen Ost und West. Kreisky hatte Kennedy, den er bereits aus der Zeit kannte, als dieser noch Senator war, persönlich dazu überredet, Wien als Ort des Treffens zu wählen.

Trotz oder sogar wegen seiner so bestimmenden Westbindung baute der Außenminister zur gleichen Zeit die Nachbarschaftspolitik in Richtung Osteuropa systematisch aus. Das sowjetische Konzept der „friedlichen Koexistenz" sollte damit beim Wort genommen werden. Bereits wenige Monate nach Übernahme des Außenministeriums setzte Kreisky die Pflege von Kontakten zu den kommunistischen Nachbarländern auf seine Agenda, wobei er den kommunistischen Block gleichsam aufbrach und die Staaten als individuelle – wenngleich von Moskau abhängige – Partner zu behandeln trachtete. Im März 1960 eröffnete er seine Osteuropa-Initiative mit einem Besuch in Polen. Die südosteuropäischen Staaten Rumänien und Bulgarien folgten 1963 und 1965. Die Normalisierung der Beziehungen zu diesen drei Ländern des Ostblocks war insofern nicht allzu schwierig, als sie mit Österreich keine gemeinsamen Grenzen hatten, auch die vermögensrechtlichen Regelungen erwiesen sich nicht als übermäßig schwierig.

Komplizierter waren da schon die Beziehungen zu den unmittelbaren Nachbarn Ungarn, Tschechoslowakei und Jugoslawien. Mit dem südlichen Nachbarn, seit dem Bruch mit Stalin 1948 offiziell blockfrei, konnten die Beziehungen nach der 1949 erfolgten Garantie der Kärntner Grenze durch die Alliierten rasch normalisiert werden. Im Artikel 7 des Staatsvertrages, dem Jugoslawien bald nach Abschluss 1955 beigetreten war, wurden die Rechte der slowenischen wie auch der kroatischen Volksgruppe international abgesichert. 1957 wurde durch die Errichtung des Slowenischen Gymnasiums in Klagenfurt eine wichtige bildungspolitische Grundlage für den Fortbestand dieser Volksgruppe geschaffen. 1972 sollte dann der Versuch

Kreiskys, den noch offenen Punkt zweisprachiger topografischer Aufschriften einer fairen Lösung zuzuführen, das verquere Verhältnis zwischen den beiden Kärntner Volksgruppen, aber auch die bloß oberflächlich korrekte Beziehung zwischen Österreich und Jugoslawien unversehens aktualisieren.

Mit Ungarn gab es zwar keine Grenzstreitigkeiten – der Versuch der Rückgewinnung Ödenburgs/Soprons war 1945 nur ein kurzer Gedanke gewesen –, aber nach der niedergeschlagenen Revolution von 1956 blieben dennoch genügend offene Probleme. Die zahlreichen Zwischenfälle am tatsächlich „Eisernen Vorhang", Fluchtversuche, Minenexplosionen, Schikanen aller Art, verzögerten die diplomatische Normalisierung bis zum Oktober 1964, als Kreisky schließlich auch Budapest einen offiziellen Besuch abstattete; wie zuvor in Rumänien und danach in Bulgarien war er dort der erste westliche Außenminister gewesen.

Am schwierigsten gestaltete sich die Normalisierung mit der Tschechoslowakei. Das historische Verhältnis war womöglich noch belasteter als mit Ungarn, die wirtschaftlichen Verflechtungen hatten sogar das Ende der Monarchie überlebt, und auch auf privater Ebene gab es noch so manche Beziehung – war doch das Wien der Zwischenkriegszeit die Stadt mit der zweitgrößten Anzahl von Tschechen und Slowaken gewesen. Schließlich bedeutete die Vertreibung der Sudetendeutschen, von denen viele in Österreich eine zweite Heimat gefunden hatten, eine zusätzliche Belastung der bilateralen Beziehungen.

Das Hauptproblem war die Frage der Entschädigung für den in der ČSSR enteigneten österreichischen Besitz. Es handelte sich hierbei um wesentlich höhere Vermögenswerte als in den anderen kommunistischen Nachbarstaaten. In der Zeit des kurzen „Prager Frühlings" von 1968 gab es gewisse Fortschritte, aber nach dem Sieg des sowjetischen Panzerkommunismus war auf Jahre hinaus an eine Normalisierung der bilateralen Beziehungen nicht mehr zu denken. Erst Mitte der siebziger Jahre kam es zu einer längeren Periode der Stabilität, und wieder war es Bruno Kreisky, der im Februar 1976 – diesmal als

Bundeskanzler – als erster österreichischer Regierungschef seit dem Ende des Zweiten Weltkriegs der Tschechoslowakei einen offiziellen Besuch abstattete.

Das Bemühen um „ein Maximum an Stabilität in diesem Teil Europas", wie der Außenminister sein „unmittelbares außenpolitisches Ziel" im Jahre 1965 umschrieb, charakterisiert durchaus bündig die bescheidene österreichische Variante einer Ostpolitik, die Kreiskys sozialdemokratischer Weggefährte Willy Brandt Jahre später für die Bundesrepublik Deutschland auf den Begriff bringen sollte.

In der österreichischen Politik setzte sich – anders als im bundesdeutschen Fall – bald der Ausdruck „Nachbarschaftspolitik" für die Beziehungen zu den sowjetischen Satellitenstaaten durch. Den Begriff „Ostpolitik" hielt Kreisky für weniger treffend. Immer wieder betonte er das „Gefühl der Nachbarschaft", das Österreich auch mit den nicht unmittelbar angrenzenden Nachfolgestaaten der ehemaligen Habsburgermonarchie verbinde. Der Rückgriff auf die Geschichte war damit auch eine Möglichkeit, das österreichische Engagement in diesem Teil Europas zu legitimieren: als Verweis auf die gemeinsame Vergangenheit.

Wie bei seiner Nachbarschaftspolitik scheute Kreisky bei seinem Bemühen, Wien als Treffpunkt der internationalen Politik zu etablieren, nicht vor historischen Reminiszenzen an die Habsburgerzeit zurück. So erinnerte er anlässlich der großen Staatenkonferenz der Vereinten Nationen, die im Frühjahr 1961 in Wien über die Bühne ging (sie endete am 18. April mit dem „Wiener Übereinkommen über diplomatische Beziehungen"), an die Zeit des Wiener Kongresses.

Seine Faszination für diese österreichische Vergangenheit (aus der er allerdings keinerlei politische Konsequenzen für Gegenwart und Zukunft zog; auch den Donauföderationsplänen Otto Habsburg trat er entschieden entgegen) zeigte sich teilweise auch in der Personalpolitik am Ballhausplatz. Neben einigen wenigen jungen Sozialdemokraten, die unter Kreisky in den diplomatischen Dienst eintraten, fanden sich traditionellerweise immer wieder Mitarbeiter aus ehemaligen adeligen

Familien. Diese aber – die sich dem überparteilichen Beamte-nethos verpflichtet fühlten und bis heute in der sogenannten „Gruppe Ballhausplatz" standespolitisch organisiert sind – konnten mit Kreiskys Wohlwollen rechnen. Den starken Ein-fluss des konservativ-katholischen österreichischen Cartellver-bands (CV) im Außenamt versuchte er hingegen zu verringern.

So wurde 1962 von manchen ÖVP-nahen Diplomaten die Aufnahme des parteilosen Gerald Hinteregger ins Kabinett des sozialistischen Außenministers mit Verwunderung registriert. Der nachmalige Exekutivsekretär der in Genf angesiedelten UNO-Organisation „Economic Commission for Europe" (ECE), der in den 1970er Jahren Botschafter Österreichs in Madrid und Moskau werden sollte, konnte auf diesen Posten nützliche Dienste für den Regierungschef leisten. In der Spätphase des Franquismus hat Hinteregger, ganz im Sinne Kreiskys, Kon-takte zur demokratischen Opposition, darunter zum Sozia-listen Felipe Gonzáles, geknüpft wie auch zur Umgebung des Thronprätendenten und späteren Königs Juan Carlos.

Einen seiner damaligen Sekretäre sollte Kreisky 1970 zum Außenminister berufen, wenig später war der praktizierende Katholik Rudolf Kirchschläger dann sogar der von der SPÖ zur Wahl aufgestellte Bundespräsident.

Andererseits bot er den wenigen jungen Sozialisten im Au-ßenministerium gute Chancen. So verdiente sich der spätere Außenminister Peter Jankowitsch seine ersten Sporen in Kreis-kys engster Umgebung. Für die Parteikontakte des neuen Au-ßenministers – die Kreisky auch als Bundeskanzler von den Regierungsgeschäften sehr bewusst zu trennen versuchte – war der junge Karl Blecha zuständig. Während sich also Kreisky im Außenministerium um eine ausgewogene – manche meinten, viel zu zurückhaltende – Personalpolitik im Sinne seiner „Bi-partisan Foreign Policy" bemühte, agierten die ÖVP-Außen-minister vor und nach ihm bei der Vergabe der Spitzenposten unbekümmert parteipolitisch.

Der außenpolitische Radius Österreichs wurde durch die gesellschaftliche und wirtschaftliche Konsolidierung der spä-ten 1950er und der ersten Hälfte der 1960er Jahre zweifellos bedeutend erweitert. Der von Kreisky eingeleitete Ausbau und die Professionalisierung des diplomatischen Dienstes – eigenes Ministerium, Gründung der Diplomatischen Akademie, Einführung des „examen préalable", einer Eignungsprüfung für all jene, die den diplomatischen Dienst anstrebten – machten es erst möglich, die von ihm konzipierte Außenpolitik auch effizient umzusetzen. Sie hatte vor dem Hintergrund einer allgemeinen Aufwärtsentwicklung des Landes deutlich an Konturen gewonnen.

1959 war die Konvertibilität des Schillings erreicht worden, und die vom Raab-Kamitz-Kurs initiierte soziale Marktwirtschaft avancierte zum gesellschaftlichen Ordnungsprinzip. Der kleinere Koalitionspartner SPÖ aber sorgte dafür, dass der Ausbau des Sozialstaates zügig voranging. Die Industrie war der Motor der wirtschaftlichen Prosperität, der forcierte Ausbau der Grundstoffindustrie brachte der Verstaatlichten Industrie ihre große Zeit, die langlebige Metapher vom „unsinkbaren Schiff" der öffentlichen Wirtschaft war geprägt. In der verstaatlichten Industrie wie auch in den vielen anderen regierungsabhängigen Bereichen setzte sich freilich ein neofeudaler Parteienproporz fest, der aber in enger Verknüpfung mit der nun etablierten Sozialpartnerschaft dem kleinen österreichischen Wirtschaftswunder seine Solidität gegeben hatte.

In seinen ersten Jahren als Außenminister schaffte es Bruno Kreisky, nicht nur die österreichische Neutralität mit Leben zu erfüllen, sondern dank seiner zahlreichen Kontakte zu den Oststaaten auch eine neue Koexistenzpolitik zu befördern. Durch seine verschiedentlichen Reisen in die Staaten des Warschauer Pakts lockerte er die Atmosphäre und baute somit das Misstrauen in Ost und West langsam ab. Er stellte unter Beweis, dass gesellschaftliche Systeme auch nebeneinander existieren konnten, ohne im ewigen politischen Streit stecken bleiben zu müssen.

Es war Kreisky innerhalb kürzester Zeit gelungen, das doch recht bescheidene Ansehen Österreichs im Ausland zu heben; mehr noch, er hat mit seinen außenpolitischen Initiativen das von den Nachwehen der beiden Weltkriege besonders in

Mitleidenschaft gezogene Selbstbewusstsein der Nation nachhaltig zu stärken vermocht.

8. Kapitel

Vom Ballhausplatz in die Löwelstraße

1.

Der Sieg des Kommunismus im Osten, die neue Bewegung der Blockfreien, schließlich die letzte Phase der Dekolonisation in Afrika und Asien richteten das Interesse der Ersten auf die Probleme der Dritten Welt. In Österreich war es Bruno Kreisky, der bereits 1958 in einer Rede vor sozialistischen Studenten auf den Konnex der europäischen Entspannung mit dem Krisenherd Nahost verwiesen hatte. Das spätere außenpolitische Lieblingsthema Kreiskys sollte aber vorerst noch nicht jene Rolle in seiner Befassung mit außereuropäischen Fragen spielen.

Die Gründung der Blockfreien-Bewegung durch Jugoslawiens Josip Broz Tito, Indonesiens Sukarno und Indiens Jawaharlal Nehru hatte die globalen Konfliktlinien einigermaßen verschoben. Die jüngst unabhängig gewordenen Staaten der Dritten Welt, wie sie in fragwürdiger Abgrenzung von den westlichen Industriestaaten und den kommunistischen Staaten Osteuropas genannt wurden, suchten Partner im paktungebundenen Westeuropa. Früher als andere westliche Politiker erkannte Kreisky die ökonomische Interdependenz zwischen Nord und Süd. Entwicklungspolitik bedeutete für ihn schon bald Zusammenarbeit zwischen dem rohstoffreichen Süden und dem technologisch fortgeschrittenen Norden. Gleichzeitig aber war klar, dass ein Technologietransfer nicht den Verlust von Arbeitsplätzen in den Industriestaaten bedeuten müsse. Ganz im Gegenteil. Ein qualifizierter Käufer (im Süden) verändert auch die Warenproduktion (im Norden). Politisch war

Kreisky überzeugt, dass die dekolonisierten Staaten der südlichen Hemisphäre nicht in einer Quasi-Naturgesetzmäßigkeit dem Kommunismus anheimfallen müssten.

Bei so manchen Gelegenheiten erinnerte er denn auch an die Einsicht Adlai Stevensons, des großen amerikanischen Demokraten, der einmal gemeint hatte: „Wenn wir das Wort Kommunismus hören, dann denken wir an das, was wir zu verlieren haben. Wenn aber die Menschen in Asien und Afrika, vor allem aber in Asien, das Wort Kommunismus hören, dann denken sie oft an das, was sie zu gewinnen haben, besonders dann, wenn sie glauben, dass sie nichts zu verlieren hätten."

Neben der vom Kalten Krieg provozierten zunehmenden Konkurrenz zwischen der Sowjetunion und den USA um den Einfluss in diesen Teilen der Welt kam bei Bruno Kreisky etwas Weiteres hinzu, was sein Interesse für die Dritte Welt begründete. Als Sozialist in der Zwischenkriegszeit geprägt, sympathisierte er schon früh mit den kolonialen Befreiungsbewegungen. Im schwedischen Exil hatte er im Umkreis der Stockholmer „Kleinen Internationale", jener Gruppe sozialistischer Exilanten, die sich in politischen Diskussionen auf die Nachkriegszeit vorbereitet hatten, diese Gedanken fortgeführt und auch für eine zukünftig neu zu schaffende Sozialistische Internationale die Einbeziehung Asiens und Afrikas gefordert.

An seinem frühen entwicklungspolitischen Engagement zeigte sich jedoch eine seiner Grundeigenschaften, die auch in anderen Politikfeldern sichtbar wurde: Er besaß offensichtlich die Fähigkeit, schon früh neue politische Themen zu erkennen und auf seine Agenda zu setzen – oft bevor sie zum politischen „Mainstream" wurden.

Kreiskys aktive Außenpolitik, die sich weit über die unmittelbaren österreichischen Interessen hinauszubewegen begann, wurde auch von der Kennedy-Administration registriert. Es ist nicht gesichert, ob der oben zitierte diplomatische Bericht der Wiener US-Botschaft die Aufmerksamkeit des Weißen Hauses auf Kreisky gelenkt hat; vorstellbar wäre es. Während der Kubakrise im Oktober 1962 hatte man im Nationalen Sicherheitsrat in Washington jedenfalls seine Interpretationen der sowjetischen

Absichten diskutiert. So empfahl etwa Arthur Schlesinger, „Special Assistant" Präsident Kennedys, seinem Chef, Kreisky zu empfangen, um einen direkten Eindruck von den politischen und intellektuellen Bewegungen in Europa zu gewinnen.

Auch der ehemalige amerikanische Präsident Harry Truman, dem Kreisky 1963 anlässlich einer Reise nach Kansas City begegnete, war vom österreichischen Außenminister so sehr angetan, dass er am nächsten Tag „Präsident Kennedy angerufen und ihm mitgeteilt (hat), er müsse mich, wenn ich nach Washington käme, unbedingt sehen. In Washington wurde ich tatsächlich außer Protokoll im Weißen Haus empfangen." Es war die letzte Begegnung der beiden Männer nach dem Gipfeltreffen Kennedys mit Chruschtschow in Wien. Nur wenige Wochen nach dieser Aussprache wurde der amerikanische Präsident in Dallas ermordet.

Kreisky verfügte in den USA prinzipiell über sehr gute Kontakte, die er gezielt einsetzte und ausbaute. Er griff dabei oft auf Freunde zurück, die ihm äußerst hilfreich waren. Der Verleger Fritz Molden beschrieb den wichtigsten von ihnen, den Mitarbeiter des *Time-Life*-Konzerns Klaus Dohrn, wie folgt: „Ein Einzelgänger, tiefgläubiger Katholik, in Zürich wohnhaft, aus Deutschland gebürtig, bei Konrad Adenauer ebenso zu Hause wie im Vatikan und mir von langen Nächten in Friedrich und Marietta Torbergs New Yorker ‚Penthouse' ein lieber Begriff." Kreisky charakterisierte Dohrn nicht unähnlich: „(Er) arbeitete als deutscher Emigrant in Amerika und legte keinen Wert auf Öffentlichkeit. Es genügte ihm, mit wichtigen amerikanischen Persönlichkeiten zusammenzutreffen, von ihnen Hintergrundinformationen zu erhalten und sich gleichzeitig als versierter und diskreter Vermittler auszuweisen. Er war ein enger Freund Torbergs aus dessen amerikanischer Zeit, besaß eine profunde Bildung und war überall ein gern gesehener Gast."

Andere Kontaktemacher und Türöffner vor Ort waren beispielsweise der Journalist Alfred Korn und der aus Österreich stammende Wall-Street-Banker John Leslie, dem Kreisky unter anderem die Bekanntschaft mit John D. Rockefeller zu verdanken hatte. Der Public-Relations-Spezialist Carleton Smith organisierte 1965 „Österreichische Wochen" in Dallas, zu denen der

Außenminister anreiste. In seinen Memoiren schreibt er über Smith: „Es würde Seiten füllen, die Namen derer zu nennen, mit denen er mich bekannt gemacht hat; mit all diesen amerikanischen Persönlichkeiten stand er irgendwie auf gleichem Fuß. Er war keiner der üblichen Publicity Manager, sondern ein nicht unsympathischer Begleiter mit sehr viel Taktgefühl."

Über Carleton Smith lernte Kreisky Anfang der 1960er Jahre die Broadway-Schauspielerin Kitty Carlisle Hart kennen, die an der Seite ihres früh verstorbenen Mannes, des Schriftstellers Moss Hart, eine der Society-Größen von New York war. Wenig älter als Kreisky, war sie als Tochter deutschstämmiger Juden in New Orleans zur Welt gekommen. In ihrem Apartment an der noblen Madison Avenue auf Manhattans Upper East Side traf der österreichische Außenminister während der alljährlichen UNO-Generalversammlungen Schauspieler, Schriftsteller, Politiker und Banker. Mit der attraktiven Witwe, die auch über viele Jahre Kulturbeauftragte des Staates New York war, entwickelte sich eine spannungsreiche intellektuelle und intime Beziehung. Tom Wolfe hat in seinem Roman *Bonfires of the Vanities* die gertenschlanke Carlisle Hart als reales Vorbild seiner fiktiven „social x-rays" porträtiert.

Stets benutzte Kreisky seine New-York-Aufenthalte auch zu Abstechern in andere Bundesstaaten und pflegte, wo immer möglich, Wirtschafts- und Medienkontakte. Anlässlich der Österreichischen Wochen im Luxuskaufhaus Neiman Marcus in Dallas widmete das amerikanische Hochglanzmagazin *Harper's Bazaar* eine Ausgabe dem Thema Österreich, wobei die Imageträger Kunst und Musik nicht zu kurz kamen. Kultur als nationaler Identitätsstifter verband sich nur eineinhalb Jahrzehnte nach dem Ende des Zweiten Weltkrieges aufs Anschaulichste mit der Präsentation des kleinen Wirtschaftswunderlandes Österreich.

Kreisky nahm anschließend weitere Termine in anderen Staaten wahr und hielt etwa eine außenpolitische Rede an der Yale University in New Haven, Connecticut: „Is the Cold War in Europe Over? Changes in the Danubian Area." Österreich, als einziger Staat in der Region, der nicht kommunistisch sei, habe in diesem Teil Europas „eine spezielle Verantwortung", die auf „jahrhundertelang bestehenden Banden mit den Völkern des Donaubeckens" beruhe, hieß es in der Rede. Und er schloss mit den weitsichtigen Worten: „Die Staaten Ost- und Südost-Europas sehen in den Systemen der Vorkriegszeit keine Alternative zum Kommunismus, von der Tschechoslowakei abgesehen. Ihre Länder wurden von Großgrundbesitzern und einem kleinen Klüngel korrupter Politiker und machthungriger Generäle regiert. (…) Es wird daher kein Leichtes sein, diesen Völkern ein klares Konzept sozialer Demokratie mitsamt ihren Chancen als Alternative zum Kommunismus nahezulegen. Sie werden ihre politischen Systeme im Rahmen ihrer ureigenen Institutionen weiterentwickeln müssen. Dann allerdings könnte ein Prozess in Gang kommen, der von einer Liberalisierung schließlich bis hin zur Freiheit führt."

Seine Bemühungen, zur Entspannung zwischen Ost und West beizutragen, sollte Kreisky in späteren Jahren, insbesondere in der ersten Hälfte der 1970er Jahre, engagiert fortsetzen. Vor allem der KSZE-Prozess schien ihm in diesem Zusammenhang richtungweisend: die Konferenz über Sicherheit und Zusammenarbeit in Europa, die ab dem 3. Juli 1973 auf Initiative des Warschauer Paktes in Helsinki stattfand. Teilnehmer waren fünfunddreißig Nationen – alle europäischen Staaten mit Ausnahme von Albanien sowie die USA, Kanada und die Sowjetunion.

2.

Innenpolitisch standen die Zeichen in diesen Jahren auf Sturm: Während sich die ÖVP im April 1964 mit einem Kanzlerwechsel von Alfons Gorbach zu Josef Klaus erneuerte, geriet die SPÖ im selben Jahr in eine schwere personelle Krise. Die Machtfülle des eigenwilligen Innenministers Franz Olah, der zuvor, noch als Präsident des Gewerkschaftsbundes, insgeheim an der Startfinanzierung der *Neuen Kronen Zeitung* mitgewirkt hatte, erweckte in der Partei zunehmend Bedenken, zumal Olah seine Pläne nicht immer mit den Parteigremien abstimmte. Schließlich sollte Olah als Minister abberufen und aus der SPÖ ausgeschlossen werden.

Bereits bei Antritt des erst nach langen Monaten des Verhandelns zustande gekommenen Kabinetts Gorbach II im März 1963 hatte sich gezeigt, wie sehr die Proporzdemokratie am Ende war. Allein das Koalitionsabkommen umfasste siebzig penible Seiten. Bezeichnend für den Zustand des Parteienbündnisses war die Habsburgfrage, die das System der Großen Koalition schon 1963 in ihre tiefste Krise gestürzt hatte. 1961 hatte Otto Habsburg Bundeskanzler Gorbach eine Erklärung übergeben, worin es hieß, dass er auf seine „Mitgliedschaft zum Hause Habsburg-Lothringen und auf alle aus ihr gefolgerten Herrschaftsansprüche ausdrücklich verzichte" und sich „als getreuer Staatsbürger der Republik bekenne". (Die Formulierungen entsprachen wörtlich dem Habsburgergesetz.) Gleichzeitig ersuchte er die Regierung, im Einvernehmen mit dem Hauptausschuss des Nationalrats festzustellen, dass diese Erklärung als ausreichend anzusehen sei. Doch in den Sitzungen des Ministerrates vom 13. und 21. Juni 1961 konnte darüber zwischen ÖVP und SPÖ keine Einigung erzielt werden. Das Protokoll der Sitzung wurde einige Tage später durch den Zusatz ergänzt, dass damit der Antrag als abgelehnt gelte. Er wurde nicht an den Hauptausschuss des Nationalrates weitergeleitet, der Antragsteller nicht verständigt.

Der Verwaltungsgerichtshof hob schließlich die Landesverweisung Otto Habsburgs auf, die Emotionen innerhalb der SPÖ stürzten die Partei in einen veritablen „Habsburg-Kannibalismus", um das klassische Diktum des SP-Publizisten Günther Nenning zu zitieren. Mit Unterstützung des Gewerkschaftsbundes kam es sogar zu Streiks und Demonstrationen gegen Habsburg. In der parlamentarischen Auseinandersetzung wiederum wurde vor allem auch der verfassungsrechtliche und rechtsstaatliche Aspekt heftig diskutiert.

In der Habsburgfrage hielt die SPÖ alle Trümpfe in der Hand. Olah hatte die FPÖ auf ein parlamentarisches Mitgehen verpflichtet, die befassten Ministerien Justiz, Inneres, Äußeres waren von Sozialisten besetzt. Auf Drängen Brodas und ohne sich um das Urteil des Verwaltungsgerichts zu kümmern, gab Kreisky, im Einvernehmen mit Innenminister Olah, die Weisung an die österreichischen konsularischen Dienststellen, Otto keinen österreichischen Pass auszustellen und auch seinen vom faschistischen Franco-Regime ausgestellten spanischen Diplomatenpass nicht anzuerkennen. Diese unerquickliche Episode sollte erst Jahre später von Bundeskanzler Kreisky durch den historischen Handschlag mit Otto Habsburg am 14. Mai 1972 in Wien einigermaßen applaniert werden.

Die Nicht-Bewältigung der Habsburgfrage verweist auf tiefreichende Strukturbrüche der österreichischen Nachkriegsgesellschaft. Kompromisse wurden nur noch als "Packelei" wahrgenommen, die "Versäulung der Politik" hatte zu einer entpolitisierten Demokratie geführt, das Instrument der Junktimierung diente der Ämterpatronage und der Versorgung der eigenen Klientel. Die parteipolitische Verfilzung weiter Bereiche der Gesellschaft – Politik, Wirtschaft, Kultur, Medien – diskreditierte die herrschenden Eliten des Landes vollends. Das System der Konsensdemokratie geriet ins Wanken. Dahinter aber wurde die fortschreitende Auflösung des alten soziopolitischen Milieus sichtbar, die Erosion der Lagermentalität, der Durchbruch der „White Collar"-Gesellschaft; auch die Medien meldeten sich selbstbewusst zu Wort.

Als die SPÖ 1964 ihr fünfundsiebzigjähriges Jubiläum beging, gab es wenig Grund zum Feiern. Sieht man von der Wahl eines Sozialisten zum Landeshauptmann des Burgenlandes ab, befand sich die Partei in einer inneren und äußeren Krisensituation. Das Rundfunkvolksbegehren der bürgerlichen Medien sprengte den Proporz in Radio und Fernsehen, die „Fußach-Affäre" um den Namen eines Bodenseeschiffes, das ursprünglich „Karl Renner" heißen sollte, entlarvte in den Augen vieler den skrupellosen, von Wien aus dirigierten Zentralstaat sozialistischer Prägung. Schließlich musste die Parteileitung nach monatelangen, oft mit großer Aggression auf beiden Seiten geführten Auseinandersetzungen einlenken: Das Schiff wurde auf den Namen „Vorarlberg" getauft. Die Partei hatte das Erstarken des Föderalismus in den Bundesländern nicht erkannt, zumindest aber unterschätzt. Das Thema Fußach blieb auch noch Monate nach den Ereignissen in den Schlagzeilen und schadete der SPÖ ungemein.

Der noch immer nicht ausgestandene Fall Olah drohte die Partei überhaupt zu spalten. Er unterstützte sowohl die FPÖ als auch nach wie vor die *Neue Kronen Zeitung* finanziell, in der Hoffnung, auf diesem Wege Regierungschef einer kleinen Koalition aus SPÖ und FPÖ werden zu können.

Nachdem Olahs fragwürdige Finanzgeschäfte an die Öffentlichkeit geraten waren, trat er am 18. September 1964 als Innenminister zurück. Wenig später beschloss ein Ehrengericht der SPÖ, ihn aus der Partei auszuschließen. Seine Gewerkschaftsfunktionen legte Olah am 27. Oktober 1964 zurück. Der Rücktritt und Parteiausschluss Olahs wurde von stürmischen Arbeiterdemonstrationen begleitet. Mit „Hände weg von Olah"- und „Wir wollen Olah"-Transparenten forderten die Demonstranten erfolglos seine Wiedereinsetzung als Innenminister.

Der gelernte Schlosser und spätere Gegenkandidat Bruno Kreiskys auf dem SPÖ-Parteitag 1967, Hans Czettel, wurde neuer Innenminister. Die hässliche Affäre überdauerte das Jubiläumsjahr 1965. Olah wollte den Abschied aus der Politik nicht hinnehmen und gründete – auf seine persönliche Beliebtheit zählend – 1964 die „Demokratische Fortschrittliche Partei" (DFP). Olahs Wahlkampf im Jahr 1966 war praktisch ausschließlich gegen die SPÖ gerichtet. Im Februar 1966 hielt er eine große Wahlkundgebung im Wiener Konzerthaus ab – seine antisemitischen Äußerungen ließen „das versammelte Kleinbürgertum in wildes Gejohle ausbrechen", wie die Hamburger Illustrierte *Stern* später berichten sollte. Diese antisemitischen Töne mischten sich mit populistischen Phrasen, und dank publizistischer Schützenhilfe der *Neuen Kronen Zeitung* erreichte Olahs DFP immerhin knapp unter 150.000 Stimmen. Den Einzug in den Nationalrat schaffte er damit zwar nicht, schwächte aber die SPÖ, sodass diese schließlich in die Opposition gehen musste; tiefgreifende personelle und programmatische

150

Änderungen waren die Folge. Ironie am Rande: Aus dem Kampf um die Nachfolge Bruno Pittermanns ging jener Mann als Sieger hervor, der dem ostrazierten Franz Olah am längsten die Stange gehalten hatte. Olah wiederum hatte seine schützende Hand immer wieder über den ohne Hausmacht dastehenden Bruno Kreisky gehalten.

Erst kurz vor der Wahl im März 1966 distanzierte sich Kreisky in einer Rede vor Metallarbeitern von Olah, warf ihm vor, mit den Feinden der SPÖ gemeinsame Sache zu machen: „Er hat zuerst aus Machthunger alle jene, die seinen Willen nicht erfüllen wollten, entfernt, und dann die Machtposition, die er sich errungen hatte, dazu missbraucht, um mit Hilfe von Gewerkschaftsgeldern in den Besitz einer Tageszeitung zu gelangen (...) Olah arbeitet mit Methoden, die schon in der Vergangenheit so furchtbares Unglück über unser Land gebracht haben." Er habe bis zuletzt zu jenen gezählt, schloss Kreisky, die „zu Olah gestanden sind, so lange, bis ich mich auf Grund erdrückender Beweise davon überzeugen musste, dass er eine Schuld auf sich geladen hat, die niemand tolerieren kann (...) Was hier geschieht, gehört zum Übelsten, das es bisher in der österreichischen Politik gegeben hat."

Der politisch wie moralisch fragwürdige Machtpolitiker Franz Olah nahm allerdings einiges von dem vorweg, was Bruno Kreisky, der ihm persönlich so völlig unähnlich war, später selbst umsetzen sollte: Eine gewisse „Amerikanisierung" der Politik, das Hervorstellen der eigenen Person, ein neues Verhältnis zu den Medien, die pragmatische Rücksicht auf die katholische Kirche, schließlich das problematische Verhältnis zur „Dritten Kraft" im Lande: zu den Parteien rechts von der ÖVP. Das Beispiel Olah hat Kreisky aber zweifellos auch die Grenzen politischen Machertums drastisch vor Augen geführt.

3.

Als am Abend des 6. März 1966 feststand, dass die ÖVP mit 48,5 Prozent der Stimmen die absolute Mehrheit an Mandaten gewonnen hatte – zum ersten Mal seit 1945 war sie damit nicht mehr auf einen Koalitionspartner angewiesen –, begann in der SPÖ die Suche nach einem Nachfolger für den auch persönlich tief getroffenen Bruno Pittermann.

Olahs Antreten war zwar der entscheidende, nicht aber der einzige Grund für die Niederlage der SPÖ gewesen. Der persönlich integre, mit Humor und Mutterwitz gesegnete Pittermann war ganz einfach nicht länger der Mann der Stunde. Sein politischer Fehler, die Unterstützung der KPÖ nicht eindeutig zurückgewiesen zu haben, machte ihn ebenso angreifbar wie das erst in letzter Stunde vorgelegte „Programm für Österreich". Obwohl vom intellektuell fähigen Justizminister Broda konzipiert, enthielt es nur allgemeine Parolen und konnte sich nicht mit der „Aktion 20" – dem Wahlprogramm der ÖVP – messen.

Die SPÖ vermochte auch die medienpolitischen Zeichen jener Zeit nicht richtig zu deuten und war 1964 dem Rundfunkvolksbegehren gegenüber deutlich kritisch eingestellt gewesen. Ziel des ersten Volksbegehrens in der Geschichte der Zweiten Republik war es, den Österreichischen Rundfunk durch ein Gesetz aus der Tagespolitik und den jeweils herrschenden politischen Verhältnissen herauszuhalten und ihn damit zu einem unabhängigen Medium – einem „Public Service" – zu machen. Bis dahin war die Direktion des ORF je nach Regierungsform durch die herrschende Partei oder in einer Koalition nach dem Proporzsystem besetzt. Nach einem Geheimabkommen zwischen Gorbach und Pittermann sollte jeder der Posten beim ORF doppelt durch je ein ÖVP- und ein SPÖ-Mitglied bekleidet werden. Innerhalb der Parteien befürchtete man daher einen deutlichen Einflussverlust, dennoch schien Bundeskanzler Klaus einer Reform gegenüber weniger abgeneigt zu sein als sein Vorgänger: Er hatte es in seinem Wahlprogramm sogar zu einem seiner Ziele erklärt, eine Rundfunkreform durchzusetzen. Die *Arbeiter-Zeitung*, das Organ der SPÖ, erwähnte das Volksbegehren in der Unterschriftenphase hingegen mit keinem Wort und versuchte danach, die Bedeutung der 832.353 Unterschriften herunterzuspielen.

Trotz der absoluten Mehrheit der ÖVP nach den Wahlen 1966 stellte man sich vorerst in beiden Parteien auf Koalitionsverhandlungen ein – so war es seit 1945 schließlich immer gewesen. Die SPÖ nominierte Pittermann und die beiden stellvertretenden Parteivorsitzenden Kreisky und den Steirer Alfred Schachner-Blazizek, nicht ohne vorher die als zentralistisch kritisierte Parteiexekutive durch die Hereinnahme der Landesorganisationen zu erweitern. Das seit Gründung der Partei existierende Übergewicht der Wiener Organisation wurde damit eingeschränkt, eine Maßnahme, die im folgenden Jahr nicht unwesentlich zur Wahl Bruno Kreiskys zum Parteivorsitzenden beitragen sollte.

Die Koalitionsverhandlungen mit der siegreichen ÖVP zogen sich in die Länge, die Vorstellungen der beiden Parteien lagen sowohl in puncto Kompetenzen als auch im Grundsätzlichen weit auseinander. Die ÖVP verlangte das Justizministerium, zwei zusätzliche Staatssekretariate sowie Zuständigkeiten aus diversen „roten" Ministerien. Gleichzeitig wollte die ÖVP eine Erweiterung des sogenannten koalitionsfreien Raumes.

Für die demoralisierte SPÖ war die Situation naturgemäß komplizierter. Zwar gab man sich selbstbewusst, indem man die Formel „Koalition ja – aber nicht um jeden Preis" prägte. Dahinter aber verbarg sich in Wirklichkeit eine zutiefst gespaltene Partei. Die einen waren dem Gang in die Opposition nicht mehr abgeneigt – dazu gehörten insbesondere Pittermann, Waldbrunner und Benya; die anderen – der entschiedenste war Bruno Kreisky – mochten sich nur eine Fortsetzung der Koalition vorstellen. Kreisky warnte vor einem Rückfall in die Erste Republik und erinnerte nachdrücklich an den Koalitionsbruch des Jahres 1920. Er hielt die Demokratie in Österreich ganz einfach für noch nicht genügend gefestigt, um den konsensuellen Weg der Großen Koalition leichtfertig zu beenden.

Als sich aber herausstellte, dass die ÖVP nicht bereit war, über ein Koalitionsabkommen für die gesamte Legislaturperiode zu verhandeln sowie der Installierung eines Koalitionsausschusses zuzustimmen, resignierten die sozialistischen Großkoalitionäre.

Zwar sprach sich Kreisky auf dem außerordentlichen Parteitag am 15. April noch vehement für die Fortsetzung der Koalition aus, sodass ein Kompromissbeschluss gefasst wurde, der dem Verhandlungspartner ÖVP die Möglichkeit der Zustimmung bieten sollte. Doch dazu war die Volkspartei nicht mehr bereit. Die SPÖ fasste schließlich mit dreißig gegen zehn Stimmen einen Beschluss, der den Weg für die erste Alleinregierung in Österreich ebnen und das Ausscheiden der Sozialisten aus der Regierung bedeuten sollte. Bruno Kreisky musste sich mit neun weiteren Vorstandsmitgliedern der Entscheidung der Parteimehrheit beugen. Es kann wohl nur als Ironie der Geschichte gesehen werden, dass eben jener Bruno Kreisky vier Jahre später seine Partei ebenfalls in eine Alleinregierung führen sollte. Freilich auch nicht, ohne vorher – da aber nur mehr mit halber Kraft – das Einvernehmen mit der ÖVP gesucht zu haben.

Was waren die Beweggründe Kreiskys, insbesondere 1966, aber auch noch 1970, für eine Beibehaltung der Großen Koalition? Zweifellos war seine Fixierung auf den breiten politischen Konsens zutiefst von den traumatischen Erfahrungen der Ersten Republik geprägt. Die politischen Fehler der sozialdemokratischen Politiker der zwanziger und dreißiger Jahre, als – so Kreisky – Parteitaktik vor Staatswohl rangierte, waren ihm auch noch Jahrzehnte später bewusst; er ließ sich nur zögernd von der Erosion der österreichischen „Lagermentalität" überzeugen. Als jedoch die erste Alleinregierung der Zweiten Republik feststand, gehörte Kreisky zu den Ersten, die eine harte Oppositionslinie einschlugen.

4.

Bruno Kreisky schildert den Tag, da er sein Amt niedergelegt hat und an dem seine Partei in die Opposition gegangen ist, nicht ohne Melancholie: „Nach meiner Abschiedsrede an die Beamten des Außenministeriums im Rittersaal der Hofburg verließ ich am Mittag des 21. April 1966 zu Fuß jenes Gebäude,

von dem aus ich dreizehn Jahre lang die Geschicke der österreichischen Außenpolitik erst mitzulenken versucht und dann
als Minister gestaltet hatte. Erich Bielka, der 1974 selbst Außenminister wurde, erzählte mir später, dass ich sehr langsam
gegangen sei und dass er das Gefühl gehabt habe, ich sei traurig gewesen; retrospektiv muss ich sagen, dass Traurigkeit tatsächlich mein Gefühlszustand war."

Bereits kurze Zeit nach seinem Rücktritt erfuhr Kreisky von
einer Initiative der Botschafter verschiedener Länder, darunter
Indiens, Irans und Polens, den ehemaligen österreichischen
Außenminister für den Posten des UNO-Generalsekretärs vorzuschlagen. Der Umworbene hörte sich das Ansinnen mit Interesse an, zog es jedoch vor, statt „erster Beamter der Welt" zu
werden, lieber seiner Partei zu dienen und sie aus „dem Deba-
kel herauszuführen", welches die SPÖ im Verlauf der letzten
Jahre befallen hatte.

Der erzwungene Rückzug aus dem Regierungsamt erforderte von Kreisky jedenfalls eine Neubewertung der politischen Optionen. Das konservative Reformduo Klaus/Withalm
hatte sich gerade in den traditionell „roten" Bereichen einiges
vorgenommen: die Reform der Verstaatlichten Industrie, die
Sanierung der Österreichischen Bundesbahnen, aber auch die
Förderung von Gewerbe und Privatindustrie, schließlich das
große Projekt des Abschlusses eines Interimsabkommens mit
der EWG. Regionalpolitische Maßnahmen, eine Gesamtreform
der Wohnungswirtschaft und die Milderung der Lohn- und
Einkommenssteuerprogression sollten auch der Klientel der
nunmehrigen Oppositionspartei SPÖ die Eingewöhnung ins
monocolore Österreich erleichtern.

Doch schon in seiner ersten Rede nach dem Wechsel und der
Regierungserklärung des nunmehr allein verantwortlichen Josef Klaus griff Kreisky diesen im Nationalrat hart an: „Was in
der Erklärung des Herrn Bundeskanzlers gefehlt hat und was
ich als grobe und bittere Ungerechtigkeit gegenüber der jüngsten Geschichte unseres Landes empfinde, ist, dass er der zwan-
zigjährigen Zusammenarbeit keine Zeile seines Manuskriptes
gewidmet hat." Er schloss seine umfassenden Äußerungen gar

mit einer Warnung an Klaus, die einer Drohung gleichkam – wobei er ein Zitat aus Shakespeares *Julius Caesar* abwandelte: „Herr Bundeskanzler, bei Philippi sehen wir uns wieder!"

Zu harten Auseinandersetzungen kam es in der Folge bei der Beschlussfassung des neuen Rundfunkgesetzes, das die ÖVP mit ihrer absoluten Mehrheit gegen den erbitterten Widerstand der SPÖ am 8. Juli 1966 durchzusetzen verstand. Die Initiative stützte sich zwar auf das Rundfunkvolksbegehren, wurde jedoch von der ÖVP in wesentlichen Bereichen so gestaltet, dass die Personalentscheidungen von ihr allein getroffen werden konnten. Die Kreiskysche Rundfunkreform des Jahres 1974 ist nicht zuletzt auch vor diesem Hintergrund zu sehen.

Wichtiger noch waren freilich die praktischen Auswirkungen des am 1. Jänner 1967 in Kraft getretenen Gesetzes. Der ORF unter Gerd Bacher – einem der wenigen erfolgreichen bürgerlichen Gegenspieler Kreiskys – bot dem sozialistischen Oppositionsführer jene publizistische Bühne, auf der sein politischer Stil zur vollen Entfaltung kommen sollte. Wie kein anderer vor ihm nutzte Kreisky die Möglichkeiten des nun auch in Österreich anbrechenden Medienzeitalters. Seine ausgezeichneten persönlichen Kontakte zu den Spitzenjournalisten des Landes, aber auch sein waches Auge für junge Talente verschafften ihm jenen Vorsprung, den er nun – mit dem „leichten Gepäck des Oppositionspolitikers" – voll auszuspielen begann.

Bereits am Tag nach der verlorenen Wahl vom 6. März 1966 hatte in der SPÖ die Diskussion über eine politische und personelle Neuorientierung eingesetzt. Die Partei besaß im Grunde keine Führung mehr, wie damalige Beobachter feststellten, und keiner der Granden vermochte die Mitglieder zusammenzuhalten, auch Pittermann nicht. Wer würde die Partei aus ihrem psychologischen Tief, in das sie durch die Niederlage geraten war, herausführen?

Während eine von dem Sozialphilosophen Norbert Leser gegründete „Gesellschaft für politische Studien" den Linzer Altbürgermeister Ernst Koref aktivierte, der ziemlich unverblümt die Ablöse Pittermanns forderte, erwies sich eine Gruppe von Jungfunktionären, Publizisten und Intellektuellen als entscheidender Katalysator. Josef Staribacher, Heinz Fischer, Rupert Gmoser, Heinz Kienzl, Günther Nenning und Franz Kreuzer, der Chefredakteur der *Arbeiter-Zeitung*, um nur die Bekannteren zu nennen, suchten nach einer Langfriststrategie für die SPÖ. Ihnen und vielen anderen schien klar zu sein, dass die Niederlage nicht nur aktuelle Gründe wie den Fall Olah hatte. Die Analyse, Bewertung und Beseitigung der strukturellen Ursachen des Niedergangs der SPÖ musste freilich, so meinten sie, längere Zeit in Anspruch nehmen. Daher nannte man das Unternehmen „Aktion 74", hielt man doch die Chancen eines Wiedererstarkens der Partei erst in acht Jahren für realistisch.

Pittermann war naturgemäß misstrauisch; er wusste, dass es den Jungen um die Zeit nach ihm ging. Kreisky wiederum schien der Zeithorizont zu weit. Die Öffentlichkeit dürfe sich nicht an eine Regierung ohne SPÖ „gewöhnen". Zunächst jedoch schien gerade diese Gefahr kaum zu bannen: Zwischen 20. April 1966 und dem 31. Oktober 1969 wurden von der christlich-konservativen Regierung Klaus insgesamt sechshundert Regierungsvorlagen eingebracht. Im Frühjahr 1967 waren die Verhandlungen mit Italien bezüglich des Südtirol-Pakets erfolgreich beendet worden. Klaus gelang es auch, mehrere UNO-Einrichtungen, darunter die UNIDO, nach Wien zu bringen. Außerdem fiel in die Ära Klaus eine Steuerreform mit einer Senkung der Lohn- und Einkommensteuer von 3,9 Milliarden Schilling.

Klaus scharte ein exzellentes Team junger und ambitionierter Mitarbeiter um sich. Zu diesen sogenannten „Klaus-Buben" – Mitgliedern des katholischen CV – zählten Thomas Klestil, Alois Mock, Heinrich Neisser, Peter Marboe, Michael Graff, Leo Wallner, Fritz Hoess, Josef Taus und Wolfgang Schmitz.

Der konservative Bundeskanzler legte Wert auf Grundsatzdebatten und suchte auf der Basis wissenschaftlicher Erkenntnisse nach Lösungen, die er rasch und konsequent umzusetzen versprach. Das Modewort der Zeit hieß „Kybernetik". Doch die anfängliche Aufbruchstimmung sollte bald einer allgemeinen Desillusionierung weichen.

5.

Für Bruno Kreisky wurde das Beschreiten neuer Wege zur politischen Notwendigkeit, da er – nach den Wirren um Olah – in der SPÖ nun doch ziemlich isoliert dazustehen schien. So ist seine Kandidatur für das Amt des niederösterreichischen Parteivorsitzenden wohl als taktisch notwendiger Rückzug zu interpretieren. Zwar verbanden ihn mit Niederösterreich seit seiner frühesten Jugend politische Bande, seine Wahl zum SPÖ-Obmann für Niederösterreich am 5. Juni 1966 wurde aber auch von ihm nur als „sidestep" gesehen. Doch bereits ein halbes Jahr später, am 1. Februar 1967, wählte die SPÖ bei ihrem Parteitag den bürgerlichen Intellektuellen und Verfolgten des Hitlerregimes Bruno Kreisky zum neuen Parteivorsitzenden – in einer Kampfabstimmung gegen den Arbeiterfunktionär Hans Czettel.

Pittermann, der im Sommer 1966 einen schweren Nervenzusammenbruch erlitten hatte, war klar geworden, dass seine Wiederkandidatur keine Chance mehr hatte; der von vielen akzeptierte Kompromisskandidat Karl Waldbrunner lehnte ab. So blieb Czettel, der nach Olah das Innenministerium geleitet hatte und nun als stellvertretender Klubobmann sozusagen die rechte Hand Pittermanns war. Pittermann schlug in einem breit angelegten Parteitagsreferat Czettel denn auch als seinen Nachfolger vor. Doch die Stimmung des Parteitages hatte deutlich umgeschlagen. Man wollte einen Neuanfang. Die Diskussion konzentrierte sich immer mehr auf Bruno Kreisky, der – obwohl von ÖGB-Präsident Anton Benya und Teilen der Wiener Partei heftig attackiert – starke Unterstützung aus den Bundesländern erhielt. Als schließlich auch noch der Wiener Parteichef Felix Slavik, der Kreisky favorisierte, seinen Delegierten die Wahl freistellte, war es für Kreisky gelaufen. Dreiunddreißig Mitglieder des Parteivorstandes votierten für eine Kandidatur Kreiskys, nur neunzehn für Czettel; der Parteitag wählte Bruno Kreisky anschließend mit knapp 70 Prozent zum vierten Vorsitzenden der Sozialistischen Partei seit 1918.

„Die Wahl von Dr. Kreisky wurde vom Parteitag mit stürmischem Beifall begrüßt", hieß es am nächsten Tag in der *Arbeiter-Zeitung*. Der Bericht schließt mit einer Empfehlung des neuen

Parteivorsitzenden gegenüber der versammelten Journalistenschar: „Sodann wandte sich Dr. Kreisky unter Hinweis auf die gute Zusammenarbeit, die er als Außenminister mit der Presse gepflegt hätte, persönlich an die Journalisten und bat sie, auch weiterhin zwischen Nachricht und Kommentar streng zu unterscheiden." Man könnte meinen, bereits im Jahr 1970 angekommen zu sein, als der SPÖ-Parteivorsitzende Bundeskanzler werden sollte.

Mit Bruno Kreisky übernahm eine Persönlichkeit die Führung der Partei, wie sie seit Victor Adler kaum weniger den populären Vorstellungen vom „roten Arbeiterführer" entsprechen konnte. Er lebte gut bürgerlich in einer weitläufigen Villa[12] mit großem Garten in der Armbrustergasse im noblen Döbling, dem 19. Wiener Bezirk.

Der neue Parteivorsitzende war mit seiner Biografie, auch und vor allem mit seinem Habitus, gewiss eine Ausnahmeerscheinung in der SPÖ. Dem aufstiegsorientierten Bildungsideal der Sozialdemokratie gemäß waren die Parteivorsitzenden der SPÖ Lehrer wie Karl Seitz und Bruno Pittermann oder Rechtsanwalt wie Adolf Schärf gewesen, der überdies als Hofrat das Hineinwachsen des Sozialismus in das vom kleinbürgerlichen Konservativismus geprägte Österreich symbolisierte. Bruno Kreisky aber entstammte, wie der Parteigründer Victor Adler, dem Bürgertum, war, auch wie Adler, jüdischer Herkunft, jedoch zum Unterschied von jenem, der getauft war, Agnostiker.

„Ich selbst hielt mich sehr zurück", heißt es in den Memoiren, „weil ich der Meinung war, dass bei der Neigung vieler Österreicher, Menschen nach ihrer religiösen Herkunft zu beurteilen, meine Wahl eine Belastung für die Partei darstellen würde. Zwar hatte ich mich immer mit dem österreichischen Volk identifiziert, aber ich wusste um gewisse antisemitische Tendenzen und wollte meiner Partei nicht im Wege stehen."

---

12 Kreisky hatte bei der Besitzerin der Villa, der Witwe Redlich (nach Josef Redlich, der zwei Mal österreichischer Finanzminister war, 1918 und 1931) das Vorkaufsrecht. Er kaufte die Villa zunächst - und verkaufte sie sodann ohne Gewinn an die Wiener Städtische Versicherung weiter. Fortan mietete er die Villa zu einem langfristig günstigen Zins von der Versicherung. Die ÖVP ließ den Ablauf damals prüfen und hat auf eine Thematisierung im Wahlkampf verzichtet.

Die Publizistin Trautl Brandstaller berichtet von einem Abendessen mit katholischen Journalisten, das nicht allzu lange vor seiner Wahl 1967 zum Parteivorsitzenden stattgefunden hatte; damals habe Kreisky gemeint: „Wissen Sie, ich als Jude und als Emigrant kann in Österreich zwei Posten nicht bekommen: den SPÖ-Vorsitz und den Bundeskanzler." Dieser Eindruck muss sich im Wahlkampf 1966 noch verstärkt haben, als der Präsident der niederösterreichischen Landwirtschaftskammer und ÖVP-Abgeordnete Alois Scheibenreif den damaligen Außenminister Bruno Kreisky im Zuge der Kampagne als „Saujud" bezeichnet hatte.

Kreiskys Herkunft, sein beruflicher und politischer Werdegang haben ihn zweifellos nicht zum Vorsitzenden einer Partei prädestiniert, die sich Mitte der 1960er Jahre Hoffnungen auf die Teilhabe an der Macht machen konnte. Dies muss Kreisky gerade in den Stunden vor der Wahl klar gewesen sein. Denn bis zuletzt – weit ins Jahr 1969 hinein – hatte er Zweifel am Erfolg seiner Kandidatur. Bereits in seiner Rede nach der Wahl zum Parteivorsitzenden, die er bezeichnenderweise erst Minuten vor dem Auftritt skizziert hatte, setzte er die erste – rhetorische – Geste der Aussöhnung mit seinen innerparteilichen Kontrahenten. Als „Motto für die nächsten zwei Jahre" zitierte er Abraham Lincoln: „Ohne Feindschaft, ohne Groll gegen irgend jemanden – Verständnis, Freundschaft für jeden!"

Dieser pathetische Anfang schien ihm notwendig, da er wusste, dass ohne Versöhnung mit jenen, die ihn nicht gewählt hatten, nichts zu machen war. „Ich hoffe, dass es mir möglich sein wird, allmählich auch das Vertrauen jener zu gewinnen", rief er den Genossen und Genossinnen nach seiner Wahl zu, „die jetzt noch gezögert haben, es mir zu geben." Ein Wunsch, der sehr rasch in Erfüllung gehen sollte, denn bereits beim nächsten Parteitag der SPÖ, im Oktober 1968, erhielt er vierhundertacht von vierhundertneunzehn Stimmen, mithin 97,4 Prozent.

Zu Bruno Pittermann blieb das Verhältnis vorerst belastet. (Später sollte sich Kreisky jedoch ganz besonders um Pittermanns gesundheitliches Wohlergehen kümmern.) Kreisky überließ ihm die Führung des Klubs; umgekehrt mischte sich

Pittermann kaum in die Arbeit in der Parteizentrale in der Wiener Löwelstraße ein. Zu Waldbrunner hielt Kreisky respektvolle Distanz. Sein unterlegener Mitbewerber Czettel zog sich auf den Posten des niederösterreichischen Parteivorsitzenden zurück, den Kreisky zurückgelegt hatte. Die Beziehung zwischen den beiden so ungleichen Charakteren stellte nie ein Problem dar.

Mit anderen Worten: Der neue Vorsitzende schüttete recht bald jene tiefen Gräben zu, die sich im Vorfeld des legendären Parteitags 1967 aufgetan hatten. „Ein gefährlicher Mann für die ÖVP", urteilten damals die Kommentatoren der bürgerlichen Medien. Wie gefährlich, das sollten die Jahre ab 1970 zeigen.

Von entscheidender Bedeutung für Kreiskys Erfolg als SPÖ-Parteichef aber war ein solides Einverständnis mit Anton Benya, dem auf dem Höhepunkt der Macht befindlichen Präsidenten des ÖGB. Noch während des Parteitags hatte dieser gewettert, Kreisky sei „schuld" an der Parteikrise, denn er habe „fremden Zeitungen" Informationen über interne Auseinandersetzungen gegeben. Ein Vorwurf, aus dem Benya schon Jahre zuvor dem damaligen ÖGB-Chef Franz Olah einen Strick gedreht hatte. Benya war also zunächst für jeden anderen Parteivorsitzenden gewesen, nur nicht für Kreisky. Im vollen Bewusstsein dieses Umstandes suchte Kreisky das Gespräch mit dem Gewerkschaftsboss. Ihm war klar, dass er für die Rückkehr an die Macht dieser „Säule" der Arbeiterbewegung – und dieses Mannes – bedurfte.

Wenige Wochen nach dem Parteitag kam es im Rahmen eines Treffens der Metallarbeitergewerkschaft in Krumpendorf am Wörthersee zu einer langen Aussprache zwischen Kreisky und Benya, über deren Ergebnis es keine Aufzeichnungen gibt. Die mündliche Vereinbarung zwischen ihnen hat aber auf jeden Fall und zum Vorteil beider die nächsten sechzehn Jahre gehalten. Wohl auch deshalb, weil Kreisky diese Achse in besonderer Weise gepflegt hat.

Während Kreiskys gesamter Regierungszeit, von 1970 bis 1983, sollte zwischen ihm und Benya in regelmäßigen Vierau-gen-Gesprächen, den sogenannten „Montagrunden", die Politik von Regierung und Gewerkschaft abgesprochen werden.

161

Diese von Kreisky stets mit besonderem Takt geführten freund-schaftlich-respektvollen Treffen haben trotz mancher Kon-flikte, etwa beim unterschiedlich intensiven Engagement für das Atomkraftwerk Zwentendorf oder in der Androsch-Affäre, entscheidend dazu beigetragen, die Kerngruppe von Kreiskys Wählerkoalition, nämlich die Arbeiter, bei der Stange zu hal-ten. Benyas ungemein wichtiger Beitrag zum Erfolg der Ära Kreisky war die Zurückhaltung der Gewerkschaften bei ihren Lohnforderungen. Umgekehrt betonte die sozialdemokrati-sche Regierung gegenüber dem Wirtschaftspartner, vertreten durch den kongenialen Wirtschaftskammerpräsidenten Rudolf Sallinger, die Priorität der Vollbeschäftigung. Streikstatistiken, die nur wenige Sekunden auswiesen, und Wachstumsraten, die regelmäßig und deutlich über dem OECD-Durchschnitt lagen, sowie eine heute erstaunlich anmutende Vollbeschäftigung waren das Ergebnis dieses „Big Bargain" der österreichischen Sozialpartnerschaft.

6.

Der Wandel vom Agrarland zum Industriestaat hatte sich in Österreich in atemberaubendem Tempo vollzogen. Mitte der sechziger Jahre war der Industrialismus auch in Österreich an seinem ersten Höhepunkt angelangt. Das Selbstbewusstsein der Arbeiterklasse, die sich – vor allem in der Verstaatlichten Industrie – in den siebziger Jahren wohl zum letzten Mal als solche begriff, verlieh der SPÖ Selbstbewusstsein und den not-wendigen Rückhalt für reformerischen Gestaltungswillen.

Dem neuen Parteivorsitzenden war allerdings auch klar, dass eine dem Klassendenken des frühen 20. Jahrhunderts ver-pflichtete Arbeiterpartei in einer modernen, pluralistischen Ge-sellschaft keine Mehrheitsfähigkeit besitzt. Daher musste jene österreichische Triade der sozialistischen, christlich-konser-vativen und deutschnationalen Lager, die über alle Brüche der Geschichte hinweg eine bemerkenswerte Kontinuität bewiesen hatte, überwunden werden. Kreiskys Angebot, „ein Stück des Weges" mit ihm zu gehen, war populärer Ausdruck dieser Erkenntnis. Der fundamentale Wandel, jenes Außerordentliche, das sich in den vier Jahren zwischen 1966 und 1970 auch in Österreich gesellschaftlich zu artikulieren begann, war durch die politisierte Jugend, die Studenten, Intellektuellen und Künstler gekennzeichnet, kurz durch all jene, die man die „Achtundsechziger" nennen sollte.

Mit dem Werben um die katholische Kirche und um die Landbevölkerung intensivierte Kreisky eine Politik, die in der SPÖ bereits eine gewisse Tradition hatte. Die gesellschaftlichen Veränderungen der Nachkriegszeit hatten gerade diese beiden oft identen Gruppen am nachhaltigsten erfasst. Die jahrhundertelange Symbiose von Thron und Altar, von politischem Konservativismus und Kirche, konnte sich zwar noch in die Erste Republik hinüberretten. Nach 1945 war aber dieser Verbindung – trotz restaurativer Tendenzen in den fünfziger Jahren – durch die Auflösung der traditionellen Strukturen ein schwerer Schlag versetzt worden. Die einseitige politische Bindung der katholischen Kirche an die ÖVP begann sich aufzulösen. In einem als „Mariazeller Manifest" bekannt gewordenen Dokument hatte sich die katholische Kirche Österreichs 1952 von ihrer einseitigen Parteienbindung losgesagt und eine „freie Kirche in einer freien Gesellschaft" postuliert.

Kreisky selbst knüpfte bereits kurz nach seiner Rückkehr aus Schweden Anfang der fünfziger Jahre erste Kontakte zu jungen katholischen Aktivisten, darunter dem Herausgeber der katholischen Wochenzeitung *Die Furche*, Willy Lorenz, und dem Chefredakteur der *Presse*, Otto Schulmeister. Es war die Parallelität der Interessen an sozialen Fragen, die dem Dialog Inhalt gab. Ausgehend vom Parteiprogramm 1958, an dem Kreisky mitgearbeitet hatte, rang sich auch die SPÖ zu dem Grundsatz durch: „Sozialismus und Religion sind keine Gegensätze. Jeder religiöse Mensch kann gleichzeitig Sozialist sein." Lorenz erinnerte sich an Begegnungen, die bereits 1946 stattfanden: „Wir haben abends viele Gespräche geführt. Er war immer lustig und sehr gut aufgelegt. Ich habe Kreisky hier mit prominenten

Katholiken zusammengebracht. Denn er hat damals schon den Plan gehabt, man müsse die Kirche mit dem Sozialismus aussöhnen."

Zur atmosphärischen Verbesserung hat auch Kreiskys federführende Tätigkeit als Außenminister bei den Verhandlungen über die Anerkennung des 1933 geschlossenen Konkordats durch die Republik Österreich beigetragen. Die längst überfällige Grundsatzdiskussion zwischen Vertretern der Amtskirche und der SPÖ erhielt aber erst 1966 von Bruno Kreisky, der damals gerade zum niederösterreichischen Parteiobmann gewählt worden war, ihren entscheidenden Anstoß. Basierend auf diesen wohl auch persönlich erfreulichen Kontakten – aus dieser Zeit rührte sein gutes Verhältnis zu dem Wiener Kardinal König – entwickelte sich ab 1970 eine für die katholische Kirche gleichermaßen gewinnbringende Koexistenz. Sie zeigte sich übrigens auch in Kardinal Königs Engagement für Polen: So hatte König von Kreisky das stillschweigende Einverständnis, seit den ausgehenden 1950er Jahren römisch-katholische Literatur nach Polen zu bringen. Dieses Einverständnis hat erst mit dem machtvollen Auftritt der katholisch inspirierten Gewerkschaftsbewegung „Solidarność" einen gewissen Einbruch erlitten.

Die für manchen zu rasche Annäherung zwischen katholischer Kirche und SPÖ war im Grunde nur vor dem Hintergrund einer andauernden grundsatzpolitischen Auseinandersetzung zu verstehen. Die tiefgreifenden kirchlichen Wandlungen im Geiste des Zweiten Vatikanischen Konzils fanden ihre intellektuelle Entsprechung im ideologischen Aufbruch der österreichischen Sozialdemokratie nach dem Parteitag 1958.

Rückblickend erscheint vieles klarer umrissen: Den Bedarf an Liberalität und Weltoffenheit, dieses diffuse Gefühl, dass trotz kleinem Wirtschaftswunder etwas Größeres in diesem Lande fehlte, konnte weder die kleinbürgerliche ÖVP noch die von deutschnationalen und nazistischen Traditionen geprägte FPÖ befriedigen. Jene, die sich ein geistig geräumigeres Österreich wünschten, wurden so zu offenen oder stillen Partnern der Sozialdemokratie.

Das Unbehagen an der Politik sollte aber auch in der Frage nach den Inhalten zum Ausdruck kommen. Bereits Josef Klaus war ja als Reformer angetreten. Seine „Aktion 20" hatte 1965 erstmals zur Einbeziehung von Wissenschaftern, unter ihnen immerhin der junge Ralf Dahrendorf, in die strategische Planung geführt. Dieser Anlauf blieb jedoch weitgehend folgenlos. Die Entwicklung einer umfassenden gesellschaftspolitischen Programmatik fand erst unter dem neuen Oppositionschef Bruno Kreisky statt. Voraussetzung aber war, neben der personellen Umbesetzung an der Parteispitze, die Bereitschaft der SPÖ, sich zu einer modernen Reformpartei fortzuentwickeln. Wichtige Anregungen haben Österreichs Sozialdemokraten aus Deutschland erhalten. Dort hatte Kreiskys langjähriger politischer Weggefährte Willy Brandt der Bonner Republik eine politische Reform auf der Höhe der Zeit verordnet. Seine Wahl zum ersten sozialdemokratischen Bundeskanzler der Bundesrepublik Deutschland hat der sozialdemokratischen Wende in Österreich zweifellos ungemein genützt.

Nach der innerparteilichen Befriedung nutzte Kreisky die Zeit der Opposition zu einem tiefgreifenden inhaltlichen und organisatorischen Umbau der SPÖ. Dabei war man sich über die Zeitperspektive doch so gar nicht einig. Kreiskys Entschluss aber, bereits die Wahlen des Jahres 1970 als Entscheidung anzustreben, war die letztlich wichtige Voraussetzung für die Erarbeitung jenes aus insgesamt sechs Teilen bestehenden sozialistischen Reformprogramms.

Dem Parteiobmann war klar, dass eine Rückkehr an die Macht nur über eine wirtschaftspolitische Profilierung möglich sein würde. Daher bildete das SPÖ-Wirtschaftsprogramm den Schwerpunkt der Reformarbeit. Sie begann im Frühjahr 1967 mit der „Ersten ökonomischen Konferenz" und beschäftigte insgesamt dreihundert Fachleute in elf Arbeitskreisen über ein Jahr lang. Deren Ideen und Erkenntnisse bildeten die Grundlage der „Kampagne der tausendvierhundert Experten", für die Kreisky die besten Leute aus dem In- und Ausland zusammenkommen ließ und deren Vorschläge in die neuen Programme der SPÖ einfließen sollten. Kreisky dachte dabei offenbar an

165

die weitaus bescheidenere „Aktion 20" der ÖVP aus den frühen 1960er Jahren und kopierte sie kurz entschlossen auf viel größerer Ebene.

Es waren jene tausendvierhundert Experten, die in einem breit ausufernden Diskussionsprozess die neuen Konzepte erarbeitet haben. Der spätere Staatssekretär Ernst Eugen Veselsky, der dieses Programm „Für ein modernes Österreich" koordiniert hat, erinnert sich: „Es haben sehr viele mitgewirkt. Klarerweise war das eine magische Zahl. Es gab auch viele Trittbrettfahrer, von denen jede Partei, jede Bewegung mehr als genug hat." Im Endeffekt waren acht Arbeitskreise damit beschäftigt, Ideen zu sammeln und Konzepte zu entwickeln, wie Österreich offener, dynamischer und internationaler werden könne. In diesem Programm wurden auch die Grundlinien jener Wirtschaftspolitik festgelegt, die die spätere Alleinregierung Kreisky noch bis zum Ölschock 1973 praktizieren sollte.

Die öffentlichen Diskussionen über die Vorschläge der Oppositionspartei hatten insofern auch an Relevanz gewonnen, als sie sich vor dem Hintergrund einer Rezession abspielten, die die ÖVP-Regierung mit dem steuerlichen „Paukenschlag" ihres Finanzministers bewältigen wollte: Stephan Koren, im Zivilberuf Professor der Nationalökonomie, sorgte für stabile Budgets, sparsame Ausgaben und – bereits vor der SPÖ-Hartwährungspolitik – einen harten Schilling (seine späteren Warnungen vor Kreiskys „Deficit Spending" machten ihn zur legendären Kassandra der Innenpolitik).

Neben dem Wirtschaftsprogramm erarbeitete eine Gruppe unter der Leitung von Hertha Firnberg das sogenannte „Humanprogramm", das als Sozialstrategie gedacht war. Wichtiger noch ist, dass es das erste umfangreiche Konzept auf dem Gebiet des Gesundheitswesens und des Umweltschutzes darstellte. Bislang vernachlässigte Gebiete der Umwelthygiene wurden darin ebenso thematisiert wie die Altenbetreuung.

Der junge Heinz Fischer bekam die Aufgabe übertragen, ein Hochschulkonzept zu erarbeiten. Unter Beteiligung von Professoren, Assistenten und Studenten – darunter die „Achtundsechziger" Peter Kowalski, Norbert Roszenich, Silvio Lehmann,

Bruno Kreiskys Schwiegertochter Eva Kreisky oder Marina Fischer, die Tochter des ehemaligen kommunistischen Unterrichtsministers Ernst Fischer – wurden die Grundzüge jenes Mitbestimmungsmodells erarbeitet, das 1975 zum großen Reformwerk Hertha Firnbergs, dem „Universitätsorganisationsgesetz" (UOG), führen sollte. Das Schulprogramm schließlich strebte die Erfassung der Begabungsreserven an und enthält den nie eingelösten Anspruch auf die Einführung der Gesamtschule.

Christian Broda, der linke Antipode Bruno Kreiskys in Partei und Regierung, besorgte das politisch brisante Justizprogramm. Als Justizminister der Großen Koalition war er mit den Defiziten des teilweise aus dem Beginn des 19. Jahrhunderts stammenden legistischen Corpus vertraut. Seine Reformvorschläge, die sich auf regierungsinterne Vorarbeiten aus den frühen sechziger Jahren stützen konnten, waren einerseits darum bemüht, den bereits von der Großen Koalition erkannten Nachholbedarf, zumal im Strafrechtsbereich, zu beseitigen und somit das Rechtswesen dem europäischen Standard anzupassen. Andere Reformideen, etwa die Eliminierung des Homosexuellenparagrafen, aber insbesondere die Entkriminalisierung der Abtreibung, sollten später noch zu großen, weltanschaulich motivierten Auseinandersetzungen mit der katholischen Kirche und deren Laienorganisationen führen und der Regierung Kreisky den Ruf des gesellschaftlichen Tabubruchs einbringen.

Diese Mutation der SPÖ in eine moderne Partei berücksichtigte die globalen Umwälzungen, wie sie im Verlauf der sechziger Jahre vonstatten gegangen waren. Das starre Gerüst der Gesellschaft war weltweit in Bewegung geraten, die Nachkriegszeit endgültig vorbei, der Kalte Krieg am Höhepunkt. Die Welt geriet an den Rand eines Atomkriegs, als Präsident John F. Kennedy anlässlich der Kubakrise im Oktober 1962 eine teilweise Blockade der Insel verhängte, nachdem die Sowjetunion dort Abschussrampen installiert und mit der Lieferung von Mittelstreckenraketen begonnen hatte. Knapp zwei Wochen dauerte es, bevor die Sowjetunion einlenkte und das gesamte Waffensystem wieder abbaute.

Es war etwa in der Zeit nach dem Attentat auf Präsident Kennedy im November 1963, als in der westlichen Welt ein Paradigmenwechsel einsetzte; eine sich laufend beschleunigende Veränderung, wie sie seit 1945 nicht mehr festzustellen gewesen war. Vietnamkrieg, Rassenunruhen, Studentenrevolten erschütterten die westliche Supermacht USA. Die Raumfahrt hielt die Menschen in Atem, der Wettlauf zwischen Amerikanern und Sowjets endete im Grunde erst mit der Mondlandung von Neil Armstrong und Buzz Aldrin im Juli 1969.

Chruschtschow, der auf dem 20. Parteitag der KPDSU die Entstalinisierung des sowjetischen Apparates eingeleitet hatte, musste 1964 Leonid Breschnew, einem stalinistisch orientierten Hardliner, weichen, der 1968 die Truppen des Warschauer Paktes in Prag einmarschieren ließ. Konrad Adenauer war hochbetagt 1963 zurückgetreten, Ludwig Erhard und Kurt Georg Kiesinger folgten ihm nach, doch 1969 übernahm Kreiskys Freund Willy Brandt die Regierungsgeschäfte.

Maos „Rote Garden" riefen 1966 die Chinesische Kulturrevolution aus, im Nahen Osten tobte im Sommer 1967 der Sechstagekrieg. Der demokratische Präsidentschaftskandidat und Bruder des fünf Jahre zuvor ermordeten amerikanischen Präsidenten, Robert Kennedy, fiel 1968 ebenso einem Attentat zum Opfer wie der schwarze Bürgerrechtskämpfer Martin Luther King. In Frankreich übernahmen im selben Jahr die Studenten und Arbeiter wochenlang die Macht. Als unmittelbare Folge der Pariser Revolution trat Präsident Charles de Gaulle im April 1969 zurück.

Österreich schien von den Unbilden der Zeit kaum berührt worden zu sein, das Diktum von Papst Paul VI. während eines Staatsbesuchs von Bundespräsident Franz Jonas im Vatikan im November 1971, das Land im Herzen Europas gleiche einer „Insel der Seligen", sollte das Selbstverständnis von Kreiskys Österreich nachhaltig (ver-)formen.

Trotzdem konnte man sich auch in Österreich den Umwälzungen dieses bemerkenswerten Jahrzehnts nicht entziehen – der grundlegende Wandel der Gesellschaft breitete sich in allen Bereichen des politischen, sozialen und kulturellen Lebens aus und verursachte eine gleichsam revolutionäre Veränderung.

Was sich in den 1960er Jahren vielfach unartikuliert zugetragen hatte, sollte im nächsten Dezennium den Alltag der Bürger bestimmen. Das Modernisierungsprogramm der Sozialisten trug diesem Wandel bewusst – ja durchaus selbstbewusst – Rechnung.

Während sich die SPÖ mit Kreisky an der Spitze also in einem intensiven Erneuerungsprozess befand, hatte die Regierung Klaus mit zunehmenden politischen Schwierigkeiten zu kämpfen. Der Bundeskanzler führte Anfang 1968 unter dem steigenden Druck der Opposition eine umfassende Regierungsumbildung durch. Er holte den starken Mann der ÖVP, Generalsekretär und Klubobmann Hermann Withalm, als Vizekanzler in die Regierung. Stephan Koren übernahm das Finanzressort, Kurt Waldheim folgte Lujo Tončić-Sorinj im Außenressort nach.

Neun Monate nach der Wahl Kreiskys zum Parteivorsitzenden erzielte die SPÖ bei den Landtagswahlen in Oberösterreich einen sensationellen Erfolg, sie wurde zur stimmenstärksten Partei. Im März des folgenden Jahres erzielte sie im Burgenland bei Landtagswahlen erstmals die absolute Mehrheit.

Die Invasion der Staaten des Warschauer Paktes in der Tschechoslowakei im August 1968 brachte schließlich die ÖVP-Regierung in ein schiefes Licht, als deren Außenminister Kurt Waldheim – wie auch einige andere Regierungsmitglieder – opportunistisches Zurückweichen und taktische Unsicherheiten erkennen ließ. Kreiskys späterer Außenminister Rudolf Kirchschläger, damals österreichischer Gesandter in Prag, bewies Zivilcourage, indem er die inhumanen Weisungen des Innenministeriums, keine Visa mehr an tschechoslowakische Staatsbürger auszustellen, ignorierte. Die SPÖ unter Bruno Kreisky aber nutzte die Invasion zu einer groß angelegten Aktion, die humanitäre Maßnahmen ebenso umfasste wie Informationsveranstaltungen. Im Mittelpunkt stand eine große Konferenz in der Wiener Stadthalle, in der Kreisky die neue weltpolitische Situation analysierte und den Einmarsch der Warschauer-Pakt-Truppen in der Tschechoslowakei auf das Entschiedenste verurteilte. Die gleichermaßen lächerliche wie unfreiwillig komische Reaktion aus Moskau ließ nicht lange auf sich warten: In der *Prawda* hieß es, der Vorsitzende der SPÖ „möchte sehr gern den Kapitalismus in der ČSSR wiederherstellen, weil er dort seinerzeit eine große Wurstfabrik besessen hat, die hohe Gewinne abwarf".[13]

Während also die ÖVP-Regierung innen- und außenpolitisch unter Druck geriet und einigermaßen überfordert wirkte, zeichnete sich die SPÖ durch ein hohes Maß an fachlicher Kompetenz und politischer Geschlossenheit aus. Am Parteitag im Oktober 1968, der Bruno Kreisky mit 97,4 Prozent in seiner Funktion bestätigte, wurde ein Wirtschaftsprogramm vorgestellt, welches versprach, aus Österreich einen modernen Industriestaat zu machen. Die neue Wirtschaftspolitik, wie sie die Sozialisten verstanden, sollte vor allem den Arbeitern Fortschritte bringen. Der Parteivorsitzende verkündete selbstbewusst das Ziel, eine Steigerung des Lebensstandards herbeiführen zu wollen, „die vergleichbar ist mit der Steigerung des Lebensstandards in den anderen modernen Industriestaaten Europas".

Ein Jahr später, auf dem „Eisenstädter Parteitag" im November 1969, betonte er erneut: „Wir wollen ein modernes Österreich aufbauen, im wirtschaftlichen und kulturellen Sinn, mit einer zeitgemäßen Verwaltung und einem Rechtswesen, das den Menschen und seine Rechte zu schützen weiß. (…) Wir wollen ein Österreich, in dem die Grundsätze der Humanität zum kategorischen Imperativ unseres Staatslebens werden; in dem einer nicht untergeht, weil er arm oder hilflos ist; ein modernes Österreich, wie wir es verstehen, das so zu einem guten Vaterland und zur sicheren Heimat des ganzes Volkes wird."

Dem Ziel, „eine neue Politik zu inaugurieren", welches Kreisky sich gleich nach seiner Wahl zum Parteivorsitzenden im März 1967 gesetzt hatte, war der Oppositionspolitiker im Verlauf der nächsten vier Jahre in einer Art und Weise näher

---

13   Die Konservenfabrik Felix wurde nach der nazi-deutschen Annexion des Sudetenlandes nach Schweden verlegt. Kreiskys Cousin Herbert Felix baute dort die Firma ab 1939 neu auf. 1955 ermutigte Kreisky seinen Cousin, in Österreich zu investieren; 1959 wurde Felix Austria in Mattersburg im Burgenland – ohne finanzielle Beteiligung Kreiskys – gegründet.

gekommen, wie er es sich selbst wohl kaum hätte träumen lassen. Ende 1969 konnte er sogar davon ausgehen, bei den bevorstehenden Parlamentswahlen vom 1. März 1970 ein Ergebnis zu erzielen, das die Alleinregierung Klaus in schwere Bedrängnis bringen mochte.

9. Kapitel
Der Bundeskanzler

1.

Der Wahlkampf zu Beginn des Jahres 1970 zwischen der Regierungspartei ÖVP und dem Herausforderer SPÖ mit Bruno Kreisky an der Spitze, hatte – neben der üblichen Wahlpropaganda – ein kontroversielles öffentliches Thema: Der ÖVP-Werbespruch für Bundeskanzler Josef Klaus lautete: „Ein echter Österreicher." Damit wurde in kodierter, aber allgemein verständlicher Sprache auf die jüdische Herkunft Bruno Kreiskys hingewiesen. Das für Österreichs problematisches Selbstbild so Typische, nämlich immer schon zwischen einem diffusen Deutschtum katholisch-barocker Prägung einerseits und dem „Anderen" – in diesem Falle dem Agnostiker und Juden Bruno Kreisky – unterscheiden zu wollen, war durch den Slogan auf den Punkt gebracht worden. Zwar beteuern konservative Historiker wie Robert Kriechbaumer, der Wahlkampfausschuss der ÖVP habe „auch nicht augenzwinkernd eine antisemitische Auslegung des Slogans für das Klaus-Plakat in Kauf genommen". Doch wie sollte man diese Werbestrategie anders auslegen? Selbst die CSU-Akademie in München interpretierte das Plakat als antisemitisch: „Die markige Art der Darstellung und der Text (...) wecken Assoziationen an die jüdische Herkunft und Emigration Kreiskys. Da der Angriff auf Kreisky nicht offen ausgesprochen ist, merkt der Betrachter nicht deutlich, dass hier möglicherweise noch bestehender unterschwelliger Antisemitismus aktiviert werden soll." Die Botschaft mag sich auch auf Kreiskys ideologische Identifikation mit einem

173

Sozialismus internationaler Prägung bezogen haben, die den Intentionen der konservativ-heimattreu geprägten ÖVP-Klientel durchaus zuwiderlaufen musste.

Kreisky wandte sich umgehend an die Öffentlichkeit und ging auf seine österreichisch-jüdische Herkunft ein. Unmissverständlich stellte er klar: „Für mich glaube ich in Anspruch nehmen zu dürfen, ebenfalls ein echter Österreicher zu sein."

In diesem Zusammenhang fällt auf, dass Klaus der einzige Kanzler Österreichs war, der in der Wehrmacht gedient hat – wenn auch als Akademiker in Kanzleien und nicht an der Front. Erst unmittelbar vor Kriegsende musste er ausrücken und geriet in amerikanische Kriegsgefangenschaft.

Kreisky führte einen langen, anstrengenden Wahlkampf, reiste kreuz und quer durch Österreich, von Bregenz bis Eisenstadt, von Linz bis Villach und bis in die kleinsten Gemeinden der neun Bundesländer. Drei Wochen vor der Wahl setzte er mit der Ankündigung, eine SPÖ-Alleinregierung würde den Präsenzdienst herabsetzen, einen überraschenden Akzent. Der von der „Sozialistischen Jugend" geprägte Slogan „Sechs Monate sind genug" hat vielen jungen Wählern, die 1970 erstmals in ihrem Leben zu den Urnen gingen, die Entscheidung sicherlich erleichtert, für die SPÖ zu stimmen.

Als am Abend des 1. März 1970 die ersten Hochrechnungen bekannt wurden, war die Überraschung groß; nicht zuletzt bei Kreisky selbst, der noch im Februar der Meinung war, vor 1974 sei ein politischer Machtwechsel in Österreich wohl nicht wirklich vorstellbar. Es war ein „Wendepunkt in der Geschichte der Zweiten Republik", wie es in Heinz Fischers Erinnerungen an die Kreisky-Jahre heißt. Auf das Vierteljahrhundert, in dem die ÖVP den Bundeskanzler gestellt hatte, sollten dreißig Jahre folgen, in denen Sozialdemokraten die Regierungsgeschäfte führten.

Am späten Abend des 1. März kamen die glücklichen Genossen in Scharen vor die SPÖ-Zentrale in der Wiener Löwelstraße und skandierten in lauten Sprechchören: „Mit Österreich wird's aufwärtsgehen, wir wollen Doktor Kreisky sehen!"

Die SPÖ erreichte die Mehrheit der Stimmen und stand sogar knapp an der Kippe zur absoluten Mehrheit an Mandaten. Sie erzielte 48,4 Prozent der abgegebenen Stimmen. Die ÖVP erreichte 44,7 Prozent, die FPÖ 5,5 Prozent. Nur das Wahlrecht, das sich in der Vergangenheit schon zweimal nachteilig für die SPÖ ausgewirkt hatte, verhinderte die absolute Mehrheit. Die FPÖ – auch sie vom Wahlrecht benachteiligt – hatte ein Mandat verloren und war bloß noch mit fünf Abgeordneten im Nationalrat vertreten.

Sobald sich das sensationelle Ergebnis abzuzeichnen begann, wurden im kleinen Kreis der siegreichen SPÖ Überlegungen angestellt, wie nun weiter vorzugehen sei. Kreisky selbst war – wie bereits 1966 – überzeugt, dass es nach dem vierjährigen Intermezzo der ÖVP-Alleinregierung wieder auf eine Große Koalition hinausliefe, wenn auch diesmal mit einem sozialistischen Bundeskanzler.

Darüber hinaus hatte Kreisky – stets das Ziel der Spaltung des bürgerlichen politischen Spektrums im Visier – bereits seit einiger Zeit diskrete Beziehungen zu FPÖ-Chef Friedrich Peter aufgebaut, die er nun gleichsam als „Rute im schwarzen Fenster" verstärkt betrieb. Peter hatte sich mit seiner Festlegung „kein roter Kanzler – keine schwarze Alleinregierung" in eine politisch heikle Position gebracht, konnte aber andererseits in der Frage des kleine Parteien diskriminierenden Wahlrechts auf das Verständnis des Wahlsiegers zählen. Vorsichtig signalisierte er seine Bereitschaft, die SPÖ in einer künftigen Parlamentszusammensetzung nicht bekämpfen zu wollen.

Mitentscheidend für den SPÖ-Wahlsieg war sicherlich auch, dass Kreisky sich im Gegensatz zu seinem Kontrahenten Klaus in den Medien entschieden besser positionieren konnte. Dies galt insbesondere für das Fernsehen; die Wahl 1970 war der erste im TV ausgetragene Wahlkampf in der Geschichte Österreichs. (In den USA hatte dieser bereits zehn Jahre vorher mit der TV-Konfrontation Kennedy – Nixon stattgefunden.) Fernseh-Werbespots und die „live" übertragenen Diskussionen der beiden Spitzenkandidaten bestimmten die Wahlbewegung diesmal bereits mehr als die übliche Wahlkampfpropaganda. So erwiesen sich jene TV-Werbefilme der Regierungspartei, in welchen Kreiskys Schattenkabinett, das er nicht preisgeben wollte, als „Kapuzenmänner" dargestellt wurden als Bumerang für die

ÖVP, da Kreisky die Lächerlichkeit dieser Wahlfilme gekonnt zu thematisieren verstand. Als ÖVP-Generalsekretär Withalm, auch der „Eiserne Hermann" genannt, Kreisky im Wahlkampf vorhielt, er wäre stiller Teilhaber an der Felix Konservenfabrik, stellte Kreisky im Scherz eine Schenkungsurkunde aus – natürlich waren weder er noch seine Frau Mitbesitzer der Fabrik – und hinterlegte sie persönlich – zufällig waren Fotografen zur Stelle – in der Wolkersdorfer Rechtsanwaltskanzlei des ÖVP-Politikers. Die Schadenfreude war groß, das Neidthema aber vom Tisch.

Davon abgesehen gelang es Kreisky, sich als lockerer Gesprächspartner im Fernsehen zu präsentieren, während der integre Klaus angespannt, nervös und dozierend wirkte.

Der ÖVP war es dank ihrer politischen Macht ein Leichtes gewesen, die vor der Wahl von den bürgerlichen Zeitungen initiierte Rundfunkreform in ihrem Sinne in die elektronische Praxis umzusetzen und damit die besten gesetzlichen Voraussetzungen für ein konservativ geführtes öffentlich-rechtliches Medium zu schaffen. Doch Kreisky konnte die neue mediale Plattform weit besser nutzen und brachte – dank des immer beliebter werdenden Fernsehens – die Botschaft vom „neuen Aufbruch" bis ins entlegenste Dorf Österreichs. So war es denn auch nicht verwunderlich, dass Kreisky seinen überraschenden Wahlerfolg gerade auf dem Lande abzusichern vermochte.

„Es war also ein Erdrutschsieg für uns", heißt es rückblickend in Kreiskys Memoiren. Am 3. März wurde er von Bundespräsident Franz Jonas mit der Regierungsbildung betraut. Josef Klaus hatte bereits am Tag nach der Wahl überstürzt die Konsequenzen aus der Wahlniederlage gezogen und war von allen Partei- und Regierungsfunktionen zurückgetreten. Nun also ging Kreisky daran, der bewährten Formel Große Koalition neues – sozialistisches – Leben einzuhauchen. Doch es sollte noch sieben Wochen – bis zum 20. April – dauern, ehe feststand, dass der traditionelle Zweite SPÖ allein regieren würde: Eine Einigung mit der ÖVP scheiterte trotz fertig ausgearbeiteter Koalitionsvereinbarung, an der Experten beider Parteien intensiv gearbeitet hatten, schließlich an Fragen der Ressortverteilung. In der zutiefst getroffenen bürgerlichen Partei hatten sich zwei

Lager gebildet, nämlich pro und contra Juniorpartner in einer SPÖ-ÖVP-Koalition. Jene, die auf der Seite des Wahlverlierers für eine unnachgiebige Haltung plädierten, meinten höhnisch, der „Spuk" einer SPÖ-Regierung würde ohnehin bald vorüber sein – und dann würde es zu einer Koalition so ganz nach den Vorstellungen der ÖVP kommen. Eine Fehleinschätzung, die das bürgerliche Lager über mehrere Politikergenerationen hinweg auf die Oppositionsbank verbannen sollte.

Tatsächlich hatte sich jedoch die österreichische Konsensformel Große Koalition in den europäischen Ausläufern der 68er Revolution irgendwie verbraucht. Die Bürgerinnen und Bürger schienen die Angst vor einer Wiederkehr der ideologischen Lagerkonfrontation der 1930er Jahre – auch und gerade dank einer soliden Regierungsleistung der ÖVP – verloren zu haben.

Als es schließlich am 20. April in einem Vieraugengespräch zwischen Kreisky und Hermann Withalm zu keiner Einigung über die Ressortaufteilung gekommen war, entschloss sich der designierte Bundeskanzler kurzerhand für das erstmalige Experiment einer Minderheitsregierung. Hellmut Andics hat es drastisch formuliert: „Und so stellte (Kreisky) sich an die Spitze des Himmelfahrtskommandos einer Minderheitsregierung. Ganz einfach aus der Überzeugung heraus, dass eben in Österreich endlich eine andere Politik gemacht werden müsse."

Ehe nun aber an die Umsetzung gedacht werden konnte, musste die Unterstützung des „stillen" Koalitionspartners FPÖ sichergestellt werden. Kreiskys Kabinettschef Peter Jankowitsch überbrachte erst an jenem entscheidenden Abend des 20. April 1970 einem sichtlich nervösen Parteichef Friedrich Peter telefonisch – „Na, endlich rufen S' an!", soll Peter ausgerufen haben – die umgehende Einladung in die Löwelstraße. Dort vergewisserte sich Kreisky in einem Vieraugengespräch nochmals und nun endgültig der parlamentarischen Unterstützung der FPÖ. Denn für die Verabschiedung eines Budgets würde die SPÖ im Nationalrat auf die Stimmen der Freiheitlichen angewiesen sein. Dem „Dritten Lager" wurde im Gegenzug eine Wahlrechtsreform in Aussicht gestellt, die den Proportionalitätseffekt und somit kleinere Parteien stärken sollte.

177

Der Publizist Franz Schuh wollte Ende der 1980er Jahre in einem Gespräch mit Bruno Kreisky wissen, wie denn die SPÖ damals auf den Schritt ihres Vorsitzenden reagiert habe. „In der Partei war man eigentlich verdattert", antwortete der Befragte. „Aber ich hatte Glück: Die Gewerkschaften, vor allem der Gewerkschaftspräsident Benya und viele andere, gaben mir ihr Vertrauen. Andere, auch gute Freunde, waren sehr skeptisch. Bis dahin waren wir immer eine Oppositionspartei gewesen, eine gute Partei für schlechte Zeiten … Aber jetzt, meinte ich, müssten wir beweisen, dass wir auch eine gute Partei für gute Zeiten sein können, dass wir regieren können."

Er war nicht mehr der Jüngste, als er als erster Sozialist in der Geschichte der Zweiten Republik das Amt des Regierungschefs übernahm: Am 21. April, drei Monate nach seinem 59. Geburtstag, präsentierte Bruno Kreisky dem Bundespräsidenten die Regierungsliste für das sozialistische Minderheitskabinett. Der Gewerkschafter Rudolf Häuser wurde Vizekanzler und Sozialminister, Christian Broda kehrte nach vier Jahren ins Justizressort zurück, Otto Rösch wurde Innenminister, Leopold Gratz übernahm das Unterrichtsressort, Erwin Frühbauer wurde Verkehrsminister, Josef Moser Bautenminister.

Als Finanzminister war ursprünglich Wiens Vizebürgermeister und Finanzstadtrat Felix Slavik vorgesehen. Da er sich kurz vor seinem Ziel sah, Bürgermeister zu werden, lehnte er ab, sodass Kreisky – als auch der schwer krebskranke Steirer Alfred Schachner-Blazizek negativ beschied – den damals erst zweiunddreißigjährigen SPÖ-Abgeordneten aus dem Wiener Wahlkreis Floridsdorf, den Steuerberater und Wirtschaftsprüfer Hannes Androsch, als Chef in das barocke Winterpalais des Prinzen Eugen in der Wiener Himmelpfortgasse berief. Damit übertrug er dem sozialistischen Jungpolitiker das Schlüsselressort der Minderheitsregierung.

Da der ursprüngliche Plan, Josef Staribacher, den Direktor der Wiener Arbeiterkammer, zum Landwirtschaftsminister zu ernennen, auf gewerkschaftliche Einwände stieß, übernahm er das bereits Ernst Eugen Veselsky, dem Koordinator des SPÖ-Wirtschaftsprogramms, versprochene Handelsressort.

Veselsky wurde stattdessen Staatssekretär im Bundeskanzleramt, zuständig für die Verstaatlichte Industrie, einen Kernbereich sozialistischer Politik.

Wie sehr Kreisky bis zuletzt mit dem Eintritt der ÖVP in eine von ihm geführte Große Koalition gerechnet hatte, beweist die Personalentscheidung für die traditionell „schwarz" besetzten Ministerien Landwirtschaft und Landesverteidigung, die man getrost chaotisch nennen kann. Der Kärntner Landeshauptmann Hans Sima, der Kreiskys Wahl zum Parteichef 1967 unterstützt hatte, wurde eilends nach einem Kandidaten für das Agrarministerium befragt und nannte nach kurzer Überlegung einen gewissen Johann Öllinger, den Agrarexperten der Kärntner Landesregierung. Kreisky akzeptierte dankbar und ohne weitere Überprüfung. Ein schwerer Fehler, wie sich rasch zeigen sollte. Denn sehr bald wurde bekannt, dass Öllinger seit Dezember 1937 Mitglied der Waffen-SS gewesen war. Kaum kam dieser Umstand an die Öffentlichkeit – dabei spielte es keine Rolle mehr, dass Öllinger 1940 aus der SS ausgeschieden war und als Wehrmachtsoffizier an die Front musste[14] –, erlitt der Minister einen Herzinfarkt und trat nach nur einem Monat im Amt krankheitshalber zurück.

Eigenartig mutete Kreiskys Stellungnahme an, sobald Öllingers Vergangenheit ruchbar geworden war. Schützend stellte er sich vor den Minister. Wenn es heiße, Öllinger sei Mitglied der SS gewesen, so wisse er, Kreisky, nur allzu gut, wie es in Österreich in jener Zeit zugegangen sei. Man könne einem Menschen unmöglich dreißig Jahre nach den Ereignissen seine politischen Verirrungen noch immer zum Vorwurf machen. Kreisky fügte hinzu, einst selbst von einem österreichischen Gericht als „Hochverräter" verurteilt worden zu sein.

Fassungslosigkeit machte sich breit; keineswegs nur Österreicher jüdischer Herkunft mussten sich damals fragen, wie es

---

14   Vgl. *Der Mensch im Mittelpunkt. Der Memoiren dritter Teil.* Bruno Kreisky in einem Interview mit Franz Kreuzer: „Dr. Öllinger hat sich sozusagen (...) von der SS abgemeldet und ist als einfacher Soldat in den Krieg gegangen. Er hat es also vorgezogen, an die Front zu gehen, statt irgendwo in einem Konzentrationslager oder andernorts seinen Dienst als SS-Mann zu versehen. Und ich bin der Meinung, dass es schon ein Akt besonderer Anständigkeit ist, dass er diesen Schritt getan hat."

denn möglich sei, dass ausgerechnet Bruno Kreisky, der im Holocaust viele seiner engsten Verwandten verloren hatte, einem ehemaligen SS-Mann und späteren Wehrmachtsangehörigen in dieser Weise zur Seite stehen konnte. Mehr noch: Kreisky benutzte die brisante Affäre, um sich als vehementer Verteidiger aller jener früheren Nationalsozialisten hinzustellen, die ihren einstigen Irrtum eingesehen und mittlerweile „gute Demokraten" geworden seien. Da ausgerechnet ein von den Nazis aus seiner Heimat vertriebener sozialdemokratischer Jude diese unbedingte Bereitschaft zur Versöhnung signalisierte, maß man seiner Aussage natürlich umso größere – vor allem auch symbolische – Bedeutung bei.

Zu Öllingers Nachfolger wurde der sozialistische Agrarexperte Oskar Weihs bestimmt, NSDAP-Mitglied seit 1932. Weiteren drei Ministern konnte eine nationalsozialistische Vergangenheit nachgewiesen werden, doch sie blieben im Amt: Innenminister Otto Rösch trat unmittelbar nach dem „Anschluss" der NSDAP bei, er war Lehrer an der nationalsozialistischen Eliteschule NAPOLA in Traiskirchen – Leopold Gratz war dort Schüler gewesen – und hatte für seinen Kriegsdienst das Deutsche Kreuz in Gold erhalten. Im Dezember 1947 wurde er mit einem Koffer mit gefälschten Personalausweisen festgenommen und unter dem Verdacht, einer nationalsozialistischen Untergrundbewegung anzugehören, vor Gericht gestellt. Der Angeklagte Rösch wurde mangels Beweisen freigesprochen. Der neue Verkehrsminister Erwin Frühbauer war achtzehnjährig 1944 über eine Sammelliste der Hitlerjugend zum NSDAP-Mitglied geworden. Als vierter „Ehemaliger" in Kreiskys erster Regierung war Verkehrsminister Josef Moser als Neunzehnjähriger – wie anlässlich seiner Ernennung bekannt wurde – der NSDAP beigetreten.

Der als „Eichmann-Jäger" 1960 international zu einiger Berühmtheit gelangte Holocaust-Überlebende Simon Wiesenthal, Gründer und Leiter des „Dokumentationsarchivs des Bundes Jüdischer Verfolgter des Naziregimes", hatte kurz nach Angelobung der neuen Bundesregierung die Öffentlichkeit darauf aufmerksam gemacht, dass diese vier Regierungsmitglieder eine

Nazivergangenheit hätten. Es war der Beginn einer miserablen Feindschaft zwischen Kreisky und Wiesenthal, die bis zu Kreiskys Lebensende anhalten und im Lauf der Jahre immer heftigere Ausmaße annehmen sollte. Der politisch kodierte Kreisky-Wiesenthal-Konflikt, wohl eher ein menschliches Drama, das seinesgleichen sucht, sollte einen Schatten auf Österreichs erfolgreiche siebziger Jahre werfen. Da hatten sich zwei herausragende – jüdischstämmige – Österreicher in einem Zweikampf verkeilt, dessen eigentliche Wurzel tief in die Geschichte und Tragik des zentraleuropäischen Judentums verweist.

Bereits im Frühjahr 1970 sekundierte SPÖ-Zentralsekretär Leopold Gratz dem Partei- und Regierungschef, indem er das „Dokumentationszentrum" von Simon Wiesenthal als „private Femeorganisation" verunglimpfte und mit dessen Schließung drohte. Es war das erste Mal, dass ein amtierender Minister Wiesenthal öffentlich attackiert hatte. Kreisky, der hinter diesen Anwürfen stand, äußerte damals gegenüber Journalisten: „Ich warte nur darauf, dass Herr Wiesenthal nachweist, dass auch ich bei der SS gewesen bin." Und einer holländischen Zeitung gestattete Kreisky damals, ihn mit den Worten zu zitieren: „Wiesenthal ist ein jüdischer Faschist."

Kreisky unterstellte Wiesenthal primär parteipolitische Motive, war ihm doch etwa im Fall des ÖVP-Finanzministers Reinhard Kamitz – NSDAP-Mitglied und SS-Anwärter – keine Kritik des „Nazijägers" bekannt geworden. Als ÖVP-Sympathisant sei ihm, Wiesenthal, in Wahrheit nur daran gelegen, die SPÖ zu unterminieren, so Kreiskys bittere Reaktion.

Doch zurück zu den politischen Reformvorhaben am Beginn der Legislaturperiode 1970: Den Umbau des Bundesheeres zu einem modernen Wehrkörper sollte ein ebenfalls kurzfristig in die Regierung berufener Militär, der parteipolitisch unabhängige, jedoch der SPÖ nahestehende Brigadier Johann Freihsler, umsetzen.

Eine überraschende Vorgeschichte hat die Besetzung des Außenministeriums, Kreiskys beruflicher Heimat und persönlicher Passion. Als Signal an das bürgerlich-konservative Lager wollte Kreisky den amtierenden ÖVP-Ressortchef Kurt

Waldheim sozusagen direkt ins sozialistische Regierungsteam übernehmen. In Kenntnis der Persönlichkeit Waldheims, dem bereits damals der Ruf vorauseilte, seine persönliche Überzeugung der beruflichen Karriere unterzuordnen, glaubte Kreisky mit ihm einen geeigneten Kandidaten gefunden zu haben. Da aber machte ihm das Parteipräsidium – die Ablehnungsfront wurde von Kreiskys innerparteilichem Widersacher Karl Waldbrunner angeführt – einen Strich durch die Rechnung. Jeder andere, nur nicht der aktuelle ÖVP-Außenminister, war die Parole des SPÖ-Gremiums. So musste Kreisky den parteilosen Rudolf Kirchschläger, den er bereits als Präsidialchef im Bundeskanzleramt vorgesehen hatte, zum Außenminister machen. Schließlich wurden auch zwei Frauen in die Regierung berufen: Gertrude Wondrack (sie kam kurze Zeit später bei einem Autounfall tragisch ums Leben und wurde nicht nachbesetzt) sollte Staatssekretärin im Sozialministerium werden; Hertha Firnberg war als Chefin des neu zu schaffenden Wissenschaftsministeriums vorgesehen.

Die Vereidigung des ersten Minderheitskabinetts der Zweiten Republik durch Bundespräsident Franz Jonas erfolgte am 27. April – auf den Tag genau 25 Jahre nach der Gründung der Zweiten Republik. Kreisky hatte bis zuletzt Sorgen, ob der Bundespräsident, mit dem er nicht gut „konnte", sein Kabinett tatsächlich akzeptieren würde. Zwischen dem peniblen Kleinbürger Jonas und Kreisky stimmte ganz einfach die Chemie nicht.

Gestützt auf die Arbeit jener legendären tausendvierhundert Experten – Heinz Kienzl, einer, der tatsächlich dabei war, behauptet allerdings, dem Redaktionskern hätten „eigentlich nur zwölf" angehört – präsentierte Kreisky in einer knapp zweistündigen Rede sein Regierungsprogramm zur grundlegenden Umgestaltung Österreichs. Es war keine „sozialistische" Grundsatzerklärung, wie vielfach befürchtet oder erwartet worden war. Es war auch kein maximalistischer Anspruch auf politische Dominanz. Es war vielmehr ein auf der Höhe der Zeit formuliertes, pragmatisches Manifest der Reform und der Modernisierung des Staates.

182

Während sich die FPÖ schweigsam-zustimmend verhielt – immerhin stand an der Spitze von Kreiskys Ausführungen die Wahlrechtsreform –, herrschte in der ÖVP gereizte Stimmung. Sichtlich irritiert vom souveränen Auftreten Kreiskys hoffte sie, dass die Minderheitsregierung bald „auf dem Misthaufen der Geschichte" landen würde, wie es der damalige ÖVP-Obmann von Wien, Franz Bauer, formuliert hat. Die ÖVP schien überzeugt, dass Kreiskys Minderheitskabinett bloß ein Zwischenspiel, eine Episode im vielhundertjährigen austriakischen Konservativismus sein würde.

In den folgenden Monaten ließ die ÖVP keine Gelegenheit ungenutzt, die Minderheitsregierung möglichst oft an ihre rasche Sterblichkeit zu erinnern. Allgemein wurde mit baldigen Neuwahlen – spätestens im Frühjahr 1972 – gerechnet. Doch es sollte anders – früher – kommen.

2.

Dieser insistierenden Erinnerung durch die überrumpelte ÖVP hätte es nicht bedurft. Kreisky war sich durchaus bewusst, dass er sich die Legitimation für eine in Österreich unerhörte Regierungsform ohne vorbestimmte Mehrheit erst werde holen müssen. Daher legte die neue Regierung ein enormes Arbeitstempo vor. Die von Christian Broda minutiös vorbereitete Reform des Straf- und Zivilrechts – die Regierung Klaus hatte bereits Ähnliches geplant gehabt – begann mit dem familienpolitisch längst überfälligen Gesetz über die Rechtsstellung des unehelichen Kindes. Noch vor dem Sommer 1971 wurde die „Kleine Strafrechtsreform" auch vom Nationalrat beschlossen. Bildungs- und sozialpolitische Reformen aber gingen Hand in Hand: Nach der Errichtung des Bundesministeriums für Wissenschaft und Forschung – eine überfällige Maßnahme in der anbrechenden Wissensgesellschaft – wurde im Juni 1971 auch eine weitere Etappe in der Schulreform verwirklicht. Die Aufnahmeprüfung an allgemeinbildenden höheren Schulen wurde abgeschafft, die Schülerfreifahrt eingeführt. Diese Maßnahme brachte besonders für die ländlichen Familien eine große finanzielle Entlastung. Sie hat wenig später mit der Einführung der kostenlosen Schulbücher eine sinnvolle Ergänzung gefunden.

Schließlich sollte der Bevölkerung die Angst vor Steuererhöhungen genommen werden – „wer soll denn das alles finanzieren?", hieß es sehr bald. Die Reform der Lohn- und Einkommensteuer zu Beginn des Jahres 1971 brachte eine merkliche Progressionsmilderung für die rasch wachsende Arbeiter- und Angestelltenschicht. Das internationale Umfeld – die westeuropäische Wirtschaft strebte einem neuerlichen Boom zu – kam der expansiven Wirtschaftpolitik der sozialistischen Minderheitsregierung freilich sehr entgegen. Kreiskys gelegentlich replizierter Spruch „was macht der Dumme mit dem Glück" fand so seine Antwort. Er jedenfalls wusste – und dies ist Kreiskys grundlegender Charakterzug –, wie man mit augenblicklichen Vorteilen umzugehen hatte.

Wie bei den Änderungen des Strafrechts und der weiten Öffnung des Bildungsangebotes stand auch bei der Reform des Bundesheeres die Jugend als Zielgruppe im Visier von Kreiskys Politik. Es entsprach der neuen Logik, dass die Verkürzung des Präsenzdiensts zu einer der heftigsten innenpolitischen Kontroversen in der Geschichte der Zweiten Republik führte. Die Bestellung eines Militärs zum Verteidigungsminister sollte zwar auch ein Signal sein, dass Kreisky die traditionellen sozialistischen Ressentiments gegenüber der „bewaffneten Macht" der Republik nicht zu teilen bereit war. Die von ihm eingesetzte Bundesheer-Reformkommission – eine von vielen Kommissionen der Kreiskyschen Reformstrategie – errechnete einen finanziellen Mehraufwand von zwei Milliarden Schilling. Die Regierung aber hatte, im Gegenteil, für 1971 sogar eine Kürzung des Landesverteidigungsbudgets um 420 Millionen Schilling in Aussicht gestellt. Damit war klar, dass die Reform des Bundesheeres eine bloß kosmetische sein konnte.

Der politisch überforderte Verteidigungsminister Freihsler sah sich unvermittelt in Entscheidungsnot: Er musste, mehr schlecht als recht, zwischen militärischem Anspruch und politischen Notwendigkeiten lavieren. Zwar war er für die Reform, dies aber nur bei gleichzeitiger Erhöhung des Budgets. Aus diesem Zwiespalt rettete ihn seine Erkrankung: Anfang Februar 1971 reichte der schwer Zuckerkranke seinen Rücktritt ein. Kreisky musste interimistisch auch die Agenden des Verteidigungsressorts wahrnehmen, um schließlich das innenpolitisch brisante Ministerium wiederum einem Militär anzuvertrauen: dem politisch ehrgeizigen Brigadier und ehemaligen Offizier des Generalstabs der nazideutschen Wehrmacht, Karl Freiherr von Lütgendorf. Auch diese eigenwillige Personalentscheidung – Kreisky wollte gegen den Widerstand seiner Partei *à tout prix* recht behalten – sollte sich bald als höchst problematisch herausstellen, wenn auch nicht Lütgendorfs Vergangenheit wegen. Im Jahr 1977 geriet er in den Verdacht, in illegale Waffengeschäfte mit Syrien, überdies in den Fall des Versicherungsbetrugs um den versenkten Frachter „Lucona" (des später wegen sechsfachen Mordes zu einer lebenslänglichen Haftstrafe verurteilten Udo Proksch) verwickelt zu sein. Er starb am 9. Oktober 1981 bei einem Jagdausflug. Die Behörden gingen von einem Suizid aus, doch Gerüchte, er sei getötet worden – aus welchen Gründen immer –, kursieren bis heute.

Heinz Fischer erinnert sich an Lütgendorfs Berufung: „Seine Antrittsrede war zackig und hölzern. Als er schilderte, wie ihn Kreisky fragte, ob er das Ministeramt annehme, rutschte ihm ein Satz dazwischen, der mir eine Gänsehaut einbrachte: ‚… und als mich der Herr Bundeskanzler fragte, ob ich die Berufung zum Verteidigungsminister annehme, da blickte ich in seine blauen Augen (!) und antwortete mit jawohl!'"

Unter dem parteilosen Lütgendorf wurde schließlich mit den Stimmen der FPÖ und gegen die ÖVP sowie im Widerspruch zu großen Teilen des österreichischen Offizierskorps die Wehrgesetznovelle angenommen. Die SPÖ konnte somit ihr Wahlversprechen einigermaßen einlösen, der Präsenzdienst wurde formal auf sechs Monate verkürzt.

Ende November 1970 löste die Regierung auch die gegenüber der FPÖ abgegebene Zusage einer gerechteren Wahlordnung ein. Dass dies im zeitlichen Zusammenhang mit dem schließlich von der FPÖ unterstützten Budget 1971 erfolgte, wurde von der ÖVP und den bürgerlichen Medien kritisch kommentiert, entsprach aber der Logik der parlamentarischen Praxis. Dabei war der Vorschlag Kreiskys zur Reform des Wahlrechts innerparteilich nicht unumstritten. Immerhin war nach dem fulminanten Start der ersten sozialistischen Regierung die Erringung der absoluten Mehrheit durchaus in den Bereich des Möglichen gerückt. Dennoch hielt sich Kreisky an das einmal gegebene Versprechen, zumal die angestrebte Regelung dem Verfassungsgrundsatz der Verhältniswahl besser entsprach.

Das neue Wahlrecht brachte die Erhöhung der Zahl der Abgeordneten von 165 auf 183, die Einteilung des Bundesgebietes in neun Wahlkreise, deren Zusammenfassung in nur noch zwei Wahlkreisverbände sowie die Verbesserung der Vorzugsstimmenregelung. Diese Reform sollte bis 1992 Gültigkeit besitzen und nur eine von zahlreichen demokratiepolitisch relevanten Neuerungen der Ära Kreisky sein.

In den Jahren 1970/71 galt Bruno Kreisky, der „Mediator der Veränderung", schlechthin als Inbegriff des Fortschritts, als Wegbereiter eines europareifen Österreich und Überwinder des konservativen Miefs der pedantisch wirkenden ÖVP-Regierung des Bundeskanzlers Josef Klaus. Kreisky verstand es, eine gleichermaßen von den rasanten technologischen Entwicklungen in der Welt angetriebene Aufbruchsstimmung geschickt zu nutzen. Von ihm erwarteten nun viele einen österreichischen Weg in die Moderne, den Anschluss an die machtvollen Trends der damaligen Gegenwart.

Die österreichische Publizistin Elisabeth Horvath macht für den Wandel der frühen 1970er Jahre vor allem auch die jungen Wähler mit verantwortlich: „In Bruno Kreisky fanden die Nachkriegskinder, die als Reaktion auf die bürgerliche Familie antiautoritäre Erziehungs- und Lebensformen erprobten, eine Persönlichkeit, die ihnen diese Befreiung politisch vermitteln und symbolisieren konnte."

Kreiskys Verständnis von Demokratie als einem dynamischen Prozess, der die gesellschaftliche Entwicklung spiegelt, wurde im Laufe seiner Regierungszeit in vielen anderen Bereichen sichtbar, die von ihm so oft postulierte „Durchflutung aller Lebensbereiche mit Demokratie" zum Motto gesellschaftlicher Reformen: Bildung, Parlament und Parteien wurden ebenso vom Reformprozess erfasst wie die österreichischen Medien, zumal das Fernsehen. Der aus Schweden importierte „Ombudsmann" – mit der Volksanwaltschaft gelang Kreisky auch die Einbindung der Opposition – sollte den Zugang des Bürgers zu seinem Recht erleichtern. Der 1974 eingeführte Zivildienst eröffnete kritischen jungen Staatsbürgern eine sinnvolle Alternative zum Dienst mit der Waffe.

Als durchaus erstaunliche Neuerung wurde auch die Möglichkeit eines unmittelbaren Zugangs zum Regierungschef empfunden: Die Nummer des Kanzlers stand im Wiener Telefonbuch – *Bruno Kreisky* 37 12 36 –, und es war nicht allzu schwer, ihn in den Morgenstunden oder spät abends tatsächlich persönlich an den Apparat zu bekommen. Als „Mann auf Draht" hat Hellmut Andics ihn nicht zuletzt aus diesem Grund bezeichnet. Dieses von Kreisky so gewollte Novum schuf eine neue Beziehung der Regierten zu „denen da oben" – in Österreich ein notorisch belastetes Verhältnis.

Pro Tag erreichten im Durchschnitt etwa 600 Briefe Kreiskys persönliches Büro im Bundeskanzleramt, sie alle wurden zunächst von einem Beamten alter Schule, Amtsdirektor Franz Joseph Bernthaler, entgegengenommen. Kreisky nannte ihn respektvoll seinen „Eynhuf", frei nach einer Figur aus Herzmanovsky-Orlandos *Gaulschreck im Rosennetz*, dem schrulligen Hofsekretär des Kaisers Franz Joseph. Bernthaler war im Büro der Brieföffner und Zuteiler der Post an die Kanzlersekretäre – er wusste, wer sich mit welcher Materie befasste, und hat die sogenannten „Einlaufstücke" in großen roten Filzstiftbuchstaben stets mit Titel (mein Kürzel etwa lautete *Dr. Pe*) beschriftet. Bernthaler hat jedes Schriftstück, das in das Büro des Bundeskanzlers gelangt ist, als wertvoll betrachet und war entsetzt zu sehen, dass Fredy Reiter, damals Kabinettschef, einiges in den Papierkorb beförderte. Papier war Bernthaler heilig. In der Regel war uns klar, wie man die Briefe beantwortete, wenn nicht, ging man damit zum Kanzler, um sich eine Anordnung zu holen. Bernthaler war auch bekannt für seinen „Courtoisieschlitz": Er hat Briefe von offensichtlich privatem Charakter, oder wenn der Absender „persönlich" darauf vermerkt hatte, nur einige wenige Zentimeter aufgeschlitzt, sodass Kreisky diesen dann leicht mit dem Zeigefinger ganz öffnen konnte. Für Glückwunschschreiben an Kammerschauspielerinnen und -sängerinnen hat Kreisky oft zu Bernthaler gesagt: „Greifen Sie in die Harfe!" Wenn in einem Brief ein besonders tragisches Schicksal geschildert wurde, konnte es passieren, dass Kreisky 300 Schilling aus seiner Geldbörse nahm und zu Bernthaler sagte: „Legt's das ins Antwortkuvert!"

Bernthaler teilte das „Vorzimmer der Macht" mit Margit Schmidt, Kreiskys unersetzlicher, wunderbarer Mitarbeiterin, ohne die er tatsächlich verloren gewesen wäre. Er trug nie Telefonnummern bei sich, wusste im Grunde nicht, wo oder wie man einkaufte oder wie man Geld aus einem Bankomaten holte. Margit Schmidt, die zugleich seine Terminkoordinatorin war, verfügte mit gegebener Strenge über seinen Kalender. Und sie teilte wohl alle seine Geheimnisse, wobei sie stets absolut diskret und loyal blieb.

3.

Bruno Kreiskys eigentliches Familienleben spielte sich zwischen Küche, Frühstücks- und Wohnzimmer ab. (In der wärmeren Jahreszeit wurde die kleine Terrasse mit Blick auf den schönen Garten benützt.) Eine geräumige Herrschaftsküche, dort hielten sich auch der Chauffeur und die Sicherheitsleute auf, das Frühstückszimmer im frühen Funderplattenstil, im großen Wohnzimmer zwei gemütliche Sitzecken mit bunten Stoffen des nach Schweden emigrierten Josef Frank, ein selten benütztes Speisezimmer; überall Bücher, Erinnerungsfotos mit bedeutenden Zeitgenossen von Truman, Kennedy bis Theodor Körner, an den Wänden eine eher zufällige Auswahl von Bildern, Zeichnungen und Grafiken von Wotruba, Boeckl, Miró sowie – ein Geschenk von Olda Kokoschka – das grafische Selbstbildnis Oskar Kokoschkas.

Sozusagen aus Familientradition trug Kreisky seit jeher gediegene Maßanzüge aus feinstem Stoff, seine Hemden, die Schuhe waren maßgefertigt; nicht uneitel, stets impeccable gepflegt, trug er einen Siegelring und eine Taschenuhr als Erbe seines Vaters. Er hatte ein Faible für Brillen, die neben seinen großen weißen Taschentüchern zu persönlichen Markenzeichen wurden. In der karg bemessenen Freizeit, im Urlaub und insbesondere auf Mallorca, gab er sich sportlich, mochte gelbe Pullover, Sportjacke und Schal. Seinen grünen Lodenmantel trug er oft, verzichtete jedoch auf alpenländische Trachtenkleidung und Altausseer Lederhosen; nicht jedoch auf henna-coloriertes Haar.

Lange Zeit ein begeisterter Tennisspieler, erholte er sich in späteren Jahren zuhause in einer kleinen Sauna, die ihm auch seine chronische Bronchitis lindern half. Tennis-, Schi- und Saunapartner war der Herr Kampel, ein pensionierter Polizist mit kommunistischer Vergangenheit. Auch mit dem Wiener Mediziner Professor Gerstenbrand, seinem Hausarzt, schwitzte Kreisky oft und gerne in der Sauna.

Als Kind und Jugendlicher verbrachte Kreisky mit seinen Eltern regelmäßig die Sommerfrische in der Wurzer Villa am Waldrand von Velden am Wörthersee. Und dort, im Seebad des Schlosshotels Velden, hat er schwimmen gelernt, auf der Veranda der Ferienvilla hat ihn an einem Regentag eine um einige Jahre ältere Cousine in die Freuden des Lebens eingeführt, wie er sich anlässlich eines Besuches erinnerte. Bis 1976 war er im Sommer regelmäßig nach Pritschitz bei Pörtschach auf Sommerurlaub gekommen. Es waren aber nicht die gestiegenen Saisonpreise, die Kreisky schließlich zu einem Ortswechsel auf die Baleareninsel Mallorca veranlassten. Die in immer größeren Scharen andrängenden Zaungäste, die vielen gut gemeinten Einladungen und Besuche ließen Kreisky auch im Urlaub keine ruhige Minute mehr; überdies irritierte ihn die feindselige Stimmung um die Kärntner Volksgruppenfrage.

Das Schifahren liebte er, besonders Lech hatte es ihm angetan. Dort empfing er im Hotel Post im Kreis seiner Familie, von Bekannten und politischen Freunden – in den ersten Regierungsjahren war Androsch regelmäßiger Schipartner – auch ausländische Gäste. Der kanadische Premier Pierre Trudeau saß einmal mit Kreisky tagelang im Lecher Schneeloch fest.

Als er in einem Interview nach seinem Lieblingsessen befragt, ohne lange nachzudenken, den Tafelspitz nannte, wurde er, wo immer er auf seinen zahlreichen Reisen in Österreich hinkam, mit seiner vermeintlichen Leibspeise konfrontiert. Kreisky war kein Gourmet, eher ein Gourmand, ein Gern-, zuweilen auch ein genüsslicher Vielesser. Im Dorfgasthaus meiner Mutter im Südkärntner Glainach hat er an einem wunderschönen Septembersonntag im Kreise seiner Frau, Schwiegertochter Eva, Enkel Oliver und den Honoratioren des Dorfes – die Szene erinnerte mich damals an Turrinis *Kaiser auf dem Land* – mit großem Genuss Kärntner Speck und das hausgebackene Schwarzbrot gegessen.

Sein Chauffeur Peter Rubey bereitete am Wochenende das spezielle Wiener Gulasch zu, das Kreisky besonders mochte. Dazu ein Glas Bier; Kreisky verschmähte übermäßigen Alkoholkonsum, das Rauchen – Zigarette, Pfeife – hatte er bereits Ende der sechziger Jahre aufgegeben. Besonderes Missbehagen bereiteten ihm auf Wahlreisen im alpenländischen Teil Österreichs die bereits frühmorgens von den Marketenderinnen angebotenen Schnäpse. Dann drehte er sich mit dem Stamperl in der Hand suchend nach einem Mitarbeiter um, der Enzian an seiner statt trinken musste. Im Lauf der Zeit vergrößerte sich bei solchen Zeremonien der Abstand zwischen ihm und seiner Begleitung, niemand wollte bereits am frühen Morgen Hochprozentiges zu sich nehmen, auch nicht im Dienste der Republik.

Kreisky war ein passionierter, aber schlechter Autofahrer. Er liebte englische Automobile, privat fuhr er am liebsten Rover; auf Mallorca allerdings chauffierte er ein gebrauchtes gelbes VW-Cabrio.

Kaum war die Familie in die Villa in der Armbrustergasse eingezogen, als sich Bruno Kreisky einen seit Jahren gehegten

Wunsch erfüllte und sich einen Hund zulegte. In seinem letzten Lebensjahr erzählte er dem *Zeit*-Publizisten Werner A. Perger: „Ich will einen Hund haben, der richtig bellt, wenn er will, der eine Persönlichkeit ist." Er schaffte sich zunächst einen Boxer an, bald darauf zwei. „Davon habe ich immer geträumt. Denn ich stehe auf dem Standpunkt, ein Hund ist ein Hund, und als solcher kann er sich erst richtig entwickeln, wenn ein zweiter Hund da ist, wenn er Gesellschaft hat. Erst hatten wir den Braunen – Titus, den Ahnherrn unserer Boxer – und dann habe ich (…) einen zweiten gekauft und das war dann der weiße. Der war eine Missgeburt, eine Fehlzüchtung. Keiner wollte den haben. Ich sagte, den will ich, ich bin kein Rassist. Ab da haben wir immer zwei Hunde gehabt, einer davon immer weiß. Die haben alle Bianca geheißen."

Der ehemalige *AZ*-Redakteur Ulrich Brunner – der einige Jahre später vom grantigen Bundeskanzler aufgefordert werden sollte, Geschichte zu lernen – erinnert sich an einen Sonntagsbesuch der *AZ*-Redaktion im Garten der Kanzler-Villa: „Die ganze Zeit drängten die beiden Boxer an uns heran. Ich hatte natürlich, wie es sich bei einem Besuch beim Parteivorsitzenden gehört, meinen schönsten Anzug angezogen. Der Anzug lief Gefahr, besabbert zu werden. Ich versuchte, den Rüden abzudrängen, was nicht gelang. Schließlich zischte ich ein ‚Schleich dich!' Kreisky unterbrach seinen Monolog und musterte mich mit strengem Blick. Immerhin war ich nicht so grob wie ein *Presse*-Redakteur, der einem der Hunde bei einem ähnlichen Gespräch im Garten einen Tritt gab. Am nächsten Tag rief Kreisky in der Redaktion an und fragte, wie denn der junge Kollege, der gestern in der Armbrustergasse war, als Redakteur sei. Die Antwort, das sei ein guter Nachwuchs-Redakteur, befriedigte Kreisky nicht: ‚Das mag schon sein, aber er ist kein guter Mensch.' Über seine Hunde ließ Kreisky nichts kommen."

Als Außenminister, Oppositionschef, aber auch noch in den frühen Jahren seiner Kanzlerschaft haben die Kreiskys oft und gerne zu abendlichen Gesellschaften in ihr Haus – oder zum nahen Heurigen Zimmermann – eingeladen. Ab 1977 wurde auch das Haus in Mallorca zum Treffpunkt für Bekannte, Freunde und Besucher, der Freundeskreis erweiterte sich um spanische Kontakte.

Die privaten Beziehungen der Familie Kreisky gingen weit über die parteipolitischen und geografischen Grenzen hinaus. Mit dem Präsidenten der Industriellenvereinigung Hans Igler verband ihn eine lebenslange Freundschaft. Scherzhaft wurde von Androsch und seinen Mitarbeitern behauptet, wann immer Kreisky für einen flexibleren Wechselkurs plädierte, am Vorabend ein Spaziergang mit Igler in den Weinbergen Döblings stattgefunden haben musste. Auch Stephan Koren, dessen Gattin mit Frau Kreisky regelmäßig zum Bridge zusammenkam, gehörte zum persönlichen Freundeskreis. Stets aber wurden Kreiskys enge Mitarbeiter wie Margit Schmidt oder die jungen aufstrebenden Polittalente Karl Blecha, Heinz Fischer und Hannes Androsch hinzugezogen. Der „Journalistenkanzler" pflegte in besonderer Weise seine Kontakte zu ausgewählten Medienleuten: Paul Lendvai, Heinz Ritschel, Hermann Polz, Viktor Reimann, Kurt Vorhofer, Otto Schulmeister, auch Auslandskorrespondenten wie Manuel Lucbert und Anita Rind von *Le Monde* waren gern gesehene Gäste in der Armbrustergasse; dem *Zeit Magazin*-Chefredakteur Jochen Steinmayer stand Kreisky persönlich sehr nahe, ebenso dem exzentrischen ungarisch-deutschen Medientycoon Josef von Ferenczy, der ihm in politisch schwierigen Zeiten freundschaftlich zur Seite gestanden war und eine Zeitlang sogar die Gründung einer österreichischen Sonntagszeitung überlegte.

Er, dem Sprache so viel bedeutete – bereits in jungen Politikerjahren hatte er sich jenes charakteristische Timbre und den langsamen Sprechduktus angewöhnt –, mochte denn auch das Sprechtheater mehr als die Oper; Leonard Bernstein aber war er eng verbunden. Er umgab sich gern mit Theaterleuten und Entertainern wie Fritz Muliar, Elfriede Ott, Susi Nicoletti und Ernst Haeussermann, aber auch Udo Jürgens war ein sehr gern gesehener Gast. Auch bildende Künstler waren regelmäßig bei ihm eingeladen; eine Zeitlang war der Bildhauer Fritz Wotruba Stammgast in der Armbrustergasse, der des Öfteren den Historiker Friedrich Heer mitbrachte.

Womöglich noch privater gab er sich mit den Torbergs und seinem engsten Freund, dem Industriellen Karl Kahane und dessen Frau; auch mit der bayerischen Familie Engler fühlte er sich sehr wohl und lud sie oft nach Wien zu besonderen Anlässen wie dem Opernball ein. Den Ball der Republik als Regierungschef besuchen zu müssen – Kreisky war leidenschaftlicher Nichttänzer –, kommentierte er einmal als „Rache der Geschichte, dass die jungen Revolutionäre nun auf ihre alten Tage befrackt und mit Orden behangen auf Bälle gehen müssen, um dort zu repräsentieren". Als Trost dürfte sich allerdings eine Begegnung mit Shirley MacLaine ausgewirkt haben, die er besonders schätzte und die er während eines Opernballs in seine Loge bat.

Bruno Kreisky las ungemein viel – neben dem einfachen Eisenbett lagen auf einer Ablage zahlreiche angelesene Bücher –, und er las sehr Unterschiedliches: politische Biografien, Memoiren, französische Romane, auch Lyrik und zeitgenössische österreichische Literatur.

In einem Gespräch mit dem aus Wien stammenden amerikanischen Schriftsteller Frederic Morton hat Kreisky 1972 seine literarischen Vorlieben für amerikanische Schriftsteller bekannt: Er nannte Ernest Hemingway, John Dos Passos, John Steinbeck und Eugene O'Neill, um sich dann bei Morton nach Saul Bellow zu erkundigen, von dessen Roman *Herzog* er gehört, den er aber noch nicht gelesen habe. Er wisse nur so viel – und das mache ihn neugierig, so Kreisky –, dass es sich bei der Titelfigur um einen jüdischen Intellektuellen handle. Er sollte Bellow übrigens Jahre später bei einem PEN-Kongress in New York persönlich kennenlernen.

Zweifellos gehörte Robert Musils monumentaler Roman *Der Mann ohne Eigenschaften* zu Kreiskys Lieblingsbüchern. Kaum bekannt ist jedoch – er hat es mir in einer stillen Minute verraten –, dass sein eigentlicher Favorit der 1953 erschienene Roman von Leo Perutz, *Nachts unter der steinernen Brücke*, gewesen sei. War es der magische Realismus des aus der engeren Heimat von Kreiskys Familie stammenden Autors, der ebenfalls 1938 Wien verlassen musste – Perutz floh nach Palästina; oder war es der historische Stoff um Kaiser Rudolf II. und den Prager Hofbankier Mordechai Meisl, der Kreisky faszinierte?

Beide Romane, das sprachlich brillante Fragment über das in Kreiskys früher Kindheit untergegangene Kakanien, von Musil als Parabel der Moderne entworfen, oder die längst verschwundene deutsch-jüdische Prager Welt von Leo Perutz, haben Kreisky wohl auch als biografische Wegmarken gedient.

Über seine Lesegewohnheiten ließ er die aus Pressburg stammende *Davar*-Chefredakteurin Hanna Semer einmal wissen, dass er immer mehrere Bücher zur selben Zeit lese. Semer erzählt: „… weil eines ist ein ernstes Buch, in das man sich vertiefen kann und muss, und das andere ist mehr zerstreuend. Und wenn er genug hat, wenn er schon müde ist, dann nimmt er das andere Buch. Und er hat immer drei Bücher am Nachtkästchen."

4.

Die Einführung des sogenannten „Pressefoyers" nach den wöchentlichen Sitzungen der Regierung gab auch jungen Redakteuren die Möglichkeit, dem Regierungschef persönlich zu begegnen. Kreisky war als Regierungschef sein eigener bester Pressesprecher. Der damals junge *Presse*-Journalist Hans Werner Scheidl erinnert sich: „Seit dem 14. März 1972 gestaltete Kreisky das Pressefoyer nach dem Dienstag-Ministerrat zu einem Kammerspiel. Er gab den Journalisten das Gefühl, auf gleicher Höhe mit ihm zu stehen. Ein holdes Trugbild natürlich. Aber anders als seine Nachfolger vermittelte der listige alte Fuchs den eitlen Medienleuten, sie zu respektieren, sie ernst zu nehmen. Und diese verließen – nach Stunden – das Kanzleramt nicht nur mit einem ‚Aufmacher' fürs Blatt, sondern auch belehrt, geehrt, erhoben."

Die direkte und formlose Befragung des Bundeskanzlers, Rede und Widerrede zwischen Regierenden und Regierten – auch das ein österreichisches Novum – wurde so einmal wöchentlich zum Fernsehereignis. Abseits des manchmal überbordenden Showcharakters – sein sonores „Ich bin der Meinung …" wurde zum Markenzeichen der Ära Kreisky – aber war die tägliche Verfügbarkeit des Regierungschefs ein enormer demokratiepolitischer Fortschritt. Die mediale Vermittlung praktischer Politik hatte sich mit dem Antritt Bruno Kreiskys in Österreich grundlegend und irreversibel verändert.

Dieser Bruch mit der österreichischen Tradition hatte klare innenpolitische Konsequenzen. Die intellektuelle Bescheidenheit der österreichischen Medienszene, das über weite Strecken nicht vorhandene journalistische Selbstbewusstsein, die umstandslos akzeptierte Abhängigkeit von Medienzaren und Wirtschaftsinteressen, kurz, der bedauerliche professionelle Substandard der heimischen Medienlandschaft war Kreisky nur Vorwand für eine Politik der umfassenden Öffentlichkeitsarbeit. Die Beherrschung des politischen Diskurses, die Vorgabe der nächsten Schlagzeile verschaffte dem Bundeskanzler innerhalb kurzer Zeit eine dominierende Stellung im Alltag der Österreicher. Während er aber innenpolitisch und international an Statur gewinnen konnte, zeichnete sich im Medienbereich eine folgenreiche Kontroverse ab. Kreiskys überzeugender Einbruch in die konservative Domäne von Politik und Wirtschaft war – naturgemäß – auf heftigen Widerstand der bürgerlich dominierten Medienunternehmer gestoßen. Da sich die ÖVP in einer Dauerkrise befand, verteidigten konservative Herausgeber und Chefredakteure das „bürgerliche Abendland". Vor allem im Printmedienbereich bestimmten konservative – im Falle Österreich sind das unweigerlich kleinbürgerliche – Werte die veröffentlichte Meinung. Kreisky hatte früher als andere in Österreich erkannt, dass die Gesellschaft der Zukunft eine „Informationsgesellschaft" sein werde. Die „elektronische Revolution" – das Anfang der 1960er Jahre noch in Gründung befindliche Fernsehen wurde vom ÖVP-Regierungschef Julius Raab großzügig dem Juniorpartner SPÖ überlassen – hatte längst schon Österreich erfasst. Dabei hätte es auffallen müssen, dass immer mehr Traditionszeitungen, zumal in den Bundesländern, aus wirtschaftlichen Gründen eingestellt werden mussten.

195

Kreiskys journalistische Neigungen sind gut dokumentiert – er konnte sich vorstellen, Herausgeber einer bedeutenden liberalen Zeitung zu sein (so wie Helmut Schmidt es später in Hamburg werden sollte), die Blattlinie vorgeben zu können hätte ihn sehr gereizt. Seine in Österreich initiierten Versuche waren jedenfalls nicht erfolgreich, das Sonntagsblatt blieb Idee, die Neugründung von *Heute* hatte nur kurzen Bestand.

Seine Beobachtung, dass Parteizeitungen im nachlassenden Lagerdenken der Österreicher rasch an Bedeutung – und damit auch ihre ökonomische Basis – verlieren würden, hatte ihn bereits 1971 dazu gebracht, über eine Neupositionierung des eigenen Parteiorgans *Arbeiter-Zeitung* nachzudenken. Es war Kreiskys aus der Schweiz stammender Hausnachbar Willy O. Wegenstein, der in den sechziger und siebziger Jahren zur Spitze der damals in Europa noch wenig verbreiteten Gruppe von Top-Beratern gehörte, mit dem er – sozusagen über den Zaun hinweg – die betriebswirtschaftlichen Schwierigkeiten des Vorwärts Verlages erörterte.

Die international tätige Firma seines Nachbarn, Knight Wegenstein AG, wurde 1972 beauftragt, ein Sanierungskonzept für den Verlag und seine Printmedien zu erarbeiten. Der junge Wiener Christian Reder, seit einigen Jahren für den Schweizer Consulter tätig und bereits erfahren in der Beratung von Creditanstalt und Zentralsparkasse sowie als Mitarbeiter an einer Studie über das österreichische Gesundheitswesen, war im Wegenstein-Team für die Neuorientierung des sozialistischen Zeitungs- und Buchverlages zuständig. Reders von Kreisky aufgenommene Vorstellung, aus der *AZ* ein linksliberales Blatt zu machen – heute würde man an den *Standard* denken –, ging jedoch im Gewirr von Partei- und gewerkschaftlichen Eigeninteressen unter. Weder Benya noch die jungen Stars der SPÖ, Leopold Gratz und Karl Blecha, hatten offenbar ein Interesse daran, die *AZ* in eine – für sie schwer beeinflussbare – Zukunft zu entlassen. Was viele Jahre später – zu spät – von Robert Hochner und dann Peter Pelinka, dem letzten Chefredakteur der *AZ*, versucht wurde, hätte vielleicht damals gelingen können. Aber Kreiskys Durchsetzungsvermögen waren selbst am Höhepunkt seiner Macht innerparteiliche Grenzen gesetzt.

Kreiskys Ausflüge in den Journalismus – in den sechziger Jahren schrieb er für die Grazer *Neue Zeit*, nach seinem Rücktritt 1983 kommentierte er einige Monate für den Wiener *Kurier* das Weltgeschehen – zeitigten mäßigen Erfolg. Kreiskys Rede war ganz einfach um vieles besser als seine Schreibe.

Während die Printmedienkonzentration fortschritt – zwischen 1970 und 1983 verschwanden sechs überregionale Blätter vom österreichischen Markt –, rückte das Fernsehen ins Zentrum des politischen Widerstreits. Die ÖVP hatte nach ihrem Erfolg 1966 als erste legislative Maßnahme die Umsetzung des zwei Jahre zuvor durchgeführten Rundfunk-Volksbegehrens unabhängiger bürgerlicher Zeitungen verwirklicht. Die „schwarze" Reform von 1967 – gegen die SPÖ beschlossen – brachte den machtbewussten Konservativen Gerd Bacher erstmals an die Spitze des reformierten ORF. Nach dem Wahlsieg Kreiskys war damit der medienpolitische Konflikt zwischen ÖVP und SPÖ – präziser, zwischen Bacher und dem ÖGB-Präsidenten Benya – vorgezeichnet. Der Generalintendant hatte sich nämlich im Juni 1970 geweigert, die von ihm geplante Erhöhung der Werbegebühren der „Paritätischen Kommission für Lohn- und Preisfragen", dem zentralen Lenkungsinstrument der österreichischen Sozialpartnerschaft, zur Genehmigung vorzulegen. Das Vorgehen der ORF-Führung bedeutete für die österreichischen Sozialpartner ein gefährliches Präjudiz. Bacher war zu keinem Kompromiss bereit, der Konflikt eskalierte. Der konservativ-forsche, aber kompetente Führungsstil des Generalintendanten und seiner sehr rechten Hand Alfons Dalma – die den öffentlich-rechtlichen Rundfunk als „größte Orgel des Landes" selbstbewusst bedienten – sollte sich zur einer der zentralen gesellschaftspolitischen Fragen der siebziger Jahre entwickeln.

5.

Das Projekt der ständigen Demokratisierung der Gesellschaft blieb Kreisky ein Anliegen, das für ihn weit über die konkreten Reformen von Staat und Gesellschaft hinaus von eminent politischer Bedeutung war. Wiewohl Fragen der taktischen Zweckmäßigkeit bei Kreisky selbstverständlich eine Rolle gespielt haben, war ihm ein Ausspruch des liberalen französischen Politikers Edouard Herriot stets Richtschnur seines Handelns: „Wer die Demokratie stabilisieren will, muss sie in Bewegung halten."

Die Politik „in Bewegung halten", der eigenen Partei und Anhängerschaft die Notwendigkeit von Veränderungen plausibel machen, Medien und die Öffentlichkeit mit immer neuen Ideen und Überlegungen beschäftigt halten, die Opposition nicht Tritt fassen lassen, die Themen diktieren – das war das erfolgreiche Rezept der ersten Jahre von Kreiskys Regierungszeit. Die Österreicher schienen daran Gefallen zu finden, die Popularität des ersten sozialistischen Bundeskanzlers hatte in kurzer Zeit beachtliche Werte erreicht.

Als Ende April 1971 die Wiederwahl des sozialistischen Bundespräsidenten Franz Jonas – er konnte sich gegen Kurt Waldheim mit solidem Vorsprung durchsetzen – glatt über die Bühne ging, schien es naheliegend, den Absprung in Neuwahlen zu wagen. Kreisky hatte im Vorfeld verkündet: „Die Entscheidung über die Zukunft der Regierung wird zunächst bei der Bundespräsidentenwahl fallen." Der Wiener Korrespondent der Grazer *Kleinen Zeitung*, Kurt Vorhofer, schrieb im Februar 1971: „Damit wird zum ersten Mal in Österreich die Wahl des Staatsoberhauptes mit dem Schicksal der Bundesregierung engstens verquickt. Offiziell geht es nach wie vor um die Entscheidung zwischen Jonas und Waldheim. Aber im Vordergrund steht immer mehr das System der Minderheitsregierung, steht der Sonnenkönig Kreisky, in dessen Schatten die Präsidentschaftskandidaten zu verkümmern drohen." Das Wortbild vom „Sonnenkönig Kreisky" war geboren – und sollte ihn zeit seines Lebens begleiten, sowohl in anerkennender wie in spöttischer, bei Thomas Bernhard auch in durchaus polemischer Manier.

Kreisky war nach Jonas' Wiederwahl wohl auch klar geworden, dass der neue ÖVP-Chef Karl Schleinzer auf eine politische Entscheidung drängte. „Schleinzer hatte erkannt", berichtet Heinz Fischer, „dass jeder Tag, den die Regierung Kreisky ihre Tätigkeit – noch dazu ziemlich erfolgreich – fortsetzte, den Gewöhnungseffekt an eine SPÖ-Regierung verstärkte. Eines Tages sagte er in einem Vieraugengespräch zu Bruno Kreisky: ‚Wenn ich eine Mehrheit für ein Misstrauensvotum zustande bringe, werde ich Ihre Regierung lieber heute als morgen stürzen.'"

Überdies konnte man der FPÖ keine weiteren Konzessionen zumuten, sie wurde von den Medien und der ÖVP zunehmend als Steigbügelhalter des Sozialismus gebrandmarkt. Gewiss nicht die schlechtesten Kommentatoren sahen im Resultat der Bundespräsidentenwahl den eigentlichen Beginn einer womöglich langen sozialistischen Ära Österreichs. Die Zürcher *Weltwoche* schrieb damals: „Die Österreicher haben mit Mehrheit darauf verzichtet, das Ergebnis der Parlamentswahlen vom 1. März 1970 zu korrigieren, das heißt, den sozialdemokratischen Premier durch einen konservativen Präsidenten überwachen zu lassen."

Ende Mai 1971 kehrte Kreisky vollkommen überarbeitet und gesundheitlich angeschlagen von einer Reise nach Helsinki zurück, wo er an einer Tagung der Sozialistischen Internationale teilgenommen hatte; er musste sich wegen Herzproblemen in Spitalspflege begeben. Aus Gesprächen mit seinem damaligen Kabinettschef Peter Jankowitsch geht jedoch hervor, dass Kreisky während der Finnland-Reise wohl einen leichten Gehirnschlag erlitten hatte.

Kreisky hatte sich – und seine Mitarbeiter – nie geschont. In den ersten Jahren der Kanzlerschaft wurde der alltägliche Stress womöglich noch größer. Sein Raubbau am eigenen Körper sollte ihn – trotz Verzicht auf Zigarette, Pfeife und allzu üppiges Essen – bis zum Ende seiner politischen Karriere begleiten; während des Großteils seines politischen Lebens war sein körperlicher Einsatz gefährlich weit über seine zähe physische Konstitution hinaus gegangen.

Im Anschluss an die Finnland-Reise erholte er sich im niederösterreichischen Gösing, nahe Mariazell, wo Heinz Fischer ihn besuchte. „Dort dürfte er seine weitere politische Strategie festgelegt haben", hält Fischer fest, „ob ihn jemand von der Unmöglichkeit überzeugt hat, ein Budget mit der ÖVP zu beschließen oder ob ihn sein gesundheitlicher Rückschlag zu einer Beschleunigung des politischen Tempos veranlasst hat, weiß ich nicht." Jedenfalls sei Kreisky während dieser Unterredung zu dem Schluss gelangt: „Die Chance, etwa noch ein volles Jahr oder länger zu regieren, bestehe also nicht; warum sich dann noch über den Sommer und den Herbst weiterwursteln?"

Mitte Juni gab Kreisky seiner Fraktion die Entscheidung bekannt, Neuwahlen vorschlagen zu wollen – mit dem erklärten Ziel, dieses Mal die absolute Mehrheit zu schaffen. Es sollte nicht mehr lange dauern, ehe die Partei seiner Empfehlung folgte: Am 7. Juli brachte der SPÖ-Parlamentsklub einen Initiativantrag auf vorzeitige Beendigung der Gesetzgebungsperiode im Nationalrat ein. Die FPÖ schloss sich dem Antrag an, als Neuwahltermin wurde der 10. Oktober 1971 festgelegt.

6.

„Lasst Kreisky und sein Team arbeiten!", lautete der suggestive Slogan der sozialistischen Wahlbewegung des Jahres 1971. Überaus professionell geleitet von Wahlkampfmanager Heinz Brantl, dem damals besten parteipolitischen Kommunikationsprofi, erstmals unterstützt von soziologischen Umfragen des von Karl Blecha 1963 mitbegründeten „Instituts für empirische Sozialforschung", IFES, gelang der spektakuläre und zugleich historische Durchbruch: Mit 50,04 Prozent der abgegebenen Stimmen wurde die SPÖ zur stimmen- und mandatsstärksten Partei Österreichs. Es war aber auch das erste Mal in der Geschichte der Zweiten Republik, dass eine Partei diese zweifache „Absolute" erzielen konnte. Und der Sieger der Wahl – daran zweifelte niemand – hieß Bruno Kreisky.

Auf einmal wurde klar: Wie kein anderer Parteivorsitzender seit Otto Bauer verkörperte Bruno Kreisky allein die SPÖ.

Fortan galt nahezu nur sein Wort in Partei und Staat. Kreiskys durchaus eigenwilliger Stil, seine visionären Ideen, seine pragmatische, ja, bisweilen zögerliche Reformpolitik in Österreich, auch die polemischen, gelegentlich unerhörten verbalen Ausfälle gegen missliebige Politiker im In- und Ausland haben mehr als ein Jahrzehnt eine faszinierte Öffentlichkeit in ihren Bann geschlagen. Kreisky hat, so viel ist sicher, niemanden kalt gelassen.

Jener Bruno Kreisky, den wir noch heute bewundern, kritisieren und als herausragende Persönlichkeit in den Kanon der österreichischen Geschichte einordnen, hat damals, an jenem Wahlsonntag im April 1971, sozusagen endgültige Gestalt angenommen.

„Von dem heute Sechzigjährigen geht auf viele Menschen aller Bevölkerungsschichten eine ungewöhnliche Faszination aus", bemerkte die *Frankfurter Allgemeine Zeitung* zwei Tage nach der April-Wahl. Er habe sich mit seiner betont langsamen, bedachten Sprechweise als Mann des Ausgleichs profiliert, als ein „Vater des Vaterlandes", der bereit sei, „über alles und jedes mit jedermann zu sprechen".

Unterstützt von einer internationalen Hochkonjunktur war es der SPÖ gelungen, in die verbliebenen Hochburgen der ÖVP einzudringen; ein Prozess, der sich vor allem in den österreichischen Kleinstädten vollzogen hatte. Die Jugend und die Landbevölkerung hatten Kreisky bereits achtzehn Monate zuvor überdurchschnittlich unterstützt. Nun hatte sich dieser Trend machtvoll fortgesetzt. Nach der Wahl durchgeführte Umfragen über die Motive der Wahlentscheidung ergaben auf die Frage nach den Ursachen für den Wahlerfolg 1971 eine deutliche Dominanz des Spitzenkandidaten; sein „Team", aber auch das Regierungsprogramm folgten auf den Plätzen. Kreisky war in den eineinhalb Jahren in Österreich ein historischer Paradigmenwechsel gelungen; die Voraussetzungen für die sukzessive Aufweichung der politischen Lager des Landes waren geschaffen. Noch bedeutsamer aber war die breite Akzeptanz einer SPÖ-Alleinregierung. Mit diesem Wahlsieg war naturgemäß auch die formlose Bindung an Friedrich Peters FPÖ gekappt; die mit der Person und der Partei verbundene Kontroverse sollte aber erst in den kommenden Jahren an politischer Brisanz und persönlicher Schärfe gewinnen.

Bereits zehn Tage nach der Wahl stand das Kabinett Kreisky II fest. Es war – bis auf die Bestellung des burgenländischen Kulturlandesrates Fred Sinowatz zum Unterrichtsminister, die aufgrund des Wechsels von Leopold Gratz auf den Posten des SPÖ-Klubchefs notwendig geworden war, sowie die Nominierung der Wiener Primaria Ingrid Leodolter für das neu geschaffene Bundesministerium für Gesundheit und Umweltschutz – personell unverändert geblieben.

Das eine habe er in seinen zwei ersten Regierungsjahren gelernt, ließ er eine illustre Abendrunde im Hause Peter Weisers, des damaligen Generalsekretärs des Wiener Konzerthauses, kurz nach erfolgter Regierungsumbildung wissen: „Ein guter Minister ist nur der, der dem Berufsstand, für den er die politische Verantwortung trägt, auch wirklich angehört. Wie der Kirchschläger, der Diplomat ist. Oder der Broda, der Rechtsanwalt ist. Oder der Androsch, der Steuerberater ist." Diese wohlmeinende Einschätzung der wichtigsten Säulen seines Erfolgsteams sollte sich in der Frage der Vereinbarkeit von Zivilberuf und öffentlichem Amt, vor allem aber von persönlichem Profit aufgrund der politischen Funktion einige Jahre später merklich wandeln.

Mit der am 5. November 1971 abgegebenen Regierungserklärung, die im Unterschied zur ersten im Nationalrat ohne hässliche Zwischenrufduelle verlief, begann die intensivste Reformperiode der Ära Kreisky. Schon vier Wochen später erfolgte die Beschlussfassung über die Heiratsbeihilfe. Der Herstellung einer gewissen Chancengleichheit dienten aber auch die Abschaffung der Hochschultaxen, die per 1. September 1971 erfolgte Einführung der Gratis-Schulbücher sowie das Ende 1973 beschlossene Gesetz über die Einführung des „Mutter-Kind-Passes" und die daran gekoppelte Geburtenbeihilfe.

Die Finanzierung dieser Maßnahmen erforderte eine prosperierende und international konkurrenzfähige Wirtschaft. Die Einführung der Mehrwertsteuer durch Finanzminister

Hannes Androsch, die längst fällige Liberalisierung der Gewerbeordnung, schließlich die Fusionierung der verstaatlichten Stahlindustrie 1973 und die sogenannte „Buntmetalllösung" im Jahr danach verfolgten das Ziel, die österreichische Wirtschaft europareif zu machen.

Im Übrigen stand das Jahr 1972 im Zeichen des Abschlusses des Freihandelsabkommens mit der EWG. Die ÖVP hatte während vieler Jahre erfolglos ein praktikables Arrangement mit der europäischen Sechsergemeinschaft, bestehend aus Deutschland, Frankreich, Italien, Belgien, Niederlande und Luxemburg, gesucht. Italien blockierte wegen Südtirol, Frankreich fürchtete einen „germanischen Block"; vor allem aber verhinderte die Sowjetunion unter Hinweis auf Österreichs Neutralitätsstatus eine engere Bindung an die Wirtschaftsgemeinschaft, deren „Römische Verträge" bekanntlich die politische Finalität der europäischen Integration festschreiben. Volkswirtschaftlich war für Österreich eine Assoziation mit der EWG von vitaler Bedeutung; der größte Teil seines Außenhandels spielte sich mit den Staaten der Wirtschaftsgemeinschaft ab. Aber erst nach der Erweiterung der EWG um die EFTA-Mitglieder Großbritannien, Irland und Dänemark war der Weg frei für eine österreichische Assoziation der losen Form.

Schließlich unterzeichnete Bundeskanzler Kreisky am 22. Juli 1972 im Brüsseler Palais Egmont das mit allen sechs EFTA-Mitgliedern vereinbarte „Globalabkommen" sowie das mit Österreich ausgehandelte „Interimsabkommen", demzufolge die erste Etappe der Zollsenkungen am 1. Oktober 1972 in Kraft treten sollte. In seiner Erklärung stellte Kreisky, der der EWG aus neutralitätspolitischen Gründen durchaus skeptisch gegenüberstand, fest, dass er im Freihandelsvertrag „die Begründung des Naheverhältnisses zu den Mitgliedsstaaten der Europäischen Gemeinschaften" erblicke, und verwies auf „die Möglichkeit Österreichs, den ihm angemessenen Beitrag zur europäischen Zusammenarbeit zu leisten". Wenige Tage später wurde das Freihandelsabkommen vom Nationalrat einstimmig angenommen.

7.

Bei Kreiskys Regierungsantritt befand sich das österreichische Schulwesen in einer tiefen Strukturkrise: Lehrermangel sowohl im Pflicht- als auch im weiterführenden Schulwesen, zu wenige und schlecht ausgestattete Schulgebäude, überholte Lehrpläne, ungerechte soziale Selektion durch schikanöse Aufnahmeprüfungen an den allgemeinbildenden und berufsbildenden höheren Schulen. Die sozialistischen Unterrichtsminister – erst Leopold Gratz, wenig später Fred Sinowatz – standen vor der zweifachen Aufgabe, die veritable Bildungskrise zu überwinden und gleichzeitig mit der Umsetzung des SPÖ-Bildungsprogramms zu beginnen.

Schülerfreifahrten und die Schulbuchaktion, ein ausgeweitetes System der Schulbeihilfen, haben zum Abbau der ökonomischen Barrieren beigetragen und die so notwendige Erschließung der Begabungsreserven des Landes gefördert. Das Stadt-Land-Gefälle wurde damit entscheidend abgebaut. Die staatlichen Förderungen kamen insbesondere den traditionell schlechter ausgebildeten Mädchen zugute, deren Maturantenanteil im Laufe der siebziger Jahre überproportional ansteigen sollte. Der forcierte Ausbau des berufsbildenden Schulwesens brachte schließlich der Wirtschaft besser qualifizierte Arbeitskräfte und verhinderte das Entstehen von großen Gruppen minder ausgebildeter und daher schwer vermittelbarer Jugendlicher.

Die Maxime von der „Durchflutung aller Bereiche mit Demokratie" wurde auch im traditionell repressiven österreichischen Schulwesen in wichtigen Ansätzen verwirklicht. Das Anfang 1974 verabschiedete Schulunterrichtsgesetz brachte die gesetzliche Verankerung der schulischen Mitbestimmung von Lehrern, Schülern und Eltern.

Das Prinzip der Mitbestimmung war auch einer der zentralen Gedanken der großen Universitätsreform, die von Hertha Firnberg mit Weitblick und Beharrlichkeit durchgezogen wurde. Die Kontinuität konservativer Paradigmen war wohl nirgendwo stärker ausgeprägt als an den österreichischen Universitäten und Hochschulen. Der intellektuelle Exodus, die

Vertreibung des Geistes zwischen 1934 und 1945 konnte in den ersten fünfundzwanzig Jahren der Zweiten Republik nicht wieder wettgemacht werden. Überdies hatte der gar nicht so stille großkoalitionäre Konsens, in Fragen der Rückberufung von österreichischen Wissenschaftern (sie waren in der Mehrzahl jüdischer Abstammung) Zurückhaltung zu üben, entscheidend dazu beigetragen, dass Österreichs Universitäten in wesentlichen Bereichen zu geistigen Provinzen verkommen waren. Die Entstehung einer kleinen, progressiven Studentenbewegung Ende der sechziger Jahre – der von jungen Linken aufgedeckte Skandal um den neonazistischen Hochschullehrer Taras Borodajkewycz war nur eines von etlichen Beispielen – hat nicht zuletzt auch darin seine spezifisch österreichische Ursache. Viele junge Menschen waren einfach nicht mehr bereit, sich von Professoren mit überholten oder gar rassistischen Wissenschaftsauffassungen belehren zu lassen.

Der „Mief von tausend Jahren" sollte auch von Österreichs Hochschulen ausgetrieben werden. Die Hochschulreform wurde daher auch zum Fanal der Kreiskyschen Reformpolitik. Als Hertha Firnberg im Sommer 1970 ihre Tätigkeit als Ressortchefin des neu gegründeten Bundesministeriums für Wissenschaft und Forschung aufnahm, setzte sie unverzüglich eine Arbeitsgruppe aus jungen Politikern, Wissenschaftern und Beamten ein, die auf der Basis des sozialistischen Hochschulkonzepts – ein Nebenzweig der tausendvierhundert Experten – den Entwurf des erwähnten Universitätsorganisationsgesetzes erarbeiten sollte. Das nach jahrelangen, zum Teil heftigen politischen und ideologischen Kontroversen 1975 beschlossene Gesetz, kurz „UOG" genannt, verwirklichte jene Prinzipien der Demokratisierung, Chancengleichheit und Partizipation, die sich wie rote Markierungen durch die Reformphase der siebziger Jahre ziehen. Die grundlegende inhaltliche und organisatorische Umgestaltung von Wissenschaft und Forschung zeigt auch auf das Anschaulichste das Zusammenwirken von grundsatzpolitischen Ideen und pragmatischer Umsetzung, wie sie die Kreiskysche Ära sozial-liberaler Dominanz in Österreich kennzeichnet.

8.

Die Zahl der Reformen, die das Kabinett Kreisky II zwischen 1971 und 1975 zu verwirklichen imstande war, erscheint aus heutiger Sicht nachgerade erstaunlich und verblüfft durch ihre inhaltliche Fülle. Um nur die wichtigsten Errungenschaften der österreichischen Reformjahre noch einmal zu nennen: Arbeitszeitverkürzung und vier Wochen Mindesturlaub wurden ebenso festgeschrieben wie die Verkürzung der Wehrdienstzeit; hinzu kam die Einführung des Zivildienstes. Die Studiengebühren wurden aufgehoben, das Mitbestimmungsrecht der Studenten garantiert, die Heiratsbeihilfe und der „Mutter-Kind-Pass" wurden eingeführt, ebenso Gratisschulbücher für alle. Darüber hinaus wurde die Abschaffung der Aufnahmeprüfung in die Allgemeine Höhere Schule beschlossen. Damit wurde in kurzen Abständen eine bislang einmalige Gesamtreform der gesellschaftspolitisch wichtigen Bereiche Justiz, Familie, Bildung umgesetzt. Die Aufhebung des „Homosexuellenparagraphen" – welch ein monströses Wort – war jener umstrittene Akt, der dem Staat jegliche Einmischung in die sexuellen Präferenzen des Bürgers verbieten sollte.

„Es war eine einmalige, unwiederholbare Stimmung", so der Politologe Anton Pelinka. Nach dem Ende der ÖVP-Herrschaft breitete sich das Gefühl aus, alles sei veränderbar, alles sei machbar geworden.

Bemerkenswert auch Kreiskys Auftrag an eine junge „Projektgruppe Gesundheitsplanung", welcher Ärzte, Biologen, Chemiker, Soziologen, Ökonomen, Politologen und Mathematiker angehörten. Sie sollten eine Systemanalyse des Gesundheitswesens erstellen; nach drei Jahren wurde die „Studie über die Entstehung und Bewältigung von Krankheit im entwickelten Kapitalismus", die das Wiener Institut für Höhere Studien durchgeführt hatte, der Öffentlichkeit vorgestellt. Einer der Mitarbeiter jener Studie, der Arzt und Publizist Werner Vogt, erinnert sich: „Neben umfangreichen Analysen bestehender Krankheitsursachen und der Prägung eines völlig neuen Gesundheits- und Krankheitsbegriffes, der sich von gängigen, biologistisch dominierten Merkmalen scharf distanzierte, wurde auch eine radikale Gegenperspektive zur herkömmlichen Gesundheitspolitik entwickelt. Die Probleme Gesundheit und Krankheit sollten nicht nur der Wissenschaft, den Ärzten und der Zulieferindustrie überlassen werden."

Während es schien, als hätte der sozialdemokratische Reformzug alle zentralen Institutionen voll erfasst, regte sich an den gesellschaftlichen Rändern doch auch unvermittelt Widerspruch gegen das „Modernisierungsprojekt Österreich". Der spätere Parteivorsitzende der ÖVP und glücklose Gegenspieler Bruno Kreiskys, Alois Mock, sollte gar von einer „Seuche des Reformismus" sprechen.

Zwei Beispiele – thematisch und geografisch disparat und doch auf verquere Weise verbunden – illustrieren die Brüche und Ungleichzeitigkeiten der siebziger Jahre in Österreich. Das erste betrifft den Freispruch von Nazi-Kriegsverbrechern, das zweite Beispiel ist der sogenannte „Kärntner Ortstafelkonflikt".

In der ersten Hälfte 1972 kam es zu einer Reihe von skandalösen Freisprüchen von Österreichern, die des vielfachen Mordes an KZ-Häftlingen in Auschwitz und Mauthausen bezichtigt worden waren. Obwohl die Prozesse von der Justiz aufgrund umfangreichen Materials, das ihr von Simon Wiesenthal übergeben worden war, akribisch vorbereitet und äußerst korrekt durchgeführt worden waren, hatten sich die Geschworenen in fünf von sechs Fällen für einen Freispruch entschieden. Diese krassen Fehlurteile veranlassten Kreisky und Broda zur faktischen Einstellung aller weiterer Verfahren, da man sich noch größere Blamagen vor der internationalen Öffentlichkeit ersparen wollte. Dieses hilflos-opportunistische Zurückweichen in einer grundlegenden Frage von Österreichs Mitverantwortung an den Verbrechen des Nazi-Regimes belastete auf Jahre hinaus das Verhältnis zum Westen, namentlich zu den USA, Israel und den jüdischen Organisationen. Es behinderte aber auch in Österreich selbst eine längst überfällige ernsthafte Auseinandersetzung mit der eigenen nazistischen Vergangenheit, die damals ja erst weniger als drei Jahrzehnte zurücklag.

Kein Wunder, dass den ÖVP-Mandataren Walter Suppan und Johann Haider in dieser Atmosphäre der Aufschrei „alles

Juden!" entglitt, als Kreisky während einer Nationalratsdebatte erstmals die Auftragnehmer für den Bau der geplanten UNO-City nannte.

Das notorisch schlechte Verhältnis zwischen Kreisky und Wiesenthal, die weit mehr als nur die Parteizugehörigkeit trennte – da war wohl auch ein gerütteltes Maß an Arroganz des aus der Kultusgemeinde ausgetretenen Assimilierten gegenüber dem 1909 im fernen Galizien geborenen „Schtetl-Juden" dabei –, wurde durch die in dieser Angelegenheit berechtigte Kritik Wiesenthals womöglich noch prekärer. Dieser warf der Regierung Kreisky, die er ja bereits 1970 wegen der Aufnahme von vier „Ehemaligen" in das Minderheitskabinett scharf kritisiert hatte, nunmehr in einem ausführlichen Memorandum vor, aus Gründen der politischen Opportunität eine Atmosphäre der „kalten Amnestie" geschaffen zu haben und Hunderte von Untersuchungsfällen aus politischen Gründen begraben zu haben.

Tatsächlich befand sich die Regierung in einem schier unlösbaren Dilemma, solange sie sich an die Grundsätze des Rechtsstaates hielt. Und diese sahen als demokratische Errungenschaft der Zweiten Republik Laienrichter vor. Die Einrichtung von Berufsrichterkollegien wurde aber gerade von der Sozialdemokratie – ein Reflex auf die austrofaschistische „Klassenjustiz" – abgelehnt.

Eine andere Last aus der Vergangenheit, die – ebenso wie die Aufarbeitung der Nazi-Vergangenheit – seit Jahren unerledigt war, sollte etwa zur selben Zeit aus der Welt geschafft werden, wenngleich nach Art einer resoluten Vorwärtsstrategie. Kärntens Landeshauptmann Hans Sima hatte bei Kreisky angeregt, die Verpflichtung aus dem Staatsvertrag von 1955 zur Aufstellung von zweisprachigen – also deutsch-slowenischen – topografischen Aufschriften nun endlich zu verwirklichen. Im Windschatten des historischen Wahlsieges vom 1. März 1970 konnte der „Stern des Südens", wie der Kärntner Landeshauptmann ob seines autoritären Regierungsstils gerne genannt wurde, bei den folgenden Landtagswahlen mit über 53 Prozent der Stimmen einen beeindruckenden Sieg einfahren.

Sima selbst – der linksgerichtete „Zentralverband slowenischer Organisationen" gab damals eine Wahlempfehlung für die Kärntner SPÖ ab – hatte im Zuge des Wahlkampfes die längst überfällige Erfüllung staatsvertraglicher Bestimmungen angemahnt. Wie sehr sich die Situation zu dieser Zeit im Kärntner Grenzland zuspitzte, spiegelt sich in der skandalösen Äußerung des deutschnationalen „Heimatdienstes", wonach der Konflikt erst dann ein Ende finden werde, wenn eine der beiden Bevölkerungsgruppen nicht mehr existiere; ein verbaler Frontalangriff auf die autochthone slawische Volksgruppe in Südkärnten. Im Gegenzug wurden von jugendlichen slowenischen Aktivisten einsprachige Ortstafeln beschmiert; diverse Plakat- und Unterschriftenaktionen beider Seiten verschärften die ohnehin angespannte Lage noch weiter.

Kreiskys Verständnis für die Eskalation der gegenseitigen Vorwürfe war angesichts der unerfüllten – was die Prozentzahlen betrifft jedoch unbestimmten – Zusagen aufgrund des Staatsvertrages am Ende. In getrennten Besprechungen im Bundeskanzleramt warnte er die beiden Konfliktparteien vor den möglichen Folgen der um sich greifenden nationalistischen Agitation. Die Erfüllung der seit 1955 offenen internationalen Verpflichtung, des sogenannten Artikels 7 des österreichischen Staatsvertrages, der dem Land die volle Souveränität gebracht hatte, sollte umgehend erfolgen. Darin waren sich Landeshauptmann und Bundeskanzler einig.

Der Verwaltungsapparat kam auf Touren, und am 14. Juni 1972 brachte die SPÖ im Nationalrat schließlich einen Initiativantrag zur Einführung von deutschen und slowenischen Aufschriften in den gemischtsprachigen Orten Kärntens ein.

Am 6. Juli 1972 beschloss der Nationalrat mit nur drei Stimmen Mehrheit das „Ortstafelgesetz". Es sollte Österreich den heißesten politischen Herbst seit dem Oktoberstreik 1950 bescheren.

Dieses Gesetz sah die Anbringung zweisprachiger topografischer Aufschriften in jenen Orten vor, welche nach der Volkszählung 1961 einen 20-prozentigen Anteil slowenischsprachiger Bevölkerung aufwiesen; insgesamt ging es damit um 205

Ortstafeln. Sowohl die Slowenenorganisationen als auch die Heimatverbände lehnten diese Entscheidung, wenn auch unter umgekehrten Vorzeichen – den einen erschien es zu gering, den anderen zu weit gefasst –, umgehend ab. Die deutschnationale Opposition, allen voran der rechtsextreme Kärntner FPÖ-Abgeordnete Otto Scrinzi, hatte von Beginn der Diskussion an eine „Minderheitenfeststellung" gefordert. Dieser scheinbar demokratischen Forderung trat Kreisky jedoch unter Hinweis auf Südtirol vehement entgegen. Es wäre doch „Wahnsinn", meinte er, über die Rechte einer Minderheit eine Volksabstimmung abhalten zu wollen.

Die Umsetzung des Gesetzes begann am 20. September 1972, als die ersten Ortstafeln im gemischtsprachigen Gebiet Südkärntens tatsächlich angebracht wurden. Doch bereits Tage später kam es zu Ausschreitungen, die Tafeln wurden nach und nach in nächtlichen Aktionen vandalisiert. In der Nacht vom 9. zum 10. Oktober – dem Jahrestag der Kärntner Volksabstimmung 1920 – erreichten die Ausschreitungen ihren ersten traurigen Höhepunkt. In einer vom Kärntner „Heimatdienst" inspirierten Aktion wurden alle noch unbeschädigten zweisprachigen Ortstafeln zerstört oder vor der Landesregierung deponiert. Kreisky sprach in diesem Zusammenhang von Methoden der illegalen Nazis und lehnte einen Dialog mit dem „Heimatdienst" fortan ab.

Was in Österreich geschehe, sei bedenklich, gab der Bundeskanzler damals zu Protokoll, „vielleicht haben wir", räumte er ein, „gewisse nazistische Strömungen in Österreich bisher unterschätzt." Kreiskys spätere Bezeichnung der Ereignisse als „größte nazistische Demonstration nach dem Krieg" wurde in Kärnten weder geteilt noch publik gemacht. Die Reaktionen aus Jugoslawien trugen zur Beruhigung der Lage keineswegs bei. Das slowenische kommunistische Parteipräsidium bezeichnete in einer Protesterklärung die Aktionen in Kärnten als „organisierten Terror".

Die internationalen Beziehungen jedoch lagen sowohl dem Bundeskanzler als auch dem Landeshauptmann am Herzen. Was Sima im Sinne guter Nachbarschaftspolitik im Geiste des sich Jahre später manifestierenden Begriffes „Alpen-Adria" verfolgte, wollte sich auch Kreisky nicht „von ein paar pfeifenden

Gassenbuben zerstören lassen". Eine vernünftige Lösung im Sinne des Staatsvertrages sollte doch möglich sein, stellte Kreisky in einer eindrucksvollen Rede am 28. Oktober 1972 im Großen Saal der Klagenfurter Arbeiterkammer fest. Schließlich ginge es um „unser Ansehen in der Welt!", beschwor er die skeptischen Zuhörer. Daher sei auch „die Verantwortung der Kärntner (…) eine große", wie er festhielt.

Hunderte aufgebrachte Demonstranten empfingen ihn nach diesem Auftritt mit wüsten Beschimpfungen und rassistischen Schmähungen. Er aber weigerte sich entgegen den dringenden Empfehlungen der Polizei, das Gebäude durch einen Nebenausgang zu verlassen. „Ein österreichischer Bundeskanzler verlässt das Haus nicht durch die Hintertür!", war seine spontane Reaktion.

Dieses erschreckende Beispiel demokratischer Intoleranz bewirkte jedoch – trotz weiter bestehender Kritik an Kreiskys Urteilsfähigkeit – einen Österreich-weiten Meinungsumschwung. Angesichts der verstörenden Bilder aus dem Süden kam es zu einer bemerkenswerten Veränderung der öffentlichen Meinung außerhalb Kärntens; insbesondere bürgerliche Journalisten, aber auch zahlreiche Bürgergruppen und Solidaritätskomitees in Wien und in manchen Bundesländern gaben in dieser Frage Kreisky fortan kritischen Flankenschutz.

Die skandalöse Untätigkeit der Kärntner Exekutive, der im April 1974 erzwungene Rücktritt von Landeshauptmann Sima, dem Leopold Wagner folgte, der sich alsbald als „hochkarätiger Hitlerjunge" – so seine eigenen Worte – dem geänderten Kärntner Meinungsklima anzupassen versuchte, schließlich die vollständige Rücknahme des umstrittenen Gesetzes bedeuteten auch einen kräftigen Dämpfer für die von Kreisky landauf, landab verkündete Modernisierung und Demokratisierung Österreichs. Der über die Ortstafeln gestürzte und fortan in Kärnten verfemte Sima aber bezeichnete die Ereignisse um den Kärntner „Ortstafelsturm" auch noch Jahrzehnte später als „eine fürchterliche Enttäuschung" – wohl auch über Kreiskys raschen Entzug der Unterstützung –, die er seit jenen Tagen „nicht mehr losgeworden" sei.

211

Das Zurückweichen der Bundesregierung vor den extremistischen Kräften in Kärnten sowie die verschämte Beendigung der juristischen Aufarbeitung der nationalsozialistischen Vergangenheit zeigten Kreisky die Grenzen seines österreichischen Reformprojekts auf. Dass ihm Kärnten, sein bevorzugtes Urlaubsland, nach dem heißen Herbst 1972 bald angeblich „zu teuer" wurde, er dort seine Ferien nie mehr entspannt genießen konnte, hatte wohl ganz andere als finanzielle Ursachen. Kein anderer politischer Misserfolg hat Kreisky zeit seines Lebens mehr irritiert als sein Zurückweichen vor den wüsten Ausfällen in der Klagenfurter Bahnhofstraße.

Der rasche Erfolg und die breite Akzeptanz seiner übrigen Reformen hatten ganz offensichtlich den Blick auf die in der Tiefe der österreichischen Seele lagernden Defizite getrübt und dazu verleitet den vorherrschenden Optimismus für ein gewandeltes Österreich zu überschätzen. Die gelegentlich bloß institutionell-administrativ angelegte Reformagenda musste gerade im Kärntner Volksgruppenkonflikt, einem allzu lebendigen Erbe des ethnisch geprägten Nationalismus des 19. Jahrhunderts, notwendigerweise zu kurz greifen; sie war an der glatten Oberfläche des Fortschrittes stecken geblieben.

Die weitgehend tabuisierten Fragen des gleichberechtigten Zusammenlebens zweier zutiefst miteinander verwobener Kulturen, der slawischen und der deutschen, der vom Nationalismus überdeckte soziale Konflikt, die Instrumentalisierung des Antikommunismus, schließlich die Folgen des in den siebziger Jahren auf Hochtouren laufenden gesellschaftlichen und wirtschaftlichen Transformationsprozesses – dies alles trug dazu bei, dass die Regierung Kreisky, obwohl am Höhepunkt ihrer Reformkraft, weder mit der Aufarbeitung der nationalsozialistischen Verbrechen noch mit der Bereinigung des in den liberalen siebziger Jahren des 20. Jahrhunderts anachronistisch anmutenden Kärntner Volksgruppenkonflikts zu Rande gekommen ist.

Während die Freisprüche von mutmaßlichen nationalsozialistischen Massenmördern nicht mehr revidiert worden sind und noch heute den Diskurs über Österreichs unbewältigte

Gegenwart und Vergangenheit mitbestimmen, konnte Kreisky in der Kärntner Frage in späteren Jahren immerhin einen leidlichen Kompromiss durchsetzen, der der slowenischen Volksgruppe ihre Rechte in gewissem Maße sicherte und der Kärntner Mehrheitsbevölkerung die Urangst – eine klassische Projektion – etwas mildern konnte.

Zuvor aber folgten drei Jahre diverser Maßnahmen auf Initiative des Bundeskanzlers, alle mit dem Ziel, einen Weg aus der Kärntner Sackgasse zu finden. So nahm Anfang 1973 die „Studienkommission für Probleme der Slowenischen Volksgruppe in Kärnten" – besser bekannt als „Ortstafelkommission" – ihre Arbeit auf. Den 1975 vorgelegten Abschlussbericht lehnten die Slowenenvertreter ab; auch Kreiskys daraufhin eingerichtetem Kontaktkomitee war kein Erfolg beschieden, zumal die ursprünglich von ihm strikt abgelehnte Idee einer „Volkszählung besonderer Art" – eine Konzession Kreiskys an die deutschnationalen Kräfte in allen drei Parteien – immer mehr Unterstützung erhielt.

Am 7. Juli 1976 verabschiedete der Nationalrat mit den Stimmen aller drei damals im Parlament vertretenen Parteien das „Volksgruppengesetz" sowie eine Novelle des Volkszählungsgesetzes zur Durchführung dieser geheimen Spracherhebung. Neben der Einrichtung von „Volksgruppenbeiräten" – auch für die kroatische und ungarische Volksgruppe im Burgenland – und der Regelung ihrer finanziellen Förderung wurde auch das heiße Eisen der zweisprachigen Ortstafeln über die Köpfe der Betroffenen hinweg entschieden. Nunmehr sollte deren Aufstellung von einem 25-prozentigen Anteil slowenischsprachiger Bevölkerung abhängig gemacht werden. Nach dem österreichweiten Boykott der geheimen Erhebung der Muttersprache im November 1976 – ein Akt zivilen Ungehorsams, der weit über die Volksgruppe hinausreichte und deren Ergebnisse unbrauchbar machte – erging die Entscheidung auf Grundlage der regulären Volkszählungsergebnisse und unter Berücksichtigung der Zahl der zweisprachigen Schüler. Übrig blieben, als beschämendes Resultat opportunistischer Politik, lediglich zweisprachige Aufschriften in 91 Ortschaften und acht Gemeinden Südkärntens.

Immerhin leistet der ursprünglich von den Vertretern der Kärntner Slowenen boykottierte „Volksgruppenbeirat" seit Anfang der 1980er Jahre ersprießliche Arbeit; der festgeschriebene Anspruch auf finanzielle Unterstützung aus dem Topf der Volksgruppenförderung ermöglicht die kontinuierliche Unterstützung der slowenischen Sprache und Kultur in Kärnten und ergänzt somit die wichtigen schulischen Einrichtungen der Volksgruppe – Gymnasium, Handelsakademie, Handelsschule, Kindergärten, Musikschulen.

Mit der sogenannten „Ortstafelerkenntnis" vom 13. Dezember 2001 hat der Verfassungsgerichtshof die 25-Prozent-Formel des „Volksgruppengesetzes" inzwischen aufgehoben und Ortschaften, die über einen längeren Zeitraum betrachtet einen Prozentsatz an slowenischsprachiger Bevölkerung von mehr als 10 Prozent aufweisen, als Verwaltungsbezirk mit gemischter Bevölkerung qualifiziert.

Fünfundfünfzig Jahre nach der Unterzeichnung des Staatsvertrages, fast vierzig Jahre nach dem Scheitern der Kreisky-Sima-Initiative, die vom „Ortstafelsturm" hinweggefegt wurde, wartet das demokratische Österreich immer noch auf eine angemessene Lösung.

Eine Mahnung für die Zukunft bleiben vielleicht jene Worte, die der Bundeskanzler der Kärntner Bevölkerung anlässlich des tausendjährigen Jubiläums des Bundeslandes, am 26. Juni 1976, mit auf den Weg gegeben hat: „Das Höchste zu hüten, was es gibt, nämlich das friedliche Nebeneinander von Mensch zu Mensch und das friedliche Nebeneinander von Staat zu Staat."

Überaus freundlich empfangen wurde er am 27. Mai 1978 von den Schülerinnen und Schülern sowie dem Lehrkörper am „Bundesgymnasium für Slowenen" in Klagenfurt, trotz der maßlosen Enttäuschung über sein Zurückweichen vor der nationalistischen Kärntner Lobby um „Heimatdienst" und „Abwehrkämpferbund". Besonders berührt waren die jungen Burschen und Mädchen von der Erzählung des Bundeskanzlers über die Liebe zu seinem slowenischen Kindermädchen aus dem Oberkärntner Gailtal.

10. Kapitel

Der Nahe Osten rückt näher

1.

Vom 20. bis 22. Mai 1972 hielt sich US-Präsident Richard Nixon auf dem Weg zum SALT I[15]-Gipfel in Moskau zu einem Besuch in Salzburg auf. Er befand sich in Begleitung seines Nationalen Sicherheitsberaters Henry Kissinger und von Außenminister William Rogers. Bereits als Eisenhowers Vizepräsident war Nixon 1956 zum ersten Mal nach Österreich gekommen, um sich am Eisernen Vorhang östlich von Wien ein Bild von der Niederschlagung der ungarischen Revolution durch den sowjetischen Panzerkommunismus zu machen. Nunmehr, sechzehn Jahre später, führte er mit Bruno Kreisky, dem Bundeskanzler eines neutralen Landes zwischen den Blöcken, eingehende politische Gespräche, hörte sich dessen Einschätzung des Ost-West-Konflikts an und nahm Kreiskys Analyse der internationalen Politik an der Schwelle zur Détente – SALT I bedeutete immerhin den Beginn der Entspannungspolitik – mit großem Interesse auf.

Die Ankunft Nixons auf dem Salzburger Flughafen wäre beinahe von einer Demonstration Hunderter Vietnamkriegsgegner vereitelt worden. Erst nach einem Großaufgebot der Polizei, die das Gelände um den Flugplatz durch den Einsatz ihrer Schlagstöcke räumte, konnte die Landebahn freigegeben werden. Es gab immerhin fünfundzwanzig Verletzte, darunter den österreichischen Zukunftsforscher und späteren Grün-Kandidaten

---

15 Strategic Arms Limitation Talks, von 1969 bis 1979, zwischen den USA und der UdSSR. Das wichtigste Ergebnis war der im Mai 1972 unterzeichnete Anti-Ballistic-Missile-Treaty (ABM) zur Begrenzung von Raketenabwehrsystemen.

für das Amt des Bundespräsidenten, Robert Jungk. Auch Bruno Kreiskys 24-jähriger Sohn Peter, damals Obmann des VSStÖ, des „Verbandes Sozialistischer Studenten Österreichs", zählte zu den Demonstranten, die den amerikanischen Präsidenten als „Völkermörder" anprangerten. Ob Nixon darüber informiert war, sei dahingestellt, in jedem Fall äußerte er sich über den österreichischen Bundeskanzler mit überschwänglichen Worten, bezeichnete ihn während eines Mittagessens im Hotel Kobenzl auf dem Gaisberg als „einen der hervorragendsten Staatsmänner der Welt".

Endgültig ins weltpolitische Bewusstsein rückte der Name Kreisky allerdings ein Jahr später, als der österreichische Bundeskanzler gleichermaßen zum Feindbild wie zum Helden avancierte, zum Buhmann Israels und vieler jüdischer Organisationen, jedoch zum Freund der arabischen Welt: Am 28. September 1973, dem jüdischen Neujahrsfest 5734, brachten zwei palästinensische Geiselnehmer im Bahnhof des niederösterreichischen Städtchens Marchegg, nahe der Grenze zur Tschechoslowakei, drei jüdische Emigranten aus der Sowjetunion und einen österreichischen Zollwachebeamten in ihre Gewalt, nachdem sie diese unter Androhung von Waffengewalt aus einem gerade aus Russland eingetroffenen Zug geholt hatten. Die Terroristen fuhren sodann mit den Geiseln in einem VW-Transporter in Richtung Flughafen Wien. Schwechat wurde hermetisch abgeriegelt und von bewaffneten Exekutivbeamten umstellt. Die Geiselnehmer forderten die sofortige Schließung des Transitlagers im niederösterreichischen Schönau an der Triesting und Freies Geleit in den Nahen Osten.

Sowjetische Juden, die nach Israel emigrieren durften, wurden seit 1965 in Schloss Schönau in Niederösterreich untergebracht. In dem Transitlager nahmen sie Vertreter der „Jewish Agency" in Empfang. Sie wurden ausführlichen Interviews unterzogen, ehe sie dann – sofern sie tatsächlich dorthin auswandern wollten – nach Israel ausgeflogen wurden. Manche der Emigranten blieben allerdings gegen den grundsätzlichen Widerstand der Agency in Europa oder versuchten, in die USA oder nach Kanada zu gelangen.

216

1 Vater Max Kreisky mit seinen Söhnen Bruno (rechts) und Paul (links)
2 Die Mutter Irene Kreisky, geb. Felix. Sie stammt aus einer Industriellenfamilie aus Mähren.

3 Klassenfoto der Bundeserziehungsanstalt im 18. Bezirk, 1923/24,
   Bruno Kreisky in der 1. Reihe, 2. von links

4 Bruno Kreisky hat dieses größte Jugendtreffen in der Geschichte der internationalen sozialistischen Bewegung mitorganisiert.

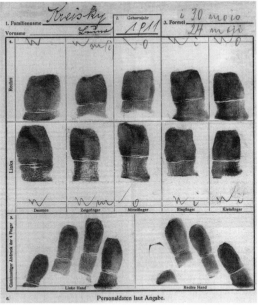

5 Polizeifoto von Bruno Kreisky nach seiner Verhaftung am 30. Jänner 1935
6 Fingerabdrücke von Bruno Kreisky, die ihm nach seiner Verhaftung abgenommen wurden.

7 Exil: Bruno Kreisky, Vera Kreisky, Willy Brandt und Carlota Brandt, 1944, Kreisky lernt Willy Brandt in Schweden kennen, daraus entsteht eine lebenslange Freundschaft.
8 Nach der Haftentlassung 1936

9   Hochzeit von Bruno Kreisky mit Vera Fürth 1942
10 Die Kinder Peter und Suzanne

11 Ehepaar Kreisky beim Schifahren in den 1950er Jahren

12 Paraphierung des „Moskauer Memorandums" durch Bundeskanzler Julius Raab am 15. April 1955 im Arbeitszimmer des sowjetischen Außenministers Molotow. Dahinter von links die Botschafter Schöner und Bischoff, Staatssekretär Kreisky, Politbüro-Mitglied Anastas Mikojan, Wjatscheslaw Molotow, Vizekanzler Adolf Schärf, Außenminister Leopold Figl, Dolmetsch Kindermann

13 Das Kanzlerzimmer im Parlament

14 Im Tal der Könige, Ägypten 1981

15   Vor der UNO in New York 1963

16   Im Kreis der Familie und seiner beiden Hunde 1965

17 Mit seinem politischen Ziehsohn Hannes Androsch

18 Gruppenbild mit österreichischen Pensionisten vor seinem Haus in Mallorca

19 Der 1. Mai 1980 am Wiener Rathausplatz

20 Beim jugoslawischen Präsidenten Josip Broz Tito 1960
21 Bei John F. Kennedy im Weißen Haus 1962

22 Der „Sonnenkönig"
23 Mit Wolfgang Petritsch und Margit Schmidt 1980

24   Mit Heinz Fischer auf dem Weg nach Ägypten 1981

25 Bei König Fahd (rechts) in Riad, Saudi-Arabien 1981

26 Auch zu Hause für jeden erreichbar

27 Mit Heinrich Böll und Lew Kopelew 1981

28 Pressekonferenz mit Willy Brandt, Anwar as-Sadat
    und Shimon Peres 1978
29 Der „Erdölschock" 1973 macht sich auch in Österreich bemerkbar.

30 Mit Jassir Arafat und Willy Brandt in Wien 1979
31 Der „Ortstafelsturm" in Kärnten 1972
32 Mit Kardinal Franz König und Bundespräsident Rudolf Kirchschläger beim österreichischen Katholikentag (dahinter Bauernbund-Präsident Roland Minkowitsch, ÖVP) 1974

33 Mallorca im Mai 1989

Die Terroristen, Mitglieder der pro-syrischen Gruppe „Adler der palästinensischen Revolution", forderten die Ausreisemöglichkeit in ein nicht näher bezeichnetes arabisches Land, wohin sie die Geiseln mitnehmen wollten, um sie dort gegen palästinensische Gefangene auszutauschen. Sie verlangten den libyschen Botschafter Mahmoud Al-Ghadamsi zu sprechen, den Kreisky neben österreichischen Spitzenbeamten und Sicherheitskräften und den Botschaftern des Irak sowie des Libanon zu den Verhandlungen mit den Terroristen hinzuzog. Die österreichische Regierung ging noch am gleichen Tag auf die Forderungen der Palästinenser ein und erklärte sich bereit, das Transitlager Schönau tatsächlich zu schließen.

Von Journalisten befragt, warum er sich so rasch entschieden habe, den Terroristen nachzugeben, antwortete Kreisky, ohne zu zögern: „Wenn man Juden retten will, muss man bei denen anfangen, die aktuell bedroht sind!" In den Memoiren heißt es lakonisch: „Unter dem Eindruck dieser Aktion ließ ich aus Sorge, weitere Anschläge könnten folgen, das Lager Schönau sperren, das der ‚Jewish Agency' als direktes Durchgangslager für russische Juden nach Israel diente." Sein „oberster Leitsatz in der Politik" sei es immer gewesen, „Menschenleben unter allen Umständen zu schützen, und von dem Augenblick an, in dem ich in die Geiselaffäre verwickelt wurde, habe ich danach gehandelt". Die damals über den ORF bekanntgegebene Erklärung der Regierung lautete: „Die Bundesregierung hat in einem am 28. September 1973 stattgefundenen, außerordentlichen Ministerrat beschlossen, in Anbetracht des Umstandes, dass die Sicherheit der aus der Sowjetunion in Gruppen nach Israel auswandernden Sowjetbürger bei ihrer Durchreise durch Österreich gefährdet ist, von jetzt an und in Zukunft die bisher gewährten Erleichterungen, wie die Unterbringung im Lager Schönau, einzustellen."

Der Entschluss, den Terroristen nachzugeben, mag auch von der mörderischen Erfahrung im September des Vorjahres geprägt gewesen sein, als palästinensische Terroristen – während der Olympischen Sommerspiele in München – elf israelische Sportler in ihre Gewalt gebracht hatten. Das blutige Ende dieser Geiselnahme, insbesondere aber das Versagen der deutschen Polizei während der Befreiungsaktion auf dem Flughafen Fürstenfeldbruck nahe München waren im allgemeinen Bewusstsein noch sehr präsent. Sie haben Kreisky bei seiner Meinungsbildung durchaus beeinflusst.

Nach dreizehnstündigen Verhandlungen wurden die Geiseln am 29. September freigelassen, die beiden Terroristen aber mit einer Cessna 414 in die libysche Hauptstadt Tripolis ausgeflogen. „Informieren Sie Gaddafi von unserem Offert, das Lager zu schließen", wies Kreisky den libyschen Botschafter abschließend an.

Trotz des unblutigen Endes des Geiseldramas wurde Kreisky wegen der Schließung des Transitlagers Schönau international, vor allem aber in Israel heftig kritisiert, da er in den Augen vieler den Terroristen allzu bereitwillig nachgegeben hatte. US-Präsident Richard Nixon stellte sich offiziell auf die Seite Israels, versuchte Kreisky sogar noch umzustimmen. Zwar tröstete er ihn mit den Worten: „You faced a painful decision", doch gegenüber den Medien hieß es aus Washington unmissverständlich: „We simply cannot have governments – small or large – give in to international blackmail by terrorist groups."[16]

Kreiskys bereits vor der Geiselnahme geäußerte Kritik am Transitlager Schönau lag nicht in der Tatsache begründet, dass die jüdische Auswanderung aus der Sowjetunion über Österreich erfolgte. Ihn störte vielmehr das Auftreten der zuständigen „Jewish Agency", die Schönau als eine Art exterritorialen Bezirk behandelte, gleichsam als Enklave unter israelischer Jurisprudenz, von israelischen Wächtern und Geheimdienstleuten geschützt. Ihm missfiel darüber hinaus, dass die Agency den Auswanderern keine alternativen Ausreisemöglichkeiten anbot und ihnen die Emigration in andere Länder als Israel

---

16 Das sollte Präsident Nixon allerdings nicht davon abhalten, im Juni 1974, auf dem Weg in den Nahen Osten, erneut in Salzburg zwischenzulanden, um sich mit Kreisky über die Lage in der Konfliktregion zu beraten. Laut Botschafter Hans Thalberg, der neben den Außenministern Kirchschläger und Kissinger sowie Nixons Militärberater Bent Scowcroft an dem Treffen teilnahm, war dies ein sehr intensiver Meinungsaustausch.

nicht ermöglichen wollte. Kreisky war der Überzeugung, auf dem Boden eines demokratischen Staates müsse den sowjetischen Juden die Chance eröffnet werden – die sie in der Sowjetunion ja nicht hatten –, ihre freie, unbeeinflusste Entscheidung über ihre zukünftige Heimat treffen zu können.

Drei Tage nach den Ereignissen reiste Israels Ministerpräsidentin Golda Meir persönlich nach Wien, um Bruno Kreisky von seinem Entschluss, Schönau zu schließen, wieder abzubringen. Ihre Intervention blieb erfolglos. Allerdings versicherte der Bundeskanzler seiner Besucherin, in jedem Falle dafür Sorge tragen zu wollen, dass Österreich weiterhin als Durchreise- und Asylland für Juden aus der Sowjetunion zur Verfügung stehe; fortan allerdings unter dem Schutz des Roten Kreuzes. Golda Meir glaubte ihm nicht, verließ nach zwei Stunden erzürnt das Treffen und sagte eine gemeinsame Pressekonferenz ab.

Diese Zusammenkunft ist in die Geschichte eingegangen: als jene Begegnung, während der Österreichs Bundeskanzler Frau Meir nach ihrer langen Bahnreise – sie war aus Strassburg gekommen – „nicht einmal ein Glas Wasser" angeboten habe. Unverrichteter Dinge nach Tel Aviv zurückgekehrt, wiederholte sie gegenüber Pressevertretern immer wieder vor allem dieses eine Detail ihrer Unterredung in Wien. Kreisky hält zu dem Vorfall fest: „Die Behauptung, wonach ich ihr bei ihrem Wien-Besuch nicht einmal ein Glas Wasser angeboten hätte (ist) reine Erfindung. Im Gegenteil. Neben seinem Arbeitszimmer hatte sich Bundeskanzler Raab nach seinem Schlaganfall einen Ruheraum eingerichtet, und diesen stellte ich Golda Meir zur Verfügung; außerdem lud ich sie ein (…) eine Jause mit mir einzunehmen. Stattdessen verließ sie wutentbrannt mein Arbeitszimmer."

Mehr als je zuvor kreiste nach den Ereignissen um Schönau die öffentliche und politische Wahrnehmung – nicht nur in Österreich, womöglich mehr noch international – um Kreiskys jüdische Herkunft und sein Verhältnis zu Israel. Bereits zu Beginn der 1960er Jahre – er war gerade Außenminister geworden – hatten ihn irakische Hochschüler in Wien in einem studentischen Zirkel auf die Tatsache aufmerksam gemacht, dass es ein „palästinensisches Volk" gebe, welchem seitens des damals ganz jungen Staates Israel großes Unrecht widerfahre. Die Vorfälle im Herbst 1973 führten Kreisky die Problematik im Nahen Osten eindringlich vor Augen; dieser Fragenkomplex sollte ihn fortan nie mehr loslassen. Marchegg bestärkte ihn in seinem später so rückhaltlosen Engagement in dieser Krisenregion.

An jenem Tag, an dem Golda Meir nach Israel zurückflog – an Bord ihrer Maschine saßen übrigens Dutzende Auswanderer aus der Sowjetunion –, demonstrierten jüdische Österreicher vor Kreiskys Amtssitz am Ballhausplatz. Auf einem der Transparente stand: „Auch Du warst einmal ein Flüchtling!"

Der Vorfall von Marchegg hatte die österreichisch-israelischen Beziehungen „kurz, aber heftig, gestört", wie Elisabeth Röhrlich in ihrem Buch zu Kreisky Außenpolitik fest hielt. Mit der Zeit normalisierte sich das Verhältnis jedoch größtenteils wieder; zu sehr war Israel auf Österreichs Hilfe bei der jüdischen Auswanderung aus der Sowjetunion angewiesen.

Als Ersatz für das Lager Schönau wurde sehr bald die „Hilfsstelle Wöllersdorf" des Landesverbandes des Roten Kreuzes Niederösterreich für Flüchtlinge und andere Durchreisende eingerichtet. Damit trat für die aus der Sowjetunion Emigrierenden im Grunde keine Verschlechterung ihrer Betreuung in Österreich ein – im Gegenteil. Dass der Transit sowjetischer Juden durch das Land – zwischen 1968 und 1986 waren es insgesamt 270.000 – erst nach dem Anschlag seinen Höhepunkt erreichen sollte, wurde (wenn auch erst viele Jahre später) sogar von israelischer Seite als Kreiskys Verdienst anerkannt. In Wöllersdorf hatte das Dollfuß-Schuschnigg-Regime übrigens einst seine politischen Häftlinge untergebracht.

Bei Durchsicht der nationalen und internationalen Pressestimmen, die sich mit Kreiskys Haltung zum Fall Schönau beschäftigten, fällt auf, dass die meisten Kommentatoren dazu neigten, Kreiskys Verhältnis zu seiner jüdischen Herkunft psychologisierend zu deuten. Das galt für seine Kritiker ebenso wie für seine Befürworter. Besonders die israelischen Medien versuchten seine jüdische Identität zu ergründen. Kreisky selbst war daran natürlich nicht ganz unbeteiligt.

Gegenüber dem deutschen Wochenmagazin *Der Spiegel* betonte er beispielsweise: „Ich lehne den Rassenstandpunkt ab, ebenso den Anspruch Israels, die natürliche Heimat aller Juden zu sein – er beruht auf einer historischen Fiktion. Es ist die Heimat derer, die nirgends anders eine Heimat haben. Meine Heimat ist Österreich und war es zu jeder Stunde – auch als Nazis hier herrschten, genau wie Österreich die Heimat meiner Vorfahren seit hunderten Jahren war."

Dem in Wien geborenen Journalisten der großen israelischen Tageszeitung *Jedi'ot Acharonot*, Jeshajahu Ben Porath, gewährte Kreisky einen Tag nach Golda Meirs Sturm im Wasserglas ein ausführliches Interview. Ben Porath erinnert sich: „Vom ersten Moment war es, als wären wir Freunde. Vielleicht weil ich Kreisky gesagt habe: ‚Ich bin israelischer Journalist, aber in Wien geboren.' Da sagt der Kreisky, ich erinnere mich daran genau: ‚Na ja, da kann man Wienerisch sprechen! Wollen Sie was trinken, damit Sie dann nicht schreiben, dass Sie kein Glas Wasser von mir bekommen haben?' So hat's begonnen, die Atmosphäre war wunderbar. Wir waren alleine in seinem Büro." Kreisky, so der Journalist weiter, habe zwei Dinge ganz klar dargelegt: „Ich bin Bundeskanzler nicht des Judenstaates, sondern Österreichs, und ich führe eine Politik, die eine österreichische Politik ist. Sie können von mir nicht erwarten, dass ich irgend etwas mache, das gut ist für die Interessen Israels, aber schlecht für die Interessen Österreichs. Ich kann versuchen, Israel zu verstehen, ich kann versuchen, Euch auch zu helfen." Das tue er ohnehin, meinte Kreisky, denn an seiner Haltung gegenüber den jüdischen Emigranten aus der Sowjetunion habe sich ja nichts geändert. „Das Zweite war, dass er mir damals ganz klar gesagt hat, aber das war *off the record*, und ich konnte es nicht veröffentlichen: ‚Ihr werdet bald Krieg haben.' Und ich fragte ihn: ‚Ja? Wieso?' Und er sagte: ‚Vor einigen Tagen habe ich eine ägyptische Persönlichkeit[17] getroffen, ich kann Ihnen den Namen nicht sagen, er ist sehr wichtig, und ich habe

---

17 Gemeint war der Vertraute Präsident Sadats und spätere ägyptische Außenminister Ismail Fahmi.

von dieser Persönlichkeit verstanden, dass es bald Krieg geben soll.' Ich habe es ihm nicht geglaubt, da ich die ganze Zeit, vorher, mit Moshe Dajan, mit Golda Meir, mit den Leuten von der Armee, mit dem Generalstabschef Dado Elazar und anderen gesprochen hatte. Ich glaubte den Leuten, die mir sagten, die Ägypter können keinen Krieg gegen uns machen."

Zwei Tage nach dieser Begegnung Ben Poraths mit Kreisky, am 6. Oktober 1973, brach der Jom-Kippur-Krieg aus, der spektakuläre Überfall ägyptischer und syrischer Truppen auf den Judenstaat – am Versöhnungstag, dem höchsten Feiertag im jüdischen Kalender. Ziel der Angreifer war die Rückeroberung der im Sechstagekrieg 1967 an Israel verloren gegangenen Gebiete. Am beinahe dreiwöchigen Krieg beteiligten sich nach und nach zahlreiche andere islamische Staaten: Irak, Saudi-Arabien, Pakistan, Kuwait, Algerien, Tunesien, Sudan, Marokko, Libanon, Jordanien, indirekt auch Libyen. Auch Kuba entsandte etwa tausendfünfhundert Soldaten.

„Die Eröffnung der Kampfhandlungen am höchsten jüdischen Feiertag empfand man als besonders frevelhaft", heißt es in Kreiskys Erinnerungen. „Ich hielt das für naiv. Warum sollten die Araber auf einen jüdischen Feiertag Rücksicht nehmen?" Die nächsten beiden Sätze verraten seine zwiespältigen Gefühle gegenüber dem Judenstaat besonders deutlich: „Im Gegenteil. An diesem Tage sollten der israelischen Armee die ersten Niederlagen bereitet werden."

Zwar hatte Kreisky anlässlich des Sechstagekrieges im Juni 1967 nicht zu jenen gezählt, welche die überraschenden Siege der jüdischen Streitkräfte, die Eroberung der Golanhöhen, der Sinaihalbinsel und Ostjerusalems mit Jubel quittiert hatten. Doch als Sprecher bei einer Kundgebung im Wiener Kongresshaus Margareten, zu der die Sozialistische Jugend aufgerufen hatte, schlug er damals noch deutlich kritische Töne gegenüber den arabischen Staaten an: „Wir lesen von Schlachten und Siegen, doch wir übersehen, dass dieser Krieg im Nahen Osten tausende junge Menschen das Leben kostet. Dabei wurde dieser Krieg so sinnlos begonnen wie kaum ein anderer. Dieser Krieg wurde nämlich von Fürsten und Herrschern angezettelt, die die Ausbeuter ihrer Völker sind und im Grunde genommen im Krieg mit ihren Völkern leben. Auch in diesem Teil der Welt wäre eine schöpferische Zusammenarbeit möglich, würden Israels Nachbarstaaten von Männern regiert, denen das Wohl ihrer Völker am Herzen läge."

In den Memoiren klingt es etwas anders: „Viele Besucher erfasste ein geradezu patriotischer Rausch für Israel. Der so sympathische Bürgermeister Marek (…) hielt eine glühende Brandrede, mit der er die Anwesenden zu Beifallsstürmen hinriss. Mir waren solche Töne in der Seele zuwider. Da ich als Vorsitzender der Sozialistischen Partei ebenfalls das Wort ergreifen sollte, gab ich der Meinung Ausdruck, dass Kriege keine Probleme lösen, vor allem nicht im Mittleren Osten, und dass man so rasch als möglich versuchen müsse, zu Friedensverhandlungen (…) zu kommen. Meine Rede fand eigentlich nur die Zustimmung der wenigen dort anwesenden arabischen Studenten, die mit einer Feindseligkeit sondergleichen vom Publikum beobachtet wurden."

Der bekannte Journalist und Schriftsteller Hans Habe schrieb noch während des Jom-Kippur-Krieges in der jüdischen *Neuen Welt*: „Man (kann) sich eines gewissen Mitleids mit Bruno Kreisky nicht enthalten, dessen Bruder in Israel unter ägyptischen Bomben sterben mag, während der Kanzler dem ägyptischen Botschafter die Hand drückt und er tatsächlich zu glauben scheint, dass man sich durch ‚Konfessionslosigkeit‘ dem jüdischen Schicksal entziehen kann. Die Tragik Kreiskys ist seine eigene."

Hans Thalberg, der treue Weggefährte und Mitarbeiter Kreiskys, zeichnet ein etwas differenzierteres Bild der Reaktion des Bundeskanzlers auf die Ereignisse Anfang Oktober 1973. Er befand sich gerade auf einer Wahlkampfreise durch Oberösterreich, als er „am 6. Oktober 1973 (…) aus einer Wahlversammlung in Ried im Innkreis in die Küche des Messe-Restaurants ans Telefon gerufen" wurde, so Thalberg. „Eine starke und gut ausgerüstete Armee hatte, von den israelischen Vorposten unbemerkt, auf breiter Front den Suezkanal überschritten und stieß nach dem Norden vor. Der Kanzler war sichtlich erschüttert. Im Großen Saal des Messegeländes spielte eine

Musikkapelle österreichische Märsche, niemand ahnte etwas von der Nachricht, die Kreisky soeben erhalten hatte. Der Oktoberkrieg (...) hatte begonnen."

Am 24. Oktober 1973, achtzehn Tage nach Beginn des Jom-Kippur-Krieges, wurde auf Druck der USA und Betreiben des UN-Sicherheitsrates ein Waffenstillstand ausgehandelt. Mehr als zweitausendsechshundert israelische Soldaten waren gefallen, siebentausendfünfhundert wurden verwundet und dreihundert gerieten in Gefangenschaft. Die israelische Luftwaffe hatte durch den Einsatz von Flugabwehr-Raketen aus sowjetischer Produktion zahlreiche ihrer Maschinen verloren. Auf arabischer Seite gab es über achttausendfünfhundert Tote zu beklagen. Darüber hinaus aber führte der Krieg zu einer nachhaltigen Traumatisierung der israelischen Bevölkerung, die sich zum ersten Mal in der konfliktgeladenen Geschichte des jungen Staates zutiefst verunsichert fühlte: Man hatte die extreme Bedrohung kaum wahrgenommen und musste nun einsehen, wie ungemein verwundbar man in Wirklichkeit war. Galt die israelische Armee „Zahal" bis dahin als gleichsam unbesiegbar, so machte sich nun allgemein Angst und ein tiefes Krisenbewusstsein breit. Aufgrund der so massiven Verluste wurden nach Ende des Krieges schwere Vorwürfe gegen Golda Meir erhoben, den drohenden Überfall ägyptischer und syrischer Truppen nicht vorhergesehen zu haben; im Dezember 1973 gab sie ihren Rücktritt bekannt. Infolge einer längeren Regierungskrise übernahm sie das Amt der Ministerpräsidentin im März 1974 noch einmal, sollte aber im April 1974 endgültig durch Jitzhak Rabin abgelöst werden.

2.

Als unmittelbare Folge des Jom-Kippur-Krieges kam es im Herbst 1973 zum sogenannten „Ölschock": Die seit 1965 in Wien angesiedelte Organisation der Erdöl exportierenden Länder (OPEC) drosselte die Fördermengen bewusst um rund

5 Prozent, um die westlichen Länder, welche Israel nach wie vor unterstützten, unter Druck zu setzen. An dem Öl-Embargo nahmen Iran, Algerien, Irak, Qatar, Kuwait, Libyen, Saudi-Arabien und die Vereinigten Arabischen Emirate teil. Im Verlauf des Jahres 1974 kletterte der Weltölpreis auf über zwölf Dollar pro Barrel, eine Steigerung um das Vierfache im Vergleich zum Preis vor dem Krieg. Der Preis des Erdöls war während der fünfziger und sechziger Jahre des 20. Jahrhunderts in etwa gleich geblieben – ein riesiger Vorteil für den industriellen Wiederaufbau nach dem Zweiten Weltkrieg. Unvorstellbar: Ein Barrel Rohöl kostete damals so viel wie eine Flasche Coca Cola.

In Österreich wurde ein autofreier Tag pro Woche als Sparmaßnahme eingeführt. Legendär war Kreiskys gutgemeinter Rat, man möge sich eben nass rasieren, um Strom zu sparen. Den Schulen verordnete man eine Woche Ferien im Februar, die sogenannten „Energieferien" – ein logisches Paradoxon, wie sich bald zeigen sollte.

Am Höhepunkt der Energiekrise gründete der Bundeskanzler 1977 die „Energieverwertungsagentur", welche die Österreicher den sparsamen und intelligenten Umgang mit Energie lehren sollte. Eine recht unkonventionelle Personalentscheidung brachte den bisherigen Generalsekretär der Wiener Konzerthausgesellschaft und ehemaligen Theaterkritiker, Peter Weiser, an die Spitze der E.V.A. Weiser sollte in späteren Jahren in Ungnade fallen: Er stand im Kreisky-Androsch-Konflikt auf Seiten des Finanzministers.

Der „Ölschock" führte zum Ende der jahrelang anhaltenden Hochkonjunktur, das Schlagwort vom „Nullwachstum" machte die Runde. Kreisky hatte zwar schon im Sommer 1973 vor einer „Prosperitätseuphorie" gewarnt, nach Ausbruch der Ölkrise erklärte er allerdings, für seine Regierung könne es kein Nullwachstum geben. Das Wort von der Krise sei, so Kreisky damals, „eine unerlaubte Dramatisierung". Bereits das Budget 1974 enthielt eine Reihe von antizyklischen Maßnahmen, die im Lauf der Jahre zu einem umfassenden Konzept weiterentwickelt wurden, welches zur Grundlage des später als „Austro-Keynesianismus" bezeichneten österreichischen Weges geworden ist.

Die von Kreisky und seinem Finanzminister Hannes Androsch praktizierte Politik des „Deficit Spending", einer der konservativen Hauptkritikpunkte sozialistischer Wirtschaftspolitik, brachte Österreich besser als vergleichbare Länder über diese erste Ölkrise und deren Folgewirkungen hinweg.

Die von umfangreichen Investitionsprogrammen gestützte Vollbeschäftigungspolitik hielt die Arbeitslosigkeit beständig unter der 3-Prozent-Marke, garantierte dank funktionierender Sozialpartnerschaft konstante Lohnzuwächse, und auch die Inflation lag im unteren Drittel der Industrieländer. Trotzdem führte der abrupte Anstieg des Ölpreises auch in Österreich zu langfristig wirkenden Zahlungsbilanzproblemen. Insgesamt aber ist die Leistung der Bundesregierung umso bemerkenswerter, wenn man berücksichtigt, dass die OECD die Jahre der ersten Ölkrise, die die Weltwirtschaft völlig unvorbereitet getroffen hatte, als die bis dahin schwierigsten und aufgabenreichsten in der Nachkriegsgeschichte bezeichnet hat.

Ende Oktober 1973, noch vor dem Ende des Jom-Kippur-Krieges, regte Golda Meir ein Treffen der Sozialistischen Internationale an, die in London stattfinden sollte. Frau Meirs damaliger enger Mitarbeiter und spätere israelische Handelsminister Micha Harish rief Willy Brandt und Bruno Kreisky an, um die Konferenz in Gang zu bringen. Obwohl erst wenige Wochen seit der „Glas-Wasser-Affäre" vergangen waren, sagte Kreisky unverzüglich zu. Zahlreiche europäische Premierminister nahmen daran teil; Golda Meir und Bruno Kreisky stritten im Verlauf des Treffens zwar erneut miteinander, jedoch weit weniger heftig als zuletzt in Wien.

Micha Harish war laut eigener Aussage der Initiator einer Studiengruppe, die aus dem Londoner Treffen hervorgehen sollte und den Namen „Middle East Fact Finding Mission" tragen sollte. Harish erinnerte sich im Gespräch mit Barbara Taufar: „Ich sagte zu Golda: ich werde dich überraschen. Ich finde, Kreisky sollte dieser Mission vorstehen. Sie war in der Tat erstaunt, aber sie hörte mir zu. Ich sagte: wir brauchen jemanden, der gute Kontakte zur arabischen Welt hat, und er kann mit beiden Seiten gut kommunizieren."

Tatsächlich führte Bruno Kreisky dann Mitte März 1974 eine erste „Fact Finding Mission" der Sozialistischen Internationale in den Nahen Osten an. Die große Delegation europäischer Sozialisten wollte die Verhältnisse an Ort und Stelle studieren und Politikern aus allen Lagern begegnen, um mit ihnen gemeinsam nach einer bleibenden Friedenslösung für die Region zu suchen. Vorab betonte Kreisky, es handle sich um keine Vermittlungsmission, sondern es gehe darum, „von den arabischen Führern Informationen zu erhalten", um festzustellen, welche Bedingungen für eine Nahost-Lösung nötig seien. Drei Fragen sollte die Reise beantworten: inwieweit die arabische Welt bereit sei, das Existenzrecht Israels anzuerkennen, wie sich die wirtschaftliche Zusammenarbeit zwischen der arabischen Welt und Europa entwickeln mochte und ob in diesen Ländern Kontaktstellen der Sozialistischen Internationale eingerichtet werden konnten.

Zwischen 9. und 16. März 1974 führte eine erste Reise nach Ägypten, Syrien und Israel. In internen Besprechungen der Sozialistischen Internationale hatte sich Kreisky zunächst dagegen ausgesprochen, auch nach Israel zu reisen. Letztlich beugte er sich aber dem Plan – wohl nicht zuletzt, nachdem sich sein Verhältnis zu Golda Meir so deutlich verbessert hatte –, Israel mit einzubeziehen.

Es war dies nicht die erste Reise Kreiskys nach Ägypten: Bereits 1964 hatte er als Außenminister Präsident Gamal Abdel Nasser besucht. Der aus Wien stammende israelische Journalist Moshe Meisels erinnert sich an ein Gespräch mit Bruno Kreisky unmittelbar nach dessen Rückkehr: „Er sagte mir, er war sehr zufrieden, dass er zum ersten Mal mit einem israelischen Korrespondenten sprechen kann, und erzählte mir, dass er erst gestern oder vorgestern aus Kairo zurückgekommen sei und ein Gespräch mit Präsident Nasser hatte. Da erzählt er mir, dass, als er reingegangen ist, Nasser gesagt hat: ‚Herr Außenminister, wir Österreicher und Ägypter haben ein gemeinsames Problem.‘ Daraufhin hat er ihn verwundert gefragt: ‚Was für ein Problem?‘ Darauf hat Nasser gesagt: ‚Sie haben Südtirol, und ich habe Israel.‘ ‚Darauf habe ich ihm gesagt‘, erzählte Kreisky, ‚wir wollen

227

aber die Italiener nicht ins Meer werfen.' Darauf hat Nasser ihm gesagt: ,Aber das ist doch nur ein Gerede, ernsthaft ist das nicht. Wir haben gar nicht die Absicht dazu.' (Daraus wird) klar, dass Kreisky Nasser einen Vorwurf gemacht hat. Er hat ihn kritisiert. Das zeigt, dass Kreisky absolut besorgt war um die Zukunft Israels wegen dieser aggressiven, politischen Einstellung."

Zehn Jahre später beeindruckte Kreisky seine erste Begegnung mit Ägyptens Staatspräsident Anwar as-Sadat zutiefst (Nasser war 1970 einem Herzinfarkt erlegen und von Sadat abgelöst worden); er traf mit ihm in dessen Feriendomizil nahe Alexandria ganz ohne Begleitung zu einer zweistündigen Unterredung zusammen. „Das Gespräch mit Sadat hatte in höchstem Maße aufklärenden Charakter", heißt es in den Memoiren. Er war sogleich ganz und gar von ihm eingenommen. „Dieser 10. März 1974 war einer der ereignisreichsten und nachhaltigsten Vormittage, die ich je erlebt habe." Nicht nur Sadats Ausstrahlung nahm ihn gefangen, sondern auch „seine Aufgeschlossenheit, die Art, mir seine Ansichten darzulegen".

Sadat forderte Kreisky beim Abschied ausdrücklich dazu auf, Palästinenserchef Jassir Arafat zu begegnen, einem Freund seiner Familie, dem der ägyptische Staatspräsident großes Vertrauen entgegenbrachte. Nachdem Kreisky seine prinzipielle Bereitschaft bekundet hatte, mit Arafat zu sprechen, flog dieser von Beirut nach Kairo. Die beiden Männer kamen bereits am nächsten Tag zu einer einstündigen Aussprache zusammen.

„Ich war dabei, als Bruno Kreisky am 11. März 1974 Jassir Arafat erstmals die Hand schüttelte", erinnert sich der damalige Generalsekretär der Sozialistischen Internationale, der unkonventionelle Wiener Publizist Hans Janitschek. „Das grenzte damals fast an Hochverrat. Aber Kreisky wusste, was er tat. Er war von Anfang an davon überzeugt, dass nur Selbständigkeit der Palästinenser dem Krieg zwischen Juden und Arabern ein Ende setzen würde." Als Arafat das Gespräch mit der Forderung: „Israel muss von der Landkarte verschwinden!" eröffnete, entgegnete ihm Kreisky laut Janitschek unverzüglich: „Herr Vorsitzender, wenn Israel verschwindet, verschwinden auch Sie; aber es ist genug Platz in Palästina für Sie beide …!"

Rückblickend schildert Kreisky diese erste Begegnung mit Arafat eher zurückhaltend: Sie habe „in keiner Weise Eindruck" auf ihn gemacht, er erkannte in Arafat mitnichten den starken Führer des palästinensischen Volkes. Eine Einschätzung, die später allerdings eine gewisse Wandlung durchmachen sollte, denn im Verlauf der Jahre sind Arafat und Kreisky einander dann doch „immer nähergekommen".

Sein persönliches Naheverhältnis zu Arafat wurde Kreisky in späteren Jahren oft vorgehalten: Er verkehre mit einem Terroristen. Die ÖVP verlangte sogar in einer parlamentarischen Anfrage die Offenlegung des Briefwechsels der beiden. Dabei bewahrte sich Kreisky gegenüber Arafat stets eine kritische Distanz. Auch dessen Umarmungen nahm er, der öffentliche körperliche Nähe nach Möglichkeit vermied, als arabisches Zeichen der Freundschaft hin. Es war ihm wichtig, das sachliche Gespräch mit dieser führenden Persönlichkeit des palästinensischen Widerstandes zu suchen und nicht zuletzt dadurch auch zu verhindern, dass die extremen Gruppierungen in der PLO weiter an Einfluss gewannen.

Zum Abschluss der Sieben-Tage-Mission des Jahres 1974 reiste die Delegation nach Israel, wo sie von Ministerpräsidentin Golda Meir und zahlreichen Politikern aus verschiedenen Lagern, darunter auch dem damaligen Oppositionspolitiker Menachem Begin, empfangen wurde. Dieser habe sich „besonders frostig" ihm gegenüber verhalten, heißt es in Kreiskys Memoiren, „indem er fast die ganze Zeit über schwieg". Kreiskys Treffen mit Golda Meir dauerte hingegen knapp vier Stunden und fand in einer freundlichen und offenen Atmosphäre statt, wie es seitens mitreisender Journalisten hieß. In Kreiskys Lebenserinnerungen bekommt man allerdings einen eher zwiespältigen Eindruck von diesem zweiten Wiedersehen mit Golda Meir nach dem Wiener Eklat: „Ich berichtete von meinen Erfahrungen in Ägypten und Syrien. Sadats Äußerung, einen Friedensschluss müsse man der nächsten Generation überlassen, zunächst könne nur ein Zustand der Nichtkriegführung erzielt werden, wurde sehr kritisch aufgenommen. Vor allem Golda Meir war von großer Skepsis erfüllt; mit jenem unnachahmlichen, ironischen Kopfwackeln, das für jüdische Menschen aus dem Osten so typisch ist, gab sie ihren Zweifeln und ihrer Ablehnung Ausdruck." (Bereits wenige Wochen nach Kreiskys Abreise sollte Jitzhak Rabin die Regierungsgeschäfte in Israel übernehmen.)

Teile der israelischen Öffentlichkeit scheinen Kreisky durchaus mit Herzlichkeit begegnet zu sein, glaubt man den Ausführungen von Barbara Coudenhove-Kalergi, die den Bundeskanzler als Journalistin der *Arbeiter-Zeitung* auf seiner Nahost-Reise begleitet hatte. Sie berichtet auch von einem bewegenden Wiedersehen nach sechsunddreißig Jahren: Erstmals war Bruno Kreisky in Tel Aviv seinem 1938 in das damalige Palästina ausgewanderten Bruder Paul wieder begegnet. Israel Gat, Mitglied der Labour Partei, den der Bundeskanzler eingeladen hatte, ihn zu dem Treffen zu begleiten, erinnert sich: „Both of them were crying, you know, and this I have never seen, of course, Kreisky so emotional …"

Die Brüder tauschten bei einem ausgiebigen Frühstück in Pauls Wohnung Erinnerungen an ihre Kindheit und Jugend aus; wortreich erklärte Bruno seinem Bruder Paul, warum er ihm so selten geschrieben habe: „Du weißt doch, ich bin ein sehr beschäftigter Mensch." Der Erstgeborene bedankte sich bei seinem erfolgreichen Bruder, dass dieser ihn seit Jahren finanziell unterstützte: Pauls Gesundheitszustand, seine psychische Labilität, die ihn zu einem eigenartigen Kauz werden ließ, hatte sich im Verlauf der Jahrzehnte zusehends verschlechtert. Er hatte geheiratet, war aber 1974 schon längst wieder geschieden. Pauls zwanzigjähriger Sohn Jossi, Brunos Neffe, der seinem Onkel in diesen Tagen zum ersten Mal begegnete, diente in der israelischen Luftwaffe.

Im Kreisky Archiv befinden sich eine Reihe von Briefen aus den 1950er Jahren, die die beständige Sorge des jüngeren Bruders um das Wohlergehen des Erstgeborenen dokumentieren. Bald nach seiner endgültigen Rückkehr aus Schweden hat Bruno Kreisky über Verwandte und Berufskollegen (wie dem österreichischen Generalkonsul Karl Hartl) seinem Bruder sowohl finanzielle wie materielle Unterstützung (Kleidung,

Lebensmittel, etc.) zukommen lassen. Über lange Jahre hat dann ein alter Bekannter Kreiskys, der aus Österreich stammende Honorarkonsul Brenner, als Verwalter des „Bruno Kreisky Trust Fund for Paul Kreisky" über das prekäre Leben des Bruders gewacht. In späteren Jahren übernahm der bekannte Jerusalemer Rechtsanwalt Yehezkel Beinish – seine Frau ist heute Präsidentin des Obersten Gerichtshofes in Israel – diese Aufgabe. Beinishs Erzählungen zufolge kümmerte sich Bruno Kreisky stets voller Sorge um das Wohl seines Bruders, erkundigte sich konstant nach ihm und hat alles unternommen, um ihm einen würdigen Lebensabend zu ermöglichen. Beinish hielt Bruno Kreisky bis zu seinem Ableben über Paul auf dem Laufenden. Peter Kreisky sollte die verwandtschaftliche Verpflichtung dann bis zum Tod seines Onkels – wenige Jahre später – fortführen.

In den beiden folgenden Jahren führte Kreisky zwei weitere „Fact Finding Missions" in den Nahen Osten, wenn auch mit weniger Teilnehmern – und beide Reisen erhielten in den Medien deutlich geringere Aufmerksamkeit als die erste: Vom 9. bis 16. Februar 1975 ging es nach Marokko, Algerien, Tunesien und Libyen; die dritte und letzte Etappe führte Mitte März 1976 nach Kuwait, in den Irak, nach Jordanien, Saudi-Arabien, Syrien und in die Vereinigten Arabischen Emirate.

Kein anderes Beispiel als der Nahostkonflikt illustriert besser Kreiskys Verständnis einer aktiven Außenpolitik, charakterisiert aber auch aufs Anschaulichste den persönlichen Stil und das oft riskant scheinende und von Emotionen beeinflusste Engagement. Die politischen und biografischen Missverständnisse um Kreiskys bahnbrechendes Nahost-Engagement waren somit vorgezeichnet.

In späteren Jahren ließ er sich zuweilen zu überspitzt-polemischen Bemerkungen über israelische Politiker wie die Likud-Führer Menachem Begin und Jitzhak Shamir hinreißen; aber auch sein gespanntes Verhältnis zu den Labour-Politikern Shimon Peres und Jitzhak Rabin hat oftmals seine grundsätzlich positive Einstellung gegenüber Israel überdeckt. Andererseits aber gehörten Außenminister Abba Eban oder Yigal Allon, in den siebziger Jahren stellvertretender Ministerpräsident und Außenminister, aber auch Sympathisanten der „Peace-Now-Bewegung" wie Arie Lova Eliav, Jossi Sarid, Shulamit Aloni und insbesondere Uri Avnery zum großen Kreis israelischer Freunde Kreiskys.

Der österreichische Bundeskanzler hatte frühzeitig – noch vor dem Ölschock 1973 – den für Europa entscheidenden wirtschaftlichen Konnex mit der arabischen Welt erkannt. Sein unermüdlicher Einsatz für die Rechte des palästinensischen Volkes war aber auch Folge seines sozialistischen Verständnisses von Solidarität mit den Unterdrückten. Zweifellos hat seine eigene leidvolle Erfahrung als Flüchtling dabei äußerst motivierend gewirkt.

Zur eigentlichen Mittlerrolle, die Kreisky bis zur Anerkennung der PLO durch Österreich 1979 spielte, fand er freilich erst über die Sozialistische Internationale. Als Bundeskanzler und führendes Mitglied der SI verfolgte er das Ziel, den nahöstlichen Krisenherd durch die Einbeziehung der Palästinenser – konkret der PLO Jassir Arafats – zu entschärfen.

Genau in diesem Punkt lag auch das Innovative von Kreiskys Nahostpolitik: Während es damals in der internationalen Politik noch keineswegs üblich war, von Palästinensern zu sprechen – meist war lediglich allgemein von „den Arabern" die Rede –, beharrte der österreichische Bundeskanzler darauf, die Palästinenser als ein eigenes Volk anzuerkennen. Später verwies er zur Erklärung immer wieder auf seine biografische Erfahrung, die im schwedischen Exil wurzelte. Damals habe man ihn als Deutschen bezeichnet, da der Staat Österreich nicht mehr existierte. Er bestand gegenüber den schwedischen Behörden jedoch darauf, kein Deutscher, sondern Österreicher zu sein. Auch wenn er damit kein Gehör fand, blieb das Gefühl, seiner eigenen Nationalität beraubt zu sein, eine prägende Erfahrung. Selbst gegenüber der israelischen Ministerpräsidentin Golda Meir zog er diesen Vergleich, ohne jedoch bei ihr auf Verständnis zu stoßen. Seine feste Überzeugung, dass die Palästinenserfrage der Dreh- und Angelpunkt des gesamten Nahostkonfliktes sei, erklärt auch seine spätere Skepsis gegenüber dem von US-Präsident Jimmy Carter zwischen Israel und Ägypten vermittelten Friedensabkommen von Camp David des Jahres 1978. Eine Fokussierung allein auf das Verhältnis dieser beiden Staaten erschien Kreisky zu kurz gedacht.

In der Wahrnehmung des politischen Gegners wurde Kreiskys Fürsprache für die Palästinenser oft als einseitig wahrgenommen. Aber das Existenzrecht des Staates Israel stand für Kreisky stets außer Frage. Jedes Gespräch mit den Vertretern der arabischen Welt begann er mit einem Hinweis auf seine Loyalität gegenüber dem Staat Israel. Als er im Oktober 1977 den Abschlussbericht seiner „Fact Finding Missions" vorlegte, begann auch dieser Text mit einer Loyalitätsbekundung gegenüber dem jüdischen Staat. Seine persönliche Überzeugung war es aber, dass ein Staat nicht auf Dauer existieren könne, wenn er die Rechte anderer missachte.

Noch zu Anfang von Kreiskys Kanzlerschaft war das israelisch-österreichische Verhältnis ausgesprochen gut gewesen. In Israel regierte mit Labour ja die sozialistische Schwesterpartei der SPÖ, in der Sozialistischen Internationale arbeitete man eng zusammen. Als Kreisky 1972 der *Jerusalem Post* ein ausführliches Interview gab, titelte die Zeitung optimistisch: „Austria-Israel Relations – ‚best ever'." Gerade die pro-israelischen Bekundungen der österreichischen Regierung anlässlich des Sechs-Tage-Krieges hatten diese Beziehungen bestärkt. Erst das Jahr 1973 brachte eine deutliche Zäsur.

Inhaltlich konzentrierte sich der Abschlussbericht der Nahost-Missionen sehr deutlich auf das Palästinenserproblem. Ohne die Schaffung eines palästinensischen Staates, der auf dem Gebiet des Gazastreifens und der Westbank errichtet werden sollte, könne es zu keinem Frieden im Nahen Osten kommen, heißt es unmissverständlich. Israel müsse sich – damit lag Kreisky auf UNO-Linie – auf die Grenzen von 1967 zurückziehen. Daneben setzte der Bericht einen zweiten Hauptakzent. Es ging ihm darum, deutlich zu machen, dass die arabische Welt zu Verhandlungen bereit sei. Sie stelle den Staat Israel nicht mehr in Frage, so der Bericht, und sei ernsthaft an einer friedlichen Lösung interessiert. Kreisky sah daher auch innerhalb der

Sozialistischen Internationale Perspektiven für eine Zusammenarbeit mit den arabischen sozialistischen Parteien. Mit den „Fact Finding Missions" der SI hatte Bruno Kreisky früh einen nahostpolitischen Weg eingeschlagen, der sich bald auch in anderen Institutionen durchsetzte: das Gespräch mit allen Konfliktparteien, insbesondere aber mit den Palästinensern zu suchen. Er teilte diese Überzeugung mit vielen der führenden Köpfe der Diaspora wie etwa Nahum Goldmann, dem legendären Präsidenten des Jüdischen Weltkongresses, mit dem ihn eine jahrelange respektvolle Freundschaft verbunden hat.

Mit diesem Bericht, der die vielen Informationen und persönlichen Kontakte zu arabischen und israelischen Persönlichkeiten zusammenfasst, hatte Kreisky in den sozialdemokratischen Parteien Westeuropas ein Umdenken eingeleitet, das aber erst nach seinem Tod zu konkreten Resultaten führen sollte. Der 1993 mit Hilfe Norwegens vermittelte nahöstliche Friedensprozess orientiert sich im Wesentlichen an jenen Grundtatsachen, die Bruno Kreisky bereits in den siebziger Jahren in den Mittelpunkt seiner Überzeugungsinitiative gestellt hatte.

3.

Bundespräsident Franz Jonas war Ende 1973 unheilbar an Krebs erkrankt. Er verstarb am 24. April 1974, kurz vor Beendigung seiner zweiten Amtsperiode. Die jüngere Führungsgarde der Partei – die „Kronprinzen", wie sie in den Medien gelegentlich spöttisch-anerkennend genannt wurden – hatte den Vorschlag an Bruno Kreisky herangetragen, er möge doch für das höchste Amt im Staate kandidieren. Ein Ansinnen, das der Kanzler entschieden von sich gewiesen hat. In späteren Jahren sollte er Hannes Androsch für diese von Leopold Gratz vorgetragene Initiative verantwortlich machen, wie noch aufzuzeigen sein wird.

Zu Franz Jonas' Nachfolger wurde der über Vorschlag Kreiskys nominierte parteilose Außenminister Rudolf Kirchschläger mit einer komfortablen Mehrheit gewählt. Kreisky hatte ihn in der eigenen Partei allerdings nur mühsam durchsetzen können. Die Wahl des praktizierenden Katholiken Kirchschläger wurde zu Recht als politisches Signal Kreiskys in Richtung Amtskirche interpretiert, die den gesellschaftspolitischen Reformen seiner Regierung – die Abtreibung war das zentrale Konfliktfeld – mit zunehmender Militanz entgegentrat.

Es galt wohl auch, für die im Oktober 1975 anstehenden Nationalratswahlen die sozialliberal-katholische Wähleralllianz zu sichern. In den vergangenen vier Jahren hatte Kreisky alles getan, um die wahlentscheidenden Gruppen – jene, die „ein Stück des Weges" mit ihm gehen wollten – zusammenzuhalten. Die Steuerreform 1975 brachte den Besserverdienenden eine Progressionsmilderung, für Unverheiratete wurde der höhere Tarif abgeschafft, der Alleinverdiener-Absetzbetrag erhöht. Heiratsbeihilfe, Schülerfreifahrten, Schulbuchaktion wurde von den Familien als willkommene finanzielle Entlastung registriert. Schließlich gelang Kreisky mit der sogenannten Bergbauernhilfe ein bemerkenswerter politischer Einbruch in eine traditionell konservative Bevölkerungsschicht.

Gerade im Wahljahr 1975 war es notwendig, durch die Freigabe von Mitteln aus der sogenannten „Stabilisierungsquote" die wirtschaftliche Nachfrage mittels staatlicher Anreize zu stützen. Der sich damit anbahnende wirtschaftspolitische Themenwechsel war jedoch nur eine Seite des sich graduell verändernden öffentlichen Bildes der Parteien in Österreich. Im Mai 1975, fünf Monate vor der Wahl (wieder war es eine „Schicksalswahl"), veröffentlichte die parteinahe „Sozialwissenschaftliche Studiengesellschaft" die Ergebnisse einer Partei-Image-Studie, die an Deutlichkeit nichts zu wünschen übrig ließ. Die ÖVP wurde gemäß den Umfragen als altmodisch, verworren, kraft- und erfolglos bewertet. Die SPÖ hingegen erschien den Befragten als modern, zielbewusst, ja sogar als energisch und erfolgreich. Der Bundeskanzler aber lag nach Prozentpunkten sehr deutlich vor seiner Partei; der Kreisky-Bonus war geboren.

Damit stand die Wahlkampfstrategie fest: „Kreisky – wer sonst?", lautete der nicht gerade sozialistisch anmutende Slogan für die Nationalratswahl am 4. Oktober 1975.

235

Die heftigen Angriffe der ÖVP, die sich nicht in ihre Oppositionsrolle finden wollte – kein Regierungschef musste so viele Dringliche Anfragen im Nationalrat beantworten wie Kreisky –, trugen nur noch mehr zur Profilierung der sozialistischen Alleinregierung bei. Der Vorwurf, Kreisky wolle ein sozialistisches Österreich – was immer man darunter verstehen mochte –, ging angesichts des gewandelten öffentlichen Bewusstseins ins Leere. Die Entkriminalisierung von Abtreibung, Homosexualität und Ehebruch entsprach schließlich einem weit verbreiteten Gefühl nach Anpassung an eine akzeptierte gesellschaftliche Wirklichkeit.

Je näher der Wahltermin rückte und je mehr der eventuelle Verlust der absoluten Mehrheit thematisiert wurde, desto öfter wurde der Name des FPÖ-Chefs Friedrich Peter genannt. Seit der parlamentarischen Rückendeckung des Minderheitskabinetts 1970/71 durch die FPÖ war klar, dass Kreisky auch 1975 mit der Unterstützung der Freiheitlichen rechnen durfte, mit ihnen unter Umständen sogar eine Koalition bilden würde. In einem Interview mit der *Neuen Kronen Zeitung* nach dieser Eventualität befragt, gab Kreisky im August 1974 zu Protokoll: „Wir sprechen uns gut, aber wir sind keine persönlichen Freunde. Es hat sich ja gezeigt, dass es Leute gibt, mit denen ich mich besonders gut rede, mit denen ich sachlich aber dann trotzdem nicht weiterkomme, und es gibt Leute, mit denen ich kaum sehr warm werde und mit denen ich sehr gute Verhandlungsergebnisse erziele." Befragt, ob er sich vorstellen könnte, mit dem seit 1971 amtierenden ÖVP-Chef Karl Schleinzer zusammenzuarbeiten, entgegnete der Bundeskanzler: „Theoretisch kann man sich – wenn eine Partei das so will – manches vorstellen. Ich glaub' nur nicht, dass die Partei so etwas verlangen wird."

Der tragische Unfalltod Karl Schleinzers am 19. Juli 1975 schockierte Österreich: Er hatte am Steuer seines Wagens einen Kreislaufkollaps erlitten und war mit voller Wucht gegen einen Sattelschlepper geprallt. Die Partei bestellte bereits wenige Tage später einen neuen Obmann – den 1933 geborenen, bisherigen Aufsichtsratsvorsitzenden der „Österreichischen

Industrie Holding AG" (ÖIAG) und ehemaligen Staatssekretär für Verkehr und verstaatlichte Industrie Josef Taus.

Den Wahlkampf bestritt Bruno Kreisky in der inzwischen bekannten Art und Weise: Er nutzte jede Gelegenheit, unermüdlich landauf, landab reisend, mit seinem rasant gewachsenen Charisma, seiner bedächtigen Sprechweise, dem Gespür für die Befindlichkeiten der „kleinen Leute" und seinem gleichzeitigen Nahverhältnis zu Österreichs Intelligenzia und Kulturschaffenden sein „Leadership" als das einzig Denkbare für die zweite Hälfte der 1970er Jahre darzustellen. Der erwähnte Wahlslogan „Kreisky – wer sonst?" fasste diese Dominanz auf das Prägnanteste zusammen.

Eine für Österreich damals neue Initiative verdient in diesem Zusammenhang genannt zu werden: die von Kreiskys Aufforderung inspirierte „Aktion Kritische Wähler". Ausgehend von den deutschen Ausläufern der in Österreich marginal wirksamen 68er-Bewegung – der Historiker Fritz Keller nennt sie „Mai-Lüfterl" –, vor allem aber aufgrund der bewussten Öffnung der Kreisky-SPÖ Richtung Bürgerliche und katholische Kirche war auch in einigen kirchen- und ÖVP-nahen Vorfeldorganisationen neugierige Unruhe ausgebrochen. Im stockkonservativen Österreichischen Cartellverband (ÖCV) – noch die Regierung Klaus hatte ihre „best and brightest" von dort bezogen – war es sogar zu einer Art Rebellion gekommen; eine beträchtliche Anzahl CVer verließ die ÖVP-Kaderschmiede und wurde politisch heimatlos. In einer mit „Kreiskys letztes Aufgebot" übertitelten Kolumne echauffierte sich das CV-Organ *Academia* 1975 über Dr. Reinhold Knoll, den Vorsitzenden eines „ominösen Wahlhelfer-Komitees". Chefredakteur Peter Hofbauer hatte die kurz zuvor an die Öffentlichkeit getretene „Aktion Kritische Wähler" aufs Korn genommen, deren Mitglieder sich großteils aus CVern rekrutierten. Die Verbandsführung des ÖCV sah sich sogar veranlasst festzustellen, „dass ein CVer, der an derartigen ‚Aktionen' teilnimmt, gegen die Grundsätze des Verbandes verstößt und sich damit außerhalb des CV stellt".

Bereits in der politischen Aufbruchstimmung der Jahre nach 1970 hatten sich im damaligen ORF eine Reihe jüngerer

Redakteure mit CV-Hintergrund, aber auch einige frei schwebende Liberale mit kritischen Zeitgenossen aus anderen Berufen zusammengefunden und die lose geknüpfte „Aktion Kritische Wähler" ins Leben gerufen. Sie waren entschlossen, für eine neue politische Kultur in Österreich zu werben; in Kreisky sahen sie die passende Galionsfigur.

Neben dem im Frühjahr 1972 von der *Presse* in den Rundfunk gewechselten parteilosen Peter Dusek sind vor allem der kritisierte Reinhold Knoll (Mitglied des MKV), der CVer Werner Schmidt – beide damals junge Radiojournalisten –, der Arzt und CVer Werner Vogt sowie der Naturwissenschafter Peter Weihs und der spätere Präsident des Jugendgerichtshofes Udo Jesionek zu nennen. Ab 1978 organisierte die unerschütterliche Mary Steinhauser erfolgreiche Aktionen der Kritischen Wähler. Steinhausers Wohnung war über viele Jahre hinweg der begehrte Treffpunkt einer disparaten Gruppe, die in kritischer Solidarität zu Kreisky, später auch zu einigen seiner Nachfolger verharrte.

Der Verbindungsmann zum Bundeskanzler war der vom Klaus-Anhänger zum Kreisky-Mitarbeiter mutierte ehemalige ORF-Innenpolitiker Johannes Kunz. Dieser war ab 1973 Pressesekretär des Bundeskanzlers, hatte aber weit darüber hinausreichende PR- und Werbeaufgaben zu besorgen, so eben auch den Kontakt zu den Kritischen Wählern. Kreisky erkannte in dieser Gruppe politisch Unzufriedener ein Potential, das sich über die nächsten Jahre hinweg – es gab auch Distanzierungen wie anlässlich der Peter-Wiesenthal-Affäre oder um das Atomkraftwerk Zwentendorf – zu einem attraktiven öffentlichen Faktor entwickeln sollte. Der aktive Kern bestand aus nicht mehr als zehn Leuten, die aber verstanden ihr Handwerk und trugen mit kreativen Aktionen zur Popularität des Bundeskanzlers bei – auch und gerade mit Unterstützung der Kritischen Wähler wurde Kreisky, frei nach Fellinis Spielfilm „La Strada", zum „Großen Zampano" der österreichischen Politik stilisiert.

Diese und ähnliche Initiativen – Fritz Muliar ersann die „aktiven Österreicher" – haben in dem strukturell konservativen Land dazu beigetragen, dass Kreisky über ein Jahrzehnt hinweg absolute parlamentarische Mehrheiten erreichen konnte. Im

Rückblick wird aber auch klar, dass – trotz dieser fulminanten Erfolge – die von Kreisky vertretene These, wonach quantitative Veränderungen die Qualität einer Gesellschaft verändern, in Österreich nur bedingt bestätigt wurde.

Ähnlich wie 1970 im Wettstreit mit Josef Klaus punktete Kreisky insbesondere in den Fernsehdebatten. Der politisch wenig versierte Managertyp Josef Taus wirkte schnoddrig, verkrampft, rechthaberisch, während der Bundeskanzler eine durch nichts und niemanden zu beeinträchtigende Selbstsicherheit ausstrahlte, die jedoch nicht überheblich wirkte. Klassisch etwa die gegenüber Taus geäußerte Bemerkung während einer der Debatten: „Nicht mich schulmeistern, Herr Taus, Sie haben so eine gouvernantenhafte Art!" Und als der Herausforderer die „rote" Wirtschaftspolitik kritisierte, holte Kreisky eine Publikation der „schwarzen" Girozentrale hervor, in der der Wirtschaftsstandort Österreich ausländischen Investoren gegenüber in den höchsten Tönen angepriesen wurde. Taus selbst hatte das Papier als ehemaliger Generaldirektor der Bank zu verantworten.

Es überraschte daher kaum, als am Abend des 5. Oktober 1975 feststand, dass Kreisky – wer sonst – erneut die absolute Mehrheit errungen hatte; ein Ergebnis übrigens, das jenes aus dem Jahr 1971 noch um einige Zehntel-Prozentpunkte übertraf.

Die Betonung der Sicherheit der Arbeitsplätze, die Offenheit gegenüber Nichtsozialisten – ein „Kabinett der Persönlichkeiten" stand eine Zeitlang im Raum –, aber auch schon erstmals der ausdrückliche Verzicht auf Experimente – der Code für Modernisierung früherer Jahre – brachten Kreisky einen Erfolg unter international schwierigsten Bedingungen. Im März 1973 wurde in der Pariser Konferenz das Bretton-Woods-System formal beendet und durch ein flexibles Wechselkurssystem ersetzt. Als Folge der Liberalisierungsmaßnahmen zog die Inflation rasant an, die meisten westlichen Regierungen setzten auf deflationäre Politiken: Kredite wurden billiger, Preissteigerungen setzten ein, die Leitwährung Dollar und die europäischen Währungen fielen. Als Folge stiegen zwischen 1970 und 1973 allein die Rohstoffpreise (ohne Erdöl) um 70 Prozent. Nahrungsmittel erlebten sogar eine Verdoppelung der Weltmarktpreise. Der Kreisky-Androsch-Kurs aber konnte dank robuster staatlicher Interventionen Österreich weitgehend aus der Erdöl-Rezession heraushalten.

Das Wahlergebnis ließ den Mandatsstand im Nationalrat unverändert, machte die Regierungsbildung zu einer Routinesache, brachte aber den kaum siebenunddreißigjährigen Heinz Fischer in die wichtige Position des Klubobmanns; der von Kreisky im kleinen Kreis gelegentlich liebevoll als ein Mann vom Typus eines „Hutschenschleuderers" bezeichnete Karl Blecha wurde neben Fritz Marsch Zentralsekretär der SPÖ.

Das Kabinett, welches der neuerliche Wahlsieger dem Bundespräsidenten vorschlug, glich dem vorangegangenen, ohne Ausnahme. Rudolf Kirchschläger hat es bereits am 28. Oktober 1975 angelobt.

Waren 1970 und 1971 die Jung- und Erstwähler wahlentscheidend, verhalfen 1975 bereits die Pensionisten und die Frauen dem Bundeskanzler zum dritten Sieg. Die Etablierung einer neuen Staatspartei, das „Jahrzehnt sozialistischer Politik in Österreich" war Tatsache geworden.

Mit dem numerisch geringfügigen Zugewinn von 0,4 Prozent durchbrach Kreisky erneut die lokalen Grenzen seiner Prominenz. Die großen Zeitungen Westeuropas und der USA interpretierten den Wahlsieg Kreiskys – und er wurde als sein persönlicher Erfolg gewertet – als weiteren Schritt auf dem Weg zu einem sozialdemokratischen Europa.

In Deutschland regierte bis zu seinem Rücktritt im Mai 1974 Kreiskys Freund aus Emigrantentagen, Willy Brandt, in Schweden deren jüngerer Kollege Olof Palme. Die drei Staatsmänner trafen im Verlauf der ersten Hälfte der 1970er Jahre zahllose Male zu Gesprächen zusammen, tauschten Briefe aus und telefonierten regelmäßig. Ein Sammelband unter dem Titel *Briefe und Gespräche* war im Herbst 1975 in der Europäischen Verlagsanstalt erschienen – die Publikation wurde in mehrere Sprachen übersetzt und in den drei Ländern von einem großen Medienecho begleitet. Als Brandt, Kreisky und Palme 1975 ihr Buch veröffentlichten, wurde aus der Freundschaft dreier sozialdemokratischer Parteiführer ein, wie es der Rezensent der *Financial Times* nannte, politisches „Top Trio". Die Idee für das Buch stammte von Brandt. Er hatte bereits 1972 einen „Meinungsaustausch über Grundsatzfragen sozialdemokratischer Politik" angeregt und wollte den Briefwechsel möglichst rasch veröffentlichen. Doch erst 1975 hatten die drei Freunde ausreichend Material beisammen.

„Wer heute ‚Briefe und Gespräche' liest", bemerkt Elisabeth Röhrlich, „und eine originelle Diskussion über sozialdemokratische Theorie und Praxis am Beginn der 1970er Jahre erwartet, wird enttäuscht sein. Angesichts der drei einflussreichen und charismatischen Autoren überrascht die Trockenheit und Langatmigkeit des Buches."

Nicht verwunderlich, fiel auch das Urteil des damaligen Zentralorgans der Moskau-treuen KPÖ, *Volksstimme*, kritisch aus: „Man liest Seite um Seite und fragt sich, wo eigentlich die ‚neue, vertiefende Diskussion über die Grundwerte des demokratischen Sozialismus' beginnt, die Willy Brandt in dem ersten abgedruckten Brief am 17. Februar 1972 postuliert."

Liest man die Texte jedoch im zeitgeschichtlichen Kontext, so erstaunt, dass sich bereits am Beginn tektonischer Verschiebungen der europäischen Nachkriegszeit „working politicians" in dieser Form über die Politik ihrer Zeit – recht weit jenseits der hektischen Tagespolitik – ins Einvernehmen setzen und sich in einem Trialog versuchen. Das erscheint heute, nur knapp vier Jahrzehnte später, bereits unvorstellbar. Die Hektik des politischen Alltags verbietet es in unserer Zeit gleichsam, kurz innezuhalten und – noch dazu schriftlich – über das Morgen hinaus zu denken. Der Band versucht – unterstützt von kenntnisreichen Mitarbeitern – grundlegende Fragen der aktuellen Politik der 1970er Jahre zu beantworten: In welchem Verhältnis stehen sozialdemokratische Programme und Regierungspraxis? Welche Bedeutung und Verbindlichkeit hat eine an humanistischen Grundwerten ausgerichtete sozialdemokratische Politik? Wie kann die Freiheit des Einzelnen in den kapitalistischen Industriestaaten gesichert, ja ausgebaut werden? Mitte der 1970er Jahre bewegte sich die Politik im Allgemeinen – wie wir heute wissen – bereits von der nationalen Selbstbezogenheit nach und nach fort in Richtung einer internationalen Interdependenz.

Trotz spezifisch nationaler Entwicklungen registrierten Kreisky, Brandt und Palme ein steigendes Maß an Gemeinsamkeiten bei der Einschätzung der Zukunft. Grundfragen der Industriegesellschaft wie Arbeitslosigkeit, Energie, Umwelt, so Kreisky unter dem Eindruck der ersten Ölkrise, können nur im globalen Zusammenhang – bei partnerschaftlicher Einbeziehung der Dritten Welt – erfolgreich gelöst werden.

Bereits in seiner Zeit als Außenminister hatte Kreisky Wert darauf gelegt, seine Ideen in Buchform zu publizieren; so war im Sommer 1963 – übrigens mit redaktioneller Unterstützung seiner Mitarbeiter Karl Blecha und Gerald Hinteregger – ein erster Sammelband mit dem Titel *Die Herausforderung – Politik an der Schwelle des Atomzeitalters* entstanden. Obwohl Kreisky ein ungleich besserer Redner denn Schreiber war, hat er doch in regelmäßigen Abständen seine Gedanken und Überlegungen in Buchform zusammengefasst. Der Tradition der europäischen Linken seiner Zeit verpflichtet, hat Kreiskys Bedürfnis, sich auch schriftlich mitzuteilen, bis zum Lebensende angehalten. Noch ehe er in seinen letzten Lebensjahren an das Abfassen der Memoiren herangegangen war – seinem eigentlichen „opus magnum" –, waren mehrere Bände zu österreichischen, europäischen, nahöstlichen und internationalen Themen erschienen. Die Titel markieren Kreiskys umfassenden Interessenhorizont. Sie reichen vom demokratischen Sozialismus über die Österreich unmittelbar berührenden Fragen von Neutralität und Koexistenz bis zum eigentlichen Thema seines politischen Lebens, der Vollbeschäftigung.

4.

Bruno Kreiskys Genugtuung über seinen dritten Wahlsieg sollte bereits nach wenigen Tagen von einer innenpolitischen Krise überschattet werden, deren Folgen die Zweite Republik über Jahre hinweg beschäftigen sollten. Der sogenannte „Kreisky-Wiesenthal-Konflikt" hat Österreich ab 1975 wiederholt in die internationalen Schlagzeilen gebracht und das Ansehen des Staates getrübt.

Simon Wiesenthal, der Leiter des „Dokumentationsarchivs des Bundes jüdischer Verfolgter des Naziregimes", hatte wenige Tage vor der Wahl am 5. Oktober 1975 Bundespräsident Rudolf Kirchschläger ein Dossier über die SS-Vergangenheit des FPÖ-Chefs Friedrich Peter übergeben, um damit eine damals realistisch erscheinende Koalition zwischen SPÖ und FPÖ zu verhindern. „Kirchschläger las es mit Erschütterung", erinnert sich Wiesenthal, „und dankte mir, dass ich es vorerst nicht der Öffentlichkeit, sondern ihm übergeben hätte." Die Unterlagen wollte Wiesenthal laut eigener Aussage nicht vor der Wahl publik machen, um nicht der Beeinflussung der Wählerschaft beschuldigt werden zu können. Doch kaum war der Wahlgang vorbei, hielt Wiesenthal mit seinen Erkenntnissen nicht länger zurück; im Verlauf einer Pressekonferenz präsentierte er Dokumente, die belegten, dass der damals zwanzigjährige Peter zwischen 1941 und 1943 in einer berüchtigten „Spezialeinheit" gedient hatte, die auch als „Himmlers Privatarmee" bezeichnet wurde. Die 1. SS-Infanterie-Brigade (motorisiert) hatte im Hinterland der nazideutschen Invasion der Sowjetunion Massenliquidierungen an Juden, Roma und anderen Zivilisten durchgeführt. Die Unternehmen „Sumpffieber" und „Nürnberg" galten der „Säuberung des rückwärtigen Heeregebietes von Freischärlern" in Weißruthenien, wie es in der Urteilsbegründung gegen ein anderes Mitglied derselben Einheit hieß. Als Feind wurde „jeder Bandit, Jude, Zigeuner oder Bandenverdächtige" angesehen.

Was nun in Österreich folgte, übertraf bei weitem jene bitteren Auseinandersetzungen, die bereits 1970, nach dem Fall Öllinger und Wiesenthals Publikmachung der nationalsozialistischen Vergangenheit einzelner Minister, für Aufsehen gesorgt hatten. Die Empörung Kreiskys über diesen neuerlichen parteipolitischen Akt des ÖVP-nahen Wiesenthal war grenzenlos. Er ignorierte die von Wiesenthal vorgelegten Unterlagen und wollte dem FPÖ-Chef glauben, dem tatsächlich keine individuelle Schuld nachgewiesen werden konnte.

„Mir war die Mentalität des Herrn Peter ja nicht fremd", sollte Kreisky in dem bereits erwähnten Gespräch mit Werner A. Perger zu Protokoll geben, wenige Monate vor seinem

Lebensende. „Denn in der Zeit, als er groß wurde, war der Herr Peter ein junger Nazi und die kannte ich. Die habe ich im Gefängnis kennengelernt. Für mich waren die Nazis nicht a priori meine ersten Feinde. Das waren die Austrofaschisten. (…) Nicht die Nazis." Ähnlich wie fünf Jahre zuvor – im Fall Öllinger – hielt Kreisky erneut seine schützende Hand über einen ehemaligen Nationalsozialisten; dieses Mal handelte es sich jedoch um einen zumindest vermutlichen Kriegsverbrecher.

Peter selbst insistierte – auch in einem ausführlichen Vieraugengespräch mit Kreisky –, zu jener Zeit, als seine Einheit in die schlimmsten Exzesse verwickelt gewesen sei, sich in einem Militärlazarett aufgehalten zu haben, eine Behauptung, die ebenfalls nicht einwandfrei belegt werden konnte.

„Dazu ist zu sagen", so Wiesenthal, „dass in dem Zeitraum,[18] in dem Peter bei der 1. SS-Infanteriebrigade war, an der Ostfront grundsätzlich keine Heimaturlaube gewährt wurden und dass die Kompanie Friedrich Peters nicht ein Mal, sondern Woche für Woche in Erschießungen verwickelt war." Friedrich Peter wies damals alle Anschuldigungen „auf das Schärfste zurück" und fügte einen Satz hinzu, der ein Jahrzehnt später im Zusammenhang mit der Kriegsvergangenheit eines noch weit prominenteren Österreichers – jener Kurt Waldheims – weltweit für Schlagzeilen sorgen sollte: „Ich habe nur meine Pflicht getan!"

Aus der Debatte um die nationalsozialistische Vergangenheit Peters provozierte Kreisky einen Konflikt, der nahezu nur noch um Wiesenthal kreiste; die ursprünglich im Mittelpunkt stehende Person Peter war zur Randfigur geworden bei der eigentlichen Auseinandersetzung der beiden in jeder Hinsicht ungleichen Kontrahenten. Schlimmer noch, die Frage nach der Verantwortung der Täter schien sich unversehens in eine innerjüdische Kontroverse verwandelt zu haben. Weltweit kommentierten die Medien – gelegentlich wohl nicht ganz frei von Schadenfreude – den Umstand, dass sich zwei Juden – beide Opfer des Nationalsozialismus – in aller Öffentlichkeit stritten und auf eine besondere Art nach der Vernichtung der je anderen Persönlichkeit trachteten.

18 Im Dossier wurde der Zeitraum auf November 1942 bis Februar 1943 eingegrenzt.

„Kreisky und ich, wir sind Blätter vom selben Baum", hat Wiesenthal einmal gesagt. Aber von diesem „Baum" wollte Kreisky eben möglichst wenig wissen: Er sah sich in erster Linie als Österreicher, das Judentum aber war ihm eine vom Holocaust verursachte „Schicksalsgemeinschaft". (Anderseits sprach er im privaten Freundeskreis immer wieder von seiner jüdischen Herkunft und schien stolz auf sie zu sein.)

Der israelische Historiker Tom Segev stellt in seiner Biografie Simon Wiesenthals fest: „Die Geschichte dieser beiden berühmten Juden, die öffentlich aufeinander eindroschen, sprengte schon bald die engen Grenzen Österreichs und wurde zum Gegenstand der internationalen Berichterstattung. Wiesenthal verbrachte nun die meiste Zeit des Tages mit Interviews, die er Journalisten aus nahezu der ganzen Welt gab. Auch erhielt er unzählige Telegramme und Unterstützerschreiben, vor allem aus den Niederlanden und den Vereinigten Staaten. Kreisky hingegen hörte nicht auf, ihn zu beschimpfen. Unter anderem behauptete er immer wieder, Wiesenthal habe nicht das Geringste zur Aufspürung Eichmanns beigetragen.[19] Und eines Tages dann verlor der österreichische Kanzler gänzlich alle Contenance."

Am 10. November 1975 hielt Bruno Kreisky nämlich seinerseits eine Pressekonferenz ab, in der er Wiesenthals Methoden mit jener der Mafia verglich; mehr noch, er verstieg sich zu der Vermutung, die übrigens der polnische kommunistische Geheimdienst verbreitet hatte, Wiesenthal habe womöglich während des Krieges mit den Nazis kollaboriert: „Der Herr Wiesenthal hat zur Gestapo, behaupte ich, eine andere Beziehung gehabt als ich. Ja, nachweisbar. Kann ich mehr sagen? Meine Beziehung zur Gestapo ist eindeutig: Ich war ihr Gefangener, ihr Häftling, war beim Verhör. Seine Beziehung ist eine andere, so glaube ich zu wissen. Und das wird sich klarstellen lassen …" Doch mit dieser unbegreiflichen Entgleisung nicht genug, setzte Kreisky nach: „ … und einmal muss sich einer trauen, mit dem Herrn fertig zu werden (…) Da jeder Andere, der nicht jüdischer Herkunft ist, sich der Gefahr aussetzt, er ist ein

---

19 Hier wiederholte Kreisky lediglich die Version des israelischen Geheimdienstes Mossad.

Antisemit; ja und ich mich dieser Gefahr nicht aussetze (…) Es ist ein Gebot der Gerechtigkeit, dass jemand wie er sich jedenfalls nicht zur moralischen Autorität in diesen Fragen macht."

Mit dem Infragestellen der moralischen Autorität des Nazijägers wollte Kreisky die langjährige parteipolitische Bindung Wiesenthals, sein aktives Werben für die ÖVP problematisieren. In persönlichen Wahlaufrufen Wiesenthals wurde Kreisky als Verräter an Israel und an der Demokratie hingestellt. Tatsächlich ist von Wiesenthal keine einzige kritische Bemerkung über antisemitische Äußerungen von ÖVP-Funktionären oder gar von einer Stellungnahme gegen das ÖVP-Mitglied Taras Borodajkewycz bekannt, dessen antisemitische Vorlesungen an der damaligen Hochschule für Welthandel – wie erwähnt – Mitte der sechziger Jahre zu heftigen Ausschreitungen geführt hatten. Wiesenthal hatte zwar nach dem gewaltsamen Tod eines ehemaligen kommunistischen Widerstandskämpfers in seinem Büro Vertreter des Aktionskomitees empfangen. Der Aufforderung zum Handeln ist er allerdings nicht nachgekommen, erinnert sich Ferdinand Lacina, einer der damals anwesenden Aktivisten. In den über sechshundert Seiten von Tom Segevs Wiesenthal-Biografie scheint der Name Borodajkewycz nicht auf.

Wiesenthal schwieg 1970 auch zum „echten Österreicher" des ÖVP-Bundeskanzlers Klaus und hatte bereits in den sechziger Jahren kein Wort über das NSDAP-Mitglied und SS-Anwärter ÖVP-Finanzminister Kamitz verloren. So musste bei Kreisky der fatale Eindruck entstehen, Wiesenthal missbrauche sein international vielfach gelobtes Engagement für innenpolitische Zwecke.

Angesichts der Härte der Auseinandersetzung überrascht, dass Kreisky, der sich so intensiv mit Wiesenthals Biografie auseinandergesetzt hat, von dessen Verbindungen zu Israels Geheimdienst Mossad – Tom Segev konnte sie in seiner Lebensgeschichte Simon Wiesenthals erstmals belegen – nichts gewusst zu haben scheint. Nicht nur hatte der Mossad des „Nazijägers" erstes Büro in Wien finanziert, er stattete ihn außerdem mit einem israelischen Pass aus und gab ihm den Decknamen Theocrat. Aus einem Bericht der „US-Counter-Intelligence-Force" vom 16. Jänner 1950 geht hervor, dass Wiesenthal, damals noch in Linz wohnhaft, angeblich „Chief Austrian Agent of the Israeli Intelligence Bureau" gewesen sein soll.

Offenbar war die angeblich strategisch geplante „Vernichtung" des Intimfeindes – wie von Segev unterstellt – doch nicht Kreiskys Sache. Er wurde – blind vor Wut – von seinen Emotionen getragen; die kaltblütig geplante Verfolgung eines Widersachers hätte in keiner Weise Kreiskys Persönlichkeit entsprochen. Daher geht auch die Anschuldigung ins Leere, Kreisky hätte gleichsam den gesamten Staatsapparat auf Wiesenthal angesetzt. Dies lässt sich anhand der im Kreisky-Archiv vorhandenen Akten – die auch Segev eingesehen hat – eindeutig widerlegen. Hätte es eine solche Observierung gegeben, wäre zweifellos bereits vor Segev die Mossad-Connection Wiesenthals aufgeflogen.

Simon Wiesenthals Reaktion auf Kreiskys Anschuldigungen ließ nicht lange auf sich warten: Er beauftragte seinen Anwalt, gegen den Bundeskanzler eine Verleumdungsklage anzustrengen. Kreisky konterte mit der Ankündigung eines parlamentarischen Untersuchungsausschusses und der Aufhebung seiner Immunität, um sich einem solchen Prozess auch tatsächlich stellen zu können. Heinz Fischer erinnert sich: „Ich war gerade seit zwei oder drei Wochen Klubobmann und mit Bruno Kreisky war in dieser Sache – die ihn ungeheuer emotionalisierte – nicht gut Kirschen essen. Dennoch: der Klub der SPÖ beschloss am 2. Dezember 1975 unter meinem Vorsitz, die Immunität Kreiskys nicht aufzuheben".

Wiesenthal bezeichnete die Wochen, die seinen Enthüllungen in der Causa Friedrich Peter folgten, als „die schlimmste Zeit, die ich seit dem Krieg erleben musste. Ich war ein Aussätziger in meiner neuen Heimat (...) Dazu muss man wissen, dass Bruno Kreisky eine geradezu magische Anziehungskraft auf die Bevölkerung ausübte. Sie sah zu ihm auf wie zu Vater, Kaiser und Gott zugleich."

Dank der diskreten Vermittlung des Industriellen Karl Kahane, Kreiskys engstem Freund, und von Ivan Hacker, dem damaligen Präsidenten der Israelitischen Kultusgemeinde, kam es nicht zum „großen Prozess"; sowohl Kreisky als auch Wiesenthal zogen schließlich ihre Klagen zurück. Damit war die peinliche Eskalation eines schädlichen und für die Betroffenen blamablen Konflikts vorerst gestoppt, aber nicht beigelegt.

Die persönliche Kontroverse konnte bis zum Lebensende Kreiskys nicht aus der Welt geschafft werden. Mit Ausnahme von Hannes Androsch hat wohl kein anderer Mensch die leidenschaftliche Ablehnung Kreiskys deutlicher zu spüren bekommen als Simon Wiesenthal.

Kreisky sollte zehn Jahre später erneut von Wiesenthal geklagt werden: In einem Interview mit der Wochenzeitschrift *profil* hatte er, inzwischen Bundeskanzler a. D., seine Anschuldigungen gegen Wiesenthal wiederholt; Kreiskys Anwälte versuchten erneut, Beweise dafür zu finden, dass Wiesenthal ein Kollaborateur der Nazis gewesen sei, doch auch diesmal wurden sie nicht fündig. Tom Segev kommt in seiner Wiesenthal-Biografie zu dem Schluss: „Die Archive der (DDR-)Staatssicherheit und des polnischen Geheimdienstes stehen inzwischen der Forschung offen. Es findet sich in ihnen keinerlei Material, das beweisen würde, dass Wiesenthal tatsächlich mit den Nationalsozialisten kollaboriert hätte ..."

Das Verfahren endete mit einer Verurteilung Kreiskys, doch der Beschuldigte starb neun Monate später; Bruno Kreisky musste seine Geldstrafe nicht bezahlen.

Segev meint, dass die bis heute kursierenden Attacken gegen Wiesenthal dank seiner Biografie endgültig entkräftet würden. Noch im Jahr 2009 erschien das Buch *Hunting Evil* des britischen Autors Guy Walters, das Wiesenthal ohne Umschweife als Lügner zu enttarnen versucht und jene Anschuldigungen wieder aufrollt, die vor ihm der Jüdische Weltkongress und dessen Generalsekretär Elan Steinberg gegen den „Nazijäger" erhoben hatten. Walters betont, der Leiter des Dokumentationsarchivs habe zahllose falsche oder übertriebene Behauptungen über seine akademische Karriere aufgestellt – zum Beispiel bezüglich einer angeblich in Lemberg abgelegten Architektenprüfung, die nie stattgefunden habe – und unwahre Beschreibungen über seine Kriegsjahre verbreitet. In seinen Memoiren fänden sich derartig viele Unstimmigkeiten, dass es unmöglich sei, ein glaubwürdiges Bild von Wiesenthals Leben vor, während und nach dem Zweiten

Weltkrieg zu zeichnen. Dessen „gute Intentionen", den Holocaust zu sühnen, wolle der Autor dabei gar nicht in Abrede stellen.

Tom Segev dazu in einem Brief an mich: „Guy Walters may want to reformulate some of his statements once he sees my book."

Doch zurück zu Bruno Kreisky: Wie konnte sich der amtierende Bundeskanzler der Republik Österreich je zu diesen Angriffen gegen Simon Wiesenthal hinreißen lassen? Wie konnte es geschehen, dass der Leiter des Dokumentationsarchivs in dieser Vehemenz Kreiskys Unmut, ja seinen irrationalen Hass auszulösen imstande war? Familiäre und geografische Herkunft, die Lebens-, richtiger wohl Leidenswege der beiden Männer, vor allem aber deren Reaktion auf den historischen Kulturbruch hätten unterschiedlicher nicht sein können. Der Angelpunkt aber war deren inkompatibles Verhältnis zu Idee und Wirklichkeit des jüdischen Staates und der jüdischen Identität nach der Shoah. Kreisky, gleichsam ein „Vor-Holocaust-Jude", der in vieler Hinsicht noch in den Kategorien der 1920er und 1930er Jahre dachte und argumentierte, sah in Wiesenthal nicht nur den typischen „Ostjuden", sondern darüber hinaus einen Anhänger des von ihm verhassten zionistischen Revisionisten Zeev Jabotinsky, dessen Bewegung Kreisky im Wien der 1930er Jahre kennengelernt und schon damals ganz entschieden abgelehnt hatte. Jabotinskys Jugendgruppe „Betar" marschierte – so zumindest in Kreiskys Erinnerung – mit schwarzen Uniformen durch Wien und sympathisierte offen mit Mussolinis italienischem Faschismus. Ähnlich wie im Falle seiner irrationalen Äußerungen wider Menachem Begin, der ebenfalls stolzer Jabotinsky-Anhänger war, sah Kreisky in Simon Wiesenthal einen „faschistischen Juden", eben ein Mitglied des „Betar".

Der österreichische Schriftsteller und Historiker Doron Rabinovici hält in diesem Zusammenhang fest:[20] „Der ‚Betar' stand im schroffen Gegensatz zu den anderen zionistischen Organisationen und wurde deshalb im Rahmen der legalen Einwanderung nach Palästina nicht mehr berücksichtigt. Sie waren darum die ersten, die auf die illegale Einwanderung setzen

---

20   Ich zitiere aus einem Briefwechsel mit Rabinovici vom Juni 2010.

mussten. Vielleicht glaubte Kreisky sie aus diesem Grund durch das nazistische Wien des Jahres 1938 in Uniform paradieren gesehen zu haben. In Wien taten sich revisionistisch zionistische Studenten etwa zu schlagenden Burschenschaften zusammen und suchten den Kampf mit den Deutschnationalen, um zu beweisen, dass Juden wehrhaft sein konnten. Kreiskys Position ist aus den innerjüdischen ideologischen Querelen jener Zeit zu verstehen. Der Vorwurf, der ‚Betar' habe im nazistischen Wien Uniform getragen, tut in gewisser Weise so, als hätten die Zionisten mit den Nazis gemeinsame Sache gemacht. Doch Kreisky irrt: die zionistische Jugend durfte die Uniformhemden nur intern, also in geschlossenen Räumen, tragen. Auch die Anhänger Jabotinskys standen im nazistischen Wien unter allergrößter Bedrängnis. Kreiskys Eindruck von ihrer Stellung im nazistischen Wien war auf jeden Fall verzerrt. An Kreiskys Position verwundert, dass er so argumentierte, als ob er immer noch in den Auseinandersetzungen der dreißiger Jahre feststeckte, und als wären seine Vorwürfe gegen die Zionisten nicht durch die 1940er Jahre und die ‚Shoah' längst überholt."

Bezeichnend in diesem Zusammenhang ist ein Treffen Kreiskys mit israelischen Journalisten, das er kurz nach Ausbruch des beschriebenen Konflikts führte und welches Tom Segev, er war einer der Teilnehmer, in seiner Wiesenthal-Biografie ausführlich wiedergibt. Nach dem Gespräch, das nur fünfzehn Minuten währte, führte Kreisky seine Gäste durchaus gut gelaunt in sein Ruhezimmer und zeigte ihnen dort zahlreiche Bücher, in denen bestimmte Seiten mit Lesezeichen markiert waren. Er schlug nun eines dieser Bücher nach dem anderen auf und ließ seine erstaunten Besucher wissen: So etwas wie das jüdische Volk gebe es nicht, eine „jüdische Rasse" schon gar nicht. Der Zionismus gehe von einer vollkommen falschen Grundvoraussetzung aus. Nein, er sei keineswegs ein „selbsthassender Jude", sondern er negiere nur die Existenz eines uniformen Volkes mosaischer Herkunft. Man dürfe ihn jedenfalls nicht gegen seinen Willen dazu verpflichten, Israel gegenüber solidarisch zu sein, er sehe dafür keinen Grund. Er habe, als Enkel eines böhmischen Schullehrers, betonte er, mit einem Schuster im Jemen, der sich zufällig als sephardischer Jude bezeichne, gewiss nichts gemein. Kreisky wies auf Werke Victor Adlers und Otto Bauers hin, die zwar beide „jüdischer Abstammung" waren, sich jedoch keineswegs als Juden fühlten. Erst Stunden später – immer wieder wollten Mitarbeiter die Unterredung beenden und erinnerten den Kanzler an seine zahlreichen Verpflichtungen - entließ er die israelischen Journalisten mit dem Statement: „Ich habe nie verstanden, warum so viele Juden und gerade auch die meisten Autoren von Schriften zur Judenfrage das nicht begreifen, und warum sie mit so zäher Hartnäckigkeit immer und immer wieder die Einheitlichkeit und absolute Rassenreinheit des auserwählten Volkes betonen."

In anderen Zusammenhängen verwies Kreisky nicht selten auf ein Buch von Arthur Koestler, das er besonders schätzte und mit dessen These er sich identifizierte: *Der dreizehnte Stamm. Das Reich der Khasaren und sein Erbe.* Koestler hatte darin die wissenschaftlich kaum nachweisbare Behauptung aufgestellt, das ashkenasische Ostjudentum stamme zu großen Teilen von den Khasaren ab, einem zentralasiatischen Turkvolk, welches das Judentum im 8. Jahrhundert als Religion angenommen habe. Koestlers Buch erregte den Zorn nationalbewusster Israelis, Kreisky aber glaubte sich in seiner Sicht der jüdischen Vorgeschichte nur bestätigt.

Die Diskussion über die Frage, ob die Juden „ein Volk" seien, konnte naturgemäß weder von Koestler noch von Kreisky definitiv beantwortet werden; es ist eine zutiefst persönliche Entscheidung. Wie sehr diese Frage jedoch ins Zentrum der jüdischen Identität zielt, hat gerade in jüngster Zeit einer der führenden Historiker Israels, der an der Universität in Tel Aviv lehrende Shlomo Sand, bewiesen. Seine umfangreiche – und kontroversiell aufgenommene – Studie *Die Erfindung des jüdischen Volkes*, mit der er den „langlebigen ethnozentrischen Mythos" fundamental in Frage zu stellen versucht, fasst das historische Dilemma vor dem Hintergrund der Staatlichkeit Israels – und Palästinas – in souveräner Weise zusammen. Freilich ist damit weder die traditionelle Mehrheitsmeinung der Juden, wonach sie ein Volk (und nicht bloß eine Religionsgemeinschaft)

251

bilden, widerlegt, noch hat es unmittelbar praktische Konsequenzen. Allein, Kreiskys Überzeugung, und die vieler anderer antizionistischer Juden seiner Generation, erfährt – folgt man Sand – eine durchaus plausible Bestätigung.

Kreiskys Verhältnis zum Judentum war jedoch nie eindimensional. Bemerkenswert liest sich daher ein langes Interview, welches Kreisky nahe seinem Lebensende der Fotografin Herlinde Koelbl gewährt hat. Dort heißt es unter anderem: „Ohne lange nachzudenken würde ich sagen, dass das Wissen von Auschwitz das einzige ist, was mich vorbehaltlos an meine jüdische Herkunft bindet. Ohne Auschwitz würde mich meine Beziehung zum Judentum zu keinem bestimmten Verhalten und zu keiner bestimmten Einstellung verpflichten. Auschwitz ist das Schicksal der Juden, dem auch diejenigen nicht entrinnen können, die ihre jüdische Abstammung für mehr oder weniger beliebig halten. Wir sind durch eine grausame Laune der Geschichte alle in den gleichen Topf geworfen worden." Dann aber wiederholt er sein Mantra: „Ich glaube, man sieht in Israel die Dinge falsch. Man predigt selber den Rassismus. Was habe ich mit einem tunesischen Juden gemeinsam, was mit einem Berberjuden? Nur die Religion. Die Juden sind eine Religionsgemeinschaft, die in Europa zur Schicksalsgemeinschaft geworden ist."

Wiesenthal-Biograf Tom Segev behauptet, dass der israelische Botschafter in Österreich, Avigdor Dagan, am Höhepunkt des Konfliktes mit Wiesenthal immer häufiger von Kreisky angerufen wurde, manchmal auch mitten in der Nacht, und sich oft Schimpf-Monologe des Bundeskanzlers gegen Wiesenthal, aber auch bezüglich Israels Loyalität gegenüber Wiesenthal habe anhören müssen. In polemischer Weise hielt ein interner Bericht eines hohen Beamten des israelischen Außenministeriums sogar schon Jahre zuvor fest: „Ich sehe, dass Kreisky beginnt, den Verstand zu verlieren." Laut Botschaftsbericht beschuldigte Kreisky den israelischen Geheimdienst Mossad, im Auftrag Wiesenthals seinen Bruder Paul aus Israel nach Holland „entführt" zu haben, wo Wiesenthal viele Anhänger hatte. Kreisky beschimpfte gegenüber dem israelischen Diplomaten seinen Widersacher Wiesenthal angeblich als „Schurken", dessen

„Lumpereien" grenzenlos seien. Er hielt es aber auch für denkbar, dass sein geistig etwas eingeschränkter Bruder Paul nach Deutschland verschleppt worden sei, um ihn dort der rechtslastigen, pro-israelischen Springer-Presse auszuliefern, die bereits in der Vergangenheit des Öfteren kolportiert hatte, der Bruder des österreichischen Bundeskanzlers friste in Jerusalem das Leben eines Obdachlosen. Tatsächlich war Paul Kreisky damals tagelang wie vom Erdboden verschwunden, niemand wusste, wo er sich befand.

Jahre später sollte Wiesenthal in einem Brief an Peter Kreisky die angeblichen Hintergründe folgendermaßen darstellen: Ein jüdischer Geschäftsmann aus Frankfurt hatte Paul Kreisky in Jerusalem kennengelernt und ihm vorgeschlagen, ihn mit seiner verwitweten Schwester zusammenzubringen, in der Hoffnung, der seit Jahren Geschiedene könnte seine Schwester womöglich ehelichen. Er lud Paul Kreisky nach Frankfurt ein, sandte ihm das Flugbillett. Paul reiste ab, ohne seinem Sohn Jossi Bescheid zu geben. Er blieb einige Tage in Deutschland, doch dann kehrte er unverrichteter Dinge wieder zurück – aus den Heiratsplänen war nichts geworden. Wiesenthal aber hatte, so seine Beschwörung gegenüber Peter Kreisky, mit der ganzen Sache nicht das Geringste zu tun.

In seinen Memoiren nennt Kreisky die vermeintliche Entführung seines Bruders als eigentliche Ursache für den Konflikt mit Wiesenthal: „Das war eine grausliche Geschichte, in die auch mein Bruder Paul hineingezogen wurde. Er wurde aus Israel entführt und nach Deutschland gebracht, um sozusagen im Notfall gegen mich ausgenützt zu werden, was die Springer-Presse auch versucht hat. (…) Jedenfalls ist das der Urgrund der Auseinandersetzung mit Wiesenthal." Und gleich anschließend: „Der wirkliche Grund ist ein anderer. Wiesenthal hat es in seiner Intransigenz für ein Verbrechen am Judentum gehalten, dass ein Mann jüdischer Herkunft Regierungschef in diesem seiner Meinung nach antisemitischen, neonazistischen Österreich ist."

Der Konflikt schwappte zusehends auf die bilateralen Beziehungen über. Kreisky warf Israel in der Folge des Konflikts mit

Wiesenthal nun immer häufiger „freche Anmaßung" und einen „mysteriösen Rassismus" vor. Er betonte nun auch öffentlich, es sei wissenschaftlich erwiesen, dass es kein jüdisches Volk gebe, sondern bloß eine Religionsgemeinschaft, die „zu einer Schicksalsgemeinschaft wurde". Jedenfalls fühle er sich nicht zu irgendeiner besonderen Loyalität gegenüber Israel verpflichtet. Und immer wieder kehrte er zum Thema Wiesenthal zurück: Er und sein Gegner kämen „aus ganz anderen Kulturkreisen".

Kreiskys Nahostpolitik, das an den Westen gerichtete „ceterum censeo", den Palästinensern – wie im UNO-Teilungsplan von 1947 vorgesehen – endlich ihren eigenen Staat zu gewähren, war naturgemäß Anathema für Wiesenthal. Ihm schien klar zu sein, dass es keinen anderen österreichischen Regierungschef geben könne, der der Sache Israels abträglicher sei als Bruno Kreisky.

Für Simon Wiesenthal, geprägt von der Armut und Unterdrückung der ostjüdischen Kultur Galiziens, dessen Leidensweg durch mehrere Konzentrationslager des Dritten Reiches geführt hatte (er verlor seine gesamte Familie, nur seine Frau überlebte), war Israel – „right or wrong" – die Erfüllung des zionistischen Traums von einer endgültigen Heimstätte der Juden. Jeder Jude schulde daher seine bedingungslose Loyalität zuerst und vor allem Israel.

In zahllosen Interviews und Gesprächen ließ Kreisky, den man schon längst zu Recht als „Medienkanzler" titulierte, in jenen hektischen Herbsttagen 1975 keine Gelegenheit aus, Wiesenthal zu attackieren. Als ihn der israelische Korrespondent Ze'ev Barth nochmals auf dessen Vorwurf ansprach, der Leiter des Jüdischen Dokumentationsarchivs arbeite mit „Mafiamethoden", wie könne Kreisky denn so etwas äußern?, reagierte der Befragte voller Zorn: „Sagen Sie einmal, Herr Redakteur, kommen Sie zu mir, und wollen Sie vom Bundeskanzler der Republik Auskünfte haben, oder wollen Sie mit mir ein Verhör machen? Wenn Sie mit mir ein Verhör machen wollen, dann streiche ich gleich alles. Die Juden nehmen sich so furchtbar viel mir gegenüber heraus, und das erlaube ich nicht. Würden Sie den Mut haben, den französischen Ministerpräsidenten so zu fragen? Das ist eine unerhörte Frechheit, ich schmeiße Sie am liebsten gleich hinaus. Weshalb

254

muss ich Ihnen eigentlich da Rede und Antwort stehen? Jetzt habe ich genug. Ich bin nicht dazu da, vor der jüdischen, der israelischen Öffentlichkeit mich wie ein Angeklagter zu verantworten." Diesen Wutausbruch hat Barth dann auf Bitten des Kreisky-Pressesekretärs Johannes Kunz („Der Herr Bundeskanzler ist überarbeitet!") aus dem Interview gestrichen. Doch seinen israelischen Lesern teilte Ze'ev Barth nicht ohne Schadenfreude mit, wie sein Gespräch endete: „Als ich das Büro des Bundeskanzlers eben verlassen wollte, zog er mich einen Moment zurück und sagte mir, witzig sein wollend: ‚Wenn die Juden ein Volk sind, so ist es ein mieses Volk.'" Eine Aussage, die für neue Furore sorgte, nicht zuletzt, da der *Spiegel* die Nachricht aufgriff und in seiner Ausgabe vom 17. November 1975 prominent platzierte.

In Israels öffentlicher Meinung war fortan nur noch von Kreisky dem „Renegaten" die Rede, man warf ihm vor, seinen "jüdischen Selbsthass" als „Antizionismus" zu kaschieren, oder bezeichnete ihn gar als einen „ehrlosen Hofjuden". Man blieb einander nichts schuldig, war der beklemmende Eindruck damals: Politik schien zu einem bösen Familienstreit zu degenerieren.

Über zwanzig Jahre später hat der langjährige israelische Spitzenpolitiker Shimon Peres zu Kreisky Stellung bezogen:[21] Bereits die Affäre um Golda Meir und das angeblich verweigerte Glas Wasser habe seinem – Kreiskys - Ansehen sehr geschadet. „Ich glaube aber", fährt Peres fort, „dass ihm dieses Image von sich sogar gefallen hat. Ich habe ihn einmal gefragt: Warum bist du eigentlich derartig gegen Israel eingestellt? Und Kreisky gab zurück: ‚Wäre ich nicht gegen Euch, könnte ich Euch nicht helfen.' Er kam mit seinem Judentum nicht wirklich zurecht. Er war genügend stolz darauf, es nicht zu verleugnen, aber es störte ihn doch auch so sehr, ihn unglücklich zu machen. Traf man hingegen privat mit ihm zusammen, wurde er gleich sehr warm, sobald das Gespräch um jüdische Themen kreiste. Dann sprach er sogar davon, dass er von Antisemitismus umringt sei. Anderseits empfand er den Umstand, Jude zu sein, als ein Hindernis, sich in

---

21   Aus einem unveröffentlichten Gespräch der Autorin Barbara Taufar mit Shimon Peres am 3. Juni 1997.

der Weltpolitik frei zu bewegen. Sogar in Österreich empfand er das als ein Handikap. Es kam ihm schon sonderbar vor, dass ausgerechnet Österreich einen jüdischen Bundeskanzler hatte. Aber unsere Haltung ihm gegenüber war auch nicht unproblematisch: einerseits waren wir stolz, dass ein Jude Kanzler von Österreich wurde. Anderseits spürten wir den eisigen Wind, der uns entgegenblies, sobald es um den Zionismus und unsere Art des Lebens ging. Aber zugleich erzählte er mir voller Stolz und Freude von seinem Neffen, mit dem er einige Zeit verbracht hatte – und der in der israelischen Armee diente!"

Nicht nur Peres kam zu der späten Erkenntnis, Kreisky „Unrecht" getan zu haben. Auch der aus Wien stammende populäre Jerusalemer Bürgermeister Teddy Kollek betonte in späteren Jahren die vielen Verdienste Kreiskys für Israel.

Als Bundeskanzler Werner Faymann im Juni 2010 Israel einen offiziellen Besuch abstattete, erinnerte Peres an Kreiskys erfolgreiche Initiative, aus dem Terroristen Arafat einen Demokraten zu machen. An Faymann gewandt, forderte der israelische Präsident den jungen Nachfolger Kreiskys auf, dasselbe nun mit der Hamas zu versuchen. Tempora mutantur ... wie sich die Zeiten ändern.

5.

Das Jahr 1975 endete mit dem folgenschweren Überfall arabischer Terroristen auf eine Konferenz der OPEC, der seit 1965 am Wiener Dr. Karl-Lueger-Ring ansässigen Organisation der Erdöl exportierenden Länder. Ein Kommando von fünf Männern und einer Frau nahmen elf Erdölminister und deren Mitarbeiter, insgesamt 62 Personen, gefangen. Anführer der Gruppe, die sich als „Arm der arabischen Revolution" bezeichnete, war Ilich Ramírez Sánchez, der als Carlos, der Schakal, notorische Berühmtheit erlangt hatte.

Das Terrorkommando betrat am Sonntag, dem 21. Dezember um 11:45 Uhr die OPEC-Zentrale, ohne dass sich die Mitglieder zuvor hatten ausweisen müssen oder ihre randvoll mit Waffen und Sprengstoff bepackten Taschen kontrolliert worden wären.[22] Dann begab sich die Gruppe zum Konferenzsaal im ersten Stock des Gebäudes, wo die OPEC-Minister gerade im Begriff waren, über die Festsetzung eines neuen Erdölpreises zu verhandeln. Im Hausflur hielten sich rund dreißig internationale Journalisten auf. Zwei Beamte in Zivil bewachten die Gänge und den Konferenzsaal. Plötzlich zogen die Terroristen ihre Schusswaffen. Einer der Polizeibeamten stellte sich ihnen entgegen und wurde augenblicklich erschossen. Danach wurden ein irakischer OPEC-Sicherheitsbeamter sowie der libysche Delegierte getötet.

Es war der bislang folgenschwerste Terroranschlag – und er fand ausgerechnet auf österreichischem Boden statt; in jenem Land, dessen Bundeskanzler als bislang einziger westlicher Regierungschef aktiv nach einer Lösung des Nahost-Problems suchte. Zunächst verlangten die Terroristen ein Gespräch mit dem libyschen Botschafter in Wien, der sich jedoch zu dieser Zeit gerade in Prag aufhielt. Sie sprachen stattdessen mit dem irakischen Geschäftsträger und schickten schließlich den algerischen Ölminister Abdesselam aus dem OPEC-Gebäude, der den Medien ein umfangreiches Kommuniqué in französischer Sprache übergeben sollte. Carlos verlangte, dass es im Zweistundentakt im Rundfunk verlesen werden müsse, andernfalls werde jede Viertelstunde eine Geisel erschossen.

Die Forderungen des Terrorkommandos lauteten: Israel dürfe von keinem moslemischen Staat anerkannt werden; Iran müsse zum Agenten des amerikanischen Imperialismus erklärt werden; die Erdölquellen im arabischen Raum sollen verstaatlicht werden; die Ölstaaten sollen den palästinensischen Widerstand finanzieren. Die arabischen Völker seien von einem „gewaltigen Komplott" bedroht, an dem der „amerikanische Imperialismus", „zionistische Aggressoren" sowie „kapitulationsbereite" arabische Regierungen beteiligt seien. Am Ende

---

22   Die Schilderung des Sachverhalts folgt Bruno Kreiskys Erklärung zu den Vorfällen vor dem Nationalrat am 27. Jänner 1976.

des Kommuniqués entschuldigten sich die Terroristen „für die Schwierigkeiten, die unsere Aktion dem friedliebenden österreichischen Volk gebracht haben". Carlos und seine Helfershelfer verlangten freies Geleit zum Flughafen Schwechat und die Ausreise in ein arabisches Land ihrer Wahl – vor allem aber die Mitnahme der Geiseln und ihres Komplizen, des deutschen Terroristen Hans-Joachim Klein, der bei dem Schusswechsel schwer verwundet worden war.

Ähnlich wie im Fall Schönau gab Kreiskys Regierung den Forderungen bereits nach kurzen Verhandlungen nach und ließ die Terroristen samt ihren dreiunddreißig Geiseln ziehen: elf Minister sowie zweiundzwanzig Delegierte; neunundzwanzig Geiseln waren von Carlos freigelassen worden. Die *Arbeiter-Zeitung* kommentierte Kreiskys Haltung in der Geiselaffäre wie folgt: „Es gebe zwei Alternativen: Man könne demonstrieren, dass man sich nicht einschüchtern lässt. Das hat aber, wie man in Israel sieht, wo hart vergolten wird, nichts gefruchtet. Der Terror hat sich nur verschärft. Oder man versucht, wie Österreich dies tut, dem Terror auf andere Weise entgegenzutreten. Eine generelle Linie gibt es nach Kreisky nicht, man müsse von Fall zu Fall entscheiden." Straffreiheit wurde den Terroristen jedenfalls nicht zugesichert: „Die Regierung hat ausdrücklich festgestellt, dass sie in Interessenabwägung gehandelt hat, es werden aber alle notwendigen Rechtsmaßnahmen ergriffen werden." Die Auslieferung der Terroristen wurde von der Bundesregierung zwar beantragt, Algerien, das Land, in dem das Terrorkommando schließlich landete und wo es seine Geiseln freiließ, hat dem Ansuchen jedoch nicht stattgegeben – mit der Begründung, dass es kein Auslieferungsabkommen mit Österreich gebe.

Als die Terrorgruppe und ihre Geiseln am Flughafen Schwechat die AUA-Maschine „Burgenland" bestiegen, kam es zu einem Vorfall, der Österreichs Ansehen erneut erschüttern sollte: Innenminister Otto Rösch gab Carlos, ehe er sich als Letzter in das Flugzeug begab, reflexartig „zum Abschied" die Hand. Bilder dieses Handschlags gingen um die Welt und sind bis heute Teil der Ikonografie der Zweiten Republik. Die deutsche Tageszeitung *Die Welt* kommentierte das Foto sarkastisch: „Danke verbindlichst für die reibungslose Abfertigung." Carlos hätte ihm die Hand entgegengestreckt, rechtfertigte sich der betroffene Rösch: „Er hielt sie mir hin, da habe ich sie genommen."

Ilich Ramírez Sánchez alias Carlos und seine Mittäter konnten am 31. Dezember 1975 ungehindert nach Libyen ausreisen. Nach einem Zwischenstopp in Tripolis landete die AUA-Maschine in Algier, wo der „Schakal" seine Geiseln schließlich freigab.

Aus heutiger Sicht besteht kaum mehr ein Zweifel: Carlos hatte von libyscher Seite den Auftrag erhalten, den saudiarabischen Ölminister Yamani sowie dessen iranischen Kollegen Jamshid Amuzegar zu ermorden. Beiden gelang es jedoch, sich mit einer hohen Summe – je zehn Millionen Dollar – freizukaufen.

Im August 1994 wurde Carlos, der sich sowohl vor dem Überfall auf die OPEC-Zentrale bereits in Paris als Polizistenmörder schuldig gemacht hatte als auch in den Jahren danach zahlreiche aufsehenerregende Terroranschläge verüben sollte, im Sudan verhaftet, nach Frankreich ausgeliefert und dort zu lebenslanger Haft verurteilt. Er verbüßt seine Strafe in einem Hochsicherheitsgefängnis nahe Paris.

„Zu der OPEC-Tragödie wäre es nie gekommen", stellt Bruno Kreisky in seinen Memoiren fest, „wenn wir die prekäre Situation der OPEC ernster genommen hätten; aber wer konnte sich vorstellen, dass eine Konferenz, auf der es hauptsächlich um arabische Angelegenheiten ging, gefährdet war? (…) Einige führende Mitglieder der OPEC wollten nach dem Zwischenfall Wien verlassen, und ich hatte große Mühe, das zu verhindern; ich fürchtete, dass dann andere internationale Organisationen dem Beispiel folgen würden."

Die oppositionelle ÖVP warf Kreisky wiederholt vor, aufgrund seiner exponierten Nahostpolitik an diesen gewalttätigen Entwicklungen auf österreichischem Boden mitschuldig zu sein. Kreisky argumentierte dagegen, dass gerade die terroristischen Anschläge der Zeit eine neue Politik erforderten.

Im Rückblick auf die Ereignisse Ende Dezember 1975 kommt Heinz Fischer zu dem Schluss: „Für Kreisky war es ein weiterer Impuls, über die Wurzeln des Terrors nachzudenken und über die Möglichkeiten, diese Wurzeln zu beseitigen oder zu überwinden."

11. Kapitel

Vom Wahlerfolg 1975 zum Wahltriumph 1979

1.

Mitte der 1970er Jahre waren wesentliche Teile des Kreiskyschen Reformprojekts auf Schiene, der Etatismus österreichischer Prägung war in seine Hochphase eingetreten. Der knapper werdende Budgetspielraum brachte es aber mit sich, dass weniger kostspielige Rechts- und Gesellschaftsreformen – sozusagen aus dem gesellschaftlichen „Überbau" – in den Vordergrund rückten. Anfang 1977 wurde nach fast siebenjährigen Bemühungen Kreiskys Ombudsmann-Idee, die Volksanwaltschaft, verwirklicht. Im Jahr davor war die Sozialversicherung auf praktisch alle Bevölkerungsgruppen ausgedehnt worden. Die Neuordnung des Kindschaftsrechtes und das Gesetz zur Bevorschussung der Unterhaltszahlungen brachten wesentliche Erleichterungen für die wachsende Gruppe alleinstehender Mütter. 1978 folgten schließlich das Gesetz über die Abfertigung für Arbeiter und das Konsumentenschutzgesetz.

Trotz heftiger Konflikte mit dem bürgerlichen Lager und gelegentlicher Protestaktionen gegen einzelne Reformmaßnahmen – die „Aktion Leben" gegen die Fristenlösung[23] erhielt 1976 für ihr Volksbegehren immerhin beinahe 900.000 Unterschriften, der Antrag wurde jedoch im Nationalrat mit hundertundfünf zu fünfundsiebzig Stimmen abgelehnt – war Kreisky nach den absoluten Wahlerfolgen von 1971 und 1975

---

23   Sie garantierte Straffreiheit bei einem Schwangerschaftsabbruch bis zum dritten Monat. Die Fristenlösung war bereits beim Villacher Parteitag 1972 beschlossen worden.

zur unumstrittenen politischen Führungspersönlichkeit des Landes geworden. Wobei nicht unerwähnt bleiben soll, dass Kreisky ursprünglich kein überzeugter Befürworter der Fristenlösung war: aus Rücksicht auf die katholische Kirche, mit deren Spitzenrepräsentanten – vor allem dem „roten" Kardinal König – er im Verlauf der Jahre eine sehr gute Gesprächsbasis aufgebaut hatte. Erst der Druck vor allem zahlreicher Frauenvertreterinnen in der Partei zur Entkriminalisierung des Abbruches ebnete den Weg zu einer endgültigen Beschlussfassung. Die Gesetzesnovelle wurde mit breiter Unterstützung innerhalb der SPÖ angenommen. Kardinal König stellte schließlich fest, das Thema Abtreibung sei eine „persönliche Gewissensfrage", und überließ es mithin den Gläubigen, in dieser Angelegenheit künftig selbst zu entscheiden.

Nach Bruno Kreisky galt Finanzminister Hannes Androsch in den 1970er Jahren als der einflussreichste Politiker Österreichs und damit auch als potentieller Nachfolger. Am 1. Oktober 1976 ernannte der Kanzler den damals achtunddreißigjährigen Hannes Androsch – seit dem SPÖ-Parteitag 1974 bereits Stellvertretender Parteivorsitzender – zu seinem Vize und signalisierte damit deutlicher denn je zuvor: Androsch solle eines Tages – in nicht allzu ferner Zukunft – sein politisches Erbe antreten. Bereits im Sommer 1974 hatte Kreisky in einem Interview seinen Rückzug aus der Regierung für 1978 angekündigt. „Ich will kein Adenauer werden!", meinte er damals unter Hinweis auf sein Alter.

Die Partei reagierte überrascht, zumal zwischen dem Regierungschef und seinem Finanzminister währungspolitische Auffassungsunterschiede sichtbar geworden waren. Kreisky plädierte im Sinne der Exportwirtschaft und stets motiviert von seinem langjährigen Freund Hans Igler, dem Präsidenten der Industriellenvereinigung, für einen „weicheren" Schilling. Androsch hingegen forcierte, unterstützt von der Nationalbank, eine Hartwährungspolitik; die richtige strategische Weichenstellung für Österreich, wie sich später beweisen sollte.

Allgemein war damit gerechnet worden, die 1909 geborene Hertha Firnberg würde Sozialminister Rudolf Häuser als

Vizekanzler ablösen. Doch Kreisky wies Firnbergs Ambitionen mit den Worten „Alt bin ich selber!" in für viele beleidigender Weise zurück.

In der ersten Hälfte des Jahres 1977 hatte der Bundeskanzler eine Affäre um seinen parteilosen Verteidigungsminister Karl Lütgendorf auszustehen. Es war bekannt geworden, dass dieser versucht hatte, illegal sechshundert Scharfschützengewehre und 400.000 Schuss Munition nach Syrien, das damals in den libanesischen Bürgerkrieg verwickelt war, zu exportieren. Die *Wochenpresse* deckte auf, die ÖVP brachte Misstrauensanträge gegen Kreisky und seinen Minister ein. Ein parlamentarischer Untersuchungsausschuss förderte schließlich Lütgendorfs recht „unbekümmerte" Vorgangsweise zutage: Der Geheimhandel war durch die Aufmerksamkeit eines Zollbeamten aufgedeckt worden.

Ende Mai 1977 musste Lütgendorf zurücktreten. Anfang Juni folgte Otto Rösch Brigadier Lütgendorf nach, der bisherige Innenminister wurde von Verkehrsminister Erwin Lanc abgelöst. Diesem wiederum folgte Beamten-Staatssekretär Karl Lausecker; der junge Wiener Magistratsbeamte Franz Löschnak übernahm Lauseckers Part als politischer Personalchef der Bundesbeamtenverwaltung.

Die wichtigste innenpolitische Agenda des Jahres 1978 galt der Ausarbeitung eines neuen Parteiprogramms. In den ersten Jahren der Zweiten Republik hatte die SPÖ keine umfassenden neuen Parteiprogramme, sondern lediglich „Aktionsprogramme" verfasst. Nach den Wahlen von 1956 mehrten sich jedoch die Forderungen nach einem neuen Grundsatzprogramm. Ein sogenanntes „Programm für Österreich" wurde 1966 vom SPÖ-Parteirat verabschiedet und beinhaltete Leitlinien für eine sozialistisch geführte zukünftige Bundesregierung. Es enthielt Aussagen zur Innenpolitik, zur internationalen Politik, zur Religion („Jeder religiöse Mensch kann gleichzeitig Sozialist sein"), sowie zu wirtschaftlichen und gesellschaftlichen Fragen. In den Jahren 1966 bis 1970 entstanden Reformprogramme für ein modernes Österreich (Wirtschafts-, Human-, Schul-, Hochschul-, Justizprogramme) unter Mitarbeit der

263

bereits erwähnten tausendvierhundert Experten. Darüber hinaus wurde 1969 vor dem Hintergrund der ab 1968 schwelenden inhaltlichen und ideologischen Debatten innerhalb der Sozialdemokratie die sogenannte „Eisenstädter Erklärung" abgegeben: Die SPÖ legte sich auf ein Kooperationsverbot mit den Kommunisten fest. Der Publizist Paul Lendvai dazu: „Im November 1969 ergriff (Kreisky) als Parteivorsitzender die Initiative zur Veröffentlichung der ‚Eisenstädter Erklärung', die eine eindeutige Absage an den Kommunismus darstellte und die berüchtigte ‚Rote Katze' offenbar unwiderbringlich zu Grabe getragen hat."

Dieser Erklärung war eine anlässlich der Nationalratswahlen 1966 von den Sozialisten nicht zurückgewiesene Wahlempfehlung seitens der KPÖ vorausgegangen, welche die ÖVP damals zum Schaden der SPÖ weidlich ausgenutzt hatte. Nunmehr aber äußerte sich Bruno Kreisky unmissverständlich: „Die Sozialistische Partei wünscht bei allem Bemühen um das Vertrauen einer möglichst großen Zahl von Österreichern und Österreicherinnen nur die Unterstützung jener, die sich zu ihren Zielen, der sozialen Gerechtigkeit und der uneingeschränkten Freiheit, bekennen. Sie lehnt daher jegliche Unterstützung oder Empfehlung durch die Kommunisten mit aller Entschiedenheit ab."

Die Erarbeitung des neuen Parteiprogramms für das Jahr 1978 hatte im Grunde bereits 1975 in Bruno Kreiskys Haus in der Armbrustergasse begonnen. Der Kanzler sprach seine Vorstellungen zu einem solchen Programm damals erstmals aus. Heinz Fischer erinnert sich: „Es sollte nicht eine Programmkommission eingesetzt und auch keine einzelne Person als Schöpfer eines Programmentwurfs bestimmt werden, sondern zunächst von einer Gruppe junger Wissenschafter und von Personen mit ‚Sensibilität für Defizite in unserer Gesellschaft' ein Problemkatalog erstellt werden."

Sozusagen als Handlungsanweisung für die Arbeit am neuen Programm verwies Kreisky auf die drei historischen Phasen des demokratischen Sozialismus. Der Kampf um die politische Demokratie als erste, die Errichtung des umfassenden Netzes der sozialen Sicherheit als zweite und schließlich die dritte Phase, die er in Anlehnung an Max Adler „soziale Demokratie" nannte. Diese sei, so Kreisky, die Antwort auf die Frage, was nach dem Wohlfahrtsstaat komme.

Die Verwirklichung der sozialen Demokratie, stellten die Autoren des Problemkatalogs unter Leitung des Wirtschafts- und Finanzexperten Egon Matzner fest, sei nur über eine Demokratisierung des Alltagslebens erreichbar. Im Denkstil der 68er-Bewegung wurde denn auch eine Vision der „gesellschaftlichen Selbstorganisation" entworfen. Diese setze freilich einen Wandel der Rolle des Staates voraus – ein unauflösbarer Widerspruch sozialdemokratischer Praxis. So weit wollte Kreisky im neuen Programm nicht gehen, wiewohl ihm der „Strukturwandel der Öffentlichkeit" – der von Jürgen Habermas eingeführte Begriff linker Gesellschaftsanalyse jener Jahre – bewusst war.

Die zentrale Position im breit angelegten Diskussionsprozess für das neue Parteiprogramm hielt Egon Matzner; für Kreiskys „Personalpolitik" typisch nicht die erste Wahl des Parteivorsitzenden. Als Ersten hatte er Androsch-Mitarbeiter Franz Vranitzky gefragt, der jedoch ablehnte. Der für diese Aufgabe wie geschaffene Matzner fasste seine Aufgabe strikt akademisch auf – was nicht hieß, dass er kein politischer Kopf war – und kümmerte sich um die „wissenschaftliche Fundierung" der umfänglichen Programm-Vorbereitungen.

Für Matzner standen die „neuen Positionen" - wie er sie in einem Beitrag in der Österreichischen Zeitschrift für Politikwissenschaft im Frühjahr 1978 näher ausführte - im Zentrum des öffentlichen Diskurses: Die „Rolle von Staat und Technokratie", eine „Neubewertung des technischen Fortschrittes", 3Eigentum und Planung" sowie „philosophische und anthropologische Grundlagen" umschreiben die Inhalte eines zukunftsweisenden SPÖ-Programmes mit dem Ziel der Etablierung einer „sozialen Demokratie" in Österreich.

Die Haltung zur Kernenergie war aber nur eine mögliche Bruchlinie in der SPÖ. Andere, weniger reale, aber um nichts weniger problematische Tendenzen in jenen widersprüchlichen Jahren haben Bruno Kreisky ebenso beschäftigt.

Immer wieder beschwor er in der sich abzeichnenden innerparteilichen Polarisierung zwischen vorwiegend jungen linken Programmdenkern und Kritikern des Status quo einerseits und dem Partei-Establishment die Geschlossenheit der SPÖ. Im Zuge des gelegentlichen Zusammengehens von sozialistischen Jugendorganisationen mit eurokommunistischen Gruppen hatte Kreisky davor gewarnt „dass der linke Rand verwischt wird. Die Linke dürfe nicht naiv sein: „Dieses Naheverhältnis ist höchst gefährlich", sagte Kreisky im Bundesparteivorstand am 10. November 1977, um fortzufahren: „Wollen die Linken, oder die, die sich als solche auffassen, ein Maximum an Bewegungsfreiheit haben, müssen sie selbst großes Interesse daran haben, dass der linke Rand sauber gezogen ist. Ich bitte den Parteivorstand zu verstehen, wenn ich unerbittlich darüber wachen werde, dass derartige Randgruppierungen nicht stattfinden und (ich) dafür eintrete, dass die Genossen, die trotzdem teilnehmen und dann schreiben, dass sie das nicht wollten, dass ich dafür kein Verständnis habe und es als meine Pflicht betrachte, darauf zu dringen, dass hier jedenfalls dem Statut entsprochen wird, und wenn es mehr als einmal geschieht, die Konsequenzen gezogen werden."

Kreiskys Sorge war zweifellos fehlgeleitet. Denn „Eurokommunismus" oder „Dritter Weg" waren ja bloß Metaphern für die ideologische Ratlosigkeit der westeuropäischen Linken. Das allerdings hat auch Gültigkeit für die damaligen Linken in der SPÖ. Nach dem sukzessiven Versiegen der Kreiskyschen Reformagenda etwa ab 1977 haben sich Altlinke wie Josef Hindels, Fritz Herrmann und Paul Blau gemeinsam mit den „Jusos" um Josef Cap, Andreas Rudas und Peter Pelinka – sie alle einte die Unzufriedenheit mit dem als zu pragmatisch empfundenen Programmparteitag 1978 – die Frage gestellt, wie es denn mit der Staatspartei SPÖ weitergehen solle. Eine Antwort versucht der „Rote Anstoß" des Jahres 1980. Die Autoren analysieren über mehr als dreihundert Seiten hinweg das Versagen sozialdemokratischer Politik. Es ist der Beitrag von Josef Cap, dem linken Jungstar jener Zeit, der aufs Deutlichste die Sackgasse der linken Phraseologie illustriert. Weit entfernt davon, die tektonischen Veränderungen am Ende der 1970er Jahre zur Kenntnis zu nehmen – was wir heute unter „Globalisierung" verstehen, nahm mit dem zweiten Ölschock ihren Anfang –, wird die frühe Phase der europäischen Integration mit dem Hinweis auf ökonomische Konzentration im Stil des 19. Jahrhunderts kritisiert. Da knüpft „Marxist" Cap beim frühen Pittermann an, der bereits in den sechziger Jahren die Europäische Wirtschaftsgemeinschaft(EWG) als kapitalistisches Projekt abgelehnt hatte.

Cap war damals überzeugt, dass es nicht genüge, der bessere „Arzt am Krankenbett des Kapitalismus" zu sein. Denn es gelte auch für die SPÖ, „dass bei einer nicht mehr ‚korrigierbaren' Akkumulationskrise des westeuropäischen und insbesondere des österreichischen Kapitalismus die Koppelung sozialdemokratischer Politik an den Akkumulationsprozess zu einer politischen und ideologischen Krise ähnlich der anderer sozialdemokratischer Bruderparteien führen wird".

Kreisky freilich war – unterstützt von kritischen Köpfen wie Egon Matzner, Hannes Swoboda, Helmut Kramer, Herbert Ostleitner – bereits einige Schritte weiter im Anpassungsprozess der österreichischen Sozialdemokratie an westeuropäische Entwicklungen. Bereits in einem Gespräch mit dem 1938 aus Österreich vertriebenen US-Schriftsteller Frederic Morton, das dieser für die linksliberale New Yorker *Village Voice* Ende 1972 geführt hatte, forderte Kreisky die Post-68er-Linken auf, den „Langen Marsch durch die Institutionen" zu versuchen, denn dies sei heute der einzige verbliebene „revolutionäre Akt". Die ideologischen Pfeile der kleinen orthodoxen Linksgruppierung schienen damals in die entgegengesetzte Richtung zu weisen.

Auch die Attraktion des italienischen und französischen Euro-Kommunismus sollte bald nachlassen. Überdies wollten die Kritiker vom Schlage Cap ihre Aufstiegschancen in der SPÖ nicht übermäßig gefährden; ehe noch die Situation zu heiß wurde, setzte Parteifrömmigkeit ein.

Auf dem 24. Bundesparteitag im Wiener Konzerthaus – das Motto lautete: „Bereit für die Achtzigerjahre" – wurde schließlich am 20. Mai 1978 das neue „Programm der Erfüllung", wie

Kreisky es nannte, beschlossen – und der seit elf Jahren unumstrittene Parteiobmann mit vierhundertvierundfünfzig von vierhundertsiebenundfünfzig Stimmen wiedergewählt. In einem weit ausholenden Referat, das in klassisch austromarxistischer Manier historische Theorie und politische Praxis zu vereinen trachtete – es war dies wohl das letzte Mal in der Parteigeschichte –, benannte er die „Grundidee der Demokratie", nämlich die Frage des Verhältnisses von Gleichheit und Freiheit in der Gesellschaft. Die „klassenlose Gesellschaft", ein Slogan steten bürgerlichen Empörens, wurde auch ins neue Programm aufgenommen. Darunter verstand Kreisky, wie er bei anderer Gelegenheit formuliert hatte, einen „kategorischen Imperativ sozialdemokratischer Gesellschaftsreform".

Bemerkenswert ausführlich analysierte Kreisky in seiner Programmrede die Bedeutung von Karl Marx; schließlich schien doch die Attraktivität der westeuropäischen Sozialdemokratien durch den kurzen Frühling des Euro-Kommunismus bedroht. Er nahm aber auch Marx gegen die „scheinwissenschaftlichen Systeme des Ostblocks" in Schutz und wandte sich mit Entschiedenheit dagegen, „dass man uns unter das kaudinische Joch eines stupiden Antimarxismus zwingen will". Schließlich weist er Karl Marx eine „unbestrittene", aber nur noch „historische Rolle in der Ideengeschichte der Menschheit" zu.

Damit aber war – wie man nunmehr im Rückblick auf das letzte Jahrzehnt des Kalten Krieges und der kommunistischen Regime in Europa festhalten kann – jeder weitere Diskurs über den Marxismus in der SPÖ beendet. Im neuen Programm fand er nicht mehr statt. Karl Marx war gleichsam ins Museum der europäischen Ideologien verbannt worden. Weit wichtiger schien Kreisky nunmehr die Erwähnung der neuen Probleme wie Umwelt, Energie, Gesundheit und Lebensqualität.

Im Mittelpunkt seiner Ausführungen stand die vom ersten Ölschock und vom Zusammenbruch des Bretton-Woods-Systems ausgelöste strukturelle Krise des Weltwirtschaftssystems. Da schöpfte Kreisky aus der Praxis des Tagespolitikers.

„Unser Programm versucht darzustellen, was der Sozialismus unserer Tage sein könnte", schloss der Bundeskanzler seine

Parteitagsrede. „Es ist das Großartige und gerade jetzt Sichtbare an ihm, dass er immer deutlicher sich zu einer Philosophie der menschlichen Gesellschaft entwickelt und dass er deshalb das menschenwürdigste gesellschaftliche System darstellt, weil er das Unvernünftige und Brutale in der Gesellschaft beseitigen will und der menschlichen Persönlichkeit (...) neue Dimensionen verleiht. Und so bedeutet die Verwirklichung sozialistischer Ideale in dieser Zeit mehr als die Verwirklichung bloßer politischer Zielvorstellungen. Sie ist die Antwort schlechthin auf die Frage: ‚Sein oder Nichtsein' ..."

Der österreichische Bundeskanzler musste bei seinen zahlreichen Fabrikbesuchen und in unzähligen Gesprächen und Begegnungen immer wieder feststellen, dass die Sorge um den Arbeitsplatz die Menschen „draußen" am meisten beschäftigte. Seine persönliche Erinnerung an die schrecklichen politischen Folgen der Wirtschaftskrise der dreißiger Jahre war allgegenwärtig. Der Kampf um die Vollbeschäftigung war seit der Rezession von 1974/75 zur staatspolitischen Leitlinie, ja nachgerade zum Dogma geworden. Die verstaatlichte Industrie, aber auch private Unternehmen wurden großzügig – manche meinten später, zu großzügig – mit Budgetmitteln ausgestattet. Insgesamt aber hatte die von der Bundesregierung in den 1970er Jahren verfolgte Stabilitätspolitik ihr Ziel – produktivitätsorientierte Lohnpolitik, niedrige Arbeitslosigkeit, kontrollierte Inflation – mit Bravour erreicht. Die Stabilisierung des Wirtschaftsablaufes trug allerdings zu einer Versteinerung der Strukturen – insbesondere im verstaatlichten Industrie- und Bankenbereich – bei. Kreiskys Gegenstrategie war es, internationale Investoren – und damit technologisches Know-how – nach Österreich zu holen, um solcherart das Mischungsverhältnis zwischen verstaatlichter und Privatindustrie zu verändern.

Bereits 1977 hatte er die Idee eines „Austro-Porsche" lanciert, die damals noch von vielen abschätzig kommentiert worden war. Dieser wurde zwar nie gebaut, diente jedoch als Motor für den Aufbau der österreichischen Autozulieferindustrie. 1982 sollte Kreisky mit der Eröffnung des General-Motors-Motorenwerks in Wien-Aspern der große Wurf gelingen. Die

Investitionssumme von knapp zehn Milliarden Schilling (726 Millionen Euro) wurde zu einem Drittel aus öffentlichen Förderungen aufgebracht – noch unbehelligt von EU-Wettbewerbshütern, die sich an der hohen staatlichen Beihilfe gestoßen hätten. Auch BMW und Renault errichteten Zulieferbetriebe; die Elektronikkonzerne Siemens und Philips bauten ihre Kapazitäten in Österreich aus. In Unterpremstätten in der Steiermark ließ sich der amerikanische Microchip-Hersteller AMS nieder.

Dass ihm „ein paar Milliarden Schulden mehr weniger Kopfzerbrechen verursachen als ein paar hunderttausend Arbeitslose", wurde er in späteren Jahren nicht müde zu betonen. Dabei war es Kreisky mit seinem einprägsamen und oft kritisierten Satz darum zu tun gewesen, den durch die weltwirtschaftlichen Turbulenzen verstörten Menschen zu sagen, dass sie jedenfalls in seiner Politik ganz oben stünden.

2.

Bruno Kreiskys Rede am Wiener Programmparteitag 1978 hatte auch einen kurzen Hinweis auf jenes Thema beinhaltet, welches den Rest des Jahres und die Monate darüber hinaus dominieren sollte: die geplante Eröffnung des ersten österreichischen Kernkraftwerks in Zwentendorf. In der niederösterrei-chischen Ortschaft an der Donau, in der Nähe von Tulln, hatten bereits im Frühjahr 1972 die Bauarbeiten zu einem Siedewasserreaktor mit geschätzten 723 Megawatt Bruttoleistung begonnen. Die angenommenen Kosten beliefen sich auf 5,2 Milliarden Schilling (rund 378 Millionen Euro). Das Kraftwerk Zwentendorf sollte von der „Gemeinschaftskernkraftwerk Tullnerfeld Ges.m.b.H." betrieben werden, an der der Bund und die einzelnen Bundesländer durch ihre jeweiligen Energieversorgungsunternehmen beteiligt waren. Die ursprüngliche Entscheidung, in Österreich Kernkraftwerke zu errichten, war noch von der ÖVP-Alleinregierung unter Josef Klaus gefällt, selbst der Standort war damals bereits festgelegt worden.

Die friedliche Nutzung der Atomenergie, wie es euphemistisch hieß, war im Wahlkampf 1975 nur eine Fußnote geblieben – allerdings hatte die „Aktion Kritische Wähler" zu Anfang des Wahljahres zu einer Diskussion über AKWs geladen. Wenig später griff Kreisky im Zuge einer Fernsehdiskussion die Anregung auf, man möge doch eine Volksbefragung über Kernkraftwerke machen. „Ich selber nahm von allem Anfang an als Bundeskanzler eine warnende Haltung im Ministerrat ein", heißt es in den Memoiren, „und stellte zu meinem Erstaunen fest, dass meine warnende Stimme nicht zu Protokoll genommen wurde."

Trotzdem führte die Diskussion pro und contra Zwentendorf auch zu familiärem Streit: Peter Kreisky und seine Frau Eva wurden von Bruno Kreisky monatelang vom sonntäglichen Mittagstisch verbannt. Ihnen wurde sogar mit dem Ausschluss aus der Partei gedroht, nachdem sie es gewagt hatten, die Nützlichkeit der Inbetriebnahme des Kernkraftwerkes Zwentendorf in Frage zu stellen. Ausgerechnet Anton Benya sprach sich mit den Worten „Mach dir deine Familieng'schichten z'haus aus!" gegen einen Parteiausschluss aus.

Eva Kreisky erinnert sich: „Bis dahin waren die offenen politischen Debatten immer Teil des Sonntagstisches gewesen. Es herrschte ein solidarisches Familienklima. Mein Schwiegervater hielt zwar oft lange Monologe, konnte aber durchaus auch zuhören. Er wollte immer etwas dazulernen. Manchmal ließ er uns nur halb im Scherz wissen: die Staatspolizei halte ihn am Laufenden, was wir taten. Seine Toleranz verschwand allerdings, als es um Zwentendorf ging. Unsere Ablehnung der Inbetriebnahme empfand er als Illoyalität, als Affront und persönliche Verletzung. Ich schrieb ihm damals einen langen Brief, um ihm unsere Position genauer darzulegen. Er hat ihn nie beantwortet. Aber wir fanden ihn nach seinem Tod unter wichtigen Papieren – er hatte ihn also ernst genommen." Erst als Bruno Kreisky erfuhr, dass Peter und Eva Nachwuchs erwarteten, erwachte wieder sein Familiensinn erwachte sein Familiensinn; er lud sie wieder zum sonntäglichen Familientisch ein.

Kreiskys Verhältnis zu seinem Sohn Peter war immer schon schwieriger als zu seiner Tochter Suzanne, die ihm den ersten

Enkel – Oliver – geboren hatte. Gab es in den frühen Jahren der beiden Kinder regelmäßige Sommerurlaube und Familientreffen in Schweden, so wurde der junge Kreisky erst mit dem Besuch des US-Präsidenten Richard Nixon in Salzburg 1972 einer weiteren Öffentlichkeit bekannt: Als Teilnehmer an der Demonstration am Salzburger Flughafen, wo sein Vater den vom Vietnamkrieg belasteten amerikanischen Präsidenten empfangen hat.

Während sich ein konservativ geprägtes Publikum über den Ungehorsam des Sohnes gegenüber seinem in der Politik so dominanten Vater klammheimlich freute, hatten Vater und Sohn – vom üblichen Generationenkonflikt abgesehen – weniger Probleme als in den Medien kolportiert. Im Gespräch mit Fred Morton, für die New Yorker *Village Voice*, rekapituliert Kreisky jene delikate Episode am Salzburger Flughafen, als er – auf die höfliche Frage Nixons nach dem Befinden der Familie – trocken antwortete, sehr gut, Herr Präsident, da drüben ist mein Sohn, er demonstriert gerade gegen den Vietnamkrieg. Nixons Antwort war freundlich und kurz: „That's all right. It isn't my war."

Tatsächlich hat Peter Kreisky in späteren Jahren die Beziehung zu seinem Vater – trotz „patriarchalem Autoritarismus" – immer wieder als „bei weitem nicht so problematisch, wie von den Medien zur damaligen Zeit dargestellt" bezeichnet. Sogar in der Frage der Kernenergie sollte Kreisky schließlich seinem Sohn folgen; der Umgang mit seinen beiden Kindern und Enkeln war gegen Ende seines Lebens besonders freundschaftlich und respektvoll. „Je älter ich werde, desto radikaler werde ich", hat Kreisky von sich selbst einmal gesagt. Auch das hat bei seiner Annäherung an die Positionen seines Sohnes womöglich eine gewisse Rolle gespielt.

In der Regierung war Zwentendorf erst mit der Frage des Transports der Brennstäbe, die sich Anfang 1978 stellte, akut geworden. Hinzu kam, dass die Zahl der Kernkraftskeptiker im Verlauf der 1970er Jahre in ganz Europa deutlich zugenommen hatte. Vor allem in Deutschland kam es zu immer größeren Protestveranstaltungen, auch zu gewalttätigen Auseinandersetzungen zwischen Tausenden Kernkraftgegnern und der Polizei. Der Slogan „Atomkraft, nein danke!" setzte sich durch, die Bewegung gewann immer mehr Anhänger; eine Bürgerbewegung war geboren worden, die Anfang der 1980er Jahre in etlichen westeuropäischen Staaten zur Gründung grüner Parteien führen sollte.

Kreiskys Persönlichkeit zeichnete eine tiefe, emotionale Dissonanz aus; gerade in der so wichtigen Sachfrage Zwentendorf beherrschte sie seine politischen Schritte. Während einer von ihm initiierten Aufklärungskampagne, zu der er profilierte Befürworter, darunter seinen Freund aus Wiener Jugendtagen, den Atomphysiker Victor Weisskopf, als auch Gegner der Kernenergie eingeladen hatte, war ihm klar geworden, dass die Atomkraft kein bloßes technisches Problem darstellt; hier ging es um das Vertrauen der Menschen in eine neue, vielen unheimliche Technologie. Der Futurologe und Sachbuchautor Robert Jungk, einer der Pioniere der Anti-Atom-Bewegung, formulierte es damals so: „Wohl noch nie hat die Einführung einer technischen Innovation soviel Misstrauen hervorgerufen wie die Kernkraftindustrie. Alle mit enormen Geldmitteln und unter Einsatz spezieller sozialpsychologischer Forschungsteams unternommenen Kampagnen haben die ‚Akzeptanz' der neuen Energiequelle nicht zu fördern vermocht. Im Gegenteil, das Misstrauen wächst. (…) Prognose: Am Misstrauen der Zeitgenossen wird die Einführung der Kernenergie schließlich scheitern."

Mit Zwentendorf zeichneten sich in Österreich erstmals und mit Vehemenz auch die politischen Grenzen des technisch Machbaren ab. Was sich mit dem Ölschock angekündigt hatte, setzte sich mit der Diskussion um das Kernkraftwerk vor den Toren Wiens fort. Die Wachstumseuphorie der Nachkriegsjahre, der Glaube an Großtechnologien, wie er in Österreich von Regierung und Sozialpartnern repräsentiert wurde, schien trotz Ausbau des Wohlfahrtsstaates erschüttert. Der technologisch-ökologische Konflikt führte zu einer Frontstellung zwischen Parteien, Gewerkschaft, Industrie einerseits und einer diffusen Koalition von Protestbewegungen, neuen Eliten – darunter vielen Kreisky-Wählern – und einigen Printmedien andererseits.

Der österreichische Regierungschef hatte wohl auch das politische Schicksal des sozialdemokratischen schwedischen Ministerpräsidenten Olof Palme vor Augen, der 1976 über die

Frage der Nutzung der Kernenergie gestürzt war. Würde nicht, so musste er sich fragen, das Pro oder Contra Zwentendorf die bevorstehenden Wahlen des Jahres 1979 mit beeinflussen, sie nicht sogar entscheidend prägen?

Im Gegensatz zu ÖGB-Chef Anton Benya oder Hannes Androsch, die ihn zur Inbetriebnahme drängten, war Kreisky im Grunde eher ein Zweifler des atomaren Weges in die Energiezukunft. Unter allen Umständen wollte er daher die ÖVP in die parlamentarische Verantwortung einbinden. Schließlich war es die Volkspartei gewesen, die Ende der sechziger Jahre den Baubeschluss für das erste österreichische Atomkraftwerk gefasst hatte. Josef Taus plädierte jedoch in seiner Partei – trotz grundsätzlicher Bejahung der Atomkraft – überraschend gegen den staatspolitischen Konsens: Die ÖVP schwenkte gegen den Widerstand der Industrie aus rein taktischen Gründen auf einen Anti-Zwentendorf-Kurs um.

Im Juli 1978 musste sich Bruno Kreisky einer Gallenblasenoperation unterziehen. Er hielt sich noch im Krankenhaus auf, als er Hannes Androsch, Leopold Gratz und Heinz Fischer zu sich ins Spital bat. Fischer erinnert sich: „Wir pilgerten also in das AKH, wo uns Kreisky unrasiert und mit einem weißen Schlafmantel bekleidet empfing und ohne weitere Umschweife sagte: ‚Ich habe über die Zwentendorf-Frage sorgfältig nachgedacht. Ich halte es für falsch, das Kraftwerk nicht in Betrieb zu nehmen und viele Milliarden Schilling beim Fenster hinauszuwerfen. Das wird auch die Bevölkerung nicht verstehen. (…) Ich mache Euch einen Vorschlag als Ausweg: Wir machen zur Frage der Inbetriebnahme von Zwentendorf eine Volksabstimmung. Die Mehrheit der Bevölkerung wird sicher dafür sein, und das muss dann auch die ÖVP zur Kenntnis nehmen, ob es ihr passt oder nicht.' (…) Das Ergebnis der Besprechung bei Kreisky lautete: Im Zusammenhang mit der Inbetriebnahme von Zwentendorf ein Gesetz zu ‚erfinden' und eine Volksabstimmung darüber durchzuführen."

Noch Jahre später wies Kreisky darauf hin, er habe seine Genossen anlässlich einer Parteivorstandssitzung gewarnt: „Ich schlage die Volksabstimmung vor, aber ich mache Euch aufmerksam, eine Volksabstimmung kann man auch verlieren. Ich habe also mit einer verlorenen Volksabstimmung kalkuliert", so behauptete er jedenfalls im Rückblick.

Kreiskys Entscheidung, die Inbetriebnahme von Zwentendorf einer Volksabstimmung anheimzustellen, stieß vorerst auf positive Reaktionen. Im Sommer 1978 durchgeführte Umfragen signalisierten eine 60-prozentige Zustimmung. Als Kreisky jedoch im Lauf des Herbstes – unter zunehmendem Druck von Anton Benya – aus der Abstimmung über Zwentendorf eine „Vertrauensfrage" machte und sein politisches Schicksal damit zu verknüpfen begann, kippte die Mehrheit.

In den Wochen vor der Abstimmung am 5. November 1978 gingen die Wogen hoch, Befürworter und Gegner des Atomkraftwerks lieferten sich Rededuelle, das Parteiorgan *Arbeiter-Zeitung* stimmte seine Leserschaft mit täglichen, oft seitenlangen Berichten auf die Notwendigkeit ein, mit „Ja" zu stimmen, sonst würde der österreichischen Wirtschaft gefährlicher Schaden zugefügt. Noch am 31. Oktober warnte etwa VOEST-Generaldirektor Heribert Apfalter, ein negativer Ausgang der Volksabstimmung würde für alle Lieferungen und Leistungen der VOEST eine schlechte Referenz darstellen. Ein „Nein" hieße aber auch – so unisono Industrie, Wirtschaft, Gewerkschaft -, Österreich von künftiger Technologie abzuschneiden.

Das Ergebnis der Volksabstimmung am 5. November war denkbar knapp: Bei einer Wahlbeteiligung von 64,10 Prozent stimmten 50,47 Prozent der Wähler gegen eine Inbetriebnahme Zwentendorfs. „SPÖ respektiert Volksentscheid" titelte die *Arbeiter-Zeitung*. Es war ein empfindlicher Rückschlag für Regierung und Sozialpartnerschaft, vor allem aber eine persönliche Niederlage für den Bundeskanzler.

„Ich bin wegen des Ausgangs der Volksabstimmung überhaupt nicht beleidigt", betonte er am folgenden 6. November gegenüber Journalisten, „betrachte ihn aber als ein Misstrauensvotum, das man als solches betrachten und bewerten muss."

Kreisky überlegte kurz seinen Rücktritt, immerhin hatte er mit einem solchen in bewährt verklausulierter Form gedroht: „Ich sage nicht Nein, dass ich nicht zurücktrete." Tatsächlich hat er dem Parteipräsidium am Montag nach der verlorenen Volksabstimmung seine Demission angeboten. Statt diese anzunehmen, gewährte ihm die Partei einen womöglich noch größeren politischen Handlungsspielraum, als er ihn bisher schon besessen hatte. Der Vize-Parteiobmann der SPÖ und Wiener Bürgermeister Leopold Gratz verkündete: „Österreich braucht Kreisky viel dringender als ein Atomkraftwerk!" Die Medien aber stilisierten ihn zum Partei-Supermann hoch; ein von diesen nicht beabsichtigter Beitrag zur raschen Überwindung des Verlierer-Images. Nichts Besseres hätte Kreisky wenige Monate vor der kommenden Nationalratswahl am 6. Mai 1979 passieren können.

Übrigens sollte sich Kreisky bereits vor der Reaktorkatastrophe von Tschernobyl im Mai 1986 von seiner Pro-Atom-Haltung abwenden: „Ich bekenne diesbezüglich einen totalen Sinneswandel", wie es in den Memoiren heißt. „Nach 1983 kam ich zu der Auffassung, dass, wenn überall in der Welt eine wachsende Zahl von Menschen Zukunftsangst erfasst, man sich darüber klar sein soll, dass wir in der nächsten Zukunft nicht nur *ein* Tschernobyl erleben werden, sondern wahrscheinlich auch andere ..."

Bereits am Tag nach der Niederlage gab Kreisky den Auftrag, ein „Atomsperrgesetz" zu formulieren, um solcherart dem Mehrheitswillen zu entsprechen. Damit aber hatte Kreisky auch die politische Initiative zurückgewonnen – die Voraussetzungen für seine Wiederwahl hatten sich entscheidend verbessert. Ein genialer politischer Schachzug: Von der Atomfrage befreit, konnte sich der Kanzler – zwar unterlegen, aber mitnichten resignierend – mit voller Kraft dem einsetzenden Wahlkampf widmen.

3.

Mit Zwentendorf hat Bruno Kreisky zweifellos die schwerste politische Niederlage seiner Karriere hinnehmen müssen. Erstmals seit Übernahme der Regierungsgeschäfte 1970 schien er

– zum Jahresende 1978 – deutlich geschwächt. Der *Spiegel* ätzte wenige Monate später: „Er ist 68, schon längst kein Sonnenkönig mehr und nicht nur abends müde. Wohl ein dutzendmal hat er von Rücktritt gesprochen, von der überfälligen Pflicht, in Ruhe das ‚große Buch' seiner Memoiren zu schreiben. Der Alterssitz auf Mallorca steht bereit. (…) ‚Ich habe mein Charisma verloren', klagte er selbstzweiflerisch im Parteivorstand, als ihm die Österreicher das verlangte Ja zum Kernkraftwerk Zwentendorf verweigert hatten.“

Die Nationalratswahl 1979 sollte trotzdem – und für viele unerwartet – zur erfolgreichsten Wahl für die SPÖ in der Ära Kreisky werden. Die Wahlbewegung für den 6. Mai 1979 hatte unter dem Motto „Der österreichische Weg in die achtziger Jahre“ gestanden und brachte der SPÖ ein historisches Ergebnis: 51,3 Prozent und einen Zugewinn von zwei Mandaten. Niemals zuvor hatte eine sozialdemokratische Partei ein so hohes Maß an Zustimmung erreichen können. Der politische „Magier“ Kreisky hatte es erneut geschafft, sich wider alle Gegenkräfte durchzusetzen und Österreich in die nächste Legislaturperiode zu führen. Keine Rede mehr von geordnetem Rückzug; Konrad Adenauer, der noch als Achtzigjähriger Deutschlands Regierungsgeschäfte führte und insgesamt vierzehn Jahre Bundeskanzler blieb, erschien dem achtundsechzigjährigen Kreisky mit einem Mal durchaus vorbildhaft.

Neben der Tatsache, dass die ökonomischen Eckdaten nach wie vor exzellent waren, hatte die konservative Regierungsalternative Taus/Götz (ein Wahlkampf-Pamphlet 1979 lautete „Götz & Taus? Nein Danke!“) schlichtweg keine Attraktivität besessen. Der damalige Grazer FPÖ-Bürgermeister Alexander Götz hatte Friedrich Peter im Herbst 1978 abgelöst. Es war dies jener FPÖ-Nationale, der bei Kreisky „Papp im Hirn“ konstatierte. Kreisky hatte nämlich nach der Grazer Gemeinderatswahl des Jahres 1978 erklärt, er halte es für ein „sehr bedenkliches demokratisches Prinzip“, wenn der Vertreter „einer kleinsten Partei“ Bürgermeister werde; Götz reagierte unwirsch, sein Sager wurde jedoch von weiten Teilen der Bevölkerung geradezu als „Majestätsbeleidigung“ empfunden.

Zu seinem neuerlichen Wahlsieg hatten nun auch wieder jene Kräfte im Lande beigetragen, die sich anlässlich der Zwentendorf-Volksabstimmung vorübergehend von ihrem „wohlwollenden Despoten" abgewandt hatten. Aber eben nur vorübergehend. Im April des Wahljahres hatte der Jahre später wegen sechsfachen Mordes zu einer lebenslänglichen Haftstrafe verurteilte Udo Proksch alias Serge Kirchhofer, Eigenbeschreibung: Schweinehirt, Brillendesigner und Chef des „Demel" – das Wiener *enfant terrible* schlechthin – eine angeblich von Auslandsösterreichern finanzierte Werbeinitiative gesetzt: Unter dem Titel „Geschichten vom Dr. Kreisky" bekundeten führende Künstler, Sportler und Entertainer, was Bruno Kreisky ihnen bedeutete: von Curd Jürgens über Friedrich Torberg, von Erika Pluhar bis hin zu Friedensreich Hundertwasser, André Heller, Christiane Hörbiger, Senta Berger und Teddy Podgorski. Die kurzen Texte wurden in Form von Werbeeinschaltungen in den großen österreichischen Tageszeitungen platziert. Die knappen Anmerkungen der prominenten Wahlhelfer waren Kreisky gegenüber nicht unbedingt unkritisch, so wies etwa André Heller auf seine Enttäuschung hin, dass der Kanzler zu Friedrich Peter gestanden habe, trotzdem gebe es für ihn „unter den seriösen Kanzlerkandidaten derzeit keinen Besseren als Bruno Kreisky". Curd Jürgens meinte: „Nicht jede Zeit findet ihren großen Mann, und nicht jede große Fähigkeit findet ihre Zeit. Mit Bruno Kreisky hat eine große Fähigkeit ihre Zeit gefunden." Senta Berger aber brachte die Wahlkampfbemühungen auf den Punkt: „Wer Kreisky nicht wählt, riskiert einen Rückfall Österreichs in die Bedeutungslosigkeit."

Im Lande Sigmund Freuds war der Landesvater in Zwentendorf abgestraft worden, um ihn wenige Monate später in Österreich wieder auf den Schild heben zu können. Sowohl die Künstler als auch die Intellektuellen des Landes, die „Kritischen Wähler" ebenso wie die postmodernen Indiviualisten standen nun wieder hinter „ihrem" Kreisky, der sie bereits 1970 aufgefordert hatte, ein „Stück des Weges" mit ihm zu gehen.

Fühlte er sich den zahlreichen Kunstschaffenden, Schriftstellern und einigen Intellektuellen Österreichs – selbsternannt

278

oder tatsächlich – nicht in Wahrheit sogar um einiges näher als den einheimischen Wirtschaftskapitänen, den traditionellen Funktionären der Partei oder den Betonköpfen vom Schlage des machtbewussten ÖGB-Chefs Anton Benya? Nie zuvor hatte es einen österreichischen Regierungschef gegeben, der sich den Künsten, der Kultur – klassisch, gegenwärtig, auch populär, wenn es sein musste – ähnlich verpflichtet und vergleichbar nahe fühlte wie Bruno Kreisky. Seit seiner Rückkehr aus Schweden hatte er beste Beziehungen zu heimischen und internationalen Künstlern und Intellektuellen aufzubauen gewusst; auch und gerade zu den führenden Publizisten des Landes. Er genoss das gelegentliche abendliche Beisammensitzen mit Theaterregisseuren, Schauspielern und Schauspielerinnen, mit Dirigenten, Malern, Bildhauern („Einer meiner liebsten war Fritz Wotruba"), Schriftstellern und Architekten und lud, wie bereits erwähnt, die Repräsentanten der österreichischen Kulturszene nicht selten auch zu sich nach Hause ein.

Leonard Bernstein, dessen Mahler-Interpretation Kreisky besonders mochte, war ein langjähriger und enger Freund, den er bereits als Außenminister im „Big Apple" kennengelernt hatte. Viele Jahre später erreichte diese Freundschaft ihre emotionalen Grenzen, als der Maestro etwas ungeschickt und die Tiefe des Zerwürfnisses unterschätzend vergeblich versuchen sollte, Kreisky mit Androsch zu versöhnen.

Literatur war seine Passion, Musik diente der Unterhaltung. So traf er des Öfteren mit dem genialen Pianisten Friedrich Gulda zusammen, der stets Abstand zur Politik hielt. Bei Kreisky hingegen war das anders: er widmete ihm 1981 sogar sein Cello-Konzert.

Der Maler Friedensreich Hundertwasser kam immer wieder mit umweltpolitischen, aber auch friedensmotivierten Ideen zu Kreisky, entwarf unter anderem eine israelisch-palästinensische Friedensfahne.

In gewisser Weise kann man ja auch Kreiskys Art, Politik zu machen, zuweilen als gleichsam künstlerischen Akt bezeichnen. Sein ehemaliger Kabinettschef Alfred Reiter behauptet sogar: „Kreisky war ein Gesamtkunstwerk an sich. Um ihn war Chaos, er war absolut unorganisiert, und unsere Bemühungen, um ihn herum so etwas wie eine Organisation, ein Management des Kanzlerbüros aufzubauen, hat er boykottiert. Wenn wir damit Erfolg haben wollten, mussten wir ihn übertricksen."

Werner A. Perger vertraute Kreisky an, sein Leben lang habe ihn die Geschichte des Don Quichotte de la Mancha begleitet; in der Suche dieses weltfernen Ritters meinte er sich wiederzuerkennen: „In mir war immer eine Sehnsucht zur Donquichotterie." Perger wollte wissen, wann und wo Kreisky denn je etwa gegen Windmühlenflügel in den Kampf gezogen sei, da brummte der Befragte: „Das ist mein Geheimnis." Und fügte hinzu: „Ich neige etwas dazu, unrealistische Haltungen einzunehmen." Perger weiter: „So fühlte Bruno Kreisky sich immer auch zu jenen hingezogen, die ihren Träumen nacheilten und ihren Utopien treu zu bleiben versuchten. Utopisten, Träumer, Schwärmer hat er ernst genommen, manchmal vielleicht zu ernst (…) Er wich nicht ab von seinem Prinzip: Auch die Träumer muss man beim Wort nehmen. Ein Leben lang."

Um hier nur ein Beispiel für Kreiskys unkonventionelles Vorgehen zu nennen: Der weltberühmte, aus Niederösterreich stammende Maler Oskar Kokoschka hatte seine Heimat Mitte der 1930er Jahre aus politischer Überzeugung verlassen; die Austrofaschisten waren ihm bereits damals zutiefst zuwider gewesen.

Bei einem der Besuche der Londoner Tate Gallery Anfang der siebziger Jahre musste der österreichische Regierungschef zu seinem Ärger feststellen, dass OK als Brite geführt wurde. Da plante Kreisky eine Heimführung der besonderen Art, meldete Kokoschka kurzerhand bei sich zu Hause an – und erfüllte damit die Voraussetzung für die Wiedererlangung des österreichischen Passes des damals in der Schweiz lebenden Künstlers.

In einem Brief[24] des Salzburger Galeristen Friedrich Welz an Kokoschka heißt es: „Vor allen Dingen wollte ich Dir mitteilen,

---

24 Friedrich Welz an Oskar Kokoschka, Zentralbibliothek Zürich, Nachlass O. Kokoschka

dass vor ungefähr einer Woche Bundeskanzler Dr. Kreisky telephonisch angerufen hat, um mir mitzuteilen, dass Du ‚ab nun als sein Gast in seinem Wiener Privathaus wohnst‘. Dies ist sicher nur ein Ausweg, den Dr. Kreisky gesucht hat, um Dir die Staatsbürgerschaft antragen zu können." Und in einem Postskriptum fügt Welz hinzu: „Zu meiner großen Freude hat mir Bundeskanzler Kreisky auch berichtet, dass er ein eigenes Gesetz schaffen ließ, also sozusagen eine ‚lex Kokoschka‘, das es der Bundesregierung ermöglicht, Dir einen offiziellen Antrag zu stellen, oder Dich zu bitten, die österreichische Staatbürgerschaft wieder anzunehmen. Damit ist das alte Hindernis einer Antragstellung durch Dich behoben und ich hoffe sehr, dass Du diesen Antrag (…) annehmen wirst. So sind nun meine, schon vor fast zwanzig Jahren begonnenen Bemühungen für Dich, zu einem befriedigenden Abschluss gelangt. Du brauchst nun nicht mehr um etwas zu bitten, was man Dir zu Unrecht genommen hat. Dein Welzius."

Die Handschriftenabteilung der Zentralbibliothek Zürich verwahrt innerhalb des Nachlasses Oskar Kokoschkas das betreffende originale Dokument, die „Bescheinigung über den Wiedererwerb der Staatsbürgerschaft" der „Republik Österreich" mit folgendem Wortlaut: „Herr Oskar Kokoschka, geboren am 1. März 1886 in Pöchlarn, NÖ, wohnhaft in Wien 19, Armbrustergasse 15, hat am 7. März 1974 die österreichische Staatsbürgerschaft gemäss § 58 c des Staatsbürgerschaftgesetzes 1965, BGBl. Nr. 250, in der Fassung der Staatsbürgerschaftsgesetz-Novelle 1973, BGBl. Nr. 394, wiedererworben. Wien, am 18. März 1974."

Kokoschkas briefliche Reaktion an Kreisky: „Ich bin sehr geehrt, dass Sie sich darüber freuten, mich noch lebendig der Republik Österreich einzuverleiben. Ich hoffe für mich und für Österreich, dass es diesmal zum letzten Mal sein wird, dass ich mich häuten musste. (…) Ich danke Ihnen, sehr verehrter Freund, für diesen unerwarteten Federstrich (man könnte es auch einen Handstreich nennen!)."

Kreiskys durchaus kritische Staatsgläubigkeit, seine gelegentlichen „Federstrich"-Aktionen hatten ein großes Vorbild.

Joseph II., der Sohn und Nachfolger Maria Theresias, hatte im kurzen Dezennium seiner Herrschaft zwischen 1780 und 1790 eine zur konservativen Geschichte des Imperiums quer liegende Reformwelle ausgelöst, die in der langen Geschichte Österreichs ihresgleichen sucht. Die Veränderung von oben, die Josephs Namen trug, modernisierte Österreichs Verwaltung – und damit seine Gesellschaft – wie unter keinem anderen Habsburger vor und nach ihm. Seit dieser Epoche dekretierter Reformen existiert in Österreich – so jedenfalls die Meinung des Schriftstellers und Essayisten Karl-Markus Gauß – ein ungestilltes Verlangen nach aufgeklärter, jedoch oktroyierter Herrschaft. Die „Wiederkehr des wohlwollenden Despoten" in der Gestalt Kreiskys – Gauß' originell-polemischer These folgend – habe nun endlich, zweihundert Jahre später, die so lange unerfüllten intellektuellen Macht- und Reformphantasien Wirklichkeit werden lassen: „Nicht wenig zum frühen Ansehen der sozialdemokratischen Reformbewegung trug bei", schreibt Gauß, „dass Bruno Kreisky, gemäß seinem intellektuellen Rufe und dem noblen Respekt, mit dem er anfangs selbst der nur scheinbaren Unabhängigkeit von Intellektuellen zu begegnen verstand, zum Brückenbauer berufen schien, der wieder verbinden könnte, was fremd gegeneinander stand: Macht und Geist, Staat und Kultur, Apparat und kritische Intelligenz. (…) Das Versprechen einer Aussöhnung von Staatsmacht und Kultur, das Kreisky glaubhaft zu repräsentieren schien, verstanden sowohl die, in deren Namen es gegeben wurde, wie jene, an die es sich richtete, als einen demokratischen Akt."

Kreisky ging sogar noch einen Schritt weiter, als Gauß es ihm womöglich zugetraut hatte. In einem Gespräch mit dem *Zeit*-Autor Fritz J. Raddatz' bekannte er, Radikalität in der Kultur sei für ihn „eine Voraussetzung jeglicher Produktivität. Sie ist eine Notwendigkeit, die förmlich behütet werden muss. Es darf keine Regulierung des Entsetzens geben, das Kunst hervorrufen kann, ja: muss. Wir hatten in Österreich bis vor zehn Jahren ein ungeheures Defizit an Liberalität – und wenn etwas uns gelungen ist im kulturellen Bereich, dann, dass es nun diese Liberalität im kulturellen Leben gibt, die es früher nicht gegeben hat. Früher hat man verübelt, früher hat man verdrängt, früher hat man unterdrückt, was nicht zur sogenannten herrschenden kulturellen Auffassung gehört hat; was halt so als ‚österreichisch kulturell' betrachtet wurde. Heute lässt man das alles sich entfalten. Ich betrachte die Verwirklichung dieser Liberalität auch als ‚Kulturradikalismus'. Ohne diese Liberalität kann sich der Kulturradikalismus nicht entfalten."

Konsequenterweise wurde von Kreisky auch Medienpolitik als Kulturpolitik verstanden. Nach der Erringung der absoluten Mehrheit im Jahr 1971 – Gerd Bacher war damals mit Hilfe der konservativen Mehrheit im ORF wiedergewählt worden – gab Kreisky auf dem Villacher Parteitag 1972 der Medienpolitik in Österreich mit dem Vorschlag eines „Verlegerfernsehens" einen bislang unerhörten Impuls. Die politische Absicht war klar: Aufweichung des konservativen Rundfunk-Monopols mit Hilfe der bürgerlichen Printkonkurrenz. Kreisky verband damit auch die Frage der staatlichen Presseförderung, für die wirtschaftlich notleidenden Zeitungen überlebenswichtig, und – ganz im Sinn der Demokratisierungsdoktrin – die journalistische Mitbestimmung im ORF.

Das Konzept einer Entmonopolisierung des Fernsehens brachte beträchtliche Unruhe in die Medienszene, jedoch auch dem Bundeskanzler die politische Initiative zurück. Den Startschuss zu einer Reform der demokratischen Kontrolle des öffentlich-rechtlichen Rundfunks – die erst 1974 in einem neuen ORF-Gesetz münden sollte – hatte Kreisky aber auch unter dem Eindruck der Mobilisierungskraft dieses Mediums gegeben: Er hatte sie rund um den sogenannten „Schranz-Rummel" intensiv erlebt. Die von Gerd Bachers ORF inszenierte aggressiv-triumphale Rückkehr des Schifdols Karl Schranz von den Olympischen Winterspielen in Sapporo 1972 – das Internationale Olympische Komitee hatte Schranz den Amateurstatus aberkannt – geriet zu einer medial aufgeputschten chauvinistischen Demonstration, der sich die Politik hilflos ausgeliefert sah. Die Balkonszene am Ballhausplatz – Kreisky zeigte sich erst nach dreimaliger Aufforderung gemeinsam mit Schranz den Massen vor dem Kanzleramt – ließ bei ihm Erinnerungen an die nationalsozialistische

Kurzzeitregierung Seyß-Inquart hochkommen, die sich in der Nacht nach dem „Anschluss" von ebendort einer johlenden Menge gezeigt hatte. Kreiskys Intention der repräsentativen demokratischen Mitwirkung mittels Hörer- und Sehervertretung an der öffentlich-rechtlichen Anstalt blieb der durchschlagende Erfolg jedoch zunächst versagt.

Im Jahr 1974 gelang es ihm – dank einer Reform des bürgerlich dominierten ORF – die Kompetenzen der bis dahin vom Konservativen Gerd Bacher geführten Sendeanstalt zu beschneiden. Bacher wurde mit der neuen – sehr knapp angelegten – linken Mehrheit abgewählt und durch den medienunerfahrenen Otto Oberhammer, einen kompetenten Mitarbeiter aus Brodas Justizministerium, abgelöst. Die Dezentralisierung der Entscheidungsgewalt und die Trennung der Fernseh-Programme des ORF hatten sich als durchaus vorteilhaft für die neu entstandene publizistische Kreativität am Küniglberg, der Zentrale des öffentlich-rechtlichen Fernsehens, erwiesen. Der Star-Moderator des ORF, Robert Hochner, sprach 2001 in einem *Falter*-Interview kurz vor seinem Tod von der „Oberhammer-Kreativperiode", in der „oben nix war". Tatsächlich hatten gleichermaßen Spitzenjournalisten und junge Talente das Medium Fernsehen der Jahre 1974 bis 1978 zu einem förmlichen Ausbruch an Kreativität, Professionalität – auch Provokation im Sinne von Kreiskys Kulturradikalität – genutzt wie seither nicht mehr. Damals wurden Sendungen wie der „Club 2", „ZiB 2" oder „Wir" entwickelt. Man habe, so Hochner, „Formen ausprobieren" können, die es vorher nicht gab. „Es war irrwitzig anstrengend, aber es war eine Mordshetz."

Die Ära Oberhammer fand ein überraschendes Ende: Trotz knapper SPÖ-Mehrheit im ORF-Kuratorium wurde Gerd Bacher am 28. September 1978 zum dritten Mal zum Generalintendanten des ORF gewählt. Eine triumphale Rückkehr des ORF-„Tigers" nach vier Jahren im printmedialen Exil. Dieser von seinen Adlaten Heribert Steinbauer und Kurt Bergmann blendend gemanagte Coup erwischte Kreisky und seinen ORF-Verantwortlichen Karl Blecha, vor allem aber ÖGB-Präsident Benya auf dem falschen Fuß. Was war da für die SPÖ schief-gelaufen? Während die *Arbeiter-Zeitung* noch am Tag der Wahl mit der

Schlagzeile aufmachte: „Gerd Bacher hat keine Chance", gelang dem SPÖ-Blatt *Kärntner Tageszeitung* nach der Wahl eine Traum-Schlagzeile: „Kreisky in Paris, Benya in Sofia, Bacher im ORF". Dem „Tiger" und seinen Mannen war es gelungen, zwei „rote" Stimmen zu akquirieren. Wer aber von der roten Mehrheit hatte in Bachers Lager gewechselt? Und warum? Das interessierte insbesondere die verblüffte SPÖ, doch Blechas von den Medien heftig kritisierte Suche nach den zwei „Verrätern" versickerte im innenpolitischen Sand. Wilde Anschuldigungen machten die Runde, der bekannte Maler Adolf Frohner, einer der roten Kuratoren, schwor gar „beim Augenlicht" seiner Kinder, nicht für Bacher gestimmt zu haben.

Ein ORF-Betriebsrat und roter Kurator mit angeblich hohen Spielschulden war nach der Bacher-Wahl seine finanziellen Sorgen los, wie Insider zu berichten wussten. Doch der zweite rote Dissident konnte nie eindeutig festgemacht werden. Kreisky aber rief den frisch gewählten Generalintendanten noch am Wahlabend an und bat ihn zu sich in die Armbrustergasse. Dort hat Kreisky bei selbst zubereiteter Eierspeis – so wird von Bachers Seite kolportiert – dem neuen-alten Generalintendanten eröffnet, dass er seine Wahl selbstverständlich akzeptiere, jedoch erwarte, dass Bacher den Hörfunkintendanten Wolf In der Maur – einen von Kreiskys Liberalen und überdies Bachers Nemesis – in sein Führungsteam übernehme. Der neue Generalintendant willigte sofort ein, wenn auch unter der Bedingung, dass der Partei- und Regierungschef sich im Gegenzug nicht in Bachers Geschäftsführung einmische. Bachers damaliger Sekretär Gerhard Vogl, der diese Episode zu berichten wusste, hat hinzugefügt, dass sich Kreisky tatsächlich kaum jemals in Bachers Geschäfte eingemischt hat. Dem ist auch insofern zuzustimmen, als Kreiskys Interesse primär der positiven ORF-Berichterstattung über ihn und seine Politik galt und es ihm weniger um eine wie immer geartete „SPÖ-Medienpolitik" zu tun war. Zudem wusste er einen beträchtlichen Teil der jüngeren Journalisten mental auf seiner Seite. Der Aufbruch der siebziger Jahre hatte gerade bei den Medienarbeitern einen Wechsel vom Konservativismus hin zu einer liberalen Weltanschauung bewirkt.

Informationsexplosion war gut, Kreisky aber sah das „Kastl" doch in erster Linie als Unterhaltungsmedium. Ob konservatives Hochamt oder mediales Entertainment, einige in Österreich – Kuno Knöbl, Hans Preiner, Peter Huemer seien hier beispielhaft genannt – nahmen Kreiskys Aufforderung ernst und produzierten hochklassiges österreichisches Fernsehen von internationalem Format.

Die Beschäftigung von literarischen Talenten wie Wilhelm Pevny und Peter Turrini, die die mehrteilige „Alpensaga" schufen, oder Ernst Hinterbergers „Mundl", die geniale österreichische Vorwegnahme einer publikumswirksamen „soap opera", schrieben österreichische Filmgeschichte. Der junge Filmer Franz Novotny und der kompromisslose und außergewöhnliche Komponist Otto M. Zykan provozierten mit ihrer „Staatsoperette" – jenem bissig-satirischen Abgesang auf die letzten Tage des Austrofaschismus – Kirche, Konservative und Kleinbürger in allen gesellschaftlichen Gruppierungen und Parteien. Sogar Bruno Kreisky, dem es ja ums josephinische Gewährenlassen, nicht notwendigerweise um selbstbewusste künstlerische Grenzüberschreitung ging, war der Meinung, das mit dem Liliputaner Dollfuß ginge doch etwas weit; zumal auch sein Vorbild Otto Bauer bei Novotny/Zykan schlecht wegkam.

Die Ausstrahlung der „Staatsoperette", Ende November 1977, löste einen Eklat ohnegleichen aus. Bereits in den Wochen vor der Sendung hatten über hundert Zeitungsartikel den „Skandal" herbeigeschrieben – und der blieb denn auch nicht aus. Die „Verunglimpfung" der österreichischen Zwischenkriegszeit, das angebliche „Durch-den-Dreck-Ziehen" der Christlichsozialen unter Dollfuß und Schuschnigg (auch die SPÖ wurde nicht geschont), vor allem aber das Lächerlichmachen der katholischen Kirche ging vielen Fernsehkonsumenten entschieden zu weit. Über achthundert Anrufer wurden im ORF registriert, immerhin dreiundvierzig von ihnen waren positiv. Vor allem kirchliche Stellen legten nach der Ausstrahlung Protest ein, da Prälat Seipel herabgewürdigt worden sei. Der Salzburger Erzbischof Karl Berg verglich die „Staatsoperette" in einer Sonntagspredigt mit dem, „was in den zur Gottlosen-Propaganda entweihten und in atheistische Museen umgewandelten Kirchen Russlands gezeigt wird".

Sicherlich wäre die künstlerische Infragestellung der groß-koalitionären Sicht der Jahre 1934 bis 1938 oder die Einbeziehung der internationalen Ereignisse in die tägliche Berichterstattung von Radio und Fernsehen, die Einübung der für Österreich ungewohnten Diskussionskultur im spätabendlichen Club 2, die Öffnung des Massenmediums für die neue österreichische Literatur und den jungen österreichischen Film nicht vorstellbar gewesen ohne jene Durchlüftung des öffentlichen Raums, die durch Kreiskys Bildungs- und Kulturpolitik, durch die Reformen im Rechts- und Sozialbereich, aber auch durch den wirtschaftlichen Aufholprozess bewirkt worden waren. Die teils hysterischen Reaktionen des Wiener Bildungsbürgertums etwa auf ein Spottgedicht von Fritz Herrmann, dem Berater des auch heute noch weithin unterschätzten Kulturpolitikers Fred Sinowatz, auf Herbert von Karajan oder die mediale Verurteilung eines sexuell expliziten Gedichts von Gerhard Rühm, das ÖVP-Obmann Josef Taus zu einem blamablen Auftritt mit Schriftstellern verführte, waren nur die Spitze jenes konservativen Eisberges, der in den liberalen siebziger Jahren dahinzuschmelzen schien. Die öffentliche Erregung über zeitgenössische Kunst zwischen Bregenz, Salzburg, Graz und Wien war im Laufe der wiederholten und zunehmend selbstbewussten Grenzüberschreitungen der österreichischen Avantgarde bald nur noch in der *Neuen Kronen Zeitung* ein Skandalon. Insofern können die 1970er Jahre auch als das Jahrzehnt der rasch vergessenen Kulturskandale bezeichnet werden.

Der Bundeskanzler aber sorgte sich tatsächlich auch um das materielle Wohl der kreativen Intelligenz. Unter seiner Regierung wurde zum Beispiel 1977 ein Sozialfonds für Autoren geschaffen.

Die Nähe der Künstler zu Bruno Kreisky erklärt der Schriftsteller Gerhard Roth durchaus pragmatisch: „Kreisky war der erste österreichische Politiker, der sich für österreichische Gegenwartsautoren interessiert hat. Die Politiker vor ihm haben anstelle von Büchern höchstens Wein gelesen. Dafür haben ihn viele Künstler geschätzt. Dass er sie gebraucht hat, ist eine Legende." Der Autor Peter Henisch sieht es ähnlich: „Die Literatur und die Kunst haben im öffentlichen Bewusstsein eine andere Rolle gespielt. Die

Regierung Kreisky hat die Fantasie und die Intelligenz angesprochen, nicht die Dumpfbackigkeit und die Dummheit. Kreisky hat
schon als Person etwas anderes verkörpert als heutige Politiker.
Er hat Respekt vor einer humanen Bildung und der künstlerischen Moderne vermittelt. Er hat den Österreichern auch vermittelt, wie ihre Kultur sein könnte: großzügig und weltläufig, nicht
engherzig und provinziell, wie es uns manche vorgestrige und
viele heutige Politiker vorgemacht haben und vormachen."

Das unter der Ägide der Wiener Festwochen agierende Avant-
gardetheater „Arena", das in den Jahren 1971 bis 1974 an ver-
schiedensten Plätzen auftrat, bespielte seit 1975 einen Schlacht-
hof im Wiener Bezirk Erdberg. 1976 sollten nach dem Ende des
Veranstaltungsprogramms die dortigen Gebäude abgerissen
werden, um einem Textilzentrum zu weichen. Diese Pläne führten zu massiven Protesten, die Ende Juni 1976 in der Besetzung
des Geländes gipfelten, die über drei Monate andauerte und an
der sich zahlreiche Persönlichkeiten aus der Kunst-, Austropop-
und Literatur-Szene mit Auftritten, Lesungen und Happenings
beteiligten. Verschiedene Lösungsvarianten scheiterten, die
Lage wurde zunehmend angespannter. Im Oktober 1976 wurden die Schlachthof-Gebäude schließlich abgerissen.

Im Rahmen einer Kulturveranstaltung in Graz Anfang Juni
1977 bestand der sechundsechzigjährige Bruno Kreisky darauf,
dass es ohne Zweifel „ein echtes Jugendbewusstsein und ein Bedürfnis nach einer Jugendkultur" gebe. Die „Arena"-Bewegung,
als ein elementares Ereignis, sei dafür ein Beispiel: „Die Gesellschaft wäre gut beraten, würde sie derartigen Entwicklungen
Raum geben." Es dürfte kein Zufall sein, dass es daraufhin bereits im Juli 1977 zu einer Einigung mit den Besetzern kam.

Sein Sensorium für die Widersprüche der Zeit ließ Kreisky öfter als andere Politiker Antworten in der Kunst, vorzüglich wohl
in der Literatur, suchen. Dabei spielte das tagespolitische Kalkül eine durchaus tragende Rolle. So musste Kreisky die irgendwann hingeworfene Bemerkung, das offizielle Staatsvertrags-
bild – ein herausragendes Beispiel konservativer Staatskunst
– sei „ein Schinken", umgehend rechtfertigen, da ihm der Maler
des Bildes, Robert Fuchs, mit einer gerichtlichen Klage drohte.

Als er im April 1970, als frischgekürter Bundeskanzler, erstmals seine neuen Amtsräume betrat, reagierte er mit Abscheu auf die Hässlichkeit dieses Büros auf dem Ballhausplatz. „Setzt mich in ein finsteres Besenkammerl, aber da geh ich euch nicht hinein!", soll er zunächst ausgerufen haben. Doch dann beschloss er, die kahlen Wände mit Gemälden seiner Wahl zu behängen: Aus staatlichem Bestand suchte er Bilder von Anton Lehmden, Friedensreich Hundertwasser, Rudolf Hausner, Wolfgang Hutter, Herbert Boeckl und anderen österreichischern-Malern der damaligen Avantgarde aus.

Sicherlich war in Kreiskys Kulturbegriff zugleich auch die Aufhebung oder jedenfalls die Verleugnung von gesellschaftlichen Widersprüchen feststellbar. 1981 etwa stellte der österreichische Bundeskanzler im „Museum des 20. Jahrhunderts" den von Peter Handke aus dem Slowenischen übersetzten Roman *Der Zögling Tjaž* des Kärntner Slowenen Florjan Lipuš vor; eine politische Geste für das tatsächlich mehrsprachige Österreich, dem zu entsprechen ihm in der Kärntner Wirklichkeit schon viel schwerer gefallen war.

Gerhard Roth und Peter Turrini – beide gehörten zu Kreiskys bevorzugten Jung-Literaten – hatten bereits 1980 an einem Foto-Text-Band zu Kreiskys 70. Geburtstag mitgearbeitet und solcherart den literarischen Furor von Thomas Bernhard ausgelöst. In einem Brief an seinen Verleger Siegfried Unseld bezeichnete Bernhard den Band als „grauenhaftes Buch". In einer polemischen Kritik des Bildbands für die Zeitschrift *profil* schrieb er, Kreisky sei ein „Höhensonnenkönig" und sah in ihm „eine süßsaure Art von Salzkammergut- und Walzertrio", dem Bernhard die Rolle „des alternden, selbstgefälligen Staatsclowns" zuweisen wollte. Der Kanzler sei ein „Halbseidensozialist", ein „rosaroter Beschwichtigungsonkel", kurz ein „schlechter Bundeskanzler", „ein am eigenen Murren würgender sturer Soziomonarch", „ein inzwischen renitent gewordener Spießbürger". Der Bildband jedenfalls bestätige, so Bernhard, „wie schwachsinnig und charakterlos unsere jungen opportunistischen Schriftsteller heute sind".

Manfred Deix interpretierte in einer großartig-hintergründigen Karikatur die publizistische Kontroverse als politische

Fronleichnamsprozession. Während Kreisky unter einem Baldachin – begleitet von den beiden Ministranten Gerhard (Roth) und Peter (Turrini) – über die Felder getragen wird, schlägt ein sichtlich betrunkener Thomas Bernhard beim Kreisky-Marterl, auf das die Prozession zusteuert, sein (poetisches) Wasser ab.

Schon damals schien für manchen Beobachter Kreiskys großer Widerpart kein Politiker zu sein, sondern eben der Schriftsteller aus Ohlsdorf. Der ließ sich vom schönen – tagespolitischen – Schein nicht blenden, sondern schrieb verbissen an gegen die sozial-katholische Existenzform des Landes, der er – nur ein scheinbarer Widerspruch – zutiefst verbunden war. Selbst als Mitglied des Österreichischen Bauernbundes war der mehrfache Haus- und Grundbesitzer Thomas Bernhard – naturgemäß ein Übertreibungskünstler – überzeugt: „(Kreisky) ist seit Jahren der gewohnheitsmäßig geliebte Abonnementbundeskanzler mit dem besten Schmäh, der keinem nützt und keinem schadet", wie er im bewährten Sarkasmus an die Hamburger *Zeit* schrieb.

Der also Beschimpfte ließ es sich gefallen, er wehrte sich nicht. Und seine Achtung vor Bernhards Talent und literarischer Bedeutung tat es keinerlei Abbruch, wenn er auch Jahre später über dessen Theaterstück „Heldenplatz" urteilen sollte: „Bernhard ist ein schrecklicher Raunzer. Ich habe ja gewisse Sachen von ihm gelesen, da war er immer souverän – als Raunzer. In Wirklichkeit ist der Bernhard ein Kleinbürger."

Ganz anders das Verhältnis zu Peter Handke; dieser besuchte Kreisky bei verschiedenen Gelegenheiten in dessen Büro, trat, wie erwähnt, sogar einmal gemeinsam mit ihm auf. „Lieber Herr Bundeskanzler, lieber Herr Kreisky", schreibt Handke am 9. März 1979 – wenige Wochen vor der Nationalratswahl – und erwähnt eingangs, dass er in den letzten Wochen dessen Buch[25] gelesen habe. Er wisse „jetzt mehr und hoffe nur, dass Sie nicht ‚in Pension gehen', sondern Bundeskanzler bleiben."

---

25 Handke bezieht sich hier wohl auf den wenige Monate zuvor erschienenen Band *Die Zeit in der wir leben. Betrachtungen zur internationalen Politik*, Wien 1978.

12. Kapitel

Der internationale Friedensvermittler

1.

Mit der Erringung der dritten absoluten Mehrheit in neun Jahren, im Mai 1979, stand Kreisky zweifellos am Höhepunkt seines politischen Lebens; auch sein internationales Prestige hatte Ende der siebziger Jahre den Zenit erreicht. Mitte Juni trafen in Wien der amerikanische Präsident Jimmy Carter und der sowjetische Staatschef Leonid Breschnew zur Unterzeichnung von SALT II zusammen. Im Sommer 1978 waren Sadat, Shimon Peres und Willy Brandt auf Einladung Kreiskys in Österreich zusammengekommen. Brandt war seit 1976 Präsident der Sozialistischen Internationale und trug Kreiskys Nahost-Engagement – wenn auch zurückhaltender und differenzierter – mit. Wenig später vermittelte Kreisky ein Treffen zwischen Brandt und PLO-Chef Jassir Arafat in Wien.

Kreiskys Vorreiterrolle im Nahen Osten, seine Bereitschaft, in aktuellen weltpolitischen Krisen wie in Afghanistan, im Iran oder in Nikaragua seine guten Dienste anzubieten, verschaffte Österreich wachsendes Prestige in den Entwicklungsländern und beförderte die Attraktivität Wiens als Begegnungs- und Konferenzort erster Ordnung.

Die Eröffnung des Vienna International Centre im August 1979 – die UNO-City blieb das einzige architektonische *grand projet* der Ära – stellt einen der wichtigsten Meilensteine von Kreiskys Konzept der österreichischen Sicherheitspolitik dar. Neben der aktiven Unterstützung des KSZE-Prozesses sowie der engen wirtschaftlichen Verflechtung mit der EWG war die von ihm betriebene Etablierung von UNO-Organisationen in Wien die dritte internationale Säule dieses österreichischen Konzepts.

Demselben sicherheitspolitischen Zweck im Spannungsfeld des Kalten Krieges diente auch die Unterstützung von Kurt Waldheims Kandidatur für den Posten des UNO-Generalsekretärs oder des ÖVP-Abgeordneten Franz Karasek zum Generalsekretär des Europarates.

Die Internationalisierung als Instrument zur Absicherung der staatlichen Souveränität verfolgte Kreisky auch bei der Ansiedlung des „International Institute for Applied Systems Analysis"(IIASA) in Laxenburg, – dem einzigen Ost-West-„Think Tank" jener Zeit – oder indem er Wien und Salzburg immer wieder als Orte der internationalen Begegnung ins Gespräch zu bringen verstand.

1978 hatte Kreisky darüber hinaus in Wien das „Österreichische Institut für Internationale Politik" ins Leben gerufen, eine unabhängige, außeruniversitäre wissenschaftliche Forschungseinrichtung, die realistische Lösungsansätze für internationale Probleme und Konflikte zu entwickeln versucht. Im selben Jahr entstand – nach einer Initiative Bruno Kreiskys und des späteren französischen Staatspräsidenten Jacques Chirac – das „Österreichisch-Französische Zentrum", welches an der Annährung der bilateralen Beziehungen zwischen Frankreich und Österreich in Europa sowie an der EU-Osterweiterung durch die Veranstaltung von internationalen Konferenzen arbeitet.

Bereits einige Jahre zuvor hatte er sich mit den Erkenntnissen des „Club of Rome" auseinandergesetzt, der vom italienischen Industriellen Aurelio Peccei gegründeten Organisation, die sich mit Zukunftsfragen der Menschheit befasste und 1972 den inzwischen sprichwörtlichen Bericht *Die Grenzen des Wachstums* publiziert hatte. Darin wurden die Industriestaaten eindringlich davor gewarnt, ihr Wirtschaftswachstum blindlings voranzutreiben: Halte die Zunahme sowohl der Weltbevölkerung als auch der Industrialisierung, der Umweltverschmutzung, der Nahrungsmittelproduktion und der Ausbeutung von natürlichen Rohstoffen in unvermindertem Tempo an, würden innerhalb der nächsten hundert Jahre die Wachstumsgrenzen auf dem Planeten Erde erreicht sein.

Der Bundeskanzler stimmte mit diesen Vorhersagen weitgehend überein und lud im Jahre 1974 zu einer Konferenz des „Club of Rome" nach Salzburg ein, um über Probleme der Zukunft zu diskutieren. Zahlreiche Staatschefs nahmen an der Tagung teil, unter anderen die Präsidenten Leopold Senghor von Senegal und Luis Echeverria von Mexiko, die Ministerpräsidenten Joop den Uyl der Niederlande, Olof Palme von Schweden, Kanadas Pierre Trudeau, aber auch hohe Vertreter Algeriens und Irlands. Das Ergebnis war ein deutlich geschärftes Bewusstsein der anwesenden Entscheidungsträger gegenüber globalen Problemen, eine Art Vorahnung der möglichen Folgen der Globalisierung. Deutlicher als je zuvor erkannten die anwesenden Politiker die Notwendigkeit, gemeinsame Verantwortung für soziale, politische, wirtschaftliche Entwicklungen in der Welt zu übernehmen; nicht mehr ausschließlich national, sondern weitgehend supranational zu planen.

Die Beziehung zwischen dem Gründer des „Club of Rome", Aurelio Peccei, und Kreisky entwickelte sich über die Jahre. Hatte Peccei Kreisky bei der Etablierung der IIASA in Laxenburg bei Wien geholfen, indem er seine Kontakte zu den Wissenschaftlichen Akademien in Moskau und Washington spielen ließ, unterstützte die österreichische Bundesregierung den siebenten Report des Club, *No Limits to Learning*, der Anfang Juni 1979 wiederum in Salzburg präsentiert wurde.

Gerade mit der Ansiedlung der IIASA in Österreich konnte Kreisky die Nützlichkeit seines breiten internationalen Kontaktnetzes beweisen. Kreiskys gutes persönliches Einvernehmen mit dem sowjetischen Premier Kossygin brachte ihn mit dessen Schwiegersohn Jermen Gvishiani in Kontakt. Als politisch einflussreiches Mitglied der Sowjetischen Akademie der Wissenschaften war er auch Mitglied des „Club of Rome" und gab den entscheidenden Anstoß zur sowjetischen Beteiligung an der IIASA, diesem einzigartigen wissenschaftlichen Ost-West-Institut in Zeiten des Kalten Krieges. Österreich aber

293

hatte einen weiteren Beweis seiner aktiven Neutralitätspolitik erbracht.

Das erwachende ökologische Bewusstsein wurde damals, Anfang der 1970er Jahre und mitten im Kalten Krieg, allerdings vom Prinzip der Menschenrechte übertönt. Denn selbst in Phasen der größten Entspannung verzichtete Kreisky unter Hinweis auf die KSZE-Schlussakte von Helsinki[26] nicht, ihre Beachtung einzumahnen. Kein offizieller Besuch in den Hauptstädten des Ostblocks lief ohne Intervention für inhaftierte Dissidenten ab. In Briefen und Gesprächen hat er Andrej Sacharow und dessen Frau Jelena Bonner öffentlich verteidigt und sich für sie entschieden eingesetzt. Ähnlich verhielt es sich mit seinem Engagement für Anatolij Schtscharansky oder den Dramatiker und späteren Präsidenten der Tschechoslowakei, Václav Havel, sowie für viele andere weniger bekannte Mitglieder der „Charta 77" und für Menschenrechtsgruppen und Einzelkämpfer in anderen kommunistischen Staaten.

Am 1. August 1975 war die KSZE-Schlussakte von Helsinki unterzeichnet worden. In einer Rede am Vortag, vor den anwesenden Gipfelteilnehmern, zu denen ausnahmslos alle europäischen Staats- und Regierungschefs sowie US-Präsident Gerald Ford und der sowjetische Parteichef Leonid Breschnew zählten, betonte Bruno Kreisky Österreichs prowestliche Grundhaltung, die er auch im Zusammenhang mit seiner Nachbarschaftspolitik immer vertreten hatte. Trotz aller Annäherung dürften die „fundamentalen Unterschiede" zwischen den kommunistischen Staaten und den westlichen Demokratien nicht übersehen werden. „So umfangreich, so großartig dieses Werk auch ist", betonte er, „es wird alles darauf ankommen, wie viel Wirklichkeit wir all dem zu verleihen vermögen. Gibt es die Entspannung, so liegt Österreich im Herzen dieses Kontinents als blühendes Gemeinwesen und als sichere Heimstätte seiner Menschen. Gibt es sie nicht, dann liegen wir im düsteren

---

26 Die Schlussakte beinhaltet Vereinbarungen über die Menschenrechte, die Ost-West-Zusammenarbeit in Wirtschaft, Wissenschaft, Technik und Umwelt sowie in Sicherheitsfragen und Fragen der Zusammenarbeit der Blöcke in humanitären Angelegenheiten.

Schatten einer militärischen und politischen Demarkationslinie, die durch ganz Europa geht und zur Scheidelinie seiner
militärischen und politischen Systeme wird. Sie werden also
verstehen, warum Österreich alles beitragen will, warum wir
bei aller Freiheit von Illusionen dem Entspannungsgedanken
so positiv gegenüberstehen." Er nutzte seine Rede aber nicht
zuletzt auch dazu, um den Krisenherd im Nahen Osten zu thematisieren: „Es muss einen Weg geben, der gleichermaßen die
Rechte des israelischen und des palästinensischen Volkes respektiert." Sehr rasch müsse „eine konstruktive Zusammenarbeit zwischen Europa und den ölproduzierenden Staaten des
Mittleren Ostens" eingeleitet, mithin eine gesamteuropäische
Lösung der künftigen Energieversorgung angestrebt werden.

Im Februar 1976 stattete Kreisky der Tschechoslowakei einen Staatsbesuch ab; es war dies die erste Reise eines österreichischen Regierungschefs in das nordöstliche Nachbarland
seit dem Ende des Zweiten Weltkriegs. Ein Staat, zu dem der
Bundeskanzler persönliche Nähe empfand, stammten doch
seine Vorfahren allesamt aus den ehemaligen Kronländern
Böhmen und Mähren. In Begleitung der Landeshauptleute von
Oberösterreich, Niederösterreich und dem Burgenland sowie
der Klubobmänner der drei Parteien bereiste er die ČSSR, wobei ihm auffiel, „dass die österreichische Delegation, wenn sie
durch Prag ging, böse, ja feindselige Blicke erntete. Die Menschen auf der Straße schienen ausdrücken zu wollen, dass die
Österreicher dem gegenwärtigen Regime zu viel Ehre antun,
wenn sie es durch ihren Besuch aufwerten. Sie hatten für unsere Haltung nur Verständnis, solange wir gegenüber der Tschechoslowakei auf Distanz gingen." (Seinen Besuch des Konzen-
trationslagers Theresienstadt, in Nordböhmen, belässt Kreisky
in seinen Memoiren sonderbarerweise unerwähnt.)

Während der Tischrede für den tschechoslowakischen Ministerpräsidenten Lubomir Štrougal betonte Kreisky 1976 auf
dem Prager Hradschin: „Leute wie wir haben es in den letzten Jahrzehnten besonders hart und bitter empfunden, dass
es so lange gebraucht hat, bis es zu einer Normalisierung der
Beziehungen zwischen Österreich und der Tschechoslowakei

gekommen ist. Und hätte man mehr Zeit und mehr Talent, so würde man bei so einer Gelegenheit den Versuch machen, zu schildern, wie sich dort, wo die 550 km lange Grenze verläuft, die Landschaft auf der einen Seite vermählt mit der Landschaft auf der anderen Seite, würde man schildern, wie sinnlos eigentlich Grenzen sind."

So gut die beiden Staatsmänner einander persönlich auch verstanden haben mögen, so groß musste ihre weltanschauliche Distanz bleiben. Bereits ein knappes Jahr später wurde das Verhältnis der beiden Nationen auf eine harte Probe gestellt.

Im Verlauf des Jahres 1976 hatten sich Künstler und Intellektuelle – unter ihnen Václav Havel –, aber auch Arbeiter, Priester, sogar frühere Mitarbeiter des Geheimdienstes und zahlreiche andere Staatsbürger zusammengeschlossen, um auf Menschenrechtsverletzungen aufmerksam zu machen, die im Widerspruch zu der vom tschechoslowakischen Außenminister unterschriebenen Schlussakte von Helsinki standen. Unmittelbarer Auslöser waren Repressionen des Regimes gegenüber der Gruppe „Plastic People of the Universe", die sich nach der Invasion des Warschauer Paktes 1968 formiert und seither Festivals mit Rock-Musik veranstaltet hatte. Die Band war vor allem bei Jugendlichen beliebt, da sie eine vom Zugriff des totalitären Staates unabhängige Kulturszene repräsentierte. Anlässlich eines Konzerts im Februar 1976 wurden die Mitglieder der Gruppe inhaftiert und viele der Konzertbesucher scharfen Verhören unterzogen. Václav Havel sah in der Repression gegen die „Plastic People" einen Angriff des Systems auf das Leben selbst, auf Freiheit und Integrität.

Am 1. Januar 1977 wurde eine Beschwerde gegen die Menschenrechtsverletzungen des kommunistischen Regimes in der Tschechoslowakei publik gemacht: die sogenannte „Charta 77"[27], die zunächst zweihundertzweiundvierzig Personen unterschrieben. Im Gründungsdokument hieß es: „Charta 77 ist keine Organisation, hat keine Statuten, keine ständigen Organe

---

27 Unter dem Namen „Charta 77" wurde später auch die mit der ursprünglichen Petition verbundene oppositionelle Bürgerrechtsbewegung der 1970er und 1980er Jahre bekannt.

und keine organisatorisch bedingte Mitgliedschaft. Ihr gehört jeder an, der ihrer Idee zustimmt, an ihrer Arbeit teilnimmt und sie unterstützt."

Geprägt wurde die Tätigkeit der „Charta 77" neben Václav Havel von den Schriftstellern Ludvík Vaculík und Pavel Kohout, dem Historiker Václav Komeda, dem ehemaligen Politiker des Prager Frühlings von 1968 Zdenek Mlynár, dem Philosophen Jan Patočka oder auch dem früheren Außenminister Jiří Hájek.

Am 7. Januar veröffentlichten führende europäische Zeitungen, darunter *The Times*, *Le Monde* und die *Frankfurter Allgemeine Zeitung*, den „Charta 77"-Text. Die Reaktion der Prager Staatsführung erfolgte umgehend: Das Dokument wurde als demagogische Hetzschrift abgetan, Havel verhaftet, verhört, zahlreiche weitere Unterzeichner schweren Schikanen unterworfen. Man begann immer mehr Unterzeichner der Petition festzunehmen. Bereits im Lauf des Januar 1977 wurde ein internationaler Ausschuss zur Unterstützung der „Charta 77" ins Leben gerufen, dem unter anderem die Schriftsteller Heinrich Böll, Friedrich Dürrenmatt, Graham Greene und Arthur Miller angehörten.

Mitte Januar 1977 erklärte sich Bruno Kreisky – als einziger westlicher Staatsmann – öffentlich bereit, alle ausreisewilligen tschechoslowakischen Dissidenten aufzunehmen: Im Anschluss an die Ministerratssitzung vom 18. Januar 1977 sicherte er den in ihrer Heimat bedrohten „Charta 77"-Signataren politisches Asyl in Österreich zu.

Wenig später informierten ČSSR-Regierungsstellen den Kanzler, er dürfe dreißig Unterzeichner auswählen; Kreisky lehnte dies mit dem Argument ab, Österreich werde „keine Selektion" vornehmen. Daraufhin ließen die Behörden all jene „Charta"-Unterzeichner ausreisen, die sich im österreichischen Konsulat in Prag gemeldet hatten.

In diesem Zusammenhang ist ein Ausspruch Kreiskys überliefert, der das damalige Verhältnis zwischen den beiden Ländern auf den Punkt bringt. Nach seinem Angebot der Asylgewährung für tschechische Dissidenten hatte man ihn gefragt, ob dies die Beziehungen zwischen Prag und Wien nicht nachhaltig belasten werde. Kreisky: „Die Beziehungen waren nie gut, warum sollten sie schlechter werden?"

Am 1. Februar 1977 wurde eine neue Liste mit weiteren zweihundertacht Namen von Dissidenten veröffentlicht. Bis zum Sommer 1977 erhöhte sich die Zahl der Unterschriften auf sechshundert. Ende 1977 hatte die Charta achthundert, 1985 etwa tausendzweihundert und 1989 schließlich zweitausend Unterzeichner.

Die meisten von ihnen wurden wiederholt verhaftet und verhört. Václav Havel verbrachte einige Monate in Untersuchungshaft. Einer der ersten Sprecher, Jan Patočka, brach am 13. März 1977 nach stundenlangen Polizei-Verhören zusammen und verstarb. Auf seiner Beerdigung wurden die Trauergäste fotografiert und gefilmt, über dem Friedhof kreiste ein Hubschrauber.

Einige Hundert Unterzeichner der „Charta" sind zwischen 1977 und 1979 ausgebürgert worden, die meisten von ihnen, rund dreihundert, kamen zunächst nach Österreich. Dem Schriftsteller Pavel Kohout verweigerte man nach einer Reise in den Westen Ende 1978 die Wiedereinreise in die Tschechoslowakei; die Staatsbürgerschaft wurde ihm aberkannt, er erhielt nach kürzester Wartezeit einen österreichischen Pass.

In Wien betreute Bruno Aigner die Flüchtlinge im Auftrag Bruno Kreiskys. Aigner, seit 1976 Heinz Fischers „Alter Ego", intervenierte unermüdlich im Namen der nach Österreich emigrierten Oppositionellen – Ärzte, Künstler, Schauspieler, Universitätsprofessoren, Sportler –, unterstützte sie bei der Suche nach Beschäftigungsmöglichkeiten, kümmerte sich um ihr Wohlergehen, um ihre Wohn- und Finanzprobleme. Kreisky und Fischer ließen sich von Aigner laufend über den Stand der Integrationsversuche informieren. In den meisten Fällen gelang es Aigner im Verein mit dem unermüdlichen Přemysl Janýr – auch er ein Vertriebener – tatsächlich, den Emigranten weiterzuhelfen, sie sowohl beruflich unterzubringen als ihnen in den ersten Jahren materiell zur Seite zu stehen. So heißt es denn auch in einem Schreiben von zwanzig „Charta"-Unterzeichnern an Bruno Kreisky im Dezember 1978: „Zum Schluss dieses Jahres möchten wir Ihnen und der österreichischen Bundesregierung für das Verständnis und die allseitige Hilfe, deren Charakter und Umfang keine Analogie in den Ländern der freien Welt haben, danken." Österreich habe, so Bruno Aigner heute, „einen wichtigen Beitrag geleistet, dass sich die tschechoslowakische Opposition im Westen Gehör verschaffen und damit das kommunistische Regime in Prag verunsichern konnte".

Kreiskys so deutlich antikommunistische Einstellung sollte sich auf das Verhältnis zu anderen Staaten des Warschauer Pakts erstaunlicherweise nicht negativ auswirken. Ein Staatsbesuch in der DDR Ende März 1978 ging mit großem Pomp über die Bühne. Kreisky war immerhin der erste westeuropäische Regierungschef, der dem moskautreuen Regime in Ostberlin seine Aufwartung machte. Bereits 1960 war er als erster westlicher Außenminister nach Polen gereist und hatte in Warschau öffentlich bekannt, man dürfe die sozialistischen Staaten nicht allesamt über einen Leisten brechen; jeder solle nach seiner nationalen Eigenart behandelt werden. Schon 1975 wurde ein Konsularvertrag mit der DDR unterzeichnet. Zum Ärger Bonns erkannte Österreich die DDR-Staatsbürgerschaft an und klammerte das komplizierte deutsch-deutsche Verhältnis aus: „Ich glaube halt, dass es keinen Staat ohne Staatsbürger gibt. Ich kann mir die DDR ohne ihre 17 Millionen Staatsbürger einfach nicht vorstellen", so Kreisky.

Ich war damals seit wenigen Monaten einer von Bruno Kreiskys persönlichen Mitarbeitern – Ostberlin war das erste Mal, dass ich ihn ins Ausland begleitete, und ich war dementsprechend angespannt. Ich erinnere mich an unsere Landung auf dem Flughafen Schönefeld: Als die AUA-Maschine zum vorbereiteten Empfang rollte und Kreisky die angetretene Ehrengarde durch das Fenster erblickte, murmelte er: „… wie bei den Nazis …!"

Die mitreisende *Spiegel*-Korrespondentin Inge Santner-Cyrus beschreibt die Ankunft durchaus treffend: „Als ein baumlanger Kerl mit gewichsten Stiefeln und gezogenem Säbel im Stechschritt daherkommt, fühlt sich der Antimilitarist Kreisky fehl am Platz. Man merkt es: Am liebsten würde er einen Schritt wegtreten vom roten Teppich und den Mann ins Nichts marschieren lassen. ‚Exzellenz, eine Formation der

Nationalen Volksarmee ist für Sie angetreten, Losung des Tages: Für freundschaftliche Zusammenarbeit zwischen der DDR und der Republik Österreich.' Kreisky antwortet nicht. Verdrossen und sonnengebräunt – er kommt eben vom Skifahren am Arlberg – wirkt der großbürgerliche Sozialdemokrat aus Wien neben dem bleichen DDR-Ministerpräsidenten Willi Stoph wie ein englischer Lord auf Kolonialinspektion."

Als wir in der Gästeresidenz ein vorbereitendes Gespräch für das Treffen mit Erich Honecker, dem Ersten Sekretär des Zentralkomitees der SED, führten, bemerkte ein Mitglied unserer Delegation, man möge leise sprechen, es werde wohl abgehört. Darauf Kreisky: „Die sollen wissen, worüber ich mit Honecker reden möchte, da können sie sich gleich besser vorbereiten!"

Die *Spiegel*-Korrespondentin: „Auch im Donnerhall des martialischen Stechschritts setzt der Weltbürger mit dem roten Ringelhaar konsequent seinen leisen verbindlichen Plauderton durch. Nichts von marxistischer Kameraderie, nichts von Komplimenten mit politischer Relevanz. Honeckers aufmunternde Feststellung: ‚Herrn Kreisky gefällt es sehr gut in der DDR', lässt er keinen Atemzug lang gelten: ‚Ich bin ja erst so kurz da', brummt er."

Von DDR-Seite gab man sich jede Mühe, den für die internationale Anerkennung des deutschen Arbeiter- und Bauernstaates so wichtigen Besuch perfekt zu organisieren. Als ich nur so nebenbei den Wunsch äußerte, ein Buch von Bert Brecht kaufen zu wollen, hatte ich am Abend dessen ausgewählte Werke im Zimmer: Nur einige Wochen später wurde der mir zugeteilte junge Diplomat an die DDR-Vertretung nach Wien versetzt. Der Kalte Krieg trieb gerade in Wien seltsame Blüten.

Die Reise zeitigte einen großen wirtschaftlichen Erfolg, sowohl Aufträge für die VOEST und die Verstaatlichte Industrie als auch eine Ausweitung der Exporte, im Austausch für einen gewissen Prestigegewinn für die DDR. Und noch etwas geschah im Anschluss an diesen Staatsbesuch: Der regimekritische Schriftsteller Rolf Schneider, den Bruno Kreisky demonstrativ zum Frühstück in das offizielle Gästehaus des ersten deutschen Arbeiter- und Bauernstaates eingeladen hatte, konnte wenig später Österreich besuchen.

Die bereitwillige Aufnahme von Asylsuchenden, von Dissidenten und anderen Verfolgten aus den kommunistischen Nachbarländern – beginnend mit den Ungarn-Flüchtlingen 1956 bis zu den erwähnten tschechoslowakischen Unterzeichnern der „Charta 77", dann wieder während der Kriege im ehemaligen Jugoslawien 1991 bis 1999 – wich 1980/81 im Falle Polens einer zum Teil widersprüchlichen Haltung.

Was hatte sich im „Asylland Österreich" geändert, welches waren die Ursachen und Hintergründe dieses damals neuartigen Verhaltens – und welche Rolle kam dabei Kreisky zu?

Nach dem zweiten Ölschock – dies zeichnete sich bereits Ende der siebziger Jahre ab – war ein Durchtauchen der globalen Krise auch in Österreich nicht mehr möglich. Die Arbeitslosigkeit begann zu steigen – allerdings von einem europaweit niedrigen Niveau –, die Lohnquote fiel hinter die privaten Unternehmensgewinne zurück, die Verstaatlichte zeigte alarmierende Schwächen, und erstmals seit Jahren stagnierten die sogenannten Gleichheitsdaten. Nach dem Wahltriumph 1979 erlitten sowohl die Regierung als auch die SPÖ empfindliche Rückschläge. AKH-Skandal und die Kalamitäten um Androsch beherrschten den medialen Diskurs; die Zahl der sozialistischen Parteimitglieder sank erstmals seit Jahren. Die Gewerkschaften bangten um Arbeitsplätze. Eine zusätzliche Konkurrenz am Arbeitsmarkt – auch wenn es sich um politische Flüchtlinge handeln sollte – war schlicht unerwünscht.

Hinzu kam im Falle Polens die enge wirtschaftliche Verknüpfung von VOEST und polnischer Kohle. Sollten deren erst kurz zuvor erneuerte Lieferverträge mit dem kommunistischen Regime aufgrund von Streiks und Unruhen nicht erfüllt werden können, drohte der ohnehin schon angeschlagenen österreichischen Eisen- und Stahlindustrie gröberes Ungemach.

Trotzdem überwogen bei Ausbruch der Polen-Krise ab August 1980 zunächst noch die positiven Reaktionen aus SPÖ und ÖGB, etwa auf die Ausrufung von freien Gewerkschaften. Kreisky bezeichnete den Protest der Danziger Werftarbeiter und die Gründung von „Solidarność" denn auch als „ein Ereignis von ungeheurer Bedeutung". Es war ihm bereits damals bewusst, dass Danzig den Anfang vom Ende des kommunistischen Systems bedeuten könnte, zumal die Sowjetunion im Dezember 1979 in Afghanistan militärisch interveniert hatte und wohl kaum an zwei Fronten zugleich kämpfen würde. Wie sehr die UdSSR damals tatsächlich schon geschwächt war, konnte man 1980/81 allerdings nicht ahnen.

Gleichzeitig machte sich Kreisky Sorgen um die gerade von Sozialdemokraten wie Willy Brandt und ihm selbst forcierte Nachbarschafts- bzw. Ostpolitik. Diese war ja ein wesentliches Element der ost-westlichen Entspannungspolitik zur Stabilisierung des friedlichen Nebeneinanders zweier grundverschiedener Systeme im Zeichen der KSZE-Idee gewesen.

Die Forderungen der Danziger Werftarbeiter und deren intellektuellen Paten wie Tadeusz Mazowiecki, Bronisław Geremek oder des Theologen Józef Tischner zielten jedoch weit über einen „Sozialismus mit menschlichem Antlitz" hinaus. Alexander Dubčeks gescheiterte Prager Revolution von 1968 war diesen Dissidenten kein Vorbild mehr.

Während also in Österreich die kleine christliche Gewerkschaftsfraktion und der damalige Wiener ÖVP-Vizebürgermeister Erhard Busek, der wichtige Exponenten der katholisch dominierten „Solidarność"-Führung persönlich kannte, den polnischen Widerstand fortan kräftig unterstützen sollten, kam es im Laufe der zweiten Hälfte des Jahres 1980 im sozialistischen Lager von Regierung, Partei und Gewerkschaftsspitze zu einer gründlichen Kurskorrektur. Österreichs Asylpolitik, die seit jeher ihre hauptsächliche Aufgabe als Durchgangsstation in die traditionellen Einwanderungsländer gesehen hatte, zeichnete ab 1981 eine Tendenz vor, die dann nach den Grenzöffnungen des Jahres 1989 voll zum Durchbruch kommen sollte.

Neben der Frage, wie sich die Sowjetunion verhalten würde, beschäftigten Kreisky während der polnischen Krise 1980/81 daher vor allem zwei spezifisch innenpolitische Themen: Das erste Thema betraf die enge wirtschaftliche Verflechtung des Landes mit den kommunistischen Staaten, zumal mit Polen. Nach der ersten Ölkrise 1973/74 und der beginnenden westeuropäischen Strukturkrise war der Osthandel für Österreich noch wichtiger geworden. Der in den Staatshandelsländern traditionell gut platzierten Verstaatlichten Industrie – man traf einander sozusagen auf gleicher Funktionärsebene – war die Aufgabe zugefallen, das Krisenmanagement der Regierung mit dem Ziel der Erhaltung der Vollbeschäftigung mit allen Mitteln zu unterstützen.

Dieser Doktrin aber liefen die Unruhen in Polen zuwider. Die Wirtschaftsbeziehungen mit Warschau hatten in den siebziger Jahren im osteuropäischen Spitzenfeld gelegen; 1976 war Polen volumensmäßig der größte kommunistische Handelspartner Österreichs gewesen.

Die zweite Besorgnis Kreiskys betraf die rasante Zunahme polnischer Flüchtlinge seit Herbst 1981. Beherbergte Österreich Ende September 1981 zwanzigtausend Polen, von denen nur ein Viertel Einreisevisa für die USA, Kanada oder Australien bekamen, war die Zahl polnischer Flüchtlinge, die in Österreich um Asyl ansuchten, drei Monate später bereits auf dreißigtausend hinaufgeschnellt. Schon vor Ausrufung des Kriegsrechtes durch General Jaruzelski am 13. Dezember 1981 hatte die österreichische Bundesregierung die Visapflicht für polnische Staatsbürger eingeführt. Kreisky präzisierte, Österreich sei ein Transitland, nicht jedoch ein Einwanderungsland. Das Angebot für politisches Asyl – zumal für Mitglieder der „Solidarność" – bleibe jedoch aufrecht.

Der österreichische Katholizismus fühlte sich Polen seit dem Entsatz Wiens durch König Sobieski 1683 – und trotz seiner Mitverantwortung an dessen Teilung – in besonderer Weise verbunden. Dies zeigte sich in den Jahren 1980/81 besonders deutlich. Oliver Rathkolb hat in seiner Studie über Österreichs – und Kreiskys – ambivalentes Verhalten in dieser Krise den kurzlebigen Konflikt zwischen Kardinal König und Bruno Kreisky nachgezeichnet. Mitte Jänner 1982, also wenige Wochen nach der Verhängung des Kriegsrechtes in Polen, hat Kreisky in zwei Referaten vor SPÖ-Mitgliedern einen etwas polemisch gehaltenen Vergleich zwischen der problematischen Rolle der katholischen Amtskirche im Österreich der dreißiger Jahre und dem aktuellen politischen Engagement der polnischen Kirche gezogen. Der Kanzler und SPÖ-Vorsitzende kritisierte die

„Grenzenlosigkeit der Heuchelei", die er im Zusammenhang mit der gescheiterten Revolution in Polen zu erkennen glaubte, und erinnerte seine Zuhörer an die Niederschlagung des Februaraufstandes und „wie kalt und gefühllos der Nuntius 1934 über das berichtet hat, was sich in Österreich ereignet hat".

Die Zurückweisung erfolgte postwendend. Kardinal König schrieb einen geharnischten Brief an den „sehr geehrten Herrn Bundeskanzler", in welchem er Kreisky vorhielt, bei seinen beiden öffentlichen Auftritten die „übliche Toleranzgrenze" überschritten zu haben. Der Kardinal habe den Eindruck gewonnen, „dass Sie durch den Hinweis auf die dreißiger Jahre sowie auf ein Fehlverhalten der römisch-katholischen Kirche in dieser Zeit alte Wunden aufreißen wollten".

Die Kritik des höchsten katholischen Würdenträgers in Österreich bezog sich aber auch auf Kreiskys Schuldzuweisung für das Scheitern der polnischen Gewerkschaftsbewegung; er sprach sie den beteiligten Bischöfen und Priestern zu. Kreiskys Standpunkt, die Kirche wisse „in solchen Situationen nicht den besten Rat zu geben" und habe „in ihrer Hilflosigkeit" falsche Wege gewiesen, erregte das Missfallen der Amtskirche. Beide Kritikpunkte – die Rolle der katholischen Kirche in der Ersten Republik wie jene des polnischen Klerus in der aktuellen Krise – wies König eindringlich zurück und warnte vor einer Verschlechterung des Klimas zwischen SPÖ und Kirche: „Wir bitten Sie daher, alles in Ihrer Macht stehende zu versuchen, um den befürchteten Entwicklungen entgegenzuwirken."

Des Bundeskanzlers briefliche Reaktion war ausführlich und um Beruhigung bemüht. Er ersuchte den „hochwürdigen Kardinal, für den ich immer unbegrenzte Bewunderung empfunden habe, die Proportionen zu beurteilen". Was seine Bemerkungen über die dreißiger Jahre betraf, kam er dem Kardinal etwas entgegen; zu Polen gab er sich weiter kritisch und bedauerte die vertane Chance, „dass bei einer klugen Politik der Gewerkschaftsbewegung echte Freiräume … errungen hätten werden können". Abschließend regte Kreisky an, dass dieser Briefverkehr „im gegenwärtigen Augenblick" nicht veröffentlicht werden möge. Tatsächlich war Kreisky um Beruhigung nach allen Seiten bemüht. Einerseits lehnte er Sanktionen gegen das Militärregime ab, anderseits bemühte er sich auf europäischer und internationaler Ebene um wirtschaftliche und finanzielle Unterstützung für Polen – durchaus auch im eigenen österreichischen Interesse. Der von ihm im Juli 1982 angekündigte „Kreisky-Plan" für Polen, eine gemeinsame Aktion mit der Europäischen Wirtschaftskommission, kam jedoch über das Planungsstadium nicht hinaus. Insgesamt verweisen Kreiskys ambivalente Reaktionen auf die polnische Krise auf den erst nach dem Ende des Kalten Krieges voll einsetzenden kontroversiellen Diskurs über Asyl und Migration.

In zahlreichen rechten Diktaturen hatte sich der Bundeskanzler in früheren Jahren weit entschiedener für die Menschenrechte eingesetzt, etwa im Fall der chilenischen Opponenten, die nach dem blutigen Staatsstreich von General Augusto Pinochet vom 11. September 1973 und der Liquidierung des demokratisch gewählten Präsidenten Allende in Lebensgefahr schwebten; verfolgt und gefoltert, sind Tausende tatsächlich für immer verschwunden. (Allein am Putschtag wurden über zweitausend Menschen aus politischen Gründen inhaftiert, bis Ende des Jahres waren es weit über dreizehntausend.) Über eine Million Chilenen aus dem linken Parteienspektrum mussten damals ihre Heimat verlassen – Österreich erklärte sich bereit, über Intervention der UNO, mehrere hundert Chile-Flüchtlinge aufzunehmen. Die Menschen kamen in der bereits kühlen Jahreszeit in Wien in Hemd und Hose, Kleid und sonst mit nichts an, wie der unermüdliche Erich Weisbier, erster Direktor der SPÖ-Parteiakademie „Renner-Institut", der sich im Auftrag Kreiskys und unterstützt von Karl Waldbrunner und Handelsminister Staribacher um die Flüchtlinge kümmerte, zu berichten weiß.

Im April 1975 verlieh das „International Rescue Committee" in New York, eine 1933 von Albert Einsein ins Leben gerufene internationale Hilfsorganisation für Flüchtlinge und Kriegsopfer, Bruno Kreisky ihren jährlich verliehenen „Freedom Award". Anlässlich dieser Ehrung hielt Gerald Ford, seit Richard Nixons Rücktritt im August 1974 Präsident der Vereinigten Staaten, unter anderem fest: „On this occasion, I applaud Chancellor

Kreisky's outstanding personal contributions to the cause of refugees – as well as the International Rescue Committee's wisdom in selecting him as its 1975 Freedom Award recipient."

Mitte der 1970er Jahre war es in Griechenland und auf der iberischen Halbinsel zu demokratischen Revolutionen gekommen. Den Oppositionellen in Portugal, wo 1974 ein linksgerichteter Aufstand gegen die Militärdiktatur, die sogenannte Nelken-Revolution, stattgefunden hatte, sagte Kreisky seine volle Unterstützung zu; seit vielen Jahren unterhielt er gute Kontakte zum späteren sozialistischen Premierminister Mário Soares.

Eine ähnlich enge persönliche Beziehung entwickelte sich zum jugendlichen Generalsekretär der Spanischen Sozialistischen Partei PSOE, Felipe González, der 1975, nach dem Tod Francos, zu einem der Führer der demokratischen Opposition wurde. Nach der Legalisierung der PSOE ab 1977 wurde er Oppositionsführer im Parlament und übernahm nach dem Wahlsieg 1982 den Posten des Premierministers – als erster Sozialist seit dem Beginn des Spanischen Bürgerkriegs 1936. Der im spanischen Untergrund ausgezeichnet vernetzte Erich Weisbier unterstützte gemeinsam mit Genossen aus Deutschland, Frankreich, Schweden den Aufbau der Parteiorganisation; so wurde etwa das Parteistatut nach österreichischem Muster gestaltet. Die PSOE entwickelte sich solcherart nach westeuropäischem Vorbild zu einer Mitgliederpartei. Diese solidarische Hilfe der europäischen Bruderparteien trug wesentlich dazu bei, dass sich die im Bürgerkrieg von Francos Faschisten militärisch besiegten Sozialisten zu einer gemäßigten sozialdemokratischen Partei entwickelten und schließlich zu einem pragmatischen Verhältnis zu König Juan Carlos fanden.

Die Beziehungen zwischen Kreisky und Felipe González überdauerten den Rücktritt des österreichischen Bundeskanzlers und blieben bis zu Kreiskys Lebensende eng. Der spanische Premier besuchte Kreisky verschiedentlich in seinem Haus auf Mallorca, begegnete dort etwa im Dezember 1984 – dank Kreiskys Intervention – Libyens Revolutionsführer Muammar al-Gaddafi.

Zweifellos haben die persönlichen Kontakte zwischen den Spitzenpolitikern und die politisch-organisatorische

Unterstützung der linken Oppositionskräfte in Spanien viel zum friedlichen Übergang beigetragen. Erstaunlich dabei ist, dass der lebenslange Antikommunist Kreisky auch zum Chef des kommunistischen Untergrundes Kontakt unterhielt. Anlässlich eines Besuches der linken „Plataforma Democratica" unter Führung des KP-Chefs Santiago Carillo in Wien fragte dieser Kreisky, ob er einen Verwandten hätte, der in den 1930er Jahren bei der sozialistischen Jugendinternationale eine gewisse Rolle gespielt hätte. „Das war ich!", war Kreiskys Antwort, und man schmunzelte gemeinsam darüber, dass Kreisky zu jenen gehört hatte, die die spanische Gruppe mit Carrillo wegen „Linksabweichung" aus der Internationale ausgeschlossen hatten.

Kreisky hielt losen Kontakt zu den unterschiedlichsten sozialen Bewegungen, die damals in erster Linie Befreiungsbewegungen waren; etwa zu dem inhaftierten Nelson Mandela und dem ANC oder zu Dom Hélder Câmara, einem der profiliertesten Vertreter der Befreiungstheologie, der als einer der bedeutendsten Kämpfer für die Menschenrechte in Brasilien galt. Auch der nikaraguanische Dichter und suspendierte katholische Priester Ernesto Cardenal war ihm persönlich bekannt, er unterstützte dessen Kampf für ein freies Nikaragua.

Während des Bürgerkriegs in Nikaragua in den Jahren 1977 bis 1979 unterstützte die österreichische Bundesregierung die Sandinisten, die linke Befreiungsfront, die gegen den US-gestützten Diktator Somoza kämpfte. Kreisky war Ehrenpräsident des Österreichischen Solidaritätskomitees für Nikaragua, entsandte in seiner Funktion als SI-Vizepräsident Vertreter der Sozialistischen Internationale in das zentralamerikanische Land. Eine Gruppe österreichischer Ärzte wurde vom Bundeskanzleramt dabei unterstützt, zunächst die medizinische Versorgung der sandinistischen Flüchtlinge zu sichern und, nach deren siegreicher Rückkehr ins Land, beim Wiederaufbau der Gesundheitsversorgung mitzuhelfen. Auch für die aufständische linksgerichtete Polisario-Front, die für die Unabhängigkeit Westsaharas von Marokko kämpft (die Polisario hatte 1976 die Demokratische Arabische Republik Sahara ausgerufen), hatte Kreisky ein offenes Ohr. Zu Beginn des Jahres 1983 empfing er

– in den Jahren zuvor hatten bereits erste Kontakte stattgefunden – eine Delegation der Volksfront in Wien und sicherte ihr zu, den begonnenen Meinungs- und Informationsaustausch fortsetzen zu wollen. Mehr noch, Kreisky versprach, bei seinem damals unmittelbar bevorstehenden Treffen mit dem amerikanischen Präsidenten Ronald Reagan die Problematik Westsahara anzusprechen und ihn zu einem Überdenken des Polisario-feindlichen Kurses der US-Administration zu bewegen. Was die Polisario-Vertreter außer Acht ließen oder womöglich nicht ahnten: Österreich verkaufte an Marokko seit Jahren „Saurer" Schützenpanzer der Steyr-Werke, die die Machthaber in Rabat gegen die abtrünnigen Sahauris eingesetzt haben. Das mag wohl mit ein Grund gewesen sein, warum Kreisky, trotz offizieller Polisario-Vertretung in Wien, nie den Schritt zur diplomatischen Anerkennung der Polisario getan hat.

Eher noch unterstützte er karitative Maßnahmen der SP-nahen „Volkshilfe" und forderte dessen Leiter Erich Weisbier auf: „Wir müssen denen jetzt helfen, tut etwas!" Der dann in die Wege geleiteten „Österreich-Paket"-Aktion für die Vertriebenen stand er als Pate zur Seite.

Nach der 1975 erfolgten brutalen Niederschlagung des kurdischen Aufstandes im Norden Iraks durch Saddam Hussein gehörte Österreich zu den ersten Ländern, welche Flüchtlinge aus dem um Autonomie kämpfenden Gebiet aufgenommen haben. Ein erstes Kontingent von einhundert Kurden wurde 1976 in Wien willkommen geheißen, weitere Asylanten sollten folgen.[28] Kreisky kannte den besiegten Kurdenführer Mullah Mustafa Barzani noch aus seiner Zeit als Außenminister, wie er dessen Sohn Massoud anlässlich mehrerer Zusammentreffen erzählt hat. Neben Massoud Barzani, seit 2005 demokratisch gewählter Präsident der „Iraqi Kurdistan Region", war der österreichische Bundeskanzler auch mit dem derzeitigen Präsidenten des Irak,

---

28 Derzeit leben nach Angaben der Österreichisch-Kurdischen Gesellschaft für Wissenschafts- und Kulturaustausch in Wien rund 100.000 Zuwanderer kurdischer Abstammung zum Teil bereits in zweiter und dritter Generation in Österreich. Ca. 90 Prozent kommen aus der Türkei, die restlichen 10 Prozent aus dem Irak, Iran und Syrien. Die Integration der Kurden in Österreich gilt als vorbildlich, von den irakisch-stämmigen Kurden erreichen mehr als 50 Prozent die Akademikerrate.

dem Kurden Jalal Talabani, zusammengekommen. Sowohl Barzani als auch Talabani zeigten lebhaftes Interesse am Modell der österreichischen Sozialdemokratie; es sollte dann auch tatsächlich in Kurdistan Schule machen. Sami Abdul Rahman, der 2004 ermordete Vizepremier der kurdischen Regionalregierung im Irak, hatte nach dem Vorbild der SPÖ eine kurdische sozialdemokratische Partei im Nordirak aufgebaut.

Kreisky beschäftigte sich als Bundeskanzler recht ausführlich mit der Kurdenfrage, da er sie als Teilaspekt des Nahost-Komplexes verstand. Er wies vielfach auf die Bedeutung dieses Raumes für die sicherheitspolitischen und ökonomischen Interessen Europas hin. Noch 1988 hat Kreisky in einem Vorwort für eine Geschichte der Kurden, die sein früherer Nahost-Mitarbeiter Ferdinand Hennerbichler verfasste, größte Sympathie für alle um ihr Selbstbestimmungsrecht kämpfenden Völker, die Kurden eingeschlossen, gezeigt. Womöglich dachte er dabei auch an die dramatischen Ereignisse rund um den OPEC-Überfall Mitte Dezember 1975, als der eingebürgerte irakische Kurde Dr. Wiriya Rawenduzy dem Bundeskanzler in äußerst schwieriger Lage geholfen hat. Der Mediziner war – nachdem österreichische Ärzte die Hilfe verweigert haben – Kreiskys dringendem Ersuchen nachgekommen, den schwer verletzten Terroristen Hans-Joachim Klein notärztlich zu versorgen. Eine mögliche Eskalation des Geiseldramas konnte so verhindert werden.

Der Bundeskanzler war als Friedensstifter und Vermittler in internationalen Konflikten immer wieder gefragt. Seiner Meinung wurde sowohl von westlicher wie von östlicher Seite allergrößte Bedeutung beigemessen. Es überrascht daher nicht, dass er im Mai 1980 eine Delegation der Sozialistischen Internationale nach Iran, in die Höhle des verfemten Ajatollahs Ruhollah Chomeini führte. Revolutionäre iranische Studenten hatten im November 1979 die amerikanische Botschaft in Teheran besetzt und zweiundfünfzig Diplomaten als Geiseln genommen – eine Art Rachetat für die Bereitschaft der USA, dem Schah von Iran Exil zu gewähren. Zu diesem Akt des internationalen Terrorismus hatte Chomeini zuvor in einer Erklärung indirekt aufgerufen. Ein Besuch des damaligen UNO-Generalsekretärs Kurt

Waldheim Anfang 1980 artete gegenüber einer Meute feindseliger Demonstranten fast in Fiasko aus. Eine von US-Präsident Jimmy Carter angeordnete militärische Befreiungsaktion, „Eagle Claw", am 24. April 1980 scheiterte katastrophal.

Genau einen Monat später versuchte nun also Kreisky in Begleitung Felipe González', damals bereits Chef der spanischen Sozialisten, und des früheren schwedischen Premierministers Olof Palme während eines achtundvierzig Stunden währenden Besuchs, die Machthaber in Teheran umzustimmen. Wie riskant diese Reise war, zu der es natürlich keine iranische Einladung gab, zeigte der Umstand, dass die zehnsitzige Cessna der Delegation noch über Istanbul nicht einmal eine Landegenehmigung für Teheran erhalten hatte.

Die Delegation erklärte Präsident Banisadr und zahlreichen Entscheidungsträgern, man wolle dem Regime vermitteln, dass etwa die SI dem neuen Iran keineswegs feindlich gegenüberstehe, und deutete sogar die Möglichkeit strukturierter Beziehungen an. Die Geiselnahme stoße jedoch international auf wenig Verständnis und sollte so rasch wie möglich beendet werden. Gerade die Schlüsselfigur Ajatollah Beheshti, Vorsitzender des iranischen Revolutionsrats und Oberster Richter, formulierte am klarsten, dass man dies alles wohl verstehe, aber keinerlei Grund zur Eile sehe. Den Geiseln geschehe nichts, und sie würden schon freikommen. Beheshti fiel wenige Wochen später einem Bombenattentat zum Opfer, Banisadr fand nach einer abenteuerlichen Flucht Aufnahme in Frankreich. In Versailles nahe Paris lebend, erinnert sich der letzte demokratisch gewählte Präsident des Iran noch sehr genau an den Besuch des europäischen sozialdemokratischen Trios am 25. und 26. Mai 1980. Es sind jedoch weniger die politischen Inhalte der Gespräche, die in Erinnerung blieben – da gab es gegen den Willen Chomeinis nicht viel auszurichten – sondern die dramatischen Minuten, als Kreiskys Herz unmittelbar nach der Landung am Teheraner Flughafen plötzlich zu schwächeln begann und er von einem eilig herbeigerufenen Arzt behandelt werden musste. Dieser Arzt ist im Übrigen später nach Österreich ins Exil gegangen, wie Banisadr zu berichten weiß.

Die Gespräche seien „äußerst fruchtbar" verlaufen, hieß es damals abschließend, doch an der Geiselaffäre sollte dies nichts ändern. Nach einem im Haus der Schwester Banisadrs gegebenen Mittagessen reisten die drei Sozialistenchefs wieder ab; die zarte iranische Pflanze Demokratie aber ist mit der Vertreibung Banisadrs verdorrt.

Erst vierhundertundvierundvierzig Tage nach Stürmung der US-Botschaft, am 20. Januar 1981, dem Tag des Amtsantritts von US-Präsident Ronald Reagan, wurden die Geiseln freigelassen.

Zur Vorgeschichte: Bereits drei Tage nach der Teheraner Geiselnahme war Kreisky von offizieller amerikanischer Seite um Hilfe gebeten worden. Robert Lipshutz, ein Berater Präsident Carters, war gemeinsam mit dem New Yorker Anwalt Leon Charney nach Wien geflogen und hatte mit dem Bundeskanzler Möglichkeiten sondiert, die Krise zu beenden. Kreisky unterbreitete den beiden Emissären den Vorschlag, PLO-Chef Arafat in die Verhandlungen mit den iranischen Revolutionsführern einzuschalten. Wenn jemand Zugang zu Chomeini habe, dann wohl am ehesten Jassir Arafat. Allerdings wäre diese Hinzuziehung des PLO-Führers einer Aufwertung, wenn nicht gar einer *De-facto*-Anerkennung der palästinensischen Befreiungsbewegung gleichgekommen und wurde daher von Jimmy Carter (nicht zuletzt auf Drängen Israels) verworfen. An dieser Haltung konnte auch der spätere Erfolg Arafats nichts ändern, dem Chomeini und Banisadr eine Anzahl von weiblichen und afro-amerikanischen Geiseln mit auf den Weg von Teheran gegeben hatten.

Der neue US-Vizepräsident George Bush Sr. dankte Kreisky in einem Glückwunschschreiben zu dessen siebzigsten Geburtstag nochmals ausdrücklich für seine Vermittlungsversuche in der Geiselaffäre: „As you are aware, your celebration coincided closely with our own celebration of the return of our Embassy personnel from Tehran, as well as the advent of a new Administration. I want you to know that we are deeply appreciative of the valuable contributions your country has made to the resolution of conflicts in Iran and elsewhere. Your personal role in these efforts is widely and deservedly admired."

2.

Nach Abschluss der „Fact Finding Missions", Mitte der 1970er Jahre, war es Kreisky gelungen, Österreich als einen Begegnungsort der Nahostpolitik zu etablieren. Dem leidenschaftlichen homo politicus, „der sich selbst für sein kleines Land wohl zu groß fand", wie Journalisten gerne behaupteten, wollte „am Weltfrieden mitarbeiten" und engagierte sich dort, wo er traditionell bedroht war – im Nahen Osten. Hinter den Kulissen agierte der Bundeskanzler nun immer entschiedener als Mittler nahöstlicher Friedensbemühungen und forcierte den Dialog westeuropäischer Politiker mit Palästinenserführer Jassir Arafat.

Mit keinem anderen Staatsmann der arabischen Welt aber pflegte Kreisky ähnlich enge Kontakte wie mit Ägyptens Staatsoberhaupt Anwar as-Sadat. Nach ihrer ersten Zusammenkunft 1974 hatte er bereits 1975 ein Treffen zwischen Sadat und dem amerikanischen Präsidenten Gerald Ford in Salzburg vermittelt, ein Jahr später besuchte Sadat Wien. „Sadat trug sein Herz, wie man in Skandinavien sagt, auf der offenen Hand", heißt es in Kreiskys Memoiren, „und alle, die mit ihm zusammentrafen, waren von ihm beeindruckt. Ich halte ihn für die bedeutendste moralische Persönlichkeit, die mir in der zweiten Hälfte dieses Jahrhunderts begegnet ist."

Im Juni 1977 lud der Kanzler den bekannten israelischen Oppositionspolitiker und Journalisten Uri Avnery, damals einer der ganz wenigen Repräsentanten des jüdischen Staates, die sich für einen Dialog mit der PLO aussprachen, nach Wien ein. Unter Kreiskys Schirmherrschaft sprach Avnery in der Wiener Hofburg vor den Botschaftern zahlreicher Staaten, setzte sich für Versöhnung und Koexistenz im Nahen Osten ein.

Seit dem Herbst 1977 plante Kreisky zusammen mit Willy Brandt und dem Präsidenten des Jüdischen Weltkongresses, Nahum Goldmann, in Wien eine arabisch-jüdische Konferenz. Dabei sollten weniger die politischen, vielmehr die intellektuellen Eliten eingeladen und ein Dialog ermöglicht werden. Letztlich musste die Konferenz abgesagt werden, da insbesondere von arabischer Seite zu wenige Teilnehmer zugesagt hatten. Die geplante Konferenz zeigt aber, dass Kreisky mit seiner

Nahostpolitik keineswegs nur sich selbst in Szene setzen wollte (wie ihm so oft vorgeworfen wurde), sondern auf ganz unterschiedlichen Wegen versucht hat, zu einer Lösung beizutragen. Überdies belegt die enge Zusammenarbeit mit Nahum Goldmann, dass Kreisky dabei sehr wohl auch auf jüdischer Seite Unterstützung fand und sich keineswegs einseitig nur für die Anliegen der Palästinenser eingesetzt hat.

Ende November 1977, also etwa zur selben Zeit, initiierte Bruno Kreisky ein Geheimtreffen in Wien – selbst seine engsten Mitarbeiter waren nicht eingeweiht –, an dem der österreichische Innenminister Erwin Lanc, zwei hochrangige Vertreter der PLO sowie Peter Kiewitt, der engste Mitarbeiter Hans-Jürgen Wischnewskis, Helmut Schmidts Staatsminister im Bonner Bundeskanzleramt, teilgenommen haben. (Der joviale Politiker mit dem Beinamen „Ben Wisch" fungierte als Verbindungsmann der deutschen Sozialdemokraten zur arabischen Welt.) Erstaunlich dabei erscheint vor allem, dass es sich bei den beiden palästinensischen Vertretern um damals international gesuchte Terroristen handelte: um Arafats rechte Hand Ali Hassan Salameh, Sicherheitschef und „Innenminister" der PLO, der als Drahtzieher und Mitorganisator zahlreicher Anschläge galt, darunter auch des Überfalls auf die Olympischen Sommerspiele 1972 in München. (Er wurde 1979 vom israelischen Geheimdienst in Beirut ermordet.) Der zweite Palästinenser am Verhandlungstisch war der Kardiologe Dr. Issam al-Sartawi, engster Berater Arafats für Westeuropa und die USA. Er vertrat die PLO bei der Sozialistischen Internationale und machte keinen Hehl daraus, dass er eine Zeitlang geglaubt hatte, nur Gewalt und Terror könnten zu einem für die Palästinenser befriedigenden Ergebnis führen.

Der deutsche Zeithistoriker Matthias Dahlke, der das Protokoll des Geheimtreffens anlässlich einer Recherchearbeit 2009 zufällig in Hans-Jürgen Wischnewskis Nachlass fand, berichtet: „Offenbar arrangierte Kreisky das Treffen als Teil seiner längerfristigen, außenpolitisch dominierten Antiterrorismuspolitik, wohl wissend, dass sein politischer Erfolg von der Breite der internationalen Akzeptanz der PLO, also auch von der Anerkennung durch die Bundesrepublik abhing. Voraussetzung dafür war allerdings ein Umdenken der PLO, die damals nicht nur ihre Terrorpolitik zu revidieren begann, sondern auch erwog, ‚eine Art Hauptquartier an einem neutralen Ort einzurichten. Wien sei hierfür wegen der positiven Haltung von Bundeskanzler Kreisky sehr geeignet.‘" Kreisky habe dafür gesorgt, „eventuelle Überraschungen im Vorfeld zu vermeiden". Er ließ Israel nämlich wissen, dass das Treffen mit den gesuchten Terroristen in Wien unter seiner Verantwortung stattfinde. Im Protokoll, welches Peter Kiewitt für seinen Chef Wischnewski verfasst hat, heißt es dazu – und das ist der vielleicht erstaunlichste Aspekt des Dokuments, da er belegt, dass man in Jerusalem inoffiziell an Kreiskys Vermittlungs-Bemühungen nicht ganz uninteressiert gewesen sein dürfte: „Nach Mitteilung von BK Kreisky ist dem israelischen Geheimdienst ihr Aufenthalt in Wien bekannt; auf seinen Wunsch hin hätten die Israelis ihre Recherchen jedoch eingestellt."

Das Wiener Treffen war wohl nicht zuletzt von den Ereignissen um Marchegg, dem Überfall auf das OPEC-Hauptquartier und den zahllosen, weltweit zunehmenden Terrorüberfällen des Jahres 1977 mit ausgelöst worden. Die enge Zusammenarbeit zwischen der palästinensischen Befreiungsbewegung und der linksanarchistischen Terrorgruppe RAF (viele deutsche Terroristen bekamen ihre Ausbildung in Trainingslagern der PLO) wurde immer deutlicher wahrgenommen. Der „Deutsche Herbst" hielt das Nachbarland 1977 in Atem, Arbeitgeberpräsident Hanns Martin Schleyer war ermordet, eine Lufthansa-Maschine nach Mogadischu entführt worden. Nach der Befreiung der „Landshut"-Passagiere begingen die in Stammheim einsitzenden RAF-Häftlinge kollektiven Selbstmord.

Kreiskys Ziel war es, die PLO zu einer Abkehr von ihrer Terrorpolitik zu bewegen und sie somit im Westen salonfähig zu machen. Sartawi betonte denn auch während des Wiener Geheimtreffens, dass der PLO-Rat inzwischen eine andere Haltung zum Terrorismus vertrete. In den Jahren davor habe sich die PLO noch „mit allen Ländern außerhalb der arabischen Welt in einer Art Kriegszustand" befunden. Fortan blieben „nur noch" militärische Ziele und solche auf israelisch besetztem

Gebiet im Visier der PLO. PLO-Sicherheitschef Salameh wiederum bekannte sich „voll" zu allen Aktionen, an denen er in der „Kriegsphase" der PLO beteiligt gewesen war. Da die PLO nunmehr „weitgehend Anerkennung gefunden habe und dem Ziel der Errichtung eines eigenen Staatswesens wesentlich näher gekommen sei", verfolge man einen völlig neuen Kurs. Salameh stellte sogar in Aussicht, durch Informationsvermittlung an westeuropäische Behörden und Einflussnahme auf die Freischärler den Terrorismus für die nächsten zehn Jahre „stillzulegen". Bedingung sei allerdings ein „internationales Konzept (…), da unsere Terroristen überall Basen hätten" und sich gegenseitig logistisch unterstützten.

Sartawi selbst hat zwei Jahre später ein Memorandum verfasst, welches *Der Spiegel* publiziert hat, in dem er vermutlich auf dieses erste Treffen in Wien Bezug nahm und in dem es unter anderem heißt: „Nach dem Gespräch, das recht lange dauerte, sagte (Kreisky): ‚Dr. Sartawi, da ich keine Notizen gemacht habe, können Sie mir das alles kurz schriftlich zusammenfassen?' Ich antwortete: ‚Gerne', ging zurück ins Hotel ‚Imperial' und tippte auf dem Papier des Hotels den ersten offiziellen PLO-Brief an Kreisky. Der Hauptgedanke des Briefes war, festzuhalten, dass wir Palästinenser bereit sind, den Kriegszustand mit Israel zu beenden, sobald das Jordan-Westufer, der Gazastreifen, Humma und das Gebiet von Audscha-Hafir unter palästinensische Souveränität gegeben werden. Um Frieden zu erreichen, müssten aber weitere Bedingungen erfüllt werden. Das hatte einen Aufstand im Palästinensischen Nationalrat gegen mich zur Folge, ebenso wie es in Österreich einen Sturm der Entrüstung gegen Kreisky gab. Mir wurde vorgeworfen, ich sei ein Defätist und Verräter."

Hingegen heißt es in Dahlkes Ausführungen: „Ob in Wien Vereinbarungen zwischen Österreich, Westdeutschland und der PLO getroffen wurden, ist nicht aktenkundig." Allerdings wurde der Bitte der PLO um politische Unterstützung entsprochen. Im Oktober 1978 wurde der palästinensische Beobachter bei der UN-Entwicklungshilfeorganisation (UNIDO) mit Sitz in Wien mit den gleichen Rechten ausgestattet wie alle anderen Diplomaten in Österreich. In Deutschland wurde die

„Informationsstelle Palästina" ab 1978 als inoffizielle Vertretung der PLO zugelassen.

Der Bekämpfung des Terrorismus hatte das Wiener Treffen vom 24. November 1977 offenbar wenig genützt, auch wenn womöglich einige Anschläge – nicht zuletzt auf Seiten der westdeutschen Terrorszene – verhindert werden konnten.

Dahlke abschließend: „So erstarkte hinter der gezähmten PLO die umso radikalere Abu-Nidal-Organisation, die vor allem Anschläge gegen angeblich abtrünnige Landsleute verübte." Schon auf seiner Pressekonferenz nach dem OPEC-Anschlag 1975 hatte Kreisky befürchtet: „Immer dann, wenn terroristische Bewegungen sich zu legalisieren beginnen, entsteht hinter ihnen eine neue terroristische Organisation."

Hinter den Kulissen hatte Bruno Kreisky bereits im September 1977 – mit Hilfe seines Freundes Karl Kahane, der dem Bundeskanzler in allen nahostpolitischen Fragen enger zur Seite stand als irgendjemand sonst – ein geheimes Treffen zwischen dem neuen israelischen Außenminister (und früheren Verteidigungsminister) Moshe Dajan und dem ägyptischen Diplomaten Mohammed Hassan Tohamy in Marokko organisiert. Der Führer der rechten Likud, Menachem Begin, war mittlerweile israelischer Ministerpräsident geworden und ermächtigte Dajan, anlässlich des Treffens mit Tohamy die Rückgabe der gesamten, seit 1967 besetzten Sinai-Halbinsel in Aussicht zu stellen. Wenige Wochen später – im November 1977 – begab sich Ägyptens Präsident Anwar as-Sadat auf seine historische Reise nach Jerusalem. Es war der Anfang israelisch-ägyptischer Friedensverhandlungen, die schließlich am 17. September 1978 in dem von US-Präsident Carter vermittelten Friedensschluss von Camp David kulminieren sollten.

Kreisky stand Camp David, wie bereits erwähnt, kritisch gegenüber, da die Rechte der Palästinenser zu einem eigenen Staatswesen ausgeklammert blieben. Sein so freundschaftliches Verhältnis zum ägyptischen Präsidenten war damals denn auch einer gewissen, wenn auch nur vorübergehenden Abkühlung ausgesetzt: „Nach dem Camp-David-Abkommen war er sehr enttäuscht über meine Zurückhaltung", hielt Kreisky in seinen Memoiren fest. Was Kreisky nun versuchte, war, das Momentum des Camp-David-Akkords auch auf die Palästinenser auszudehnen.

So sehr die israelische Regierung unter Ministerpräsident Menachem Begin den Friedensschluss mit Ägypten begrüßte, so skeptisch, wenn nicht gar feindselig stand sie jedoch Kreiskys diplomatischem Alleingang in der Palästinenserfrage gegenüber. Es kam zu immer neuen Attacken Begins gegen Kreisky, bis dieser, wie er selbst zugibt, seine Emotionen nicht länger zügeln konnte. In seinem Ferienhaus auf Mallorca empfing er im August 1978, also unmittelbar vor dem Friedensvertrag von Camp David, John Dorsey, einen „äußerst begabten Reporter, der eine Nase dafür hatte, wo Sensationen zu holen waren". Er sei von Dorsey „zu sehr offenherzigen Äußerungen" verleitet worden, „eine Angewohnheit, die ich bis heute nicht lassen kann, wenn etwas eine verhängnisvolle Entwicklung zu nehmen scheint". Er verglich in dem Interview für die niederländische Tageszeitung *Trouw* (Die Treue) Israel mit dem Arpartheid-Regime in Südafrika und warnte: „So ein ‚Reich', ein israelischer Staat mit einer Million Arabern, birgt eine enorme Sprengladung in sich. Nur wer von einer faschistischen Mentalität hoffnungslos befallen ist, kann dies nicht sehen. Man kann doch nicht glauben, dass es eine israelische Demokratie geben kann, wenn die Araber Staatsbürger zweiter Klasse sind und gleichzeitig in einem Polizeistaat leben." Der Journalist zögerte nicht, in seinem Blatt auch Kreiskys persönliche Meinung über Menachem Begin wiederzugeben. Dieser beweise durch sein Verhalten vis à vis Sadat – so Kreisky –, dass er „ein politischer Krämer" sei, „ein kleiner, aus Warschau stammender polnischer Winkeladvokat, oder was immer er gewesen ist".

Er habe den Reporter gebeten: „Schreiben Sie das nicht!", sagte Kreisky der *Arbeiter-Zeitung*, nachdem erste Gesprächs-Details bekannt geworden waren und in Israel einen Sturm der Empörung ausgelöst hatten. Eine Entrüstung, die aber auch mit anderen Sätzen desselben Interviews zusammenhing, in dessen Verlauf Kreisky den Journalisten hatte wissen lassen, dass „diese Ostjuden (…) dem Normalen entfremdet" seien, mehr noch, „sie denken so verdreht. (…) Es fehlt ihnen die politische Verantwortung. Sie sind gute Soldaten, doch das lernt man sehr rasch, das ist ja nur eine verfeinerte Form des Raubens. Sie haben einen Mangel an Subtilität in der Politik. Sie machen sich bei den Vereinten Nationen unbeliebt. Die verhasstesten Diplomaten sind heute die israelischen Diplomaten. Es ist unvorstellbar. Sie brauchen noch hundert Jahre. (…) Der Aberglaube, dass Juden intelligent sind, ist falsch. Sie sind genauso blöde wie die anderen, nur manchmal mit mehr Vorurteilen behaftet. Es gibt unter ihnen gescheite Leute, aber in der Gesamtheit reagieren sie ja falsch."

Kreisky irrte keineswegs, wenn er in den Erinnerungen lakonisch feststellte: „Ein Aufschrei in der Weltpresse war die Folge dieser kritischen Äußerungen."

Der in Ungarn geborene israelische Satiriker Ephraim Kishon sandte Bruno Kreisky einen im *Spiegel* abgedruckten offenen Brief, in dem er den Kanzler ohne Umschweife des jüdischen Selbsthasses bezichtigte: „In diesen Tagen aber ist der jüdische Hahnenkampf wieder aufgelebt, dass die Federn fliegen, just am Vorabend von Camp David. Diesmal wurden Deine nicht für die Öffentlichkeit bestimmten Anmerkungen in einer protestantischen holländischen Zeitung veröffentlicht. Mit aller Verehrung müssen wir Dir sagen, dass man einen solchen Haufen anti-jüdischen Mists in der westlichen Welt sonst nicht mehr äußert, außer auf vierzig Jahre alten Grammophonplatten. Erstmals, lieber Freund, ist uns klargeworden, dass Du, Überlebender des Holocaust, ein begabter autodidaktischer Antisemit bist. Sicher, Du hast recht, nicht jeder, der uns kritisiert, ist ein Erzfeind. Aber es kann schon mal passieren, dass einer, der Israel in der Luft zerfetzt, doch ein reiner, vierundzwanzigkarätiger Antisemit ist. Das ist bei Dir kein Komplex mehr, lieber Bruno, das ist etwas Ernstes, ein geistiger Virus unbekannter Art. Nennen wir es provisorisch Selbsthass, die uralte Spezialität unseres verfolgten, masochistischen Volkes. Du, Freund, erinnerst uns an einen Stier, der mit seinem eigenen roten Tuch herumläuft oder besser: mit einem blauweißen."

Doch Schelte dieser Art löste bei Kreisky in der Regel eine typische Gegenreaktion aus: Er ließ sich keineswegs verunsichern, sah sich auf seinem Weg nur bestätigt. Die Ereignisse des folgenden Jahres sind dafür das beste Beispiel.

Ein Höhepunkt der diplomatischen Bemühungen Kreiskys um eine Lösung des Nahostkonflikts war der Besuch Jassir Arafats in Wien am 7. Juli 1979. Kreisky lud den Führer der PLO und Willy Brandt unter großem Medienecho nach Wien ein und machte die palästinensische Befreiungsbewegung damit endgültig hoffähig. Allerdings bezog Kreisky den Vorsitzenden der Sozialistischen Internationale und Friedensnobelpreisträger Brandt zunächst eher gegen seinen Willen mit ein: dass Kreisky Arafat „fast wie einen Staatsgast" empfangen würde, war zuvor nicht mit Brandt abgesprochen worden, „und wohl nicht ganz nach dessen Geschmack", wie Brandt-Biograf Peter Merseburger festhielt. Brandt fühlte sich von Kreisky ein wenig in die Ecke gedrängt und wollte erst einmal von Arafats guten Intentionen überzeugt werden. Diese Reserviertheit eines deutschen, vor allem aber nichtjüdischen Politikers war durchaus verständlich. Allerdings gewannen sowohl Kreisky wie Brandt bei diesem Wiener Treffen den Eindruck, Arafat sei erstmals bereit, über einen Frieden zu verhandeln, der die gesicherte Existenz Israels einschloss.

Der an dem Wiener Treffen beteiligte Dr. Issam al-Sartawi hielt anschließend fest: „Dann wandte Arafat sich lächelnd an Brandt: ‚Herr Brandt, in Ihrem deutschen Grundgesetz gibt es einen Passus, der die deutsche Einheit fordert. Warum gibt es keinen Aufruhr gegen Sie wegen dieser Forderung? Steht dieser Paragraph nicht im Widerspruch zu Unabhängigkeit und Souveränität der DDR? Warum werden wir Palästinenser umgebracht, wenn wir über einen demokratischen Staat sprechen? Bei Ihnen dagegen steht die Wiedervereinigung Deutschlands im Grundgesetz, und keiner regt sich darüber auf.‘ Brandt lachte. Brandt lachte viel. Natürlich hat Arafat Brandt nicht gefragt, ob sein Lachen Zustimmung bedeute. Auf jeden Fall: Wenn Brandt nicht von der Argumentation Arafats überzeugt gewesen wäre, hätte er wohl weiter gefragt. Ich habe jedenfalls auf den Gesichtern von Brandt und Kreisky einen Ausdruck von Zufriedenstellung gesehen. Brandt und Kreisky wollten

319

natürlich wissen, wie der künftige Palästinenserstaat aussehen soll, und sie haben sehr detailliert gefragt, vor allem Brandt. (…) Als Kreisky und Brandt Arafat nach dem Territorium fragten, antwortete der: ‚Es gibt in dieser Frage zwei Punkte, die man klären muss. Erstens das Recht auf Rückkehr in die Heimat. Das ist ein Recht, worüber wir weder diskutieren noch verhandeln werden. (…) Zweitens: Wer von diesem Beschluss zur Rückkehr Gebrauch machen wird, weiß man heute nicht. Aber eines ist sicher: Alle palästinensischen Vertriebenen, die in den Flüchtlingslagern im Libanon, in Syrien und im Irak leben, möchten in ihre Heimat zurückkehren. Daran besteht kein Zweifel.‘ Brandt stellte nun die Frage: ‚Was wird Israel zu diesem Recht auf Rückkehr in die Heimat sagen?‘ (…) Arafat antwortete ganz klar: ‚Das ist unser Recht, darauf werden wir niemals verzichten.‘ Brandt legte großen Wert darauf, vor uns immer zu beteuern, wie fest seine Freundschaft zu Israel sei. Gleichzeitig war aber seine Position durchaus positiv bezüglich der Rechte des palästinensischen Volkes.“

Nach dem Treffen vom *Spiegel* befragt, ob er, Kreisky, denn nun Beweise habe, dass die PLO tatsächlich vom Terrorismus abrücke und nicht mehr die Vernichtung Israels anstrebe, antwortete der Kanzler: „Arafat hat mir erklärt, dass es von seiner Seite aus niemals eine Resolution gegeben hat, die von einer Vernichtung Israels spricht. Tatsächlich hat mir bisher auch kein Israeli eine derartige Resolution gezeigt. Dagegen gibt es klare Beschlüsse, die das Gegenteil beweisen. Die PLO will ihren Palästinenser-Staat auf jenem Territorium errichten, das von den israelischen Truppen geräumt wird. Das impliziert die Tatsache, dass dieser Staat Seite an Seite mit Israel existieren soll. (…) Niemand anderer als Arafat ist legitimiert, für die PLO zu reden. Seine angebliche Schwäche ist ein Propagandamärchen. Arafat wird in den Lagern der Palästinenser wie eine Zentralfigur, ja wie ein Heiliger verehrt. Man tut gut daran, diese Realität zur Kenntnis zu nehmen.“

Im Oktober 1979 sprach Kreisky vor der Generalversammlung der Vereinten Nationen und betonte, dass Österreich die PLO nunmehr offiziell als Vertreterin der Palästinenser anerkenne. (Als Begründung führte er bezeichnenderweise ins Treffen, Österreich habe zur Zeit des Nationalsozialismus keinen internationalen Fürsprecher für die österreichische Unabhängigkeit gehabt.)

Bezeichnend für die Vielschichtigkeit der arabischen Verhältnisse war die Reaktion Syriens auf diese Rede. In der regierungsnahen Zeitung *Techrine* erschien kurz danach ein Artikel, der, ohne Kreisky zu nennen, vor dem schädlichen Wirken selbsternannter Nahostvermittler warnte. Georg Lennkh, der wichtigste außenpolitische Mitarbeiter Kreiskys, lud daher den syrischen Geschäftsträger zu sich und äußerte ihm gegenüber seine Verwunderung: Angesichts der immer höchst positiven syrischen Äußerungen zu Kreisky sei man perplex über diese so kritische Aussage. Der syrische Diplomat antwortete, Syrien schätze Kreisky weiterhin ganz besonders, aber eben nicht als Vermittler im Nahen Osten. Zu erklären ist diese Haltung wohl mit Syriens uraltem Traum, ein großsyrisches Reich wiederauferstehen zu lassen, auf dessen Territorium eben auch Palästina läge.

Im Dezember 1979 ernannte Arafat einen Vertreter der PLO bei der österreichischen Bundesregierung, dies wurde im März 1980 offiziell „zur Kenntnis" genommen. Der Akt der Anerkennung war damit abgeschlossen. In der Bundesrepublik Deutschland hingegen wurde die PLO erst 1993 als diplomatische Vertretung der Palästinenser anerkannt, nachdem auch Israel die PLO formell als Gesprächspartnerin akzeptiert hatte.

Eine tragische Note erhielt Kreiskys Nahost-Engagement 1981, als Wien zum Schauplatz zweier Anschläge der Arafatfeindlichen Abu-Nidal-Gruppe wurde: Am 1. Mai wurde der Präsident der Österreichisch-Israelischen-Gesellschaft, der Wiener Verkehrsstadtrat Heinz Nittel, vor seinem Haus in Wien-Hietzing ermordet, als er sich gerade auf den Weg zur Mai-Feier auf dem Rathausplatz begeben wollte. In einem Kommuniqué der „Befreiungsbewegung FATH" hieß es dazu am 2. Mai 1981, die Aktion stelle einen „Schlag ins Gesicht der zionistischen Bewegung unter der Führung Menachem Begins sowie einen Schlag ins Gesicht der reaktionären, zurückgebliebenen und kapitulierenden Führung Arafats dar. Wir warnen auch die

Führer der österreichischen Politik unter der Führung Kreiskys und fordern sie auf, weder als Hüter der Zustände aufzutreten noch sich in die inneren Angelegenheiten unseres Arabischen Palästinensischen Volkes einzumischen. Sollte das nicht eingehalten werden, wird unsere Bewegung nicht zögern, auch den Boden Österreichs für die Ausführung ihrer Aktionen gegen die palästinensischen Verräter und zionistischen Agenten zu benützen."

Im Juni 1981 wurden schwerbewaffnete Terroristen in Wien–Schwechat festgenommen. Die Angst, ein Anschlag auf Bundeskanzler Kreisky könnte unmittelbar bevorstehen, wuchs nun täglich. Wer sich dafür einsetze, den Palästinenserkonflikt auf friedlichem Wege zu lösen, müsse liquidiert werden, hieß es seitens der Gruppe um Abu Nidal. In einem Telegramm des österreichischen Botschafters in Beirut, Herbert Amry, wurde der Bundeskanzler am 8. Juli 1981 gewarnt: „wie botschaft aus verlaesslicher quelle erfahren hat, haben sich 3 angehoerige der abu nidal gruppe (…) am 8. Juni aus damaskus nach wien begeben. (…) vor etwa 8 tagen (sollen) weitere 5 angehoerige der abu nidal organisation auf dem landweg ueber suedost-europa in wien eingelangt sein. (…) die zahl der laut diesen informationen nunmehr in wien eingetroffenen terroristen laesst nach auffassung des gespraechspartners schluss zu, dass gegebenenfalls nicht mordanschlag nach dem muster des mordes an stadtrat nittel sondern sogar sturmangriff einer kommandoeinheit geplant sein koennte."

Der Schutz des Kanzlers wurde erheblich verstärkt, sein Haus in der Armbrustergasse rund um die Uhr von der 1978 neu geschaffenen Antiterrorgruppe „Cobra" bewacht. Auch seine gelegentlichen Spaziergänge in den Weinbergen der Döblinger Nachbarschaft oder die gelegentlichen Eierspeisen im Café Landtmann, sonst immer ohne Polizeischutz unternommen – ein Faktum, auf das er immer besonders stolz war –, gehörten ab dem Sommer 1981 der Vergangenheit an.

Am 29. August 1981 forderte ein Anschlag zweier schwer bewaffneter arabischer Attentäter auf die Synagoge in der Wiener Innenstadt (die einzige Wiener Synagoge, die das November-Pogrom 1938 heil überstanden hatte) zwei Todesopfer und

322

einundzwanzig teils schwer Verletzte. Die beiden Terroristen –
einer von ihnen war auch für das Attentat auf Heinz Nittel verantwortlich – hatten die Synagoge in der Seitenstettengasse um
11:30 Uhr vormittags gestürmt, Handgranaten geworfen und in
die Menge gefeuert. Die jüdische Gemeinde feierte gerade den
Sabbath.

Im Dezember 1985, zweieinhalb Jahre nach Kreiskys Rücktritt, wurde auf dem Flughafen Wien-Schwechat erneut ein Anschlag verübt. Die Terroristen versuchten am Schalter der israelischen Fluggesellschaft El Al Geiseln zu nehmen und lieferten der
Polizei eine Schießerei. Drei Menschen, darunter einer der Attentäter, wurden getötet, neununddreißig Personen verletzt. Die österreichische Bundesregierung hatte in der zweiten Dezember-
hälfte davon Kenntnis erhalten, dass ein Abu-Nidal-Kommando,
aus Libyen kommend, möglicherweise einen Anschlag plane – es
ging um die Freipressung von in Stein inhaftierten Palästinensern. Bundeskanzler Sinowatz ersuchte Kreisky, sich einzuschalten. Dieser beauftragte einen ehemaligen Mitarbeiter, Georg
Lennkh, mit Libyens Staatschef Muammar al-Gaddafi zu reden.
Bei diesem in einer libyschen Kaserne stattfindenden Gespräch
zeigte sich Gaddafi keineswegs überrascht und meinte, er werde
sehen, was er tun könne. Wenige Wochen nach dem Anschlag
sandte Gaddafi einen Emissär zu Kreisky, um ihm mitzuteilen,
wie sehr er es bedaure, dass er den Anschlag nicht habe verhindern können. Das Kommando sei zu dieser Zeit bereits außer
Landes und daher unerreichbar gewesen.

Nach Ansicht Kreiskys dokumentierten die Anschläge nur
umso drastischer die gefährliche Fernwirkung der ungelösten
Nahostfrage. Doch die Opposition warf ihm vor, wegen seiner
umtriebigen Nahostpolitik an der gewalttätigen Entwicklung
in Österreich Mitschuld zu tragen. Die ÖVP verfolgte die internationalen Aktivitäten Kreiskys und seine wachsenden Auffassungsunterschiede mit den USA zunehmend misstrauisch.
(Österreich nahm übrigens nicht an dem 1979 von Präsident
Jimmy Carter betriebenen Wirtschaftsboykott gegen das iranische Mullah-Regime teil; ebenso hatte sich Österreich 1980
dem Boykott der Olympischen Spiele in Moskau entzogen.)

Der außenpolitische Sprecher der ÖVP, Ludwig Steiner, verlangte eine genaue Offenlegung der Nahostkontakte Kreiskys – auch dessen gesamter Briefwechsel mit Jassir Arafat sollte freigegeben werden. In der Kreisky-kritischen Presse hatte sich außerdem der Vorwurf gehalten, der Bundeskanzler schade mit seinen weltpolitischen Initiativen dem Ansehen Österreichs im Ausland.

Bereits 1976 hieß es in der Grazer ÖVP-Zeitung *Südost-Tagespost*: „Unsere Neutralität hat schon längst nicht mehr die solide Zurückhaltung und Korrektheit der Schweiz als Muster, sondern die des ungebetenen Moralrichters und Adabeis in aller Welt, wie sie Schwedens Olof Palme in einer Pose des schicken Antiamerikanismus jahrelang vorexerziert hat."

Am 6. Oktober 1981 wurde Anwar as-Sadat während einer Militärparade in Kairo von ägyptischen Soldaten ermordet. Kreisky reagierte mit „tiefster Erschütterung" auf den Tod seines Freundes. Bereits im August 1981 hatte ein in Salzburg geplantes Attentat arabischer Fundamentalisten auf den ägyptischen Präsidenten durch die gute Zusammenarbeit mit nahöstlichen Geheimdiensten gerade noch verhindert werden können, Sadat hatte seine Österreich-Reise damals kurzfristig abgesagt. Die großangelegte Verschwörung nahöstlicher Terroristen hatte offenbar auch den „gemäßigten" Bruno Kreisky zum Ziel gehabt.

Die Ermordung Sadats hatte aber auch unvermittelt Licht auf die so widersprüchlichen innerarabischen Beziehungen geworfen – und Kreiskys unbeabsichtigte Rolle darin.

Die Gruppe Al-Jihad bekannte sich zu dem Kairoer Attentat, welches Jassir Arafat unverhohlen begrüßte. Umgehend distanzierte sich Kreisky öffentlich vom PLO-Chef, zeigte sich über den Jubel Arafats „bitter enttäuscht". Ihm sei unbegreiflich, „dass jemand über einen Mord glücklich sein kann". Danach trübten sich die Beziehungen zwischen ihnen deutlich, Kreisky zog sich schließlich mehr und mehr von Arafat zurück. Er sollte ihm sogar vorwerfen, die Ermordung des friedensbereiten Palästinensers Dr. Issam al-Sartawi, den Kreisky besonders schätzte, durch Distanzierung von ihm – Arafat hatte Sartawi öffentlich seinen Schutz entzogen – ermöglicht zu haben.

Sartawi wurde während einer Tagung der Sozialistischen Internationale im portugiesischen Albufeira im April 1983 von unbekannten Tätern erschossen.

Tatsächlich hatte sich Issam Sartawi im Lauf der Jahre vom Terrorismus abgewendet, ihm wurde 1979 gemeinsam mit dem israelischen Labour-Politiker Arie Lova Eliav der erste „Bruno-Kreisky-Preis für Verdienste um die Menschenrechte" zuerkannt.[29] Shimon Peres stand zufällig in Sartawis unmittelbarer Nähe, als der Kugelhagel niederging: „Die Leute meinten zunächst, ich sei getötet worden. Und auch ich dachte: Da liegt ein Irrtum vor. Aber (Sartawi) hat mit seinem Leben dafür bezahlt, dass er sich für Gespräche mit Israel eingesetzt hat."

Aus der unveröffentlichten Korrespondenz zwischen Kreisky und Arafat geht unmissverständlich hervor, dass der Kanzler den Palästinenserführer bereits Jahre vor Sartawis Ermordung wiederholt scharf kritisiert hatte. Im Mai 1979, also nur zwei Monate vor ihrem historischen Treffen in Wien, warf er Arafat im Zusammenhang mit einer Serie von Terroranschlägen in Frankfurt, Paris, Wien und Brüssel vor, sich „selbstbeschädigend und unrealistisch" zu verhalten: „Die sinnlosen Akte von Terror (…) berauben die palästinensische Sache jeder Anteilnahme." Arafat fühle sich in der Rolle des Märtyrers offenbar wohl, kritisierte er, dessen „Massada-type-attitude" sei jedenfalls nicht zielführend. Auch Arafats wiederholte Vergleiche zwischen israelischer Politik und dem Naziregime – Arafat bezeichnete Menachem Begin als „Neo-Hitler" und dessen Regierung als „Neo-Nazi-Regime" – missfielen Kreisky, gingen sogar ihm zu weit.

Der damalige Innenminister Erwin Lanc war dabei, als Bruno Kreisky seinen Freund telefonisch wissen ließ, sich von ihm zutiefst hintergangen zu fühlen: „I feel deeply betrayed!", rief er in den Apparat, nachdem zwei Palästinenser 1981 Koffer voller Waffen nach Österreich zu schmuggeln versucht hatten.

---

29 Arie Lova Eliav erinnert sich (in seinen Gesprächen mit Barbara Taufar), dass Jassir Arafat am Abend vor der Preisverleihung Sartawi verboten habe, die Auszeichnung gemeinsam „mit einem Zionisten" anzunehmen. Sartawi habe jedoch nach einer schlaflosen Nacht beschlossen, gegen den Befehl des PLO-Führers zu handeln und den Bruno-Kreisky-Preis entgegenzunehmen.

Bereits 1979, nach einem ersten, missglückten Attentat auf die Wiener Synagoge, schrieb er an Arafat, „persönlich tief verletzt vom Anschlag" zu sein, auch wenn Issam Sartawi ihm versichert habe, „dass der Anschlag von einer nicht-palästinensischen Gruppe ausgeführt wurde".

Ich persönlich erinnere mich an mehrere Male, als Kreisky zu Arafat sagte: „Du musst dich entscheiden, ob du weiter ein Guerillaführer bleiben oder ein Staatsmann werden willst."

Kreiskys profunde Kenntnis der so ungemein komplexen Nahostpolitik, seine – wie wir heute wissen – nahezu durchwegs korrekten Einschätzungen, Beurteilungen und Weichenstellungen des sich permanent wandelnden Nahost-Mosaiks wären ohne engagierte Mitarbeiter im Außenministerium und in seinem Kabinett nicht möglich gewesen. Neben Peter Jankowitsch, der ihn über viele Jahre auf verschiedenen Posten in Wien, New York und Paris nach Kräften unterstützte, sind dessen Kollegen Peter Hohenfellner, Ingo Mussi, Barbara Taufar, Herbert Amry und in der intensivsten Phase Anfang der 1980er Jahre vor allem Georg Lennkh und der Leiter der Nahostabteilung im Außenministerium, Heribert Tschofen, besonders zu erwähnen. Sie haben – unterstützt von Erwin Lanc oder Karl Blecha – in oft schwierigen Situationen dieses spezielle „Kreisky-Modell" internationaler Vermittlung am Laufen gehalten.

3.

Im März 1982 stattete der libysche Revolutionsführer Muammar al-Gaddafi auf Einladung Bruno Kreiskys Österreich einen viertägigen Staatsbesuch ab. Seine Ehefrau, zwei seiner Kinder und ein etwa hundert Personen umfassender Tross aus Ministern, Sicherheitsleuten, Journalisten und Ärzten begleiteten ihn. Da dies der erste Besuch Gaddafis in Westeuropa war, kam dieser Visite ein hoher politischer Symbolwert zu. Ausländische Medien beurteilten den Besuch des „unberechenbaren Wüstenfürsten" und „Drahtziehers des internationalen

Terrorismus", der 1969 durch einen Militärputsch an die Macht gekommen war, beinahe ausnahmslos kritisch. Gerade zum Zeitpunkt, da die USA ein Ölembargo über Libyen verhängt hatten, musste der Besuch wie ein „politischer Schlag ins Gesicht der Reagan-Administration" gewertet werden. Die Amerikaner hielten den Beduinenoberst für den „gefährlichsten Mann der Welt", weil er, wie vermutet wurde, Revolutionäre und Terroristen in rund fünfzig Ländern unterstütze.

Fünfunddreißig Jahre nach dem Überfall eines Terrorkommandos unter der Führung des venezuelanischen Killers Carlos gilt als erwiesen, dass der Anschlag auf die Wiener OPEC-Zentrale im Dezember 1975 von Libyens Staatchef Muammar al-Gaddafi bestellt und bezahlt wurde, um die konservativen, mit den USA kooperierenden Erdölstaaten Iran und Saudi-Arabien zu bestrafen. Sein Auftrag: Entführung der arabischen Erdölminister und das Erpressen von Lösegeld. Die Ölminister des Iran und Saudi-Arabiens, Amuzegar und Yamani, so lauteten die Anweisungen, seien zu töten.

Kreisky wollte bis zu seinem Lebensende Gaddafis Verwicklung in den OPEC-Überfall nicht zur Kenntnis nehmen, obwohl ihn der österreichische Botschafter in Tripolis, Dr. Otto Pleinert, bereits 1976 wissen ließ: „Für die hiesigen Beobachter, einschließlich die arabischen und sowjetischen, besteht kein Zweifel, dass Gaddafi Herrn Carlos für den Wiener OPEC-Coup bezahlt hat – einen Coup, der sich gegen die konservativen, zur Kooperation mit den USA bereiten Araber gerichtet hat. Gaddafi hat allerdings eine Beteiligung an dieser Aktion ausdrücklich in Abrede gestellt, während er sonst immer betont, die Sache der Palästinenser mit *allen* Mitteln zu unterstützen."

In seinen Memoiren hat Kreisky lediglich festgehalten, der OPEC-Anschlag sei ein Terrorakt besonderer Art gewesen, der mit politischem Terrorismus nichts zu tun gehabt habe, „sondern dem Weltterroristen Carlos lediglich dazu diente, seine Terroristenkasse aufzufüllen".

Bereits 1973 hatte es anlässlich des Terrorüberfalls im niederösterreichischen Marchegg erste nähere Kontakte zwischen Österreich und Libyen gegeben; der libysche Botschafter in

Österreich nahm damals an den dreizehnstündigen Verhandlungen mit den Freischärlern teil und hatte zugestimmt, dass sie nach Freilassung ihrer Geiseln nach Tripolis ausreisen durften. (Als Carlos dann zwei Jahre später seinen Anschlag verübte, verlangte er ebenfalls mit dem libyschen Geschäftsträger zu verhandeln – umso erstaunlicher, wenn man bedenkt, dass er den libyschen OPEC-Gesandten kurz zuvor erschossen hatte.)

Die erste persönliche Begegnung zwischen Kreisky und Gaddafi hatte 1975 im Rahmen der zweiten „Fact Finding Mission" in den Nahen Osten stattgefunden: Kreisky suchte den libyschen Staatschef in dessen Wüsten-Quartier Wadi Jarf auf, rund dreihundert Kilometer von Tripolis. Er zeigte sich damals vom wirtschaftlichen Aufschwung, den Libyen seit Beginn der 1970er Jahre genommen hatte, durchaus beeindruckt. Von Gaddafis 1975 im „Grünen Buch" veröffentlichten politischen Theorien hielt er hingegen wenig. „Gaddafi selbst", urteilte er rückblickend, „ist ein und gilt als Revolutionär. Ich würde ihn als eine Kombination von Robespierre und Saint-Just bezeichnen (…) Außerdem ist er sein eigener Napoleon. Er ist sehr überzeugt von seinem theoretischen Werk, das sich freilich bei näherem Hinsehen als eine mittelmäßige Sammlung von eklektizistischen Versatzstücken erweist." Gaddafi hatte anlässlich seines offiziellen Österreich-Besuches in der SPÖ-Zentrale in der Wiener Löwelstraße den Inhalt seines „Grünen Buches" erklärt – ein für alle Teilnehmer, Kreisky eingeschlossen, peinlicher Nachmittag.

Muammar al-Gaddafis Haltung in der Palästinenserfrage – alle nach 1948 nach Israel Eingewanderten sollten in ihre Herkunftsländer zurückkehren – war für Kreisky natürlich indiskutabel. Da sich der Revolutionsführer jedoch für alternative Lösungsvorschläge offen zeigte, nahm Kreisky an, dass er sich „über dieses Problem nie viele Gedanken gemacht" hatte. Bei der ersten persönlichen Begegnung der beiden Staatsmänner sah sich Kreisky noch in erster Linie als Zuhörer, der den Standpunkt des Gastlandes kennenlernen wollte, wie er 1975 in einem Interview mit der französischen Zeitschrift *Jeune Afrique* bekannte: „Am seltsamsten war meine Begegnung mit Gaddafi. Ein junger Araber aus der Wüste, der sein Land mit dem theoretischen Ehrgeiz leitet, es zum Sozialismus zu führen, mit der Begeisterungsfähigkeit seiner zweiunddreißig Jahre, doch ohne Erfahrung, und ihm gegenüber ein vierundsechzigjähriger Europäer, gleichfalls Sozialist, interessiert an den theoretischen Fragen, mit einer gewissen Erfahrung, Führer einer sozialistischen Partei mit sehr alten Traditionen. Er war sehr ernst, und ich hörte ihm mit großem Interesse zu: Ich wollte ihn verstehen und ich wollte, dass er mich versteht."

Der Besuch 1975 war von Kreisky insgesamt als erfolgreich bewertet worden: In einem direkt nach dem Treffen gegebenen ORF-Interview betonte der Kanzler, seine Begegnung habe ihm den Eindruck vermittelt, dass „das Bild Gaddafis wesentlicher Korrekturen" bedürfe. Zwar habe es „härteste Formulierungen" gegeben, Gaddafi sei aber „nicht der emotionale Mensch, als der er immer dargestellt" würde, sondern ein „Mann, der viel nachdenkt".

Bereits zwei Monate nach diesem Treffen kam Libyens Ministerpräsident Abedesalam Jalloud zu einem viertägigen Staatsbesuch nach Österreich, bei dem auch eine Visite bei den VOEST-Werken in Linz auf dem Programm stand. Jalloud bot Österreich bei dieser Gelegenheit einen Öllieferungsvertrag zu günstigen Bedingungen an. Darüber hinaus wurden die rechtlichen Grundlagen für eine Beteiligung der VOEST an dem libyschen Hüttenwerksprojekt Misurata geschaffen und ein bilaterales Abkommen über wirtschaftliche, wissenschaftliche und technische Zusammenarbeit zwischen der österreichischen Bundesregierung und der Regierung der Libyschen Arabischen Republik unterzeichnet.

In den folgenden Jahren prosperierten die wirtschaftlichen Beziehungen der beiden Länder: Zwischen 1977 und 1981 verdreifachten sich sowohl die Ausfuhren nach als auch die Einfuhren aus Libyen.

Als sich im Jahr 1981 der Konflikt zwischen Libyen und dem benachbarten Tschad zuspitzte, war es Frankreichs Staatspräsident François Mitterrand dank einer Intervention Bruno Kreiskys gelungen, Gaddafi dazu zu überreden, seine Truppen aus dem Tschad abzuziehen. Zur Vorgeschichte: 1979 hatte im

Tschad ein Bürgerkrieg begonnen, bei dem Libyen und Frankreich jeweils die ihnen ergebenen Parteien unterstützten. Nachdem sich die französischen Truppen 1980 aus dem Tschad jedoch zurückgezogen hatten, besetzte Libyen nach der Schlacht um N'Djamena die zerstörte Stadt und richtete dort eine Militärbasis ein. Gaddafi plante, den Tschad zu annektieren.

Roland Dumas, der spätere Außenminister und damalige Vertraute François Mitterrands, gab im Verlauf eines Gesprächs mit mir zu Protokoll:[30] „Als Gaddafi ein wenig gezügelt werden sollte, damals, als er den Tschad besetzt hielt, sagte Mitterrand zu mir: Suchen Sie Kreisky auf, denn Kreisky steht gut mit Gaddafi, er unterhält Beziehungen zu ihm. Also reiste ich zu Kreisky, erörterte mit ihm das Problem. Daraufhin hat Kreisky mir seinen damaligen Außenminister Willibald Pahr geschickt. Pahr hat danach Gaddafi aufgesucht, er machte darüber zwei Aktenvermerke, die ich in meinen Unterlagen aufbewahre. Sie beinhalten den Hinweis, Gaddafi sei bereit, seine Truppen aus dem Tschad abzuziehen. Kreisky hat also bei alledem eine eminente Rolle gespielt …"

Die Einladung zu Gaddafis Besuch in Wien war allerdings keineswegs ein Spontaneinfall, sondern wurde von langer Hand vorbereitet. Heribert Apfalter, der Generaldirektor der VOEST, der wegen laufender Vorhaben immer wieder in Libyen weilte, berichtete Kreisky von Gesprächen, die er und deutsche Industrielle mit Gaddafi geführt hätten. Dieser habe dabei klar erkennen lassen, dass er eine Einladung nach Europa schätzen würde – er glaube, eine Verbesserung der Beziehungen könne für beide Seiten nur von Nutzen sein. Nachdem sich Kreisky zu dieser nicht ganz einfachen Entscheidung durchgerungen hatte, beauftragte er seinen Mitarbeiter Georg Lennkh, die USA über ihre Botschaft in Wien von seinem Vorhaben in Kenntnis zu setzen (dies geschah etwa sechs Monate vor dem Besuch). Rund vier Wochen später langte eine amerikanische Antwort in Form eines Memorandums ein, in dem eine ganze Reihe amerikanischer Bedenken gegen eine Einladung Gaddafis aufgelistet

30   Geführt in Paris am 22. Januar 2010.

waren. Da jedoch kein einziger Punkt wirklich stichhaltig schien, wurden die USA informiert, dass Kreisky an der Einladung festhalten wolle.

Von französischer Seite hingegen kam unmittelbar vor dem Besuch über Premierminister Pierre Mauroy das Ersuchen, Kreisky möge sich bei Gaddafi für die Freilassung dreier französischer Staatsbürger einsetzen, die als Spione inhaftiert wurden. Gaddafi meinte dazu, er sei zwar überzeugt, dass es sich um Spione handle, werde aber auf den Wunsch seines Gastgebers eingehen. Fünf Tage später wurden die Leute freigelassen.

Während seines Wien-Besuchs 1982 erwies sich Gaddafi als maghrebinisches *enfant terrible* und stellte an das Protokoll des Bundeskanzleramtes allergrößte Anforderungen. Zahllose spontane Programmänderungen prägten den Besuch. Im Verlauf einer Pressekonferenz im Hotel Imperial bezeichnete Gaddafi den US-Präsidenten Ronald Reagan als „Terroristen" und verglich ihn mit Hitler. Der damalige österreichische Botschafter in den USA, Thomas Klestil, wurde daraufhin in das State Department zitiert, wo man ihn wissen ließ, über Äußerungen Gaddafis auf österreichischem Boden „besorgt" zu sein.

Nach dem Abflug des libyschen Revolutionsführers beklagte die ÖVP den „ganz und gar unnötigen Schulterschluss mit Terroristen", verlangte die „Rückkehr zu einer soliden Neutralitätspolitik" und äußerte Zweifel am Nutzen des Besuchs für die österreichische Wirtschaft. Die in Aussicht gestellten Waffenexporte nach Libyen wurden als mit dem österreichischen Neutralitätsgesetz unvereinbar bezeichnet. Kreisky habe mit der Einladung einen Diktator und Terroristen „salonfähig gemacht", lautete der Tenor der heimischen Opposition. Kreisky reagierte auf die Kritik erstaunlich gelassen. Die Journalistin Inge Santner-Cyrus etwa ließ er wissen: „Ich bin es gewohnt, dass ich erst einmal kritisiert werde. Nachher stellt sich dann alles, was ich tue, immer als richtig heraus."

Was aber hat Kreisky tatsächlich bewogen, Muammar al-Gaddafi nach Wien einzuladen? War es wirklich nur „progressiver Eitelkeitsstarrsinn", wie es in der sonst eher zurückhaltenden katholischen Wochenzeitung *Die Furche* hieß? Wohl kaum.

Die volle Antwort wird sich nie finden lassen. Eines allerdings gab er Journalisten gegenüber als Begündung an: „Mit Gaddafi sind Milliardengeschäfte zu machen" – und das in einer Zeit wachsender wirtschaftlicher Stagnation, der damaligen Krise der heimischen Wirtschaft.

Ein von der VOEST geplantes Trainingscenter-Projekt im Umfang von 3,9 Milliarden Schilling (ca. 290 Millionen Euro) wurde freilich nicht realisiert. „Kreisky hofft, dass Gaddafi in Libyen entsprechende Weisungen dann im Detail noch geben wird", notierte der damalige Handelsminister Josef Staribacher ernüchtert in seinem Tagebuch. Im Jahr 1988 wurde allerdings tatsächlich ein Stahlwerk in der libyschen Hafenstadt Misurata von der VOEST gebaut – bis vor wenigen Jahren das größte seiner Art in ganz Afrika.

Gaddafi wiederum bezeichnete seinen Besuch in Österreich rückblickend als sehr erfolgreich. Er hatte erkannt, dass ihm Kreisky Kontakte zu westlichen sozialdemokratischen Politikern – wie etwa zum französischen Staatspräsidenten François Mitterrand – verschaffen konnte. In einer Tischrede während des Staatsbesuchs hatte Gaddafi betont, dass Österreich „vielleicht der Schlüssel zur Verständigung mit Westeuropa wird, weil ich zu unserem Freund, Herrn Bundeskanzler Kreisky, persönliches Vertrauen habe. Dieses Vertrauen entstand als Folge der Respektierung seines aktiv neutralen Landes und seiner Persönlichkeit auf internationaler Ebene, und weil ich in ihm einen fähigen Mann sehe, der Verständnis für andere zeigt. Er kann die Wahrheit verteidigen."

13. Kapitel

Schatten über der letzten Legislaturperiode

1.

Die Regierung Kreisky IV, von Bundespräsident Rudolf Kirch-schläger am 5. Juni 1979 in zunächst unveränderter Zusammensetzung angelobt, wartete fünf Monate später, im Rahmen des 25. SPÖ-Parteitages, mit einem Paukenschlag auf: Der Kanzler berief vier neue Staatssekretärinnen, darunter die spätere Frauenministerin Johanna Dohnal, die als Staatssekretärin für allgemeine Frauenfragen fungierte. Es war das erste Mal in der Geschichte der Republik, dass Frauenpolitik als eigener politischer Bereich eingeführt wurde und damit weit über die klassischen Agenden der Sozial- und Familienpolitik hinausreichte.

So erfolgreich und unumstritten Bruno Kreisky sein Amt bekleidete, so groß seine außenpolitischen Erfolge waren – wenn auch mitunter seine Nahostpolitik herber Kritik ausgeliefert war –, so schwer belastete ihn eine Sorge, die ihn im Verlauf dieser vierten Legislaturperiode sowohl physisch als auch psychisch ungemein schwächen sollte: die Beziehung zu seinem Finanzminister und Vizekanzler Hannes Androsch.

„Irgendwann zwischen Herbst 1976 und Frühjahr 1978" müsse es zu einer wachsenden Verschlechterung des Verhältnisses zwischen Kreisky und „seinem ehemaligen politischen Ziehsohn gekommen sein", vermutet Heinz Fischer. Androsch habe sich zunehmend „in Differenzen mit Kreisky über Fragen der Währungspolitik (...) oder generell über die Budgetpolitik verwickelt", darüber hinaus habe sich der Bundeskanzler immer häufiger über „Eigenmächtigkeiten seines Finanzministers, über dessen Lebensstil und über Intrigen" aus Androschs Umgebung beklagt.

Was war geschehen? Androschs Mehrheitsbeteiligung an der durchaus erfolgreichen Steuerberatungskanzlei „Consultatio Revisions- und Treuhandges.m.b.H." war in der zweiten Hälfte der 1970er Jahre immer mehr in den Mittelpunkt der Medienberichterstattung gerückt: Er zeichnete mit 51 Prozent als Mehrheitsinhaber des Unternehmens, dessen Umsatz sich binnen eines Jahrzehnts verzwanzigfacht hatte. Zu Androschs Kunden zählten zahlreiche Firmen aus der verstaatlichten Industrie, große Auftragsvolumina erhielt die Firma aber auch von der Gemeinde Wien. Auf die Journalisten-Frage, ob er Millionär sei, antwortete Androsch mit jener süffisanten Phrase, die ihm, dem „Leider-nein-Millionär", über das Ende seiner politischen Karriere anhaften sollte.

Die Vorgeschichte: Wenige Wochen nach seiner Bestellung zum ersten sozialistischen Finanzminister der Zweiten Republik hatte Androsch gemeinsam mit seiner Gattin und einem Partner die „Consultatio" gegründet. Bereits seine Eltern waren Besitzer einer Steuerkanzlei, der „Buchführungs- und Steuerberatungskanzlei Hans Androsch" – der Finanzminister hatte schon anlässlich seiner Amtsübernahme 1970 kein Hehl daraus gemacht, seinen bürgerlichen Beruf beibehalten zu wollen; es war die Zeit der Minderheitsregierung, der keine allzu lange Lebensdauer vorhergesagt wurde, und das Verständnis für die Absicherung der privaten Existenz eines Selbständigen war allgemein. Überdies war man in SPÖ-Kreisen durchaus stolz darauf, einen Freiberufler als Finanzminister zu haben. Kreisky selbst war es ja, der in den Anfangsjahren seiner Alleinregierung immer wieder auf die einschlägige Berufserfahrung von Androsch, Broda oder auf die praktizierende Ärztin und Gesundheitsministerin Ingrid Leodolter hingewiesen hatte.

Dass Androschs Konstrukt – Mehrheitseigentümer einer Steuerberatungskanzlei und Finanzminister – nach der endgültigen Etablierung der absoluten SPÖ-Majorität auf Dauer nicht gut gehen konnte, wollte Anfang der siebziger Jahre niemand sehen. Kreisky selbst besuchte noch 1975 die „Consultatio" – er stand damals allerdings unter dem Eindruck, sie gehöre Androschs Mutter, mit der er freundlich plauderte – und fand ein prosperierendes Unternehmen vor.

In der Öffentlichkeit wurde dem Finanzminister jedoch ab dem Jahr 1976 immer öfter vorgeworfen, sein Amt als Minister sei mit seinen Einkünften aus der Steuerberatungskanzlei unvereinbar. Sein Verhalten, so lautete es nun auch aus Kreiskys Mund, sei „inkompatibel", man könne nicht gleichzeitig Finanzminister und Inhaber einer Firma sein, die „undurchsichtige finanzielle Transaktionen" durchführe. Machtausübende in Österreich müssten sich, so wurde Kreisky nicht müde zu fordern, einer besonderen Zurückhaltung bei der Verfolgung persönlicher Interessen befleißigen. Manche Aufsteiger im Dunstkreis der SPÖ – Androsch war nur das spektakulärste Beispiel dieser neuen Klasse – aber hatten das Sensorium für das moralisch noch Vertretbare offensichtlich verloren.

Es muss wohl auch angemerkt werden, dass in jener Zeit das Gefühl für politische Unvereinbarkeiten in Österreich nur mäßig ausgeprägt war. So wurde das stets kontroversielle Thema Politiker-Privilegien in Österreich überhaupt erst in der zweiten Hälfte der siebziger Jahre öffentlich thematisiert. Im Oktober 1979 hat dann die SPÖ für ihren Bereich die sogenannten Unvereinbarkeitsbestimmungen beschlossen, die für ihre Regierungsmitglieder in Bund, Land und größeren Gemeinden die gleichzeitige Ausübung von politischen und Wirtschaftsfunktionen verbieten. Zudem wurde festgelegt, dass die Ausübung von mehr als zwei bezahlten Funktionen – damals keine Seltenheit – der Genehmigung des Parteivorstandes bedarf. Die lange Nachkriegsperiode der Multifunktionäre bewegte sich – mühsam genug – dem Ende zu.

Androsch beharrte immer auf dem Standpunkt, die Bestimmungen des Unvereinbarkeitsgesetzes erfüllt zu haben. Er wies auch wiederholt auf den Besuch Kreiskys in den Räumen der „Consultatio" hin, als der Bundeskanzler keine Unvereinbarkeit von Profession und Politik erkennen mochte.

„Der Bua" aus dem Arbeiterbezirk Floridsdorf, wie die Genossen Hannes Androsch gerne nannten, allgemein als „Kronprinz", ja gar als „Ziehsohn" des „Sonnenkönigs" angesehen, hatte seinen Chef bereits nach dem Wahlerfolg 1975 zu dessen großer Überraschung wissen lassen, amtsmüde zu sein. Im Vorfeld war es zwar immer wieder zu kleinen Irritationen zwischen den beiden gekommen, nie jedoch zum offenen Streit. Im Gegenteil: In den Jahren 1970 bis 1975 bekam man in der Öffentlichkeit sogar das Gefühl, Kreisky schätze kaum einen Menschen außerhalb seiner eigenen Familie so sehr wie Hannes Androsch. „Der Hannes macht mir nur Freude", ließ er seine Umgebung nicht bloß einmal wissen. Auch Kreiskys subtile Körpersprache, er war kein Freund intimer Gesten, erlaubte es Außenstehenden, diese besondere Beziehung zu erkennen. Der Umgang des Älteren mit dem Jüngeren war sowohl beruflich sehr eng als auch privat von Freundschaft geprägt. „Solange der Gefühlshaushalt zwischen Kreisky und Androsch stimmte", stellt der SPÖ-Theoretiker und Sozialphilosoph Norbert Leser fest, „sah Kreisky nicht so genau hin, was sich in der ‚Consultatio' begab und gab sich mit den Erklärungen Androschs zufrieden." Leser versteigt sich sogar zu der Vermutung – Kreisky hätte sie wohl als *barock* bezeichnet –, dieser sei über viele Jahre „auch persönlich in geradezu erotischer Weise von Androsch angetan", der Vizekanzler sei des Kanzlers „Ersatzsohn und sublimiertes Liebesobjekt" gewesen. Selbst André Heller, Kreisky ungemein gewogen, ist sich nicht sicher, ob die Beziehung der beiden Ausnahmepolitiker „nicht auch eine erotische war"; ein gewisser Widerspruch des Frauen-affinen Heller zur an anderer Stelle gegebenen Charakterisierung Kreiskys als „homme à femmes". Wie auch immer, Androsch selbst hat in seiner ihm eigenen Art verschiedentlich betont: „Ich war vielleicht eine Wunschsohn-Erscheinung für Kreisky, aber er war für mich nie eine Vaterfigur."

„Was sagt der Hannes dazu?", wollte Kreisky in den Jahren ihrer guten Zusammenarbeit zunächst von allen jenen Mitarbeitern und Weggefährten wissen, die ihn um seine Meinung in wichtigen wirtschafts- und finanzpolitischen Sachfragen ersuchten.

Wie konnte ein so enges, harmonisches Verhältnis zur Lebensfeindschaft verkommen? War es ein Generationenkonflikt? Der Zusammenprall zweier Egozentriker? War es Neid auf Androschs selbstbewusst zur Schau gestellten Reichtum, während er, Kreisky, im Grunde nie über ein nennenswertes Vermögen verfügte, nicht einmal Besitzer, bloß Mieter seiner Villa war, wie nicht nur Norbert Leser vermutet? Waren es politische Divergenzen, etwa in der Hartwährungspolitik, die unüberbrückbar zu werden drohten? War es Androschs wachsende Popularität, die Kreisky störte? Auch diese These wird von Beobachtern für möglich gehalten. Demgegenüber hält Kreiskys Kabinettschef, der spätere Bundesminister für Verkehr und langjährige Finanzminister Ferdinand Lacina, rückblickend Androschs „Selbstüberschätzung" für ein mögliches Motiv, wenn er auch hinzufügt, es sei kaum möglich, bei ähnlicher Macht- und Beliebtheitsfülle, wie Androsch sie einst genoss, nicht „benebelt" zu werden.

Oder war es doch etwas viel näher Liegendes: die wohl nur als kühn zu bezeichnende Finanzierungskonstruktion von Androschs Villa, die sowohl seinen Schwiegervater als auch seinen Wahlonkel zu Selbstanzeigen bei den Finanzbehörden veranlassen sollten; ganz zu schweigen von den anonymen Liechtensteiner Konten – für sich genommen keine Gesetzesverletzung –, die schließlich Androsch zugeschrieben wurden. All das und noch einiges mehr hatte mit „Consultatio", „Ökodata", AKH-Skandal die österreichische Innenpolitik über Jahre hinweg dominiert und die Arbeit der Regierung Kreisky schwer belastet. Dem nüchternen Beobachter jener Jahre schien das österreichische Staatsschiff auf *Autopilot* gestellt.

Während die Verwaltungsarbeit in den Ministerien einigermaßen weiterlief, konnte man auf der Ebene der politisch wichtigen Ministerbüros – insbesondere zwischen dem Kabinett des Bundeskanzlers und dem Büro Androsch – mehr und mehr Zeichen des Misstrauens, ja der Paranoia feststellen. Als ich, um nur ein Beispiel zu geben, eines Tages im Mai 1980 den Bundeskanzler vom Flughafen abholte, kam der ebenfalls wartende Androsch – als Vizekanzler hatte er die Vertretung des im

Ausland weilenden Regierungschefs zu besorgen – in der VIP-Halle unvermittelt auf mich zu und herrschte mich an: „Was reden Sie über mich herum?" Ich fragte überrascht, wovon er denn spreche, und bekam als Antwort ein schnoddriges: „Sie wissen schon, was ich meine!" zu hören. Empört über so viel Arroganz wandte ich mich schroff ab. Die Betroffenheit bei mir saß tief, zumal ich in dem sich zuspitzenden Machtkampf beschlossen hatte, mich voll auf meinen Job zu konzentrieren und die Emotionen so weit wie eben möglich beiseite zu lassen. Dies hatte ich auch mit meinem Gegenüber, Androschs Pressesekretär Manfred Buchacher vereinbart, der meine besorgte Einschätzung unserer eigenen prekären Lage teilte. Was aber stand hinter Androschs Attacke auf mich?

Nach längerem Nachdenken kam ich auf die Idee, dass offensichtlich eine kleine Episode Androschs Missfallen erregt hatte, die ich in einem lockeren Freundeskreis erzählt hatte und die offenbar von einem anwesenden Sekretär seinem Chef berichtet worden war. Die Regierung hatte zu diesem Zeitpunkt gerade eine Gebühr auf Bankkonten beschlossen, und mein Vater, der seinen Lohn, wie lange Jahre üblich, lieber im Papiersackerl ausgehändigt bekam, beklagte sich bei mir, dass diese Regierung zuerst die Arbeiter mit dem kostenlosen Bankkonto gelockt und ihnen nunmehr dafür Geld abverlangte. Diese harmlose Vignette aus dem Leben der sprichwörtlichen kleinen Leute hat Androsch also als Kritik an seiner Amtsführung aufgefasst.

Androsch selbst gab in einer 2008 vom ORF ausgestrahlten Dokumentation von Helene Maimann etwas metaphorisch, wenn auch bemerkenswert selbstkritisch zu Protokoll: „Wenn man ins grelle Licht blickt, wird man gesehen, aber die Gefahr ist sehr groß, dass man selbst nicht mehr genug sieht ..."

Wie immer, wenn Beziehungen zerbrechen, sind die Ursachen vielfältig, der entscheidende Anlass schwer ortbar, da er oftmals von Spekulation und eigennützigen Motiven der Beteiligten überlagert ist.

Was Kreisky – von der Causa „Consultatio" und der dubiosen Villen-Finanzierung ganz abgesehen – mindestens ebenso sehr irritiert hat und nach eigenem Bekunden die Entfremdung zwischen den beiden Männern vertiefte, war Androschs wiederholt erhobener Anspruch auf den hochdotierten Posten des Präsidenten der Nationalbank. Für Kreisky, den *homo politicus,* schien damit klar, wo die wahren Interessen des erst kurz davor zum Vizekanzler ernannten – und damit praktisch zum Nachfolger designierten – Androsch lagen. Ein Vollblutpolitiker wie Bruno Kreisky, der als junger Mann, dem Alter Androschs vergleichbar, das Angebot seines schwedischen Schwiegervaters abgelehnt hatte, in das prosperierende Familienunternehmen einzutreten, um stattdessen in ein zerstörtes und perspektivloses Nachkriegs-Österreich zurückzukehren, für den Politik sozusagen der „rote Lebensfaden" gewesen ist, konnte ganz einfach nicht rational reagieren, als sein präsumtiver Nachfolger erkennen ließ, *nicht* Politiker bleiben zu wollen, sogar das mögliche Amt des Bundeskanzlers nicht mit allen Fasern seines Wesens anzustreben.

Das ging über die Vorstellungen Kreiskys weit hinaus und musste ihn tief verstören. Da wohl begann ihn Androschs zur Schau gestellter Reichtum zu irritieren, er mochte das Luxusleben seines designierten Nachfolgers plötzlich als parvenuhaft empfinden und begann die Attitüden seines Finanzministers – mehr noch dessen „Hofstaat" – zu verachten.

Irgendwann muss Kreisky dann begonnen haben, Androschs durchaus selbstbewusst – um nicht zu sagen arrogant – zur Schau getragenen Lebensstil mehr und mehr als Verrat an der sozialistischen Idee zu empfinden. Der persönlich seit langem komfortabel lebende Kreisky hatte wohl übersehen, dass sich satter Wohlstand, gelegentliche Exzesse – manifestiert im pseudo-englischen Ambiente des „Club 45"[31] von Udo Proksch – und gelegentlicher materieller Exzess auch in der regierenden Arbeiterpartei breitgemacht hatten.

---

31 Bruno Aigner bezeichnete im Monatsorgan der SPÖ, *Zukunft,* den „Club 45" als „Eiterbeule" und bekam dafür eine scharfe Rüge des Parteivorstandes – unterschrieben von den beiden Zentralsekretären Karl Blecha und Fritz Marsch, übrigens mit Kreiskys Wissen.

Rückblickend erschienen Kreisky mit einem Mal diverse Stationen des gemeinsamen politischen Weges durchaus wie böse Vorzeichen. Etwa jene Begebenheit im Jahr 1974, nach dem Tod von Bundespräsident Franz Jonas, als Leopold Gratz – nach Absprache mit Hannes Androsch – den Vorschlag an Kreisky herangetragen hatte, er solle doch für das Amt des Bundespräsidenten kandidieren. Es war das erste Mal, dass eine mögliche Ablöse seiner Person als Regierungschef im Raum stand. Wollte Androsch ihn damals bereits und zwar möglichst rasch beerben? Denn wäre Kreisky Bundespräsident geworden, hätte wohl der beliebteste Minister das Amt des Bundeskanzlers angetreten.

Kreisky reagierte wohl auch deshalb so gereizt, weil er einst selbst, damals etwa im Alter von Androsch und Gratz, am Hinaufloben von SPÖ-Chef Adolf Schärf zum Präsidentschaftskandidaten beteiligt gewesen war. Heinz Fischer bemerkt dazu: „… (das) war vielleicht ein Baustein für Animositäten, die Kreisky zu entwickeln begann." Auch Gratz erinnert sich, dass Kreisky auf deren Vorschlag „sehr gereizt" reagiert habe. Der Zeithistoriker Oliver Rathkolb hält diesen *faux pas* des Finanzministers sogar für den „entscheidenden Riss" im Verhältnis der beiden Politiker, der dann in späteren Jahren zu ihrem irreversiblen Zerwürfnis führen sollte: „Ab diesem Zeitpunkt begann Kreisky jeden Schritt seines Lieblingsnachfolgers argwöhnisch zu beobachten."

Hinzu kamen währungspolitische Meinungsdifferenzen, wie sie nach der Überwindung der Rezession 1975 – das reale Brutto-Inlandsprodukt war in Österreich erstmals in Jahren gesunken – zum Vorschein kamen. Während Kreisky seit jeher die Vollbeschäftigungspolitik durch einen flexibleren Schillingkurs auch exportseitig abstützen wollte, setzte sich Androsch, unterstützt von ÖGB-Chef Benya und dem Vizepräsidenten der Nationalbank, Karl Waldbrunner, mit seinem Konzept einer an die Deutsche Mark gebundenen Hartwährungspolitik in der SPÖ durch. Letztlich aber konnte die unterschiedliche Sicht auf die Härte des Schillings Kreisky nicht so entscheidend gestört haben, wie von Androsch behauptet, da dessen Währungspolitik auch vom Notenbankpräsidenten Stephan Koren voll mitgetragen wurde, dies aber das enge persönliche Einvernehmen der Familien Koren und Kreisky keineswegs beeinträchtigte. Hier verkennt Androsch Kreiskys tatsächliche Intention: Solange es keine Arbeitsplätze kostete, war ihm jede währungspolitische Maßnahme recht. Und der Androsch-Koren-Kurs jener Jahre hat gerade diesen Test hervorragend bestanden. Die Leistungsbilanz der österreichischen Wirtschaft entwickelte zwar Ende der 1970er Jahre ein hohes Defizit. Die Hartwährungspolitik aber wurde – neben der staatlichen Fiskalpolitik und dem Instrument der Paritätischen Kommission – die dritte Säule jenes spezifisch österreichischen „Policy Mix", dem der Wirtschaftsforscher und spätere Staatssekretär Hans Seidel 1978 den Namen „Austro-Keynesianismus" geben sollte.

Trotz gewaltiger Veränderungen des Wirtschaftssystems – erst im Rückblick wurde der historische Strukturbruch 1973 – 1975 im westeuropäischen System deutlich – weisen die Indikatoren der österreichischen Wirtschaftspolitik der 1970er Jahre konstant überdurchschnittliche Werte aus. Auch die vielfach kritisierte Politik des „Deficit Spending" sieht bei genauerer Betrachtung einigermaßen differenzierter aus.

Alle diese positiven Daten konnten aber nicht verhindern, dass sich das Verhältnis zwischen Kreisky und seinem Vizekanzler in den späten 1970er Jahren immer mehr verdüsterte. „Es war ein Machtkampf, der nicht nur die Lebensgeschichte der beiden Kontrahenten bestimmend geprägt hat", meint die Kreisky-nahe Publizistin Elisabeth Horvath, „sondern beinahe auch die SPÖ auf dem Höhepunkt ihrer Bewegung in zwei Lager gespalten hätte." Der Politikwissenschafter Anton Pelinka formuliert es noch drastischer: „Dieser Konflikt spaltete die SPÖ in zwei Fraktionen – und nur die ungebrochene Autorität Kreiskys verhinderte, dass diese mentale Spaltung sich nach außen hin auswirken konnte. Alle Granden der Spätphase der Ära Kreisky, die nicht zu Kreiskys engsten Vertrauten zählten, ließen keinen Zweifel daran, dass sie eigentlich mit Androsch sympathisierten – allen voran Broda, Firnberg und Benya."

Die eigentliche Zäsur in ihrer bis dahin äußerst fruchtbaren Beziehung sei passiert, als der Bundeskanzler 1975 nach einem abgelehnten Misstrauensantrag der Opposition auf die Journalistenfrage „Stehen Sie noch hinter Ihrem Finanzminister?" geantwortet habe: „Ich stehe neben ihm", erinnert sich Hannes Androsch heute. „Als ich ihn darauf ansprach, meinte er bloß: ‚Jeder muss seine Sache selbst ausbaden.' Auf meine Erwiderung: ‚Das schon, aber die gemeinsame?' gab er keine Antwort." Naturgemäß blendet Androsch seine ursächliche Verkettung in dieser weit über das Persönliche hinausgehenden Affäre aus.

Ab August 1978 waren Androschs „Nebengeschäfte" von Opposition und Medien immer heftiger angegriffen worden. Der ÖVP-nahe *profil*-Journalist Alfred Worm sollte sich über die nächsten Jahre hinweg gar als „Androsch-Jäger" hervortun; seine Redaktionskollegen Peter Michael Lingens und Helmut Voska, ein ehemaliger ÖVP-Mitarbeiter, waren weitere Spitzenjournalisten der publizistischen „Androsch-Jagdgesellschaft", ein Begriff, der freilich mehr verschleiert als erklärt.

Im August 1978 veröffentlichte das Nachrichtenmagazin eine Titelgeschichte zur Causa – „Die Geschäfte des Hannes Androsch" –, in der seine wirtschaftlichen Verhältnisse ausführlich dargestellt wurden: die Geschäfte der Steuerberatungskanzlei „Consultatio", Geldtransaktionen zwischen zahllosen Konten im In- und Ausland, verwirrende Firmenkonstruktionen und andere – mögliche – Interessenkonflikte wurden berichtet. Fortan beherrschte der „Fall Androsch" das öffentliche Meinungsbild in Österreich. Der Enthüllungsjournalismus Marke Worm – der den ungustiösen Kampagnen des Kleinformates *Neue Kronen Zeitung* jedenfalls die Substanz voraus hatte – markierte übrigens einen deutlichen Wandel in jener bescheidenen, oftmals unterwürfigen Rolle, welche viele österreichischen Medien – sieht man von Oscar Bronners *profil*-Gründung 1970 und einigen wenigen Journalisten wie Hugo Portisch einmal ab – bis dahin im politischen Diskurs Österreichs eingenommen hatten.

Der Konflikt zwischen dem Kanzler und seinem Vize erreichte am 1. Dezember 1978 einen neuen Höhepunkt. Gemeinsam mit Bundespräsident Kirchschläger eröffnete Kreisky an jenem Tag den Arlbergtunnel, den mit vierzehn Kilometern damals längsten Straßentunnel der Welt (seine Frau Vera war übrigens Tunnel-Patin und hatte ein Jahr zuvor den letzten Sprengschuss ausgelöst), und zog sich dann in sein Hotel in St. Anton zurück. Noch zehn Jahre später erzählte Kreisky voller Zorn von diesem Abend: „Androsch hatte Gäste im ‚Zürserhof‘ geladen. Er ließ sie eineinhalb Stunden warten und kam dann total besoffen herein. Er hat irgendwas gefaselt ‚du bist der Letzte‘. An diesem Abend habe ich einen Knall gespürt und bin am rechten Auge erblindet. Ich musste 1979 in die Wahl gehen als Blinder – nicht zuletzt wegen Androsch. Dann kam die Nierenkrankheit. Ich musste dialysiert werden. An all dem ist Androsch schuld, ich musste ja immer meinen Ärger, meinen Groll unterdrücken.“

Androsch sieht das alles verständlicherweise diametral entgegengesetzt. Kreiskys Misstrauen ihm gegenüber sei mit seiner gesundheitlichen Beeinträchtigung, an der ihn, Androsch, keinerlei Schuld treffe, einhergegangen und dann stetig gewachsen. Der Kanzler sei argwöhnisch geworden, vermutet Androsch heute, witterte überall Verschwörung und Verrat – sogar gegenüber langjährigen Mitstreitern wie Hertha Firnberg, Christian Broda oder Otto Rösch. „Schließlich versuchte er“, so Androsch rückblickend, „mich mit aller Kraft aus der Regierung zu entfernen. Allerdings stieß er damit im Parteipräsidium auf eine geschlossene Front.“

In späteren Jahren hat Androsch stets auch betont, dass Kreiskys sich nach und nach verschlechternder Gesundheitszustand sogar zu einer Persönlichkeitsveränderung des Bundeskanzlers geführt habe. Kreisky hingegen beharrte immer auf dem Standpunkt, der Ärger um Androsch habe seine Krankheiten ausgelöst und nachhaltig verschlimmert.

Beide Interpretationsmuster von Ursache und Wirkung der Erkrankung im Ablauf des immer persönlicher werdenden Konfliktes halten einer objektiven Überprüfung freilich nicht stand. Sie lenken vom eigentlichen Kern des Konfliktes ab; der aber ist die stets gültige Frage nach der politischen und moralischen Vereinbarkeit des je eigenen Handelns.

„Dass sich die Beziehung entfremdet hat und schließlich von seiner Seite aus in biblischen Hass umgeschlagen ist“, so

Androschs unermüdliche Versuche, seine Sicht der Ursachen festzuschreiben, „das war nicht angenehm, doch das steht auf einem anderen Blatt. Das ist in Wahrheit die Tragödie des älter werdenden Kreisky, der seine letzten Jahre sicherlich nicht als glücklicher Mensch verbracht hat."

Im Frühjahr 1980 begann der Kanzler „ganz konkret und direkt", wie Heinz Fischer festhält, von Androschs Ablöse als Vizekanzler und stellvertretendem Parteivorsitzenden zu sprechen: „Als Kreisky am 10. April 1980 von einer Reise nach Jugoslawien zurückkam und Karl Blecha und ich ihn am Schwechater Flughafen abholten, zog er uns in eine Ecke des Empfangssalons und sagte uns in großer Erregung, er könne so nicht weiterarbeiten, die Situation sei unhaltbar geworden."

Eine Woche zuvor hatte Alfred Worm im *profil* über einen angeblichen Bestechungsskandal rund um den Neubau des Wiener Allgemeinen Krankenhauses (AKH) berichtet und damit eine politische Lawine ausgelöst. Es ging dabei vor allem um die Kostenexplosion, eine damit verbundene Schmiergeldaffäre riesigen Ausmaßes und die vorschriftswidrige Vergabe von öffentlichen Aufträgen.

Auch in diesem Zusammenhang war der Name Androsch aufgetaucht; daraufhin wurde der Vorwurf erhoben, der Finanzminister der Republik habe seine politische Funktion zur privaten Bereicherung missbraucht. Immer wieder wurde seine Steuerberatungsfirma „Consultatio" genannt, es wurde behauptet, sie sei indirekt in die Auftragsvergabe verwickelt, da Androsch, der Finanzminister, sowohl den Hauptbeschuldigten, Adolf Winter, einen der Direktoren der AKH-Baugesellschaft, sowie zahlreiche seiner Geschäftspartner nur allzu gut kannte. Androsch bestritt energisch, mit seiner Firma in den AKH-Skandal involviert zu sein. Ein parlamentarischer Untersuchungsausschuss unter Vorsitz des gerade neu gewählten FPÖ-Chefs Norbert Steger wurde als neutrales Schiedsgericht eingesetzt. Die Regierungspartei SPÖ und die oppositionelle ÖVP begegneten einander mit größtem Misstrauen, ging es doch in der Causa AKH nicht zuletzt auch um vermutete illegale Parteienfinanzierung.

344

Am 15. April 1980 sandte Kreisky einen Brief an Androsch, in dem es unter anderem hieß: „Dein Nahverhältnis zur Consultatio ist seit längerer Zeit die Ursache so vieler Missverständnisse, dass auch die eindrucksvollste Argumentation sie nicht zu beseitigen vermag. Ich muss Dich daher in beiden Funktionen, der des Bundeskanzlers und des Parteivorsitzenden, ersuchen, Dir neuerlich Gedanken zu machen, inwieweit eine solche Ordnung der Verhältnisse gefunden werden kann, dass klargestellt ist, dass Du in Zukunft in keinen Zusammenhang mit diesem Unternehmen gebracht werden kannst. Mir ist diese Frage, wie Du weißt, seit jeher sehr wichtig erschienen und sie hat in einer ernsten Weise unsere Beziehung belastet. Ich schreibe Dir diesen Brief aus tiefster Besorgnis um Deine politische Zukunft. Ein direktes Gespräch hierüber habe ich bisher vermieden, weil das letzte darüber geführte in so unerfreulicher Weise vor sich ging."

Es war wohl auch das mediale Sperrfeuer an Fakten und Vermutungen um die Finanzierung der Androsch-Villa in Neustift am Walde, die Ende August 1980 den Schwiegervater Paul Schärf (den Bruder des ehemaligen österreichischen Bundespräsidenten Adolf Schärf) wegen der Beschaffung eines günstigen Kredits zu zwei Selbstanzeigen veranlasst haben muss. Zur selben Zeit erstattete auch sein „Wahlonkel" Gustav Steiner, der Lebensgefährte von Androschs Mutter, Selbstanzeige bei der Finanzbehörde (der pensionierte Arzt übernahm die Verantwortung für die anonymen Wertpapierkonten im Wert von mehreren Millionen Schilling). Auch die Aufdeckung von Geldtransfers zwischen anonymen Konten, das Bekanntwerden von verwirrenden Firmenkonstruktionen, Androschs angebliche oder tatsächliche, direkte oder doch nur indirekte Beteiligungen an staatsnahen Aufträgen – all das und noch viel mehr lieferte monatelang den Stoff für tägliche Schlagzeilen und Sensationsberichte. In diesem Klima ungeheurer Anschuldigungen und prompt folgender Dementis war ersprießliche Regierungsarbeit schlicht unmöglich geworden und keine Sachpolitik mehr durchführbar.

Der öffentliche Eindruck war fatal: Das wichtigste Regierungsmitglied war über viele Monate beinahe ausschließlich mit seiner Selbstverteidigung beschäftigt. Ein sensationslüsternes Publikum stand im Banne eines dramatischen medialen Schauspiels; die Regierung Kreisky aber hatte die politische Initiative verloren.

Kreiskys Vertrauen in seinen designierten Nachfolger war jedenfalls endgültig geschwunden. Die Parteigranden gingen davon aus, dass der Kanzler im Verlauf der nächsten Sitzung des Parteipräsidiums, am 21. April 1980, Androschs Rücktritt verlangen würde. Doch es sollte ganz anders kommen: Nach einer Aussprache zwischen den beiden wurde eine Vereinbarung veröffentlicht, die festhielt, dass die „Consultatio" keine öffentlichen Aufträge mehr übernehmen werde; die Unvereinbarkeitsbestimmungen würden auch für die anderen Miteigentümer der Androsch-Kanzlei Gültigkeit besitzen. Die Gewährleistung dieser Bestimmung wurde den Präsidenten der Kammern der freien Berufe übertragen.

Trotz dieser strengen Regelung war aber bald klar, dass die Trennung Kreiskys von seinem Stellvertreter nur noch eine Frage der Zeit sein konnte.

Die ÖVP witterte nach langen Jahren der politischen Bedeutungslosigkeit ihre Chance und verlangte mitten in der Sommerpause eine Sondersitzung des Nationalrates. Die Beantwortung der Dringlichen Anfrage an den Bundeskanzler vom 21. August 1980 wegen angeblicher Verbindungen zwischen „Consultatio" und der in den AKH-Skandal verwickelten Beratungsfirma „Ökodata" und die Unterstellung, Androsch wäre dortselbst stiller Teilhaber, gehört mit zu den kürzesten in der Geschichte des österreichischen Parlamentarismus. Gezählte vierundfünfzig Sekunden stellte sich Kreisky verbal vor Androsch: „Ich habe nicht die Absicht, dem Herrn Bundespräsidenten die Entlassung des Herrn Finanzministers vorzuschlagen, und zwar deshalb, weil die Begründung dieser Anfrage sich im Wesentlichen auf Zeitungsmeldungen beruft, denen gegenüber der Finanzminister eine Reihe von Richtigstellungen noch in der heutigen Sitzung vorzunehmen beabsichtigt." Tatsächlich aber war dies eine öffentliche Distanzierung erster Ordnung des Bundeskanzlers von seinem Finanzminister und Vizekanzler.

Ob die ÖVP zum Zeitpunkt der „Dringlichen" bereits vorab vom Inhalt jener Aussage des „Ökodata"-Miteigentümers Armin Rumpold vor der Untersuchungsrichterin Helene Partik-Pablé gewusst hat, die am 3. September erfolgen sollte, wonach der „Consultatio"-Geschäftsführer Franz Bauer „für Dr. Androsch als Treuhänder ein Drittel der Geschäftsanteile" halte, kann nicht mit Sicherheit behauptet werden. Jedenfalls kam der von Rumpold dargestellte Sachverhalt einer politischen Bombe gleich und veranlasste Kreisky zum sofortigen Handeln. Noch am selben Tag diktierte er seinem Kabinettschef Ferdinand Lacina auf der Fahrt nach Linz die „Zehn Punkte", ein Programm „zur Sauberkeit im öffentlichen Leben und zur rigorosen Trennung von Politik und Geschäft". Die Forderungen zielten offensichtlich auf Androsch ab, denn Kreisky verlangte darin die Offenlegung der Vermögensverhältnisse aller Regierungsmitglieder und ihrer nächsten Angehörigen sowie deren zweifelsfreie Trennung von Wirtschaftsunternehmen.

Am 9. September 1980 tagte im Wiener Renner-Institut erneut die Parteispitze, und dieses Mal erwartete man endgültig den Rücktritt des Vizekanzlers. Doch weit gefehlt: Während das Präsidium Kreiskys Zehn-Punkte-Programm akzeptierte, wurde der angeblich rücktrittswillige Androsch von Benya und Firnberg zum Bleiben überredet. Justizminister Broda, wegen diverser Weisungen an die Staatsanwaltschaft zugunsten Androschs bereits im Kreuzfeuer der medialen Kritik, hatte noch tags zuvor mittels Presseaussendung einen weiteren Entlastungsversuch für den Vizekanzler unternommen. Auch mehrere Landesorganisationen, insbesondere die Landeshauptleute Kery, Burgenland, und Kärntens Leopold Wagner, unterstützten einen Verbleib des Vizekanzlers in der Regierung.

Im Anschluss an ein Vieraugengespräch zwischen Kreisky und Androsch wurde entschieden: Androsch solle bleiben. Anderseits hatte Kreisky bei dieser Tagung ja auch darauf verzichtet, die Ablöse seines Vizekanzlers *expressis verbis* zu verlangen.

„Er wird das ihm Mögliche tun", so der Bundeskanzler anschließend vor laufenden Kameras über Androschs Handlungsbedarf, „dass er seine Firma ... seine Gesellschaft ...", hier wandte sich Kreisky an den rechts neben ihm sitzenden, erschöpft und resigniert wirkenden Androsch und fragte ihn: „oder wie heißt das? Seine Kanzlei?", um dann fortzufahren: „... seine Steuerberatungskanzlei ‚Consultatio' in zweifelsfreier Weise veräußern wird."

Er sei allgemein sehr zögerlich gewesen, wenn es darum ging, Minister auszuwechseln, hat der langjährige Kabinettschef Kreiskys und spätere Außenminister Peter Jankowitsch über Kreiskys Personalpolitik zu Protokoll gegeben. Er habe sich sehr schwer getan, den Betreffenden unangenehme Wahrheiten ins Gesicht zu sagen.

Diese Einschätzung fand in einigen anderen Fällen ihre Bestätigung. Weder bei Staatssekretär Ernst Eugen Veselskys erzwungenem Rücktritt 1977 noch anlässlich der sich über Monate hinziehenden Demontage der politisch hilflos agierenden Gesundheitsministerin Ingrid Leodolter hat Kreisky gegenüber den Betroffenen klare und direkte Worte gefunden.

Androschs Einwilligung zum Verkauf seines Unternehmens, eine längst überfällige Maßnahme, die ihm viel Ärger erspart hätte, wurde von der Partei mit Erleichterung zur Kenntnis genommen. Allein, die öffentliche Reaktion signalisierte Gegenteiliges. Hans Rauscher nannte den Kompromiss in der Tageszeitung *Kurier* „eine Lösung, die nichts löst".

Im Oktober und November 1980 brachte die ÖVP zwei weitere Misstrauensanträge gegen Androsch ein. Das österreichische Psychodrama, die menschliche Tragödie, die zwischen Kreisky und seinem einstigen politischen Adoptivsohn nun schon viel zu lange in der Öffentlichkeit ausgetragen wurde, trieb ihrem unvermeidlichen Ende zu.

Allmählich war auch Androschs Verteidigern in der SPÖ-Führung klar geworden, dass es zur Trennung kommen müsse. Hertha Firnberg, im Konflikt stets auf Androschs Seite, ließ Ende November 1980 in einem Interview erkennen, dass „nur noch ein Wunder die Wende bringen" könne, und deutete bereits die Möglichkeit eines Wechsels Androschs in die Creditanstalt-Bankverein, Österreichs damals größte Bank, an.

Wenig später, am 9. Dezember 1980 – das Budget 1981 hatte er noch unter Dach und Fach gebracht – kündigte Androsch dem SPÖ-Präsidium für Jänner 1981 seinen Rücktritt an. Zwei Tage danach beschloss das Präsidium der SPÖ, Androsch an die Spitze der Creditanstalt zu berufen; im April 1981 wurde er zunächst Vize-Generaldirektor, wenige Monate später übernahm er als Nachfolger des der ÖVP zugezählten Heinrich Treichl den Posten des Generaldirektors der größten Bank Österreichs.

Nach sieben durchaus erfolgreichen Jahren an der Spitze des größten österreichischen Kreditinstitutes musste Androsch nach einer Verurteilung wegen falscher Zeugenaussage vor dem parlamentarischen AKH-Untersuchungsausschuss im Jänner 1988 als Generaldirektor der CA seinen Rücktritt einreichen.

Zwei Tage nach Androschs Rücktritt als Vizekanzler und Finanzminister, am 22. Januar – Kreiskys 70. Geburtstag –, ging das Revirement in der Bundesregierung über die Bühne. Herbert Salcher wurde Androschs Nachfolger als Finanzminister, ihm wurde der renommierte Leiter des Österreichischen Wirtschaftsforschungsinstitutes, der parteilose Hans Seidel, als Staatssekretär beigestellt. Kurt Steyrer übernahm von Salcher das Gesundheitsressort, Vizekanzler und damit präsumtiver Nachfolger wurde Fred Sinowatz, der langjährige Unterrichts- und Kulturminister der Republik.

Mit diesem Team – das im Oktober 1982 durch Ferdinand Lacina als Staatssekretär für die verstaatlichte Industrie komplettiert wurde – sollte Bruno Kreisky im Frühjahr 1983 in seine letzte Wahl gehen.

Die Betroffenheit über das Scheitern einer scheinbar kongenialen menschlichen Beziehung, das Bedauern über das Zerbrechen der erfolgreichen politischen Achse Kreisky–Androsch sollten in der SPÖ noch lange nachwirken. Die Konfliktlinien verliefen quer durch die Partei. Alte persönliche Animositäten spielten ebenso eine Rolle wie die Chance, beim neu eröffneten Nachfolgespiel näher dabei zu sein. „Mir kommt diese ganze Geschichte vor wie eine griechische Tragödie", meinte der spätere Bundeskanzler Fred Sinowatz. „Ohne, dass man so recht begreifen konnte, wie, ist letztlich jeder der Akteure schuldlos schuldig geworden."

Die Verstrickungen des Finanzministers im undurchsichtigen Gewebe von Politik und Geschäft, von Eigeninteresse und Gemeinwohl bedeutete aber mehr als das bloße Scheitern des wohl begabtesten Politikers der Nach-Kreisky Generation. Doch darüber hinaus scheint mir eines wichtig: Die Affäre Androsch konturiert den Wertewandel in einer politischen Bewegung, die fast hundert Jahre nach ihrer Gründung zur Staatspartei avanciert war. Die alleinige Übernahme der politischen Macht in diesem Staat durch die SPÖ wurde von manchen allzu unbekümmert aufgenommen. Politische Machtausübung in Österreich aber hieß in den 1970er Jahren – durchaus im Unterschied zu anderen westlich-liberalen Demokratien – überproportionale Eingriffs- und Einflussmöglichkeiten der Regierenden, etwa im damals mächtigen öffentlichen Banken- und Industriesektor. Überdies ist Österreichs Zivilgesellschaft, ein von der herrschenden Elite selbstbewusst-unabhängiger Raum, historisch schwach aufgestellt: Allzu oft wird mangelnde Kritik an „denen da oben" durch „Gesudere" kompensiert. Politik in Österreich verlange daher – so Kreiskys Diktum – eine besondere Zurückhaltung bei der Verfolgung persönlicher Ziele. Die Androsch-Affäre steht somit letzthin auch als notwendiges Korrektiv für eine vom Erfolg teilweise überheblich und zynisch gewordene Sozialdemokratie. Ob diese bittere Lehre in der österreichischen Sozialdemokratie jemals wirklich „angekommen" ist?

Kreiskys überbordende Emotionen und persönliche Invektiven – auch das gehört dazu – überdecken zuweilen das Grundsätzliche der Frage nach der Vermengung von öffentlichem Amt und privaten geschäftlichen Interessen. Seine Befürchtung, die Partei könnte *mitgeschnitten* haben, wie vielfach unterstellt wurde, bedrückte ihn womöglich noch mehr. Er sah seine politische Heimat – seine Bewegung – sein Lebenswerk akut gefährdet.

Der Konflikt aber bestand weiter. Im Verlauf des Jahres 1982 übte Androsch, nunmehr Spitzenbanker der staatlichen Creditanstalt, in diversen Zeitungsinterviews scharfe Kritik an Kreiskys Regierungspolitik. Im November 1982 erschien im

Foreign Report, der Sonderbeilage des Londoner *Economist*, die Meldung, Hannes Androsch werde „möglicherweise Kreisky-Nachfolger", da dieser „ein kranker Mann" sei; er leide „an einer ernsten Nierenerkrankung und wird mit einem Dialysegerät behandelt". Androsch werde daher in Bälde „die Spitzenposition anpeilen und er wird sie wahrscheinlich bekommen". Der Bundeskanzler verfasste noch am selben Tag ein an Zentralsekretär Karl Blecha gerichtetes handschriftliches Rücktrittsangebot. Er hat es allerdings nie abgesendet.

Der Konflikt zwischen Kreisky und Androsch sollte übrigens noch jahrelang öffentlich ausgetragen werden. Bereitwillig boten die österreichischen Medien beiden Männern eine Plattform.

Nach seinem Rücktritt gab Bruno Kreisky im Sommer 1983 *profil* ein langes Interview, in dem er Androsch massiv attackierte. „Ich habe mit keinem Menschen in der Partei Meinungsverschiedenheiten persönlicher Art von der Ernsthaftigkeit gehabt, wie das mit Doktor Androsch war. Uns trennt offenbar sehr vieles. (…) Eine solche Kanzlei, die davon lebt, dass sie Klienten berät, wie sie am besten mit dem Finanzminister reden – das muss inkompatibel sein und kann nicht akzeptiert werden. Ich sage ganz offen: Wenn ich heute nicht mehr ganz so gesund bin, wie ich das sein möchte (…) so ist das eine Folge der Aufregungen, die mir diese Angelegenheit innerlich verursacht hat. (…) Sicher möchte auch ich einen gewissen Lebensstandard haben. Aber jeder kann sich davon überzeugen, dass mein Haus kleiner ist als all die Häuser, die Sie da hier auf Mallorca sehen."

Gegenüber der konservativen *Wochenpresse* ging Kreisky noch einen Schritt weiter. Ende August 1983 ließ er den eingeflogenen Reporter wissen: „(Androsch) ist leider ein sehr mieser Charakter. Glauben Sie mir, das ist die größte Enttäuschung meines Lebens. (…) Er wollte vom politischen Leben nur den angenehmen Teil haben. Ich habe gesagt, schau, wir verstärken deine Position, du wirst Vizekanzler. Mehr kann man doch nicht machen. Ich konnte ihm doch nicht meine Position anbieten!"

André Heller erinnert sich an eine seiner letzten Begegnungen mit dem alternden Kanzler a. D.: „Kreisky hatte eine Freundschaftsliebe mit Karl Kahane, die auf beinahe rauschhafter Gegenseitigkeit beruhte. Ich war oft zu Gast bei Kahane; und da war Kreisky oft zum Mittagessen. Damals war er schon sehr krank und sehr melancholisch und sehr verzerrt in seinem Wesen. Aber immer noch ein sehr Wissender, sehr Schöner – mit diesem Bart, wunderbares Gesicht, mit einer wunderbaren Langsamkeit und einem Blick, wie wenn er auf einem Berg steht und über viele, viele Länder schaut. Und er war offen für Diskussionen über alles – außer über Hannes Androsch. Ich bin einmal zu spät zu dem Mittagessen gekommen, weil ich den Peter Weiser getroffen habe. Kreisky hat das ganze Mittagessen mit mir kein Wort geredet, nur weil ich mit einem Freund vom Androsch verabredet war.“

Das Steuerverfahren gegen Hannes Androsch zog sich durch alle Instanzen und zeitigte unterschiedliche Resultate. So musste er etwa 1984 seine gesamten Parteifunktionen zurücklegen (von der SPÖ-Zugehörigkeit zu seinem Heimatbezirk Floridsdorf abgesehen), nachdem Franz Vranitzky – Herbert Salchers Nachfolger als Finanzminister – ein als „nicht verjährt“ bezeichnetes Steuerverfahren gegen Androsch neu aufrollte. Vranitzky war offenbar nicht gewillt, „in der Sache doch etwas (zu) machen“, wie er in seinen *Politischen Erinnerungen* 2004 festhält. Gerade für den äußerst korrekten Vranitzky war es unvorstellbar, die diesbezüglichen Vorschriften und Gesetze zu missachten. In seinen Memoiren hält denn der damalige Finanzminister auch „ausdrücklich fest (…) dass die Verfahren auf der Ebene der Abgabenbehörden und später auf gerichtlicher Ebene selbständig liefen und das Finanzministerium keine eigenständigen Beweisaufnahmen, Beweiswürdigungen und Sachverhaltsermittlungen durchführte.“ Der ehemalige Vizekanzler Hannes Androsch wurde für schuldig befunden; eine weitere Lebensfreundschaft war zerbrochen.

Profil druckte im Jänner 1986 den neunundfünfzig-seitigen geheimen Gerichtsbeschluss in der Strafsache Hannes Androsch im vollen Wortlaut ab und fasste die bisherigen

Untersuchungsergebnisse unter Richter Anton Zelenka zusammen, der über vierzehn Monate hinweg einundsechzig Zeugen befragt und dreihundertsiebzehn Konten bei elf Geldinstituten geprüft hatte. Gemäß diesem Dokument hätten Androschs anonyme Wertpapierkonten nicht dem (zu diesem Zeitpunkt bereits verstorbenen) ominösen Wahlonkel Gustav Steiner, sondern Androsch und seiner Familie gehört. Seine Villa war – so die Recherche des Richters – überdies tatsächlich mit „Schwarzgeldern" finanziert worden. Außerdem kam ans Tageslicht, dass Androsch weitere anonyme Wertpapierkonten besaß, über die „Millionentransaktionen" abgewickelt worden sein sollen. Der Gerichtsbeschluss gelangte zu dem Ergebnis, dass Androsch während seiner Zeit als Finanzminister in größerem Unfang Steuern hinterzogen habe und in Korruptionsgeschäfte rund um den AKH-Skandal verwickelt gewesen sei. Da es sich hier lediglich um einen Gerichtsbeschluss – nicht jedoch um ein Urteil – handelte, hatte dies zunächst keine juristischen Konsequenzen für Androsch.

„Aller Voraussicht nach dürfte Androsch also auch diesmal mit einem blauen Auge davon kommen", kommentierte daraufhin der *Spiegel*, „selbst Altkanzler Kreisky auf dem Gipfel seiner Autorität brauchte immerhin drei volle Jahre, um den zögernden Genossen beizubringen, dass ein Finanzminister mit einer Steuerberatungskanzlei auf Dauer unerträglich sei und besser ins Bankmanagement übersiedle."

Wie erwähnt wurde Androsch dann im Zusammenhang mit seiner Steuerangelegenheit Anfang 1988 vom Aufsichtsrat zum Rücktritt vom Posten des CA-Generaldirektors aufgefordert. Die Gerichtsverfahren aber zogen sich über weitere Jahre und durch alle österreichischen Instanzen. 1989 wurde von einem Berufungsgericht der Schuldspruch wegen Falschaussage vor dem parlamentarischen Untersuchungsausschuss bestätigt. Die Geldstrafe für Androsch wurde mit 360 Tagsätzen zu 3.000 Schilling festgelegt. Ein Senat des Obersten Gerichtshofes setzte sodann am 25. März 1993 eine Geldstrafe in der Höhe von 1,7 Millionen Schilling wegen Steuerhinterziehung für Androsch fest. Aufgrund von Verfahrensmängeln hat schließlich der Verwaltungsgerichtshof drei Monate später einen gegen Androsch ausgestellten Steuerbescheid aufgehoben; Ende Mai 1996 wurde die Strafe auf 1,5 Millionen Schilling reduziert. Weitere Rechtsmittel gegen diese richterliche Entscheidung hat der Oberste Gerichtshof schließlich verworfen.

Der von Androschs Anwalt angekündigte Gang zum Europäischen Gerichtshof für Menschenrechte in Strassburg ist nach heutigem Wissenstand nicht erfolgt.

Hannes Androsch in einem Leserbrief im Februar 2010 an die Wiener Tageszeitung *Kurier*: „Ich habe mehrfach öffentlich erklärt, dass das gegen mich angestrengte und 16 Jahre lang dauernde gerichtliche Verfahren politisch motiviert und inhaltlich willkürlich konstruiert war. Dem wurde nie widersprochen."[32]

2.

Jene zuvor erwähnte Meldung des Londoner *Economist* vom November 1982, Kreisky sei „ein kranker Mann", entsprach allerdings der Wahrheit. Mit seiner Gesundheit stand es bereits seit längerem nicht zum Besten. Ähnlich wie Frankreichs Präsident François Mitterrand, der bereits bei seinem Amtsantritt 1981 von einer Prostatakrebserkrankung wusste, diese jedoch gegenüber der Öffentlichkeit geheim hielt, ähnlich wie US-Präsident Franklin D. Roosevelt, der sein Land als todkranker Mann durch den Zweiten Weltkrieg führte, ohne dass die Bevölkerung von seiner Hautkrebserkrankung informiert worden wäre, kaschierte auch Bruno Kreisky, dass er bereits vor Antritt seiner ersten Kanzlerschaft kein gesunder Mann mehr gewesen war.

Aus handschriftlichen Aufzeichnungen seiner langjährigen engen Freundin Marietta Torberg, der geschiedenen Frau des Schriftstellers und Kreisky-Freundes Friedrich Torberg, geht hervor, dass der spätere Bundeskanzler bereits im Jänner 1970,

---

32 Eine ausführliche Darstellung der Gerichtsverfahren in der Causa Androsch findet sich auf der Website seines Anwalts Dr. Heribert Schachter: http://www.schachter.at/

also zwei Monate vor der entscheidenden März-Wahl, ernste Gesundheitsprobleme hatte. Marietta Torberg hielt fest: „Erste Andeutung: Ill all over, doesn't look good; I'm very worried, he is beginning to be worried too." Zwei Wochen später, wenige Tage vor den Nationalratswahlen des Jahres 1970, notierte sie: „Pretty bad news from doctor." In der Folge registrierte Marietta Torberg jeden Kuraufenthalt (Gösing, Bad Wörishofen und Gastein tauchen am häufigsten auf) und jeden Spitalsbesuch. Im Jahr 1972 hatte Kreisky wegen Herzbeschwerden einige Zeit im Spital verbracht; 1978 musste er sich einer Gallensteinoperation unterziehen. Es mutet rückblickend erstaunlich an, dass weder sein ungeheures Arbeitspensum noch sein politischer Reformeifer in Mitleidenschaft gezogen wurden, wie seine damaligen Mitarbeiter und Mitarbeiterinnen bereitwillig bezeugen. Sie alle haben Kreiskys rasendes Arbeitstempo viele Jahre hindurch ausgehalten.

Anlässlich der Eröffnung des Arlbergtunnels am 1. Dezember 1978 holte sich Kreisky die erwähnte Augenverletzung, die trotz bester medizinischer Betreuung, unter anderem in der Boston Eye Clinic, schließlich zur völligen Erblindung des rechten Auges führen sollte. Nie habe ich den Bundeskanzler so von Schmerzen verzerrt erlebt wie in den Tagen und Wochen seiner Augenerkrankung.

Ende 1981 stellte sich heraus, dass eine seiner Nieren nicht mehr richtig funktionierte, die Insuffizienz wurde so akut, dass er sich ab 10. Januar 1982 regelmäßigen, in den beiden letzten Regierungsjahren wöchentlich sogar bis zu drei, manchmal vier Mal Dialysen unterziehen musste. 1984, ein Jahr nach seinem Rücktritt, hat er sich schließlich in Hannover erfolgreich einer Nierentransplantation unterzogen; er war damals der älteste jemals transplantierte Patient.

Schon im Oktober 1981 hatte Kreisky nach einer verschleppten Erkältung und anschließend ausgebrochenen Lungenentzündung zu seiner allergrößten Enttäuschung eine Reise nach Mexiko absagen müssen: Zu dem seit Jahren geplanten, gemeinsam mit Mexikos Präsident José López Portillo initiierten Nord-Süd-Gipfel in Cancún. Nicht nur physische, auch psychische Belastungen hatten seinen Zustand in den vorausgegangenen

Wochen nachhaltig verschlechtert. „Dem Kanzler ist der Mord an Sadat sehr nahe gegangen, aber auch der Selbstmord Lütgendorfs hat ihn sehr aufgeregt", zitierte die Wiener *Presse* entsprechende SPÖ-Erklärungen.

Ein Nord-Süd-Gipfel war im Bericht der Brandt-Kommission, der ersten derartigen hochkarätigen internationalen Arbeitsgruppe, angeregt worden – wohl eine Idee von Willy Brandt selbst, die wiederum auf Gespräche mit Kreisky zurückging. Brandt machte nun Kreisky den Vorschlag, gemeinsam mit einem Vertreter des Südens den Ko-Vorsitz bei einem solchen Gipfel zu übernehmen. Es sollte dabei um nichts weniger als eine neue Weltwirtschaftsordnung gehen, die der Süden nach dem ersten Ölschock 1973 immer lauter forderte und der sich viele Industrieländer widersetzten. Brandt und Kreisky waren überzeugt, dass sich dieser Konflikt nur auf höchster Ebene und in neuer Form – außerhalb der Vereinten Nationen – lösen lassen könne. Ebenso war klar, dass nur bei einer grundsätzlichen Gesprächsbereitschaft der USA ein Durchbruch erzielt werden konnte. Der Kanzler setzte daher alles daran, zunächst wenigstens eine amerikanische Teilnahme zu sichern, was auch gelang.

Für den abwesenden Bruno Kreisky sprang dann kurzfristig Kanadas Premier Pierre Trudeau ein, der von Beginn an Mitglied des Vorbereitungskomitees für Cancún gewesen war, wegen akuter innenpolitischer Probleme an der Konferenz jedoch wenig Interesse zeigen sollte. Daher waren er und seine Delegation auch nicht wendig und hartnäckig genug, die von Ronald Reagan signalisierte Öffnung in ein konkretes Ergebnis umzumünzen. So konnte nur ein prozeduraler Beschluss gefasst werden, das Dossier an die Vereinten Nationen weiterzugeben, die dann nur wenige Monate benötigten, um es gänzlich abzuwürgen. Kreiskys Mitarbeiter Georg Lennkh, der in Cancún dabei war, ist überzeugt, die Konferenz wäre unter der Mitwirkung Kreiskys, der sehr genau wusste, worauf es politisch ankam, ganz anders verlaufen.

Die österreichischen Konferenzbeiträge bestanden aus zwei Vorschlägen: aus Kreiskys langjähriger Idee eines Marshallplans für die Dritte Welt und einem eigens für Cancún ausgearbeiteten Infrastrukturprogramm. Seine Erklärung wurde bei der

Konferenz-Eröffnung verlesen: „Our thinking is, of course, influenced by our own experience in the extremely difficult situation of my country's reconstruction following the Second World War", hieß es da unter anderem. „At that time, the very generous European Recovery Programme, the socalled Marshall Plan, enabled us to rebuild our economy rapidly and efficiently. Let me add, that even today, the Austrian economy still profits from the counterpart funds created by the Marshall Plan." Seine Ausführungen endeten mit der Hoffnung, Cancún werde zur Wasserscheide in den Nord-Süd-Beziehungen werden, ein Bild, das die internationale Presse aufgriff. Der einzige Politiker, der Kreiskys Vorschlag allerdings öffentlich unterstützte, war Tansanias Präsident Julius K. Nyerere. Die USA lehnten ihn entschieden ab; Außenminister Alexander Haig berief dazu eigens eine Pressekonferenz ein, der neokonservative Paradigmenwechsel – weg von staatlichen, hin zu privaten Finanzierungsmethoden – hatte bereits die Entwicklungspolitik erfasst. Statt eines umfassenden neuen Marshallplans setzte die amerikanische Entwicklungshilfe auf private Investoren und auf „Hilfe zur Selbsthilfe".

3.

Die ÖVP hatte nach den verlorenen Wahlen 1979 wieder einen neuen Bundesparteiobmann gewählt. Nachfolger von Josef Taus wurde der fünfundvierzigjährige Alois Mock, der fünfte konservative Oppositionsführer seit 1970. Der niederösterreichische Christlichsoziale war bereits als Klubobmann der ÖVP und Obmann des ÖAAB als Exponent der konservativ-kleinbürgerlichen Kernschichten seiner Partei hervorgetreten. „Was kann Mock noch, außer nett sein?", fragte Kurt Vorhofer schon wenige Monate nach dessen Wahl. Für den bürgerlichen Journalisten war Mock „kein sehr einfallsreicher Politiker", dessen Sprache „karg, oft floskelhaft" klang.

Diese Charakterisierung könnte auch von Kreisky stammen, dessen prekäres persönliches Verhältnis zum Oppositionsführer die notwendige Gesprächsbasis nachhaltig negativ beeinflusste. Neben dem Persönlichen trennte die beiden nicht zuletzt ihre unterschiedlichen Auffassungen, was Österreich in der Welt darstelle, wie es sich international präsentiere und positioniere. Mocks Attacken auf die UNO-City und das geplante Konferenzzentrum, auf Kreiskys Nahostpolitik und auf dessen angebliche „Ostlastigkeit"; die stereotype Forderung nach einer – nie spezifizierten – „anderen Politik", schließlich dessen ausgeprägter Anti-Sozialismus bestärkten Kreisky in seinem Bestreben, die politische Zusammenarbeit mit der ÖVP auf das Notwendigste zu beschränken. Während also die Sozialpartnerachse zu Sallinger glänzend funktionierte, herrschte zwischen den beiden Parteiobleuten misstrauische Distanz.

Nach der vierten Wahlniederlage en suite war der ÖVP wohl auch klar geworden, dass eine Rückkehr zur Macht erst nach dem Abtritt Kreiskys realistisch sei. 1980 verzichtete sie sogar auf die Nominierung eines eigenen Präsidentschaftskandidaten und unterstützte die Wiederwahl Rudolf Kirchschlägers. In der FPÖ aber war nach dem Intermezzo von Alexander Götz und mit der Wahl des Wiener Rechtsanwaltes Norbert Steger zu dessen Nachfolger der ÖVP ein möglicher Koalitionspartner abhanden gekommen. Denn die Wahl Stegers bedeutete den abermaligen freiheitlichen Kurswechsel – diesmal tatsächlich in Richtung liberal – und damit das Ende der Hoffnung auf eine konservative Koalition nach Kreisky.

Wenngleich die Affäre Androsch in den Medien weiter köchelte und die „Androsch-Fraktion" nicht ans Aufgeben denken mochte – dies bekam insbesondere sein Nachfolger im Finanzministerium zu spüren –, hatte sich die politische Szene zumindest oberflächlich einigermaßen beruhigt. Das Ende des Kreisky-Androsch-Kurses – Parallelen zu Raab-Kamitz drängen sich auf – bedeutete gewissermaßen auch den Abgesang der Ära Kreisky; was danach kam, war wirtschaftspolitischer Epilog.

Zu Beginn der 1980er Jahre hatten sich aber auch die globalen ökonomischen Rahmenbedingungen fundamental verändert. Der Strategie des Durchtauchens drohte der finanzielle Atem auszugehen. Zwar gab es 1979 noch ein wirtschaftliches

Zwischenhoch – immerhin 4,8 Prozent Wachstum –, aber die zweite Ölkrise 1979/80, ausgelöst durch Förderausfälle und die allgemeine Verunsicherung nach der Revolution im Iran sowie dem Ersten Golfkrieg zwischen dem Irak und dem Iran, und damit eine Verlängerung der weltwirtschaftlichen Rezessionsphase trafen Österreich zur Unzeit und die verstaatlichte Industrie in besonderem Maße.

Nach der nur formal überwundenen Androsch-Krise drohte mit den dramatisch ansteigenden Problemen der verstaatlichten Industrie auch eine Budgetkrise. Die noch von Androsch angekündigte „neue Phase der Budgetpolitik" wurde im Lauf des Jahres 1981 mit einem weiteren Wirtschaftsprogramm unter dem reichlich defensiv klingenden Titel „Österreich muss vorne bleiben" eingeleitet. Während Karl Blecha – Kreiskys forscher „Evoluzzer" – im Mai 1981 als geschäftsführender Parteichef bestellt wurde, widmete sich der Regierungschef, unterstützt von Ferdinand Lacina, nunmehr verstärkt wirtschaftspolitischen Fragen; die Wirtschaftspolitik war zur Chefsache geworden. Im Winter 1980/81 hatte die Arbeitslosigkeit in Österreich zum ersten Mal seit 1970 die magische Marke von 100.000 überschritten. Eine Serie von Firmenzusammenbrüchen – die spektakulärsten waren wohl der Kollaps der „Elin-Klimatechnik" und des Traditionsbetriebes „Eumig" – brachte Österreichs zweitgrößtes Kreditinstitut, die Länderbank, ins Wanken. Die 1975 aus der sogenannten großen Edelstahllösung hervorgegangene VEW war ebenso in Schwierigkeiten geraten wie der gesamte verstaatlichte Bereich. Das Geschäftsjahr 1981 war für die VOEST-Alpine „das bisher schlechteste der Nachkriegszeit", wie Oskar Grünwald, der Chef der Verstaatlichten-Holding, seinem Aufsichtsrat berichten musste. Bis 1979 hatte die ÖIAG-Gruppe insgesamt noch positive Ergebnisse verzeichnet. Dies aber hatte sich vor dem Hintergrund globaler Einbrüche binnen kurzem dramatisch geändert.

Die Schaffung neuer Arbeitsplätze mittels budgetärer Zuschüsse für die verstaatlichte Industrie und die Stützung der Privatwirtschaft waren gleichermaßen das Ziel des Anfang 1982 beschlossenen Investitionsprogramms, dem Mitte September ein zweites folgen sollte. Der kleiner gewordene Budgetspielraum, die Hochzinspolitik und die damit einhergehende Verzögerung des internationalen Konjunkturaufschwungs ließen jedoch ein nochmaliges Durchstarten nicht mehr zu. Darüber hinaus hatte sich im Sog der von Großbritannien und den USA ausgehenden „neokonservativen Revolution" der Druck auf staatlich finanzierte Wirtschaftskonzepte verstärkt. Der von Ewald Nowotny als „Austro-Keynesianismus der Anpassung" bezeichnete letzte Abschnitt der Kreiskyschen Wirtschaftspolitik machte die Grenzen der Strategie des „Abkoppelns" von globalen Trends deutlich. Die Arbeitslosigkeit stieg 1982 deutlich über die Vollbeschäftigungsmarke von 3 Prozent. Sie lag damit immer noch unter dem internationalen Durchschnitt, signalisierte aber für Kreiskys Beschäftigungspolitik eine Zäsur; in Hinkunft musste eben „ein hohes Maß" an Vollbeschäftigung genügen.

Auf der Suche nach alternativen Produkten für die verstaatlichte Industrie war man im VOEST-Alpine Konzern bereits 1979 auf die Idee gekommen, in der Steiermark eine Kanonenproduktion zu etablieren, die Jahre später zu einem politischen Skandal ersten Ranges führen sollte. Die „Noricum Maschinenhandels Ges.m.b.H." wurde in der zweiten Hälfte der 1980er Jahre zum Synonym für illegalen Waffenhandel. Journalisten hatten nämlich aufgedeckt, dass das neutrale Österreich im irakisch-iranischen Krieg gleich an beide Parteien eine weittragende Super-Kanone mit dem Namen GHN-45 (Gun Howitzer Noricum) geliefert hatte, die fünfundvierzig Kilometer weit schießen konnte. Österreich durfte laut Staatsvertrag solche Waffen nicht besitzen, und das Kriegsmaterialgesetz verbot jeglichen Export an ein Krieg führendes Land. Dennoch stellte sich später heraus, dass zunächst hundert Stück offiziell an das Königreich Jordanien geliefert und von dort weiter in den Irak Saddam Husseins transportiert worden waren.

Anfang 1983 protestierten iranische Unterhändler in Wien gegen diese Einseitigkeit und forderten ihrerseits Kanonen. Drei Top-Manager der VOEST schlossen in Teheran einen Geheimvertrag ab: zweihundert GHN-45 im Wert von sechzehn

Milliarden Schilling. Die regierenden Mullahs erklärten sich einverstanden, dass Libyen als Scheinadressat angegeben wurde.

Bis 1986 wurde produziert und geliefert, zuletzt an die Scheinadresse Brasilien. Während des Deals gab es allerdings mehrere merkwürdige Todesfälle. So etwa starb der österreichische Botschafter in Athen, Herbert Amry, vormals Kreiskys Kabinettschef, auf mysteriöse Weise. Er hatte bei einer internationalen Waffenmesse in Griechenland zufällig von dem kriminellen Schwindel erfahren und verständigte das Außenamt in Wien. „Ferry, pass auf, sie wollen uns beide umbringen", so Amry zu seinem Freund, Presseattaché Ferdinand Hennerbichler. „Schau in den nächsten Tagen unter dein Auto, bevor du einsteigst", riet der erfahrene Botschafter seinem Mitarbeiter.

Offizielle Todesursache in der Causa Amry: Herzversagen. Die tatsächlichen Hintergründe seines so plötzlichen Ablebens wird man womöglich nie aufklären können. Amry hatte das Außenamt in Wien jedenfalls mehrmals über seinen Verdacht informiert – bis heute bleibt ungewiss, ob die Fernschreiben den damaligen Außenminister Leopold Gratz je erreicht haben.

Bruno Kreisky ahnte, dass ihn die VOEST-Manager ständig hintergangen hatten. Er war bereits seit zwei Jahren als Bundeskanzler zurückgetreten, als er den Herausgeber des kurzlebigen Wochenblattes *Basta*, Wolfgang Fellner, aufforderte: „Kümmern Sie sich doch einmal darum, was da vom Gratz unter den Teppich gekehrt wird!" Am 30. August 1985 gelang *Basta*-Reportern tatsächlich ein Scoop: Sie fotografierten im jugoslawischen Adriahafen Kardeljevo-Ploče Stahlcontainer mit zwanzig Super-Haubitzen aus Liezen. Alle waren mit Gebrauchsanweisungen in persischer Sprache versehen. Daraus entwickelte sich einer der größten politischen Skandale der Zweiten Republik.

Waffenskandale kleineren Ausmaßes – von Karl Lütgendorfs syrischem Abenteuer 1977 abgesehen – hatte es schon zuvor gegeben. Im Jahre 1978 hatte Kreisky nach wochenlangen Protesten aus der Partei einen bereits genehmigten Export von einhundert „Kürassier"-Panzern der Firma Steyr an die chilenische Militärdiktatur von General Pinochet verboten. Ein – von

Kreisky nicht verbotener – Panzerexport nach Argentinien führte später zu schweren Auseinandersetzungen zwischen den Arbeitern des Steyr-Werks Simmering und Demonstranten. Die Handgreiflichkeiten zwischen Arbeitern und Vertretern der Friedensbewegung zeigten eine neue Konfliktlinie auf, die mitten durch die Sozialdemokratie verlief. Während die Befürworter von Rüstungsexporten – Gewerkschaft und Industrie – die Sicherung der Arbeitsplätze oder die internationale Konkurrenzfähigkeit ins Treffen führten, verwiesen die meist jugendlichen Demonstranten und Friedensbewegten – damals prägte die Soziologie den Begriff „Post-Materialisten" – auf die moralische Verpflichtung eines immerwährend neutralen Staates. Überdies, so hatten Studien ergeben, wiesen Länder mit einer ausgeprägten Rüstungsproduktion im Schnitt sogar höhere Inflations- und Arbeitslosenraten auf.

Der von Kreisky dekretierten Verschärfung des Waffenexport-Gesetzes sollten Jahre nach dessen Rücktritt zahlreiche Spitzenmanager zum Opfer fallen. Der „Noricum"-Skandal beschleunigte aber auch die Umrüstung des verstaatlichten und staatsnahen Sektors auf zivile Produktion.

Abgesehen vom zweifelhaften ökonomischen Wert zeigt sich am damaligen Versuch, eine eigene österreichische Waffenproduktion aufzubauen, noch etwas Grundsätzlicheres: Lässt man die zum Teil widersprüchlichen politischen Entscheidungen – Chile, Argentinien, Mittlerer Osten – Revue passieren, so wird deutlich, dass Kreisky nicht in der Lage war, eine klare Linie der österreichischen Neutralitäts- und Friedenspolitik zu steuern – was überdies die außenpolitischen Initiativen Kreiskys einiges an Glaubwürdigkeit gekostet hat.

4.

Der parlamentarische Untersuchungsausschuss zum Bauskandal beim Wiener Allgemeinen Krankenhaus hatte 1981 bereits monatelang ohne Ergebnis getagt. Die ÖVP wollte immer neue Zeugen laden, die SPÖ lehnte dies jedoch ab. Oppositionschef Alois Mock beschwerte sich daraufhin bei Bundespräsident Kirchschläger über diese „undemokratische Vorgangsweise". Darüber geriet wiederum Kreisky außer sich: Der Bundespräsident sei kein Schiedsrichter über das Parlament, es drohe eine Verfassungskrise, vor allem sei Kirchschläger kein „Justizkanzler".

Im darauffolgenden Pressefoyer am Dienstag, dem 24. Februar 1981 eskalierte die Szene. Kreisky sah in dem Vorgehen eine Gefahr für die Wiederkehr der 1930er Jahre. Den Hinweis, dass man das doch niemandem in Österreich unterstellen könne, parierte Kreisky mit der Gegenfrage: „Angesichts des gestrigen Putschversuchs in Spanien fragen Sie mich das?" Der TV-Journalist (und Kreisky nur allzu gut bekannte frühere *AZ*-Redakteur) Ulrich Brunner konterte: „Wir sind aber nicht in Spanien, sondern in Österreich; wir leben doch heute in einer ganz anderen politischen Situation." Daraufhin riss dem Medienkanzler, nicht mehr ganz gesund und beim Pressefoyer immer gereizter, der Kragen. Drei Mal wurde der Interviewer (der rund ein Jahrzehnt zuvor Kreiskys Boxerhunde rüde angegangen war, es kann gut sein, dass der Kanzler ihm das nie verziehen hat) aufgefordert: „Lernen Sie Geschichte, Herr Reporter!"

Nach diesem Eklat gab es – höchst ungewohnt – mehr als hundert Anrufe beim Telefondienst des ORF, von denen die große Mehrheit massiv gegen Kreisky Stellung nahm. Das Publikum hatte offenbar das Gefühl, der Kanzler habe die Grenzen der Fairness überschritten. „Es war der Untergriff eines in Argumentationsnotstand geratenen Politikers", sagt Brunner heute.

Der Eindruck drängt sich auf, dass mit dem Rückzug von Hannes Androsch – man könnte ihn wohl auch als verzögerten Hinauswurf werten – und mit Kreiskys wachsenden Gesundheitsproblemen der Sonnenuntergang einer Ära ihren Anfang genommen hatte.

Ende Oktober 1982 wurde der Bundeskanzler nahezu einstimmig als Parteichef bestätigt und stand damit als Spitzenkandidat für die Frühjahrswahl 1983 fest. Ein Ärztekonsilium hatte bereits Anfang Mai 1982 grünes Licht gegeben. Kreisky bestätigte seine Wiederkandidatur unter der Bedingung, dass auch ÖGB-Chef Anton Benya im Amt bleibe. Nach einer weiteren Verschlechterung seines Gesundheitszustandes – das Nierenversagen zwang ihn mittlerweile drei bis vier Mal pro Woche zur stundenlangen Blutwäsche – bekräftigte Kreisky Mitte Dezember 1982, dass er einer möglichen Koalitionsregierung mit Sicherheit nicht zur Verfügung stehen würde. Wie ernst es ihm damit war, sollte sich zu Beginn des Wahljahres zeigen, als er gemeinsam mit seinem Finanzminister Herbert Salcher für die neue Legislaturperiode ein umfassendes fiskalpolitisches Sparprogramm zur Bekämpfung der Rezession ankündigte.

Die von der Opposition und dem Boulevard als „Mallorca-Paket" apostrophierten Vorschläge zur Besteuerung von Zinserträgen auf Sparguthaben, zur sozial gestaffelten Erhöhung der Besteuerung des 13. und 14. Gehalts sowie kleinere Korrekturen bei Transferzahlungen lösten einen medialen Sturm der Entrüstung aus und verursachten eine nachhaltige Irritation der Bevölkerung. (Erst Jahre später konnte die große Koalition unter Franz Vranitzky die Kapitalertragssteuer ohne größere Schwierigkeiten einführen.)

Damit war es der Regierung in einer – wie spätere Analysen zeigen sollten – wahlentscheidenden Frage nicht gelungen, ihre Botschaft überzeugend zu vermitteln. Das Ambiente Mallorcas, von wo aus ein krank und müde wirkender Regierungschef via Fernsehen ins winterlich-trübe Österreich kam, wirkte ebenso provokant und irritierend wie die von den Medien und der Opposition bewusst herbeigeredete Begriffsverwirrung um Zinsen und Kapital. Die „Sparbüchlsteuer" wurde so zum Menetekel der Regierung.

Das mit Gewerkschaft und Sozialpartnern akkordierte Programm – es sah auch den Wegfall der Kreditsteuer vor – sollte ursprünglich zwölf Milliarden Schilling Mehreinnahmen bringen. Der Protest veranlasste Kreisky schließlich zu einer sozial verträglicheren Variante – 20 Prozent Quellensteuer ab einer Spareinlage von 100.000 Schilling –, die allerdings nur mit knapp sechs Milliarden budgetwirksam geworden wäre. Damit war das Leitmotiv der kommenden Wahlbewegung – Kreiskys fünfter Nationalratswahl als Partei- und. Regierungschef – vorgegeben: Fortsetzung des „österreichischen Weges" mittels kalkulierter Steuererhöhung.

Anfang Februar 1983 reiste Bruno Kreisky zu einem offiziellen Besuch in die Vereinigten Staaten und traf mit dem von ihm bei dessen Amtsantritt kritisch beurteilten – er hatte ihn als zweitklassigen Schauspieler tituliert – Präsidenten Ronald Reagan zusammen. Die Reise strengte den Bundeskanzler ungemein an. Enttäuschend verlief sein Treffen mit dem Präsidenten der westlichen Supermacht, da dieser, nach Meinung Kreiskys, kein wirkliches Interesse an seinen weltpolitischen Einschätzungen gezeigt hatte. Bereits nach zwanzig Minuten war das Treffen beendet – ich erinnere mich noch, wie Kreisky seinen Mitarbeitern anschließend kopfschüttelnd erzählte, noch nie einem Präsidenten der Vereinigten Staaten begegnet zu sein – und er hatte seit Truman alle getroffen –, der so wenig von den politischen Realitäten dieser Welt begreife, wie Ronald Reagan. Dieser habe rasch von zwei, drei Zetteln ein paar vorbereitete Sätze abgelesen und schon sei der Termin vorüber gewesen. Kreiskys persönliche Enttäuschung war enorm, die Selbstüberschätzung des Vertreters eines relativ unbedeutenden europäischen Landes evident.

5.

„Kreisky muss Kanzler bleiben – Österreich braucht ihn", lautete der Slogan des kurzen Wahlkampfs für die Entscheidung am 24. April 1983. Trotz aufwändiger Plakatserien – ausgedacht von „Charly" Blecha und exekutiert von seinem eifrigen Adlatus Hans Mahr – und einer Wahlreise, die Kreisky zu Hunderten

Veranstaltungen in alle Bundesländer führte, konzentrierte sich das öffentliche Interesse auf das Medium Fernsehen. Der Höhepunkt war neun Tage vor der Wahl die TV-Konfrontation Kreisky–Mock. Neben der Einführung einer Quellensteuer, die Mock erwartungsgemäß ablehnte, verteidigte der Kanzler die Fertigstellung des Konferenzzentrums bei der UNO-City. In einem von der ÖVP initiierten Volksbegehren hatten sich 1,3 Millionen Bürger – ein österreichischer Rekord an provinziellem Kleinmut –gegen den Bau ausgesprochen. Abseits der politischen Gegensätzlichkeiten war daher die persönliche Aversion zwischen den beiden womöglich noch schärfer geworden, zumal die ÖVP und deren scharfzüngiger Generalsekretär Michael Graff Kreiskys Alter, er war im Jänner zweiundsiebzig geworden, und seine Krankheit geschickt zu thematisieren wussten.

Noch im Mai 1982 hatte sich Kreisky von fünf Ärzten, dem damaligen Gesundheitsminister Dr. Kurt Steyrer, dem amtsführenden Wiener Stadtrat für Soziales und Gesundheit, Professor Dr. Alois Stacher, seinen Leibärzten, dem Kardiologen Professor Dr. Kurt Polzer und dem Facharzt für Innere Medizin, Professor Dr. Anton Neumayr, sowie dem Nierenfacharzt Primarius Dr. Kurt Mengele offiziell bescheinigen lassen, gesundheitlich durchaus noch in der Lage zu sein, weitere vier Jahre lang das Amt des Bundeskanzlers ausüben zu können. „Nach sehr eingehenden und gründlich durchgeführten Beratungen mit den von Ihnen gewünschten Ärzten dürfen wir Ihnen kurz die übereinstimmende Meinung des Konsiliums zur Kenntnis bringen", heißt es in dem Schreiben. Und weiter: „Auf Grund Ihrer hervorragenden Konstitution und der zielführenden Therapie in den letzten Monaten ist es gelungen, Sie aus einem lebensbedrohlichen Zustand wieder in eine befriedigende, relativ stabile Situation zu bringen. Die Sorgen des Konsiliums liegen in zwei Punkten: erstens in der Gefahr der Überforderung des Herzens bei Anstrengungen und Zweiterkrankungen, zweitens in der eingeschränkten Nierenfunktion. Wir sind der Überzeugung, dass letztere, wenn die entsprechende Behandlung fortgesetzt wird, auch über Jahre unter Kontrolle gehalten werden kann. Das gleiche gilt für die Anämie, wenngleich diese eine gewisse Einschränkung der Leistungsfähigkeit mit sich bringt. Die Herz-Kreislaufsituation hingegen, sehr geehrter Herr Bundeskanzler, zwingt uns dazu, Sie darauf hinzuweisen, dass Sie sich bei übermäßigen Belastungen und Anstrengungen einer erhöhten Gefährdung aussetzen." Dies war nun keineswegs die Art von Freibrief, die sich Kreisky erhofft hatte; gleich nach Erhalt des Schreibens rief er Professor Neumayr an und gab ihm „mit deutlichen Worten, hörbar schwer verstimmt und übel gelaunt" zu verstehen, er habe sich „in seinem Vertrauen zu mir als seinem langjährigen Arzt schwer getäuscht". Zwei Jahre lang verweigerte daraufhin Kreisky jeden Kontakt zu seinem vorher geschätzten Internisten.

Ein wenige Tage vor der Wahl veröffentlichtes erneutes Gutachten behandelnder Ärzte (Neumayr zählte nun nicht mehr zu dieser Gruppe) bescheinigte Kreisky, dass seine „psychische und physische Leistungsfähigkeit nicht eingeschränkt" sei. Trotz alledem: Ihm musste klar geworden sein, dies würde sein letzter Wahlkampf sein.

6.

„Die Chancen für eine neuerliche Verteidigung der absoluten Mehrheit waren nicht allzu rosig", erinnert sich Heinz Fischer. „Die Auseinandersetzung mit Hannes Androsch hatte Bruno Kreisky Kraft und Substanz gekostet. Am Wahltag hatte Kreisky für 12.00 Uhr einige seiner Freunde in die Armbrustergasse eingeladen und nochmals seine Entschlossenheit bekräftigt, im Falle des Verlustes der absoluten Mehrheit von seiner Funktion als Bundeskanzler zurückzutreten und die Führung von Regierung und Partei in andere Hände zu legen."

Als am Abend des 24. April 1983 der Verlust der absoluten Mehrheit feststand – die SPÖ büßte 3,2 Prozent und fünf Mandate ein –, gab Kreisky bereits kurz nach 22 Uhr seinen Rücktritt als Bundeskanzler bekannt. Fred Sinowatz – eine Art Julius Raab der SPÖ, so Kreiskys nachgereichte Charakterisierung

– wurde zu seinem Nachfolger bestellt. Viele vermeinten in jenen Tagen einen Hauch von Geschichte zu verspüren, tatsächlich aber war eine außergewöhnliche Epoche Österreichs nach dreizehn Jahren zu Ende gegangen.

Die österreichische *Spiegel*-Korrespondentin Inge Santner-Cyrus hatte schon 1979, kurz vor der damaligen Nationalratswahl, eine Art Nachruf zu Lebzeiten verfasst, als sie feststellte: „Kreisky weiß genau, dass seine Partei um etliche Grade weniger beliebt ist als er selbst. Also wirft er am politischen Lebensabend sein ganzes Gewicht in die Waagschale: Wer den Kreisky als Kanzler will, der muss auch SPÖ wählen. Je nach Ausgang dieses letzten Gefechts will er entweder gleich am 6. Mai oder irgendwann vor den Wahlen von 1983 in die Pension entschwinden. Ein unfröhlicher Abschied dürfte es so oder so werden. Denn seine möglichen Nachfolger wirken im Vergleich zu ihm zu glatt, langweilig, verwechselbar, wie Konfektionsware, während der Chef eine Einzelanfertigung ist, zusammengefügt aus Marx und Musil, Mut und Melancholie.“

„Österreich wird kleiner, Europa und die Welt werden ärmer“, hieß es nun am Tag nach der Wahl des Jahres 1983 in der *Basler Zeitung*, und international wurde „Kaiser Brunos“ Ära beinahe einhellig gerühmt. „Seit gestern hat Österreich eine Art Vater verloren“, schrieb die italienische *La Stampa*, „den Mann, der ihm sozialen und politischen Frieden, Wohlstand im Inneren und weltweites Ansehen gebracht hat. Der scheidende Kanzler hinterlässt ein Vakuum.“ Und im Berliner *Tagesspiegel* las man: „Mit dem Rücktritt von Bundeskanzler Kreisky geht für Österreich eine Epoche zu Ende; die internationale Politik muss auf eine Figur verzichten, die für Bezeichnungen wie ‚staatsmännische Größe‘ oder ‚politische Originalität‘ gut war. Ohne Kreisky ist Österreich jetzt in gewissem Sinne allein gelassen.“ *Die Welt* in Hamburg analysierte wohl nicht ganz zu Unrecht: „Manche Beobachter sind der Auffassung, dass die Eile, mit der offenbar Kreisky einerseits und Steger andererseits auf eine sozialliberale Koalition zusteuern, vor allem einen Grund habe: Die Furcht nämlich, es könne ein Mann in die österreichische Politik zurückkehren, den Kreisky einst zum Vizekanzler und

368

Finanzminister machte, um sich dann im Zorn und Unmut von ihm zu trennen – der jetzige Generaldirektor der Creditanstalt-Bankverein, Hannes Androsch."

Kanadas Premier Pierre Trudeau, dem Kanzler auch freundschaftlich verbunden, schrieb ihm, er habe Kreiskys Wirtschaftspolitik immer besonders bewundert, hob aber auch dessen unermüdlichen Einsatz für ein Friedensabkommen im Nahen Osten, für den Nord-Süd-Dialog und die Einrichtung der UNO-City als Begegnungsstätte in Österreich unter der Ägide der Vereinten Nationen hervor.

Die *New York Times* betonte, wie sehr sich Österreich unter Kreiskys Einfluss von seinem Lederhosen- und Kammermusik-Image befreit habe. Es sei dem Kanzler gelungen, das Land zwischen den Blöcken in ein Musterland der Freiheit und des allgemeinen Wohlstands zu verwandeln. Die Zeitung betonte die Vorreiterrolle Österreichs als Durchreisestation für Flüchtlinge aus dem kommunistischen Osten und stellte abschließend die Frage, ob man den nun „arbeitslosen" Bruno Kreisky nicht bitten sollte, in der damals aufflammenden Krise um Afghanistan – nach der Besetzung des Landes durch die Sowjetunion – zu intervenieren: „Why not ask the now unemployed Mr. Kreisky to see what might be done?"

Der Londoner *Guardian* ging sogar so weit, festzustellen: „Bruno Kreisky can be said to have surpassed even Konrad Adenauer in the rehabilitation of his country."

Peter M. Lingens schrieb damals im *profil*: „Höchstens die Wessely oder Attila Hörbiger können so von der Bühne gehen: die Szene beherrschen, indem sie keinerlei Szene machen." Und der Dichter H. C. Artmann prophezeite: „Bruno Kreisky ist für unser Land *die* Jahrhundertpersönlichkeit und durchaus unersetzbar. Mit dem scheidenden Kanzler geht eine Ära Österreichs dahin, an die wir noch mit begründeter Nostalgie denken werden." Ähnlich wehmütig der Abgesang des Journalisten Helmut Voska: „Er hat Kritik eingesteckt und ausgeteilt. Er hat aufgeklärt und vernebelt. Er hat informiert und agitiert. Ich habe jedes Gespräch in vollen Zügen genossen. Sinowatz und Steger können ihm nicht einmal das Wasser reichen." Anton

Pelinka sekundierte: „Kreisky scheidet als der österreichische de Gaulle."

Israelische Medien konnten ihre Genugtuung über den Rücktritt des eminenten Kritikers ihrer Regierungen allerdings nicht ganz verhehlen. So frohlockte etwa die *Jerusalem Post*: „Sein Rücktritt bedeutet keineswegs, dass Dr. Kreiskys Stimme nun verstummen wird. Aber wenigstens wird er nun nicht mehr mit der Autorität des österreichischen Bundeskanzlers auftreten können." Trotzdem wurden auch seine Verdienste um die Ausreise und Transitmöglichkeit für sowjetische Juden hervorgehoben. Darüber hinaus wies die *Jerusalem Post* darauf hin, dass Kreiskys Vermittlung zwischen der PLO und Israel zuletzt dazu geführt habe, israelische Soldaten, die im Libanonkrieg gefangen genommen worden waren, frei zu bekommen.

7.

Die Wahl vom April 1983 bedeutete freilich mehr als das bloße Auslaufen einer historischen Phase. Das Leben in Österreich hatte sich unter Kreisky umfassend gewandelt. Das Land war weltoffener geworden, die Bevölkerung selbstbewusster. Österreich präsentierte sich in den Kreisky-Jahren 1970 bis 1983 wohlhabender und stabiler als je zuvor. Dennoch hatte bereits der erste Ölschock des Jahres 1973 das herannahende Ende der Wachstumseuphorie der Nachkriegszeit signalisiert. Dem scheinbar unlimitierten Industrialismus hielt der „Club of Rome" 1972 die bereits erwähnten „Grenzen des Wachstums" entgegen; die wirtschaftlichen Wachstumsraten waren denn auch in den späten siebziger Jahren sukzessive abgeflacht. Der Strukturwandel in den westlichen Industriestaaten hin zur Dienstleistungsgesellschaft beschleunigte sich, die Finanzierung des Wohlfahrtsstaates stieß auf Schwierigkeiten. Gleichzeitig entwickelte der gesellschaftliche Wertewandel eine neue Dynamik, der technologisch-ökologische Konflikt – bei Zwentendorf erstmals politisch wirksam – führte zu einer

Frontstellung zwischen den organisierten Parteien einerseits und einer noch diffusen Koalition von Post-Materialisten, Medien und neuen Eliten andererseits.

Diese Entwicklung bekam Kreiskys informelle Koalition, die eben nur über eine knappe absolute Mehrheit verfügt hatte, deutlich zu spüren. Die beiden neuen Parteien „Vereinte Grüne Österreichs" und die „Alternative Liste" rekrutierten ihre Wähler zum Großteil aus dem sozialistischen Lager, wenn sie zunächst auch zusammen nur auf 3,3 Prozent der Wählerstimmen kamen. Hingegen konnte der erstmals für den Nationalrat kandidierende, damals noch rhetorisch beeindruckende Jung-Sozialist Josef Cap mit seiner Vorzugsstimmenaktion einen sensationellen Erfolg erringen. Unterstützt von der „Aktion Kritische Wähler" und zahlreichen Prominenten aus der Kunstszene stimmten über sechzigtausend Wähler für die neue Hoffnung der Roten.

Die über ein Jahrzehnt gültige Kreiskysche Wählerkoalition war 1983 dennoch zerbrochen. Neben den angeführten soziologischen Veränderungen – die gerade die Stammwähler betrafen – hatte sich auch der Reform- und Modernisierungsschub der siebziger Jahre einigermaßen erschöpft. Der raue Wind des anglo-amerikanischen Neokonservativismus legte sogar die Frage nahe (die Kreisky im kleinen Kreis tatsächlich stellte): Wie viel Veränderung ist dem Menschen zumutbar?

Zweifellos hatte der reformerische Parforceritt Kreiskys in den siebziger Jahren viele in dem Land des „tausendjährigen Konservativismus", um ein Wort Gerhard Roths aufzunehmen, fühlbar überfordert. In den letzten Regierungsjahren Kreiskys war eine gewisse Reformskepsis nur allzu deutlich spürbar geworden. Der Verlust der absoluten Mehrheit war aber auch Ausdruck einer nachhaltigen Veränderung der Lebensgewohnheiten, eine gesellschaftliche Pluralisierung wurde sichtbar, die an den Begriffen Ökologie, Friedensbewegung, Feminismus festzumachen ist. Kreisky hatte die sich abzeichnenden Verschiebungen zweifellos registriert – die Installierung von vier Staatssekretärinnen im Oktober 1979 wies in diese Richtung –, allein die politische Integrationskraft der Partei schien begrenzt.

Zwar konnten die „Grünen" 1983 noch nicht als Partei in den Nationalrat einziehen, der neue sozial-ökologische Trend aber kündigte sich mit Nachdruck an.

14. Kapitel
Der lange Abschied

1.

Bruno Kreisky war zwar als Bundeskanzler zurückgetreten, als Parteichef aber bestimmte er die nächste Regierungsbildung. Noch in der Wahlnacht war es zu einem ersten kurzen Gespräch mit FPÖ-Chef Norbert Steger gekommen; die Weichen für eine „Kleine Koalition" – bereits seit 1970 die strategische Option Kreiskys – wurden dort gestellt.

Die Koalitionsverhandlungen bereiteten keine allzu großen Schwierigkeiten. Für die von Opposition und *Neuer Kronen Zeitung* verhöhnte „Sparbüchlsteuer" wurde ein Kompromiss gefunden, die Auswahl der Regierungsmitglieder stand bald fest. Steger und seine nunmehr *liberale* FPÖ wollten unter allen Umständen die Chance nutzen und die Regierungsfähigkeit des Dritten Lagers unter Beweis stellen.

Anders sah es an der Parteibasis der SPÖ aus. Obwohl Friedrich Peter nach einer öffentlichen Empörung auf die Position des Dritten Nationalratspräsidenten freiwillig verzichtet hatte, folgten Teile der Partei Kreisky und Sinowatz nur mit unverhohlener Skepsis in die Kleine Koalition. Der scheidende Kanzler versuchte, die letzten Hemmungen gegenüber einer rotblauen Koalition vom Tisch zu fegen: „Die Blauen sind absolut demokratisch!", belehrte er die Funktionäre der SPÖ-Jugend, die viellieber in die Opposition gegangen wären.

Erst als sich Anton Benya und Leopold Gratz, der die ebenfalls am 24. April 1983 stattgefundenen Wiener Kommunalwahlen mit einem passablen Ergebnis über die Runden gebracht hatte, hinter Kreisky und Sinowatz stellten, stimmte ein außerordentlicher Parteitag der Koalitionsvereinbarung mit der FPÖ zu.

Es war der 19. Mai 1983, als Kreisky zum letzten Mal als Bundeskanzler den Ballhausplatz verließ, jenen Ort, an dem ziemlich genau dreißig Jahre zuvor seine politische Karriere als Staatssekretär begonnen hatte. Er sollte das Palais Kaunitz am Ballhausplatz nur noch ein- oder zweimal betreten. Ich begleitete ihn an diesem Tag zu seinem wartenden Dienstwagen; er hielt im barocken Stiegenaufgang kurz inne – Hände wie so oft auf dem Rücken verschränkt –, blickte einen Moment zurück zur mächtigen Eingangstür seines Büros, gab sich einen Ruck und stieg grußlos ins Auto.

Fünf Tage später wurde die neue Regierung Sinowatz/Steger von Bundespräsident Kirchschläger vereidigt, die Ära Kreisky war nun auch formell Geschichte.

Die Kleine Koalition des Jahres 1983 war für ihn mehr als eine bloß numerische Notwendigkeit gewesen, sie war von ihm durchaus auch als historische Weichenstellung zur langfristigen Schwächung des bürgerlichen Lagers gedacht. Dieser Meinung mochte sich die neue SPÖ-Regierungsmannschaft nicht überzeugend anschließen. Überlegungen der momentanen Nützlichkeit des Machterhalts, des kleineren Übels, prägten das pragmatische Kalkül der Kreisky-Erben.

Bis Ende September blieb Kreisky noch einfacher Nationalratsabgeordneter, dann zog er sich nach einer bewegenden Abschiedsrede aus der Innenpolitik zurück. „Wer die ganze Hoffnungslosigkeit der 20er und 30er Jahre sehenden Auges miterlebt (…) hat, der weiß erst, wie großartig der Aufstieg unseres Landes ist", resümierte er in der Rede vor dem neu konstituierten Nationalrat. „Glauben Sie ja nicht, dass ich das alles nur auf die dreizehn Jahre beziehe, in denen ich die Regierungsgeschäfte führen konnte. Das ist das Werk der Zweiten Republik und aller, die hier gewirkt haben." Er schloss mit ungewöhnlichem Pathos: „Ich bin sehr froh, dass ich so lange an diesem Aufbauwerk mitwirken konnte und dass die Entwicklung dazu geführt hat, dass heute alle Gruppen unseres Volkes zu unserer Fahne stehen, ihr Haupt entblößen, wenn unsere Hymne erklingt, dass es heute keine politische Gruppe von Relevanz und keine Partei gibt, die den Mut hätte, die Lebensfähigkeit unseres Landes in Zweifel zu ziehen, kurz, dass ein neuer österreichischer, sehr ruhiger und stiller Patriotismus entstanden ist …"

Die *Arbeiter-Zeitung* berichtete: „Als Kreisky nach seiner Abschiedsrede im Parlament das Rednerpult verließ, spendeten ihm die Abgeordneten aller Parteien stehend stürmischen – wenn auch wehmütigen – Applaus."

Im September desselben Jahres war Bruno Pittermann, eine der großen Persönlichkeiten des demokratischen Sozialismus, der vor Kreisky zehn Jahre lang die SPÖ geführt hatte, achtundsiebzigjährig gestorben. Sein Tod und Kreiskys Abschied von der Politik bezeichnen wohl das Ende der österreichischen Sozialdemokratie als historische Bewegung. In den sechzehn Jahren als Parteichef, Oppositionsführer und Bundeskanzler hatte Kreisky die seit bald hundert Jahren bestehende Sozialdemokratie in eine österreichische Staatspartei, mehr noch, er hatte die „natürliche" Oppositionspartei SPÖ – um ein Wort Anton Pelinkas aufzunehmen – in eine ebenso „natürliche" Regierungspartei verwandelt.

In der spät-imperialen Atmosphäre des Wiener Konzerthauses hielt der Bundeskanzler a. D. im Rahmen des 28. Parteitags der SPÖ am Morgen des 28. Oktober 1983 seine letzte Rede als Vorsitzender der Sozialistischen Partei und führte noch einmal – in Anwesenheit zahlreicher prominenter Gäste auch aus dem Ausland, darunter seiner Freunde Willy Brandt und Olof Palme – die „Aufgaben der Sozialdemokratie in einer veränderten Welt" aus, wobei er insbesondere auf den Bürgerkrieg im Libanon einging und mögliche Friedensszenarien entwarf.

Am nächsten Tag, es war der 29. Oktober 1983, wurde Fred Sinowatz zu seinem Nachfolger gewählt, Kreisky aber *per acclamationem* zum Ehrenvorsitzenden der SPÖ ernannt.

2.

In den Jahren nach seinem Rücktritt widmete sich Bruno Kreisky mit großem Einsatz der Aufzeichnung seiner Lebenserinnerungen. Zunächst entstand während wochenlanger Arbeitssitzungen eine auf Tonband gesprochene Rohfassung, an denen sein Berliner Verleger, Wolf Jobst Siedler, für kurze Zeit der Publizist Joachim Fest, vor allem aber der junge Historiker Oliver Rathkolb teilnahmen. Ebenfalls anwesend war Kreiskys treue Mitarbeiterin Margit Schmidt, die ihm seit seinen Anfängen im Außenministerium Tag für Tag zur Seite gestanden hatte. „Am Ende lagen mehr als zweitausend Seiten minutiös wortgetreuer Transskripte der Tonbandaufzeichnungen vor", wie Rathkolb in den Anmerkungen zur Entstehungsgeschichte festhält. Eine strukturierte und lektorierte Fassung wurde sodann erstellt, die Kreisky „Wort für Wort und Zeile für Zeile" bearbeitet hat. Rathkolb 2007 im Rückblick: „Seine Memoiren sind nicht geschriebene Literatur. Sie sind wirklich eine faszinierende Lebenserzählung. Ich muss sagen, dass ich nach fast 23 Jahren diese Bücher wieder gelesen und (…) dass das für mich auch ein faszinierendes Erlebnis war. Sie dürfen nicht vergessen, ich war ein junger, völlig unerfahrener, mit zwei Doktoraten belasteter Historiker und verhinderter Jurist, der plötzlich wirklich Geschichte hören und kennen lernen konnte. Also eine zweite Ausbildung, die ich absolut genossen habe."

Der erste Band, *Zwischen den Zeiten*, der 1986 erschien, wurde mit über 70.000 verkauften Exemplaren ein Bestseller; eine noch weit größere Zahl von Lesern konnte dann einige Jahre später die Taschenbuchausgabe erwerben.

In den Jahren nach dem Ausscheiden aus der österreichischen Politik zog sich Kreisky immer öfter in sein Haus auf Mallorca zurück, arbeitete auch dort an den Memoiren und empfing Gäste oder reiste als „Elder Statesman" um die Welt.

In einer langen Serie von Vorträgen, die ihn auf nahezu alle Kontinente, abgesehen von Australien, brachte, kam er immer wieder auf seine beiden lebenslangen Themen zu sprechen: Den Nord-Süd-Dialog und den Nahostkonflikt. Unermüdlich warb er um Unterstützung für eine gerechtere Weltordnung und für eine Lösung des israelisch-arabischen Zwists.

Ende Dezember 1983 stattete er Muammar al-Gaddafi einen Besuch in Tripolis ab, den er dann Mitte Dezember 1984 zu sich nach Mallorca einladen sollte. Auch im Februar 1986 trafen die beiden einander, dieses Mal in Benghazi, wo Kreisky die gerade vor der libyschen Küste stattfindenden US-Flottenmanöver scharf verurteilte.

Er unternahm Vortragsreisen, die ihn in die Schweiz, nach Skandinavien, Indien, Japan und in die USA führten. Bereits in seinen Jahren als Außenminister hatte er unermüdlich von der Notwendigkeit eines Marshallplans für die Dritte Welt gesprochen, von der Mitverantwortung der reichen, westlichen Staaten für die ärmsten Nationen der Erde, eine bessere Hilfestellung bei der Errichtung ihrer Infrastrukturen angemahnt. Beide Vorschläge waren am letzten Nord-Süd Gipfel im mexikanischen Cancún von der neoliberalen Mehrheit des globalen Nordens zurückgewiesen worden. Dieses ihm so wichtige Anliegen rückte er nun im Rahmen seiner zahlreichen Vorträge in aller Welt unverdrossen – und sozusagen gegen die Zeit – in den Vordergrund. Anerkennung wurde ihm umso mehr im globalen Süden zuteil. Im November 1983 nahm er in New Delhi den „Jawaharlal Nehru Award for International Understanding" entgegen – viele weitere internationale Ehrungen und Auszeichnungen sollten folgen.

Im Übrigen aber bereitete er sich auf seine Nierentransplantation vor, die am Ostersonntag, dem 24. April 1984, auf den Tag genau ein Jahr nach seinem Rücktritt als Bundeskanzler, an der Universitätsklinik Hannover erfolgreich durchgeführt wurde. Der deutsche Chirurg Rudolf Pichlmayr bescheinigte seinem prominenten Patienten, „erstaunlich leistungsfähig" zu sein. Kreisky hasste es, laut eigener Aussage, sich auf jeder Auslandsreise „statt nach einem komfortablen Hotel zuerst nach der nächstbesten Dialysemöglichkeit erkundigen zu müssen". Damit war es nun endgültig vorbei.

Bereits wenige Monate später begab er sich wieder auf Auslandsreisen, nach Schweden, Spanien und Syrien. In Damaskus traf er Anfang Oktober 1984 mit Präsident Assad und Vertretern palästinensischer Organisationen zusammen. Zehn Tage später flog er bereits nach Asien, nahm zunächst an einer Konferenz in Osaka teil („The East-West Confrontation. Is it possible to create a new détente?") und reiste anschließend via Singapur, wo er den langjährigen Ministerpräsidenten Lee Kuan Yew traf, nach Thailand und weiter nach Paris. Erstaunlich und in gewisser Weise unpassend, ja nachgerade peinlich mutet sein sechstägiger Aufenthalt in Nordkorea an, im September 1986, wo er mehrmals Gespräche mit dem „geliebten Führer" Kim Il Sung führte.

Dieses gewisse *Faible* für autoritäre Herrscherpersönlichkeiten – Joseph II. ragt da aus der österreichischen Geschichte in die Ära Kreisky – reflektiert seine eigene, durchaus demokratisch grundierte Sehnsucht nach umstandsloser Umsetzung des als richtig Erkannten. Durchzusetzen, was man sich vorgenommen hat, sah er im autoritären Singapur Lees realisiert, aber auch im demokratischen Bayern von Franz Josef Strauß, den er – wie im Übrigen auch Eduard Wallnöfer im benachbarten Tirol – trotz weltanschaulicher Unterschiede als „Leader", wie er sie nannte, geschätzt hat. Von Charles de Gaulle war er bereits in seiner Zeit als Außenminister „besonders beeindruckt" gewesen, wie es nach einer Begegnung der beiden im Februar 1960 in Pressemitteilungen übereinstimmend geheißen hatte.

In eine ganz andere Kategorie fällt Kreiskys Beurteilung des noch jungen Jörg Haider. Man konnte bei Kreisky zugleich grundsätzliche Ablehnung wie auch eine Art von Bewunderung für das politische Talent registrieren. Von einem „Erben" Haider aber konnte bestimmt nie die Rede sein. Kreisky hatte – die 1930er Jahre vor Augen – Haiders verantwortungsloses Spiel mit rechten Vorurteilen längst durchschaut.

3.

Ein Reisewunsch des rastlosen Bundeskanzlers a. D. ließ sich nicht mehr verwirklichen: Im Frühjahr 1985 wollte er noch einmal nach Israel reisen. Bereits wenige Monate nach der Invasion des Libanon durch israelische Truppen, im September 1982, die im Zusammenhang mit dem Massakar christlicher Milizen in den palästinensischen Lagern von Sabra und Shatila weltweites Entsetzen ausgelöst und die israelische Regierung in die politische Defensive gebracht hatte, wurde Kreisky von seinem Freund, dem israelischen Labour-Abgeordneten Arie Lova Eliav, der mit Menachem Begins Einverständnis nach Wien gereist war, um die Vermittlung eines Gefangenenaustausches ersucht.[33] Diese unter großer Geheimhaltung durchgeführten Aktivitäten – Kreisky stellte Eliav in der Anfangszeit übrigens sein Büro im Bundeskanzleramt zur Verfügung – haben insgesamt bis Ende 1985, also noch zwei Jahre nach dem Rücktritt angedauert. In diesen Jahren hat Kreisky – bis Mitte 1983 noch als österreichischer Regierungschef, später dann als „Privatmann" – bei zahlreichen Austauschaktionen zwischen palästinensischen Gruppen und Israel vermittelt.

Unterstützt wurde er dabei auf österreichischer Seite von seinen Vertrauten Herbert Amry, dessen Mitarbeiter Ferdinand Hennerbichler und Peter Hohenfellner. Amry hatte wegen Todesdrohungen der Terrorgruppe um Abu Nidal Beirut bereits Ende 1981 verlassen müssen; sein Nachfolger als österreichischer Botschafter – und Kreiskys verlängerter Arm Richtung palästinensische Terrornetzwerke – wurde Peter Hohenfellner. Den österreichischen Diplomaten gelangen, unterstützt von Innenminister Lanc, einige Erfolge; es waren aber auch gescheiterte Initiativen, zumeist mit den Hardlinern in Syriens Hauptstadt Damaskus, zu beklagen.

Als Lova Eliav eines Tages zu einem Treffen in Wien einen Militär mitbrachte, wurde Kreisky informiert, dass es sich dabei

---

33   Lova Eliav erinnert sich im Gespräch mit Barbara Taufar: „Begin said: ‚I don't care if you go and see the devil, as long as you know something. Bring the bodies, bring us a signal that they are alive. I don't care. And we will give you all the help that we can.'"

um einen israelischen General handeln soll, der zumindest indirekt, im Stab von Ariel Sharon, an der Aktion gegen die beiden palästinensischen Lager beteiligt gewesen war. Erzürnt brach Kreisky das Gespräch daraufhin ab; es sollte Monate dauern, bis die Vertrauensbasis zwischen Kreisky und Eliav wieder hergestellt werden konnte.

In entscheidenden Momenten der stets von Sabotage und Abbruch bedrohten Vermittlungstouren von Kreiskys Emissären begab sich immer wieder sozusagen auch der Chef persönlich an die „Front". So hat er sich etwa mit Ahmed Jibril, dem Führer der Volksfront zur Befreiung Palästinas, im April 1985 persönlich getroffen. Kreisky, von einer schweren Hüftoperation in den Rollstuhl gezwungen, musste sich von Jibril anhören, dass „ich als Jude diejenigen repräsentiere, die er sein Leben lang bekämpfen würde", wie Kreisky seiner langjährigen Bekannten Barbara Taufar (sie war viele Jahre Pressemitarbeiterin an der österreichischen Botschaft in Tel Aviv und unterhielt exzellente Beziehungen zur kritischen Intelligenz in Israel) anvertraut hat. „Wenn die Israelis glauben, dass das ein Vergnügen für mich war, dann haben sie sich geirrt", gibt Taufar ihr Gespräch wieder.

Laut Lova Eliav wurden 1982 zunächst sechs Israelis gegen rund viertausend Palästinenser ausgetauscht. Dank Kreiskys Engagement konnten dann 1985 nochmals tausendeinhundert palästinensische Kämpfer in die Freiheit zurückkehren, die gegen drei israelische Soldaten ausgetauscht worden waren; darunter befanden sich allerdings auch Terroristen, die zum Teil horrende Attentate verübt hatten. Die Stimmung in Israel war nach diesem zweiten Gefangenenaustausch äußerst gespannt, vor allem Kreisky selbst geriet ins Sperrfeuer der Kritik der politischen Rechten.

Linke und friedensbewegte Gruppierungen in Israel allerdings, vor allem seine alten Bekannten aus der „Peace-Now"-Bewegung, wollten Kreisky einladen, um ihm für seine Hilfe beim Gefangenenaustausch öffentlich – und das in Israel selbst – zu danken. Herbert Amry prophezeite Kreiskys langjähriger Mitarbeiterin Margit Schmidt bereits: „Sie werden Kreisky wie einen König in Jerusalem empfangen!" Gedacht war, dass der Gast nicht unbedingt aktive Politiker treffen, sondern in erster

Linie israelische Künstler, Intellektuelle und Wissenschafter kennenlernen und alte Bekannte wieder treffen sollte.

Kreisky begriff den zweifellos extrem asymmetrischen Gefangenenaustausch – im übrigen ist Israels Ziel auch heute unverändert jeden einzelnen Soldaten aus der Gewalt des Gegners zu befreien – als vertrauensbildende Voraussetzung für den Beginn von Friedensverhandlungen. Wie könnten solche Verhandlungen eingeleitet werden, was könnte der Beitrag der israelischen Zivilgesellschaft, das Friedenslager, dazu beitragen. Das wollte Kreisky vor Ort erkunden. Doch dazu ist es nicht gekommen.

Kurz vor Antritt seiner Reise machten Likud-Politiker heftig Stimmung gegen Kreisky – er habe dafür gesorgt, dass viel zu viele palästinensische Häftlinge frei gelassen worden seien, darunter zahlreiche von israelischen Kriegsgerichten verurteilte Mörder. Die Stimmung schlug um, man ließ Kreisky und seine Entourage wissen, für ihre Sicherheit nicht mehr garantieren zu können. Barbara Taufar schreibt in ihren Memoiren, „dass aufgebrachte radikale (israelische) Gruppen den alten Kanzler sogar mit dem Tode bedrohten. (…) Unter dem fadenscheinigen Vorwand, dass man leider nicht für seine persönliche Sicherheit garantieren könne, wurden Kreiskys letzte Reisepläne nach Israel zunichte gemacht. Er wusste natürlich, dass man sein Leben hätte schützen können, wenn man es gewollt hätte: ‚Mit mir und Israel ist es aus! Ich will mit diesem Land nichts mehr zu tun haben. Ich werde es nie mehr betreten …‘"

Die überaus emotionale Reaktion Kreiskys – nicht überraschend, wenn es um Israel ging – zeigt seine lebenslange ambivalente Beziehung zur Idee Israel, die bei ihm jedoch stets von einem „Möglichkeitssinn" unterlegt war. Es war die antizionistische Vision – wenn es die je gab, dann bei Kreisky – die sich ein anderes Israel imaginierte; ein Israel mit einem palästinensischen Staat – beide demokratisch und nicht ethnisch determiniert – gleichberechtigt an seiner Seite.

Diese Episode beschreibt nur eine von unzähligen versäumten Chancen zur friedlichen Lösung des Nahostkonfliktes. Für Kreisky war es die letzte gewesen. Persönliche Enttäuschung, sein fragiler Gesundheitszustand, vor allem aber das

Desinteresse der Nachfolge-Regierung trugen zum sang und klanglosen Ende des Österreich-Engagements in Nahost bei. Aus der Kreisky-Initiative wurde Jahre später der bislang erfolgreichste Versuch – der „Oslo-Prozess". Seither aber ist Österreich kein Akteur mehr im nahöstlichen Konfliktgebiet.

Kreiskys Teilnahme am 48. Internationalen PEN-Kongress in New York Mitte Jänner 1986 stand unter einem weit besseren Stern; dennoch konnte er auch und gerade in New York seinem Lebensthema Nahost nicht entkommen.

Das Generalthema des Treffens „The Writer's Imagination and the Imagination of the State" vereinte fünfzig führende internationale Schriftsteller – darunter Joseph Brodsky, Günter Grass, Amos Oz, Wole Soyinka, Mario Vargas Llosa – und fast einhundert ihrer amerikanischen Kollegen – etwa Norman Mailer, E. L. Doctorow, Saul Bellow, Raymond Carver, Kurt Vonnegut – im New Yorker Essex Hotel am Südeingang zum Central Park. Kreiskys Teilnahme veranlasste die jüdisch-amerikanische Autorin Cynthia Ozick zu einer Petition, in der der österreichische Altbundeskanzler wegen seiner Kontakte zu Arafat und Gaddafi heftig kritisiert wurde. Salman Rushdie, der als junger Autor an diesem Schriftstellertreffen teilgenommen hatte, blickte 2005 in einem Artikel für die *New York Times* auf jene Tage zurück: „During a panel discussion Ozick rose from the floor to denounce Kreisky, who handled the situation with such grace that the trouble quickly passed."

Kreisky genoss diesen PEN-Kongress ganz besonders, daran kann ich mich sehr gut erinnern. Die angeregte intellektuelle Atmosphäre, aber auch die Aufmerksamkeit und der Respekt, der ihm von vielen Schriftstellern – Günter Grass, Norman Mailer kannte er seit langem – zuteil wurde, tat ihm sichtlich wohl. Im altehrwürdigen Club 21, in Midtown Manhattan gelegen, traf er mit Jackie Kennedy und John Kenneth Galbraith zusammen, Bekannten aus einer längst vergangenen Zeit. Jetzt – als ehemaliger Bundeskanzler – befreit von der Zwangsjacke des Terminkalenders, nahm er sich viel Zeit für Gespräche. Wie jedes Mal, wenn er in New York war, kam er mit Kitty Carlisle Hart, dem Broadway-Star der sechziger Jahre, zusammen. Sie bereitete sich damals gerade auf ihre Rolle als Radiosängerin in Woody Allens Film „Radio Days" vor.

Bei einer Wiener Jause traf er im österreichischen Generalkonsulat mit der Wiener Diaspora zusammen, aus Österreich vertriebenen Juden oder deren Nachkommen, die es nach 1945 nicht mehr zurück in die Heimat gezogen hat oder – wie im Fall des sozialistischen Publizisten Otto Leichter – die dort nicht willkommen waren. Dessen Gattin, die bekannte Sozialistin Käthe Leichter, war 1942 im KZ Ravensbrück ermordet worden, ihre beiden Söhne, der erstgeborene Heinz (Henry) und Franz, wurden Rechtsanwälte in New York; Franz war viele Jahre hindurch demokratischer Senator des Staates New York gewesen.

Der Großteil der einst Vertriebenen lebte auf der Upper West Side New Yorks, in Washington Heights – von den jüdischen Emigranten sarkastisch als „Viertes Reich" apostrophiert –, andere im Arbeiterviertel Queens, wie etwa Frau Doktor Zernik. In den zwanziger Jahren war sie in Österreich der erste weibliche Staatsanwalt gewesen. Susi Schneider, die in New York verheiratete Tochter des legendären SPÖ-Linken und Kreisky-Unterstützers der ersten Stunde, Karl Mark, hat gemeinsam mit Sylvia Wittgenstein über viele Jahre das Heimweh der Vertriebenen gelindert; beide haben diesen Abschiedsnachmittag organisiert. Ausführlich und voll Anteilnahme – das politische Schlachtross in ihm schien bereit zu galoppieren – räsonierte Kreisky in jenen Jännertagen 1986 in New York über die bevorstehende Parteientscheidung, wer als SPÖ-Präsidentschaftskandidat gegen Kurt Waldheim antreten sollte. Sich selbst hat er bei diesem Gespräch – wohl etwas zu überdeutlich – kategorisch ausgeschlossen. Nach der Entscheidung seiner Partei sollte er Kurt Steyrer überaus aktiv unterstützen.

Seit Anfang März 1986 zwang Kurt Waldheims Kandidatur Österreich die bislang folgenreichste Auseinandersetzung mit seiner nazistischen Vergangenheit auf. Das Nachrichtenmagazin *profil* hatte zeitgleich mit der *New York Times* publik gemacht, was der ehemalige UNO-Generalsekretär in seinen biografischen Darstellungen verschwiegen hatte: Er war als Stabsoffizier der Hitlerdeutschen Wehrmacht auf dem Partisanenkampfplatz

Balkan stationiert gewesen. Die nach dem Kriegsende in Belgrad eingesetzte „Kommission für Kriegsverbrechen" brachte ihn wohl nicht ohne politische Hintergedanken – Akte F/25572 führte Waldheim als Nummer 724 auf einer Liste von 791 mutmaßlichen Kriegsverbrechern – mit Morden, Massakern, Geiselerschießungen und der Brandschatzung von Siedlungen in Verbindung. Als daraufhin der Jüdische Weltkongress in den USA gegen Waldheims Kandidatur eine *campaign* – wie der ÖVP-Kandidat sich auszudrücken pflegte – von ungeheurem Ausmaß und weltweiter Wirkung inszenierte, führte dies in Österreich zu überaus heftigen öffentlichen Reaktionen – ein als Patriotismus getarnter Antisemitismus kam wieder und verstärkt hoch.

Michael Graff, Generalsekretär der ÖVP, warnte vor „antisemitischen Emotionen, die wir alle nicht haben wollen" – und beschuldigte „die verblendeten Funktionäre des Jüdischen Weltkongresses und ihre gewissenlosen österreichischen Handlanger in der Umgebung des Kanzlers Sinowatz" als die eigentlichen Urheber der „beispiellosen Verleumdungskampagne gegen Dr. Waldheim".

„Infame Niedertracht, Menschenjagd, Psychoterror", nannte der ansonsten gar nicht so wortgewaltige ÖVP-Parteichef Alois Mock die Kampagne der Waldheim-Gegner. Nun wurde die Parole „Jetzt erst recht!" ausgegeben, und Wahlplakate verkündeten: „Wir Österreicher wählen, wen wir wollen." *Die Presse* schrieb, „schlummernde Primitivgefühle" seien „wiedererweckt worden" – nämlich durch Israel Singer, dessen Familie aus Wien vertrieben wurde und der als Generalsekretär des Jüdischen Weltkongresses Waldheim als „Lügner", „Nazi" und „Unwürdigen" bezichtigte.

Wer auf diese „primitivste Weise die Österreicher provoziere", müsse Antisemitismus „zwangsläufig hervorrufen", stellte *Die Presse* in Umkehrung der Logik fest. Die *Neue Kronen Zeitung* aber, allen voran deren einschlägig bekannter Kolumnist Richard Nimmerrichter alias „Staberl", heizte die antijüdische Stimmung im Lande mit täglicher Hetzprosa an.

Obschon in jenen für Österreich so dramatischen Wochen und Monaten der alte Feuergeist in Kreisky noch einmal aufzulodern schien, hielt er sich zunächst mit seiner Beurteilung der

Lage zurück. In den Memoiren bezieht er hingegen klar Stellung: „Spätestens bei seiner Kandidatur für die Bundespräsidentschaft hätte Waldheim meiner Ansicht nach darauf hinweisen müssen, dass nicht die volle Wahrheit über sein Leben bekannt sei. Er hätte die Gründe dafür aufzählen, die Lücken schließen und um Verzeihung (…) bitten können. (…) Immer wieder wurde ich aufgefordert, Proklamationen gegen Waldheim zu unterschreiben, aber ich unterschreibe nichts. (…) Mir kommt es darauf an, dass die Sozialistische Partei als solche Stellung bezieht. Auf einen einfachen Nenner gebracht, lautet diese Stellungnahme: Das ist kein brauchbarer Präsident für Österreich. Er gereicht uns zum Schaden, und daraus müssen Konsequenzen gezogen werden."

Am 8. Juni 1986 wurde Kurt Waldheim mit 53,9 Prozent zum neuen österreichischen Staatsoberhaupt gewählt. Bereits am nächsten Tag trat Bundeskanzler Fred Sinowatz, der im Verlauf des Wahlkampfes vehement gegen den ÖVP-Kandidaten aufgetreten war und dessen Kabinettschef Hans Pusch dem Vernehmen nach seine Finger im Waldheim-Spiel hatte, zurück und schlug den ehemaligen Banker Franz Vranitzky, seit 1984 Finanzminister der Kleinen Koalition, als seinen Nachfolger vor.

Eine bereits im September 1984 von Sinowatz vorgenommene Regierungsumbildung, der die Kreisky-Minister Salcher und Lanc zum Opfer gefallen waren, hatte zu einer schmerzlichen Entfremdung zwischen dem Altkanzler und der neuen Führung beigetragen. Kreisky musste resigniert zur Kenntnis nehmen, dass diese SPÖ nicht mehr die seine war.

4.

Am Tag der Bestellung von Franz Vranitzky zum Nachfolger von Sinowatz, am 9. Juni 1986, schrieb Kreisky an den „Genossen Sinowatz" einen Brief, in dem er erstmals seinen Rücktritt vom Ehrenvorsitz ankündigte: „Ich teile Dir mit, dass ich ab sofort meine langgehegte Absicht verwirklichen möchte und auf den Titel eines Ehrenvorsitzenden – der sich ja als vollkommen bedeutungslos erwiesen hat – verzichte, und ich bitte, das als meine endgültige Entscheidung zu betrachten. Sie ist nach reiflichem Überlegen, spät genug, erfolgt." Auch den Parteivorstand unterrichtete er zeitgleich von diesem seinem Entschluss. Form und Zeitpunkt der öffentlichen Bekanntgabe überließ er der Partei. Beide Schreiben blieben unbeantwortet.

Unabhängig davon und in eine völlig andere Richtung wurden beim Koalitionspartner FPÖ die Weichen neu gestellt. Nach dem spektakulären Innsbrucker Parteitag der FPÖ im September 1986, der den Chef des kleineren Koalitionspartners Norbert Steger das Parteiamt gekostet und den jungen Kärntner Nationalratsabgeordneten Jörg Haider an die Spitze seiner Partei katapultiert hatte, ging Vranitzky, der mit Haiders FPÖ nichts zu tun haben wollte, im November 1986 in vorgezogene Nationalratswahlen.

Nach langen Verhandlungen kam es schließlich zur Bildung einer Großen Koalition zwischen SPÖ und ÖVP, der ersten seit 1966. Die neue Regierung wurde am 21. Jänner 1987 angelobt. Mock schwankte längere Zeit zwischen dem Bildungs- und dem Außenministerium – er war ja unter Klaus kurze Zeit Unterrichtsminister gewesen –, entschied sich dann aber doch für den Ballhausplatz. Mitentscheidend war die Ablehnung Graffs als Justizminister durch die SPÖ gewesen, man wollte in Zeiten von AKH-Androsch-Noricum keinen schwarzen Scharfmacher im Palais Trautson. Unter dem parteilosen Fachminister Nikolaus Michalek konnte die Justiz in durchaus objektiver – für die SPÖ und die Betroffenen in sehr schmerzhafter – Weise die brisanten Causen Sinowatz, Gratz, Blecha abhandeln.

Der damals noch außenpolitisch unerfahrene Vranitzky akzeptierte die Entscheidung für Mock, der als Oppositionsführer der ÖVP Kreiskys Außenpolitik und dessen Bestrebungen zur Internationalisierung Wiens mit der ihm eigenen Hartnäckigkeit bekämpft hatte. Als „Erfinder" einer Kandidatur Kurt Waldheims schien die Stoßrichtung seines Wirkens vorgegeben, der Außenminister stellte sich unverdrossen in den Dienst des kompromittierten Bundespräsidenten.

Kreisky aber reagierte empört auf den Verlust des Außenministeriums. Zutiefst enttäuscht über diesen „Verrat" am Internationalismus der SPÖ legte er am 15. Jänner 1987 – er weilte nach einem leichten Schlaganfall seit dem Jahresende 1986 im Spital – den Ehrenvorsitz sowie alle sonstigen Parteifunktionen unwiderruflich zurück. Die Bestellung Mocks nannte er als den Hauptgrund für diesen Schritt: „Mit einer Außenpolitik, die von ÖVP-Obmann Mock geleitet wird, will ich nichts zu tun haben", erklärte er der *Arbeiter-Zeitung*. Mehr noch, er wolle, verkündete er, in Hinkunft „gegen diese Niederlage der Partei" in aller Öffentlichkeit ankämpfen.

Und in der Tat: Ausgerechnet jener ÖVP-Politiker sollte nunmehr die österreichische Außenpolitik übernehmen, der in den langen Oppositionsjahren in einzigartiger Weise gegen Kreiskys Politik der Internationalisierung Österreichs aufgetreten war. Ob es um die UNO-City ging oder das Konferenzzentrum, gar die Nahostpolitik Kreiskys oder dessen angebliche „Ostlastigkeit", Mock setzte alles in Bewegung, um die Öffnung des Standortes Österreich zu behindern. Das von ihm erfundene Volksbegehren gegen den Bau des Konferenzzentrums mobilisierte 1,3 Millionen Bürger – ein Triumph des Provinzialismus.

Wie problematisch diese personelle Entscheidung für Österreich jedoch tatsächlich war, sollte sich wenige Jahre später – Kreisky war bereits verstorben – beim blutigen Zusammenbruch Jugoslawiens zeigen. Mit Entschlossenheit verfolgte Mock die einseitige Unterstützung für einen kroatischen Nationalstaat des Ex-Kommunisten Franjo Tudjman – unter Missachtung der historischen Rechte der eingesessenen serbischen Bevölkerung. Die tragische Ironie könnte größer nicht sein: Gerade Österreich, dessen habsburgische Vorgänger die aus dem Kosovo vertriebenen Serben entlang der sogenannten Militärgrenze gegen das osmanische Reich angesiedelt hatten – „des Kaisers treue Krieger" –, liefert sie nun der chauvinistischen Politik Tudjmans aus. Die Vorbildwirkung für Bosnien und Herzegowina war fatal.

Diese kurzsichtige Politik Mocks haben freilich auch außenpolitisch unbedarfte Heißsporne wie der Wiener SPÖ-Bürgermeister Helmut Zilk unterstützt.

Nicht so Vranitzky. Er hatte sich in den bleiernen Waldheim-Jahren als souveräner Repräsentant eines „anderen Österreich" international profilieren können, musste jedoch in der Jugoslawien-Krise die Grenzen seines Einflusses auf Österreichs – genauer gesagt Alois Mocks – Außenpolitik zur Kenntnis nehmen. In seinen Erinnerungen resümiert Vranitzky die Jugoslawien-Politik seines Koalitionspartners mit den Worten: „… für meinen Außenminister Mock schien die Welt nur mehr auf der Balkanhalbinsel zu liegen."

Doch zurück zur Wiederkehr der Großen Koalition in Österreich. Vielen schien die Reaktion Kreiskys auf den Verzicht der SPÖ auf das Außenamt als übertrieben, denn – so Parteichef Sinowatz am Krankenbett zu Kreisky – „was soll ma ihnen denn sonst geben?"

Die außenpolitische Wende hatte in Wahrheit bereits unter einem SPÖ-Minister stattgefunden: Die erste Umbildung des Kabinetts Sinowatz im September 1984 bedeutete mehr als nur den personellen Wechsel von Erwin Lanc zu Leopold Gratz. Der politisch erfahrene Lanc – als Innenminister hatte er Kreiskys Nahostpolitik diskret unterstützt – hatte bereits frühzeitig die Gefahr der neokonservativen Wende Thatcher/Reagan für das österreichische Modell des Wohlfahrtsstaates erkannt; er wollte außenpolitisch dagegenhalten. Sein US-skeptischer Kurs führte zur umstandslosen Entlassung, Lanc wurde durch den außenpolitisch wenig erfahrenen Leopold Gratz ersetzt. Als Wiener Bürgermeister war der charmante Lebemann Gratz trotz Reichsbrücken-Einsturz und AKH-Skandal durchaus beliebt gewesen.

In seiner kurzen Zeit als Außenminister haben ihn das internationale Krisenmanagement des „Weinskandals"[34] und die sogenannte „Mauerbach-Affäre"[35] deutlich überfordert. Der

34 1985 hat die Aufdeckung des österreichischen Weinskandals – zur Erhöhung des Süßegrades wurde dem herben Weißwein das Frostschutzmittel Glykol beigemengt – international hohe Wellen geschlagen und das Image Österreichs beschädigt.
35 In seiner Dezember-Ausgabe 1984 hatte das amerikanische Kunstmagazin ARTnews in einem Bericht mit dem Titel „Vemächtnis der Schande" über die seit Jahren in der niederösterreichischen Kartause Mauerbach aufbewahrte und tausende Kunstwerke umfassende NS-Raubkunst-Sammlung berichtet. Die Rückgabe dieses „herrenlosen Eigentums" an die rechtmäßigen Besitzer oder deren Erben wurde von Österreich in fahrlässiger Weise betrieben. Schließlich wurden die Reste der nicht rückerstatteten Kunst- und Kulturgüter ins Eigentum der Wiener Israelitischen Kultusgemeinde übertragen, die es 1996 vom Auktionshaus Christies versteigern ließ; der Erlös floss in die soziale Fürsorge von Überlebenden des Holocaust.

skandalöse Missbrauch des außenpolitischen Apparates zur Unterstützung seines kriminellen Freundes Udo Proksch sollte ihn schließlich seine politische Karriere kosten. Als Nachfolger berief Vranitzky den Außenpolitik-Profi Peter Jankowitsch an den Ballhausplatz; er musste jedoch nach nur einem halben Jahr Alois Mock und der Großen Koalition Platz machen.

Hatte Kreisky mit der Ernennung seines langjährigen Mitarbeiters Jankowitsch die Hoffnung auf die Rückkehr zu einer gewissen außenpolitischen Kontinuität verbunden, wäre wohl auch eine andere personelle Variante – etwa in der Person des Nahost-erfahrenen parteilosen Georg Lennkh, oder der Sinowatz-Beraterin Eva Nowotny – durchaus im Bereich des politisch Möglichen gestanden. Es kam anders; die kurzen Monate Jankowitschs als bislang letzter sozialdemokratischer Chefdiplomat markieren den endgültigen Abschied von der Kreiskyschen Außenpolitik in Österreich. Der vom renommierten Wiener Politologen Helmut Kramer konstatierte österreichische „Hinternationalismus" hat nicht zuletzt hier seinen Ursprung.

Es waren bewegte Tage im Leben Bruno Kreiskys. Er musste den Eindruck gewinnen, dass sein außenpolitisches Erbe – wirtschaftspolitisch war die neue SPÖ ohnehin der Meinung, Kreiskys „Schuldenberg" müsste nun gemeinsam mit der ÖVP abgebaut werden – nunmehr endgültig zur Disposition stand. Seine Enttäuschung kannte keine Grenzen. Rückblickend hielt er nun sogar die Bestellung von Fred Sinowatz zu seinem Nachfolger für einen Fehler. In einem Interview mit dem ORF bedauerte er: „Ich habe mich leider geirrt, weil ich gewisse Entwicklungen nicht vorausgesehen habe. Das kommt vor im politischen Leben." Und er wiederholte auch diesmal sein bitteres Resümee: „Der Zustand der Partei ist meiner Meinung nach katastrophal."

Selbst der Kärntner Landeshauptmann Leopold Wagner, seit den Tagen des Ortstafelsturms kein Freund Kreiskys, ließ ihm nun postwendend ausrichten, er möge sich „aus der Tagespolitik heraushalten". Nicht er führe die Partei, die Verantwortung sei auf andere übergegangen. Dabei hatte sich Kreisky seit etwa Mitte 1984 ohnehin von der österreichischen Innenpolitik abgewendet – er hatte auch mit den Schwierigkeiten der Kleinen Koalition nicht konfrontiert werden wollen, für die er, wohl nicht zu Unrecht, öffentlich verantwortlich gemacht wurde. Das von der Opposition und den Medien geprägte Schlagwort von den „Altlasten" – Assoziationen zum „Altkanzler" waren durchaus beabsichtigt – kam der sich ideologisch neu positionierenden SPÖ nicht ganz ungelegen.

5.

Als der europäische Gewerkschaftsbund, skandinavische Politiker und namhafte Industrielle im Spätsommer 1985 Bruno Kreisky den Vorschlag unterbreiteten, angesichts der rasant steigenden Arbeitslosigkeit in den Industriestaaten den Vorsitz einer internationalen Kommission zu übernehmen, die ein „Programm für Vollbeschäftigung in den 90er Jahren" erarbeiten sollte, sagte er trotz seines fragilen Gesundheitszustandes spontan zu. Bestärkt von seinem amerikanischen Freund, dem Ökonomen John Kenneth Galbraith, den er kurz davor noch ein letztes Mal in New York getroffen hatte, und dem österreichischen Gewerkschafter Alfred Ströer, den Politikern Kurt Biedenkopf (D), James Callaghan (GB) und Michel Rocard (FR), dem späteren finnischen Regierungschef Paavo Lipponen, der norwegischen Ministerpräsidentin Gro Harlem Brundtland und dem Volvo-Chef Per Gyllenhammer, widmete er die verbliebenen Jahre seines Lebens jenem Thema, das ihn – seit er politisch denken konnte – immer wieder besonders intensiv beschäftigt hatte. Das persönliche Erleben der Weltwirtschaftskrise der 1930er Jahre, die geradewegs in die größte Katastrophe des 20. Jahrhunderts geführt hatte, schien ihm auch fünfzig Jahre später von eminenter Bedeutung.

Nach einer Reihe von Vorgesprächen und Diskussionen kam es schließlich im September 1986 zur Konstituierung der „Kreisky-Kommission", die es sich zur Aufgabe stellte, den ökonomischen, sozialen und politischen Dimensionen der neuen Arbeitslosigkeit auf den Grund zu gehen. Kreisky insistierte, dass der Kommission neben Wissenschaftern, Gewerkschaftern und sozialdemokratischen Politikern auch Vertreter der Wirtschaft und der Arbeitgeberverbände angehören sollten. Als wesentliches Ergebnis der zweijährigen Arbeit ist die umfassende Analyse des Phänomens Arbeitslosigkeit zu sehen, das in den aktuellen sozialen, wirtschaftlichen, politischen und kulturellen Kontext gestellt wurde. Noch wichtiger war freilich die empirisch begründete Falsifizierung der neoliberalen These, wonach Wirtschaftswachstum gleichsam automatisch zu sinkender Arbeitslosigkeit führe. Angesichts des Siegeszuges des Neokonservativismus à la Reagan/ Thatcher wurde Kreisky nicht müde, vor den sozialen und politischen Folgen von Massenarbeitslosigkeit zu warnen.

Zwanzig Jahre später sollte sich der inzwischen zum Präsidenten des finnischen Parlaments avancierte Paavo Lipponen erinnern: „Bruno Kreisky war auch im Alter eine beeindruckende Persönlichkeit. In den Besprechungen glaubten wir manchmal, dass er eingeschlafen sei, bis er plötzlich die Augen öffnete und ganz *à jour* zum Gesprächsthema eine scharfsinnige Bemerkung machte. Kreisky war besonders über Jugendarbeitslosigkeit besorgt. Arbeitslosigkeit war für ihn an sich ein großer gesellschaftlicher Missstand. Massenarbeitslosigkeit hatte Europa in die Krise und in den Krieg geführt. Das durfte nicht noch einmal passieren."

Die Kommission, unter der inhaltlichen Federführung des renommierten österreichischen Wirtschaftsforschers Ewald Walterskirchen und professionell geleitet von Fritz Klocker, trat acht Mal zusammen. Die Umsetzung der dabei erarbeiteten Grundlagen war in Arbeitsgruppen erfolgt. Das Ziel der Kreisky-Kommission war die Erstellung eines Berichtes an die Europäische Union; die Übergabe des Endberichtes an Jacques Delors, den Präsidenten der EU-Kommission, bildete den formellen Abschluss.

Kreisky selbst stellte die Erkenntnisse der „Unabhängigen wissenschaftlichen Kommission für Beschäftigungsfragen in Europa 1989" in Paris, Brüssel und Wien vor. Die sehr persönlich gehaltene Einleitung Kreiskys zum Bericht „Zwanzig Millionen suchen Arbeit" ist unschwer als sein politisches Vermächtnis zu lesen. Auszusprechen, *was ist*, war ihm gerade angesichts des wirtschaftspolitischen Paradigmenwechsels, der Mitte der achtziger Jahre auch Österreich erfasst hatte, ein besonderes Anliegen. „Das Sichabfinden mit der Zweidrittelgesellschaft" schien ihm, dem überzeugten Sozialdemokraten, eine unerträgliche Vorstellung. Das Entstehen einer neuen Klasse von Unterprivilegierten – den „working poor" – bezeichnete Kreisky als Schande für die Industriegesellschaft, die er nicht zu akzeptieren bereit war und gegen die er bis zuletzt ankämpfte.

„Wir wollen nicht neue Interpretationen der Arbeitslosigkeit liefern, sondern Lösungsvorschläge", heißt es in seinem Geleitwort in Anlehnung an Karl Marx. „Wir stehen nämlich vor einer neuen Verelendung, einer neuen Pauperisierung. Es kann doch nicht der Sinn einer fortschreitenden Demokratie sein, einen solchen Prozess zuzulassen und die Hände in den Schoß zu legen. (...) Wie viel Zeit ist uns gegeben, endgültige Katastrophen zu verhindern? (...) Dieses Werk wird wahrscheinlich das letzte sein, das ich der Öffentlichkeit – außer einigen Erfahrungen, mit deren Niederschrift ich gerade befasst bin – weitergeben kann. Ich bin abermals zur Erkenntnis gelangt, dass wir noch immer nicht in der besten aller Welten leben – trotz allem, was uns die Apologeten versichern. Wir haben noch große Aufgaben vor uns. Dass sie erfüllt werden können, kann man nur hoffen, aber nicht mit Bestimmtheit erwarten." Kreisky schließt mit den von ihm oft zitierten Worten des katholischen französischen Dichters Georges Bernanos: „Je suis ici pour dire la vérité. Un homme dit la vérité quand il dit ce qu'il pense. Dire ce qu'on pense c'est donner toute la part de vérité dont on dispose et le Bon Dieu même n'en demande pas plus."[36]

---

36 „Ich bin hier, um die Wahrheit zu sagen. Ein Mensch sagt dann die Wahrheit, wenn er ausspricht, was er denkt. Zu sagen, was man denkt, heißt die ganze Wahrheit, über die man verfügt auszusprechen, mehr verlangt selbst der liebe Gott nicht von uns."

6.

Auch außerhalb des westlich-kapitalistischen Gesellschafts-
systems zeichneten sich große Veränderungen ab. Ohne Über-
treibung kann gesagt werden, dass die Welt sich seit Mitte der
1980er Jahre in einem rasanten Umwandlungsprozess befand, der im März 1985 mit der Wahl Michail Gorbatschows
zum Generalsekretär der KPdSU begonnen hatte. Von Anfang
an betonte der neue Kreml-Herr die Notwendigkeit, in der Sowjetunion künftig große gesellschaftliche Veränderungen
herbeizuführen. Bereits ein Jahr später, auf dem XXVII. Parteitag, führte er in seinem Grundsatzreferat erstmals die Be-
griffe „Glasnost" (Offenheit, Transparenz) und „Perestroika"
(Umstrukturierung) ein: „Ohne Glasnost gibt es keine Demokratie, und es kann sie auch nicht geben. (…) Man braucht
Glasnost im Zentrum, aber ebenso sehr, ja vielleicht sogar noch
mehr an der Basis, dort, wo der Mensch lebt und arbeitet." Damit leitete Gorbatschow eine nie dagewesene Lockerung der
Rede- und Meinungsfreiheit im Lande ein. Im Vorwort zu Gorbatschows Buch *Was ich wirklich will* begrüßte Kreisky die historische Bedeutung dieser friedlichen Revolution und stellte
fest: „Die alte einfache Einteilung in links und rechts, die gibt
es nicht mehr, und so manche alte Wahrheit und so manche
Ideologien sind im Begriff zu verwittern. Dennoch, der demokratische Sozialismus wird dann seine Rolle wiedergewinnen,
wenn er erkennt, dass er als dritte Kraft zwischen dem Konservativismus und dem Kommunismus zu wirken hat. Und er wird
es umso besser können, je weniger die weltpolitische Lage im
militärischen Sinn polarisiert ist. (…) Ich betrachte die gegenwärtige Situation als eine große Chance, zu neuen Beziehungen
zwischen den Vereinigten Staaten von Amerika und der Sowjetunion zu kommen. (…) Wir sollten die Gunst der Stunde nicht
verpassen, so wie es oft vorher in der Geschichte geschehen ist."

Was Kreisky damals nicht ahnen konnte, war der irreversibel katastrophale Zustand des kommunistischen Systems.
Die Hoffnungen vieler Linker auf einen Dritten Weg – Kreisky
eingeschlossen – sollten sich bald als Illusion erweisen. Mit der
Implosion des Kommunismus hat der kapitalistische Westen

1989 jenen historischen Triumph gefeiert, der in den folgenden Jahren keine dritten Wege mehr zulassen sollte.

Damals jedoch, in den Novembertagen des Jahres 1989, als die Berliner Mauer fiel und die Träume vieler sich zu verwirklichen schienen, fühlte sich Bruno Kreisky zu jenem Satz veranlasst, den ich an den Anfang dieser Biografie gestellt habe: „Zehn Jahre jünger müsste man sein!"

Diesen Stoßseufzer hörte man nun auch deshalb immer häufiger von ihm, da sich sein Gesundheitszustand in der zweiten Hälfte der 1980er Jahre immer mehr verschlechtert hatte. In den Jahren 1986 bis 1988 machte ihm eine Reihe von Schlaganfällen gesundheitlich ungemein zu schaffen. Nach einem Sturz, bei dem er sich darüber hinaus im Juni 1987 einen Oberschenkelhalsbruch zugezogen hatte, konnte er sich nur noch mühsam fortbewegen, war oftmals auf die Stütze seiner Begleiter oder einen Rollstuhl angewiesen.

Die Ermordung seines Freundes Olof Palme war ihm sehr zu Herzen gegangen. Zu Palme, der nach einem Kinobesuch mit seiner Frau – er hatte immer ganz bewusst auf Leibwächter verzichtet – am Abend des 28. Februar 1986 in Stockholm auf offener Straße erschossen worden war, hatte er engen Kontakt gehalten. Diese freundschaftliche Verbindung war Kreisky auch ein Band zur zweiten Heimat Schweden gewesen.

Den schwersten Schicksalsschlag aber erfuhr er durch den plötzlichen Tod seiner Frau Vera am 5. Dezember 1988. Er ließ ihn, der viele persönliche Schicksalsschläge weggesteckt hatte, in tiefe Resignation und Melancholie versinken. Da er seit Jahren krank gewesen war, hatte er angenommen, vor seiner Lebenspartnerin zu sterben. Dass sie, das „Verali" seiner jungen Jahre, nun zuerst gehen musste – darauf hatte er sich seelisch nie vorbereitet. Kein anderer Mensch war Bruno Kreisky je so nahe gestanden wie seine Frau. Und als ihre schwere Depression begann, bereits im schwedischen Exil, sorgte sich ihr Ehemann fortan nur umso mehr um sie, kümmerte sich wohl noch liebevoller um ihr persönliches Wohlergehen. Wenn es ihr psychisch besonders schlecht ging, rief sie unzählige Male im Büro am Ballhausplatz an. Jedes Mal nahm er sich Zeit für das Gespräch mit ihr, kaum jemals ließ er sich anmerken, wie angespannt er war. Geduldig hörte er ihr zu und redete dann – stets auf Schwedisch – langsam, behutsam, beruhigend auf seine Frau ein.

Neben – aber niemals statt – seiner durch ihre Krankheit gezeichneten Frau pflegte Bruno Kreisky langjährige, bisweilen intime Beziehungen zu anderen Frauen. Von Kitty Carlisle Hart war bereits die Rede; zwei weitere Freundinnen seien hier erwähnt, die ihn bis an sein Lebensende sehr geliebt haben und die er – wenn auch nie in der gleichen Intensität und Tiefe wie seine Ehefrau Vera – ebenfalls außerordentlich verehrte: Die um zwanzig Jahre jüngere Schauspielerin Senta Wengraf – die er aufgrund ihres ehelichen Namens stets „die Herberstein" nannte – und die zuvor erwähnte geschiedene Frau seines Freundes Friedrich Torberg, Marietta. Die Gesellschaftsjournalistin Senta Ziegler meint: „Die zauberhaft feminine Josefstadt-Schauspielerin Senta Wengraf" sei „von 1972 bis zu seinem Tode so etwas wie seine Muse" gewesen. Marietta Torberg aber war darüber hinaus eine überaus selbstbewusste intellektuelle Gesprächspartnerin, Unterhaltungskünstlerin und gelegentliche Begleiterin auf seinen Reisen. Sie zog er zu Rate, sie war in manche seiner persönlichen Entscheidungen eingeweiht und gab ihm in ihrer direkten Art, die ihm durchaus gefiel, nicht selten Ezzes. Die Torberg korrigierte gelegentlich seine zum Druck vorbereiteten Schriften, in späteren Jahren stand sie ihm auch bei der Redaktion seiner Memoiren zur Seite.

7.

Im Laufe des Winters 1989/90 verschlechterte sich Kreiskys Gesundheitszustand zusehends. Er war umsorgt von seinen Kindern Suzanne und Peter, seiner Schwiegertochter Eva, von wenigen Vertrauten wie seiner langjährigen persönlichen Mitarbeiterin Margit Schmidt, von Marietta Torberg, von seinem Chauffeur und Faktotum Peter Rubey – sein Gulasch schmeckte ihm immer noch am besten –, der Physiotherapeutin Ilse Köck und den Hausärzten. Zu den treuesten Freunden – wie Karl Kahane – konnte er nur noch sporadischen, aber umso innigeren Kontakt halten. Mit Kahane, seinem Lebensfreund, verband ihn auch die Dankbarkeit für die diskret gewährte Unterstützung zur Erleichterung von Kreiskys Lebensumständen.

Erst anlässlich des zwanzigsten Regierungsjubiläums, das die österreichische Sozialdemokratie im März 1990 beging, kam es im Austria Center, auf dem Areal der mit seinem Wirken verbundenen UNO-City, zur vorsichtigen Versöhnung zwischen Kreisky und dessen Nachfolgern Fred Sinowatz und Franz Vranitzky. Doch er konnte seine tiefe Enttäuschung über die Entwicklung der Partei wie auch über die politischen wie persönlichen Wege mancher seiner ehemaligen „Kronprinzen" kaum verhehlen. Zur Aufklärung des Kriminalfalles „Lucona", des dreisten Versuchs eines Versicherungsbetrugs um die Versenkung eines mit Schrott beladenen Frachters im Indischen Ozean, bei dem sechs Besatzungsmitglieder ums Leben gekommen waren, vor allem aber der politischen Verbindungen des Haupttäters Udo Proksch zur SPÖ war in den Jahren 1988 und 1989 ein parlamentarischer Untersuchungsausschuss eingesetzt worden. In dessen Folge mussten sowohl Nationalratspräsident Leopold Gratz wie auch Innenminister Karl Blecha wegen ihrer vermuteten Unterstützung für Udo Proksch, zurücktreten.[37] Die juristische Aufarbeitung des Vorfalls stürzte das Land in einen nie da gewesenen Skandal: Politiker, Juristen und Spitzenbeamte wurden von ihren Posten entfernt, angeklagt oder verurteilt. Als ein Wiener Berufungsgericht im Jänner 1992 die Strafe für Proksch von zwanzig Jahren auf lebenslang hinaufsetzte, wurde als erschwerend gewertet, dass durch die Taten des Verurteilten von „einer in der österreichischen Kriminalgeschichte bisher einmaligen Dimension" dabei auch „zeitweise das politische Leben des Landes erschüttert wurde". Nein, das war ganz sicher nicht mehr die vom „Sonnenkönig" Bruno Kreisky regierte „Insel der Seligen".

---

37 Karl Blecha war darüber hinaus auch in den ‚Noricum'-Skandal verwickelt, den illegalen Waffenexport in den Iran und den Irak, dessen ganzes Ausmaß erst nach dem parlamentarischen Ausschuss zur Untersuchung dieser Affäre bekannt wurde.

Mitte Juni 1990 nahm Kreisky an der Feier zum 70. Geburtstag seines engen Freundes Otto Georg in Kronberg bei Frankfurt teil, traf dort zum letzten Mal Willy Brandt. Danach begab er sich in die Sommerferien nach Südtirol. „Wie es um ihn stand, wusste er", schreibt Werner A. Perger. „Sich damit beschäftigen wollte er nicht. Der Tod war kein Thema für ihn. (…) Alles interessierte ihn, er blieb aufmerksam, solange die Kraft reichte. Loslassen wollte er nicht, die letzten Wochen waren ein schwerer, viel zu langer Kampf."

Während seines Aufenthalts in Meran ließ er sich von seiner Physiotherapeutin Ilse Köck Geschichten aus dem jüdischen Schtetl vorlesen, nicht zuletzt auch einige, die um das Thema Tod kreisten. Kaum hatte sie zu Ende gelesen, sagte er zu ihr: „Du brauchst nicht glauben, dass ich nicht weiß, wie's um mich steht. Ich weiß es schon."

Plötzlich trat eine lebensbedrohende Verschlechterung seines Allgemeinzustandes ein. Bruno Kreisky wurde am 17. Juli 1990 nach Wien ins Krankenhaus Lainz gebracht. Perger: „Dass seine Zeit nun schnell zu Ende ging, war nicht zu übersehen, aber er wehrte sich unverändert mit großer Entschlossenheit gegen diese Erkenntnis. Solange er bei Bewusstsein war, machte er weiterhin Pläne. Noch einmal, nun erst recht, stritt er mit den Windmühlen, seiner Neigung zur Donquijotterie folgend und der Sympathie für das Abweichende, für das Utopische."

Am Sonntag, dem 29. Juli 1990, ist Bruno Kreisky um 6 Uhr morgens an Herzversagen gestorben.

8.

Die Nachrufe in aller Welt bezeugen, wie sehr Österreichs längstgedienter Staatsmann sich international einen Namen gemacht hatte. Es gab kaum eine Tageszeitung weltweit, die die Todesnachricht am 30. Juli nicht auf ihrer ersten Seite gebracht hätte.

Heinz Fischer, in seiner damaligen Funktion als Präsident des Nationalrates, bedauerte während der Trauerfeier in der Säulenhalle des Parlaments, „dass es Bruno Kreisky nicht mehr vergönnt ist, jene tiefgreifenden Umwälzungen in der Welt von heute, die ihn so sehr fasziniert haben, weiter zu verfolgen und dass es seinen Freunden und Mitarbeitern nicht mehr vergönnt ist, diese Veränderungen mit ihm zu diskutieren und zu analysieren (…) Wenn wir heute von Bruno Kreisky Abschied nehmen, dessen Wurzeln weit in die Vergangenheit unseres Landes zurückgehen und dessen Ideen weit in die Zukunft reichen, dann trösten wir uns und seine Familie mit der Gewissheit, dass er ein volles, erfülltes Leben gelebt hat und einen festen, ehrenvollen Platz in der Geschichte gefunden hat."

Bundeskanzler Franz Vranitzky würdigte die historischen Verdienste des ersten sozialdemokratischen Regierungschefs der Zweiten Republik. ÖGB-Chef Anton Benya sowie Wirtschaftskammer-Chef Rudolf Sallinger gedachten ihres langjährigen Verhandlungspartners im „sublimierten Klassenkampf" um Lohnerhöhungen und Gewinnspannen.

Der Autor Werner Schneyder schließlich – Peter Kreisky hatte ihn um seinen Beitrag gebeten – nahm auf die Radikalität und Kompromisslosigkeit Bezug, die Bruno Kreisky von der Kultur und den Künstlern eingefordert hatte.

Es war ein wolkenverhangener Regentag, dieser 7. August 1990, an dem das Staatsbegräbnis stattfand. Der Trauerzug nahm seinen Anfang von der Säulenhalle des Parlaments, führte über die Ringstraße zum Bundeskanzleramt am Ballhausplatz und weiter zur SPÖ-Zentrale in der Löwelstraße. Am Nachmittag wurde Bruno Kreisky in einem Ehrengrab auf dem Wiener Zentralfriedhof beigesetzt.

Viele Menschen hatten bereits in den Tagen vor dem Begräbnis von Bruno Kreisky Abschied genommen, nun säumten sie die Straßen oder verfolgten den Trauerakt im Fernsehen. Gäste aus aller Welt waren angereist, in- und ausländische Freunde, frühere Kollegen und Kontrahenten hatten sich in Wien eingefunden: Schwedens Ministerpräsident Ingvar Carlsson, der spanische Regierungschef Felipe González, der deutsche

Vizekanzler und Außenminister Hans-Dietrich Genscher, EU-Präsident Jacques Delors, Frankreichs Außenminister Roland Dumas, PLO-Chef Jassir Arafat, um nur einige zu nennen.

„Seine Weltsicht und sein Mut zum Unvollendeten werden uns fehlen. Seine Welt war größer als sein Land. Er hat sich um die Gemeinschaft und das Wohlergehen der Völker verdient gemacht. Ruhe in Frieden, lieber, schwieriger und guter Freund!" Sichtlich bewegt sprach Willy Brandt diese Worte am offenen Grab von Bruno Kreisky, dem politischen Weggefährten und Lebensfreund aus skandinavischen Emigrantentagen.

Der *Spiegel* schrieb in seinem Nachruf: „Unter den sozialistischen Großen der siebziger, achtziger Jahre war er der extravaganteste, unter den Kanzlern deutscher Zunge der kultivierteste, unter Europas Kleinstaatgebietern ein Gigant. Er war quicker als der bedächtige Brandt, gemütlicher als der feierliche Mitterrand, weltläufiger als der Weltpolitiker Schmidt, liebenswürdiger als der bittere Palme. Und doch erwarb er sich um seine Partei Verdienste wie Brandt um die seine, war er oft so undurchschaubar wie Mitterrand, so ungeniert undogmatisch wie Schmidt und in fernen Landstrichen fast so angesehen wie Palme. (…) Vor allem aber war dieser Sozialist mit der Physiognomie eines Hofrats aus der Spätzeit der k. u. k. Monarchie der erste Jude an der Regierungsspitze eines Staates deutscher Zunge. Dass dies möglich war in Hitlers Geburtsland mit seiner gepflegten antisemitischen Vergangenheit und hartnäckigen Waldheim-Gegenwart, ist so bemerkenswert wie die Tatsache, dass ausgerechnet ein Großbürger, Jahrgang 1911, mit viel Gout fürs Aristokratische, die harten Austromarxisten der SPÖ zu braven Sozialdemokraten domestizierte – durch Vermittlung des rauschhaften Abenteuers Macht und Erfolg."

Wenige Wochen nach dem Staatsbegräbnis in Wien habe ich gemeinsam mit Hans Janitschek, dem ehemaligen Generalsekretär der Sozialistischen Internationalen, Kreiskys langjährigem Wegbegleiter, im September 1990 in New York eine Gedenkfeier für Bruno Kreisky organisiert, an der zahlreiche Auslandösterreicher, Emigranten und persönliche Freunde des Verstorbenen teilgenommen haben.

Henry Kissinger, der kontroversielle konservative Außenpolitiker und langjährige Bekannte Kreiskys, der damals politisch nicht mehr aktiv war, hielt eine bemerkenswert persönlich gehaltene Ansprache. „Es gibt wenige Staatsmänner, die ich, wie ich glaube, besser verstand – und respektierte – als Bruno Kreisky", stellte Kissinger gleich zu Beginn seiner Trauerrede fest, um sodann an die gemeinsame Herkunft der beiden zu erinnern – „we were born a few hundred miles from each other" – und an die nicht nur geografisch disparaten politischen Biografien nach der Zerschlagung des Nationalsozialismus. Gerade deshalb brachte der ehemalige amerikanische Außenminister aber auch Kreiskys persönlichem Engagement in Nahost und für die Emigration sowjetischer Juden so viel Verständnis und Bewunderung entgegen. Dass Kissinger diesen Zusammenhang herstellte, unterstreicht dessen Verständnis für Kreiskys dialektische Politik der scheinbaren Widersprüche. Sich für die Rechte der unterdrückten Juden und für die Rechte der Palästinenser einzusetzen war damals keine Selbstverständlichkeit, darauf wollte Kissinger hinweisen. Er zitierte dann aus seinen eigenen Memoiren: „He had a great sense of humor and far more geopolitical insight than many leaders of far more powerful countries. One of the asymmetries of history is the lack of correspondence between the abilities of some leaders and the power of their countries. Nixon remarked later that he wished Kreisky could change places with some of the Socialist leaders in larger European countries whose insight and sturdiness Nixon rated less highly." Schließlich würdigte Kissinger die innenpolitische Rolle des verstorbenen Staatsmanns: „Bruno Kreisky was a great patriot who restored dignity to his country."

Damit hatte der konservative amerikanische Politiker deutsch-jüdischer Herkunft Kreiskys historisches Verdienst für diese Republik auf den Punkt gebracht. Die konsequente Verschränkung von innenpolitischen Zwängen mit den (begrenzten) außenpolitischen Möglichkeiten eines europäischen Kleinstaates – ein Wesensmerkmal der Ära Kreisky – war wohl letztlich das Erfolgsrezept der siebziger Jahre gewesen.

Kreiskys dritter Memoirenband, *Der Mensch im Mittelpunkt*, schließt mit einem kurzen Text aus den letzten Lebensjahren. Er sei am Ende der Vita Bruno Kreiskys in seiner vollen Länge zitiert:

„Ich lege keinen Wert auf Kränze, die die Nachwelt mir flicht. Ich lege keinen Wert auf Denkmäler. Ich halte nichts von Denkmälern. Ich halte sie für etwas, das für mich jeden Sinnes entbehrt. Worauf ich aber Wert legen würde oder was ich gerne hätte, wenn einmal die Periode, in der ich die politischen Verhältnisse in Österreich beeinflussen konnte – denn mehr als beeinflussen kann man sie ja nicht –, als eine Periode der Einleitung großer Reformen betrachtet wird, die ihre gesellschaftlichen Spuren hinterlassen und eine Besserung der gesellschaftlichen Verhältnisse gebracht haben. Wie sollte man so anmaßend sein zu glauben, dass einem alles gelingen müsste. Ich fürchte, dass von dem vielen, das man beginnt, nur einiges gelingen wird. Aber das wird hoffentlich genug sein, um eine bleibende Wirkung zu haben, einen neuen Treppenabsatz in der Entwicklung darstellen. Nichts wäre grauslicher als der Gedanke, dass man nur administriert hat."

Danksagung

Die Literatur über Bruno Kreisky – sie umfasst sowohl wissenschaftliche Arbeiten als auch Memoiren und Sammelbände – ist über die Jahre hinweg stetig angewachsen. Neben der vollständigen Liste von Kreiskys eigenen Schriften führe ich auch einige der mir für dieses Buch wichtig erscheinenden Werke im bibliografischen Anhang an.

Unverzichtbar war darüber hinaus die Unterstützung durch den besten akademischen Kenner der „Kreiskylogie", Univ.-Prof. DDr. Oliver Rathkolb. Seine profunden Arbeiten, die sachkundigen Kommentare zur Rohfassung meines Manuskriptes, haben mir bei der Niederschrift der vorliegenden Biografie ungemein geholfen.

Sehr herzlich gedankt sei an dieser Stelle dem Schriftsteller Peter Stephan Jungk, der mir in der langen Phase der Fertigstellung des Manuskripts – sowohl was die Recherche als auch was die Endredaktion betrifft – außerordentliche Dienste erwiesen hat.

Elisabeth Röhrlich hat mit ihrer 2009 publizierten Dissertation über Kreiskys Außenpolitik Pionierarbeit geleistet. Ihr Buch und ihre Unterstützung als meine zeitweilige Recherche-Assistentin waren für mich enorm wichtig.

Bruno Kreiskys langjähriger Mitarbeiterin und meiner lieben Kollegin Margit Schmidt gilt mein besonderer Dank: Sie hat das Buchprojekt von Anbeginn mit gewohnt freundlich-zurückhaltender und zugleich kritischer Wachsamkeit begleitet und mit mir wichtige Details – niemals Indiskretionen – aus dem Leben unseres ehemaligen „Chefs" geteilt; ihre Hinweise auf andere wichtige Gesprächspartner waren sehr hilfreich.

Mein besonderer Dank gilt auch Konrad R. Müller für die Kreisky-Fotos.

Von den vielen, die mir für meine Arbeit wertvolle Informationen gegeben haben, seien weiters genannt: Maria Steiner vom Bruno Kreisky Archiv; sie hat mich kompetent durch das Labyrinth der Kanzler-Papiere gelotst und auf bis dato mir unbekannte Materialien aufmerksam gemacht. Ich danke Gertraud Auer

Borea d'Olmo, der Generalsekretärin des Bruno Kreisky Forums für Internationalen Dialog, für ihre so freundliche Unterstützung.

Den Gesprächen und Begegnungen mit Eva und Peter Kreisky verdanke ich ein besseres Verständnis des Familienvaters und Privatmannes.

Ein besonderer Dank gilt meinem Verlag, insbesondere Claudia Romeder und Katrin Waldhart, für das mir entgegengebrachte Vertrauen und ihre von mir so strapazierte Geduld.

Der frühere iranische Staatspräsident Abu l-Hasan Banisadr sowie die ehemaligen Außenminister Roland Dumas (Frankreich) und Henry Kissinger (USA) haben ihre Einschätzung der politischen und persönlichen Rolle Kreiskys im Nahen und Mittleren Osten sowie in Afrika in ausführlichen Gesprächen mit mir geteilt. Barbara Taufar, Ari Rath, Doron Rabinovici, Tom Segev und Yehezkel Beinish gaben mir wertvolle Hinweise zu Kreiskys Beziehung zu Israel. Ohne Georg Lennkhs profunde Kenntnis von Kreiskys Nahostpolitik wäre diese Biografie unvollständig geblieben. Peter Jankowitsch hat wertvolle Beobachtungen und Einschätzungen aus der Außenministerzeit Kreiskys beigesteuert. Erika Wantoch danke ich für ihre Recherchen zur Familiengeschichte. Schließlich haben mir Bruno Aigner, Ferdinand Hennerbichler und der Kreisky-Preisträger Erich Weisbier wichtige Informationen über weniger bekannte Aspekte von Kreiskys internationalen humanitären Aktivitäten zur Verfügung gestellt. Mary Steinhauser, Peter Dusek und Johannes Kunz verdanke ich diverse Informationen zu innen- und gesellschaftspolitischen Aspekten. Herbert Martins hat mit seiner wirtschaftspolitischen Analyse der Kreisky-Ära und Daniel Charim mit seinem juristischen Feingefühl zu dieser Biografie beigetragen – auch ihnen beiden gebührt mein aufrichtiger Dank.

Mein sehr herzlicher Dank gilt darüber hinaus den vielen Interview- und Gesprächspartnern, die mir geholfen haben, ein umfassendes Bild des *homo politicus* Bruno Kreisky zu entwerfen; die Liste ist gewiss unvollständig:

Dorothea Auer, Friedrich Bauer, Franz Birk, Karl Blecha, Ulrich

Brunner, Wolfgang Bulfon, Heinz Fischer, Johannes Fischer, Klaus Harpprecht, André Heller, Gerald Hinteregger, Peter Hohenfellner, Alexander Kahane, Heinz Kienzl, Ferdinand Lacina, Erwin Lanc, Manfred Matzka, Frederic Morton, Peter Neussl, Thomas Nowotny, Helmut Kramer, Gunter Pauli, Anton Pelinka, Werner A Perger, Jürgen Pirker, Christian Reder, Gerhard Roth, Hamid Sadr, Manfred Scheuch, Irene Suchy, Hellwig Valentin, Gerhard Vogl, Reinhard Wegerth, Alfred Worm (†).

Wie bei all meinen bisherigen Büchern hat mich auch diesmal meine Frau Nora mit ihrem kritischen Blick vor so mancher Flüchtigkeit bewahrt. Dafür danke ich ihr.

Quellen- und Literaturverzeichnis

Bruno Kreisky als Autor

Die Herausforderung. Politik an der Schwelle des Atomzeitalters,
Düsseldorf 1963

Aspekte des demokratischen Sozialismus, München 1974

Neutralität und Koexistenz, München 1975

Briefe und Gespräche (mit Willy Brandt und Olof Palme),
Frankfurt/Main 1975

Die Zeit, in der wir leben. Betrachtungen zur internationalen Politik,
Wien 1978

Reden, 2 Bände, Wien 1981

Bruno Kreisky. Ansichten des sozialdemokratischen Staatsmannes,
Johannes Kunz (Hg.), Wien 1983

Politik braucht Visionen, Königstein im Taunus 1982

Das Nahostproblem, Wien 1985

Der junge Kreisky. Schriften, Reden, Dokumente 1931–1945, Oliver Rathkolb
und Irene Etzersdorfer (Hg.), Wien 1986

Zwischen den Zeiten. Erinnerungen aus fünf Jahrzehnten, Berlin 1986

Im Strom der Politik. Der Memoiren zweiter Teil, Berlin 1988

Bruno Kreisky, Der Mensch im Mittelpunkt. Der Memoiren dritter Teil,
Oliver Rathkolb, Johannes Kunz und Margit Schmidt (Hg.), Wien 1996

The Struggle for a Democratic Austria. Bruno Kreisky on Peace and Social
Justice, Matthew Paul Berg, Jill Lewis und Oliver Rathkolb (Hg.),
New York 2000

Bruno Kreisky als Herausgeber

Decolonization & After. The Future of the Third World, London 1987

Zwanzig Millionen suchen Arbeit, Wien 1989

Literatur – eine Auswahl

Andics, Hellmut („Spectator"): Mann auf Draht: Bruno Kreisky, Wien 1971

Androsch, Hannes: Wirtschaft und Gesellschaft. Österreich 1945 – 2005,
Innsbruck 2005

Androsch, Hannes: Warum Österreich ist, wie es ist, Wien 2003

Bielka, Erich, Peter Jankowitsch, Hans Thalberg (Hg.): Die Ära Kreisky,
Wien 1983

Bischof, Günter, Anton Pelinka (Hg.): The Kreisky Era in Austria,
New Brunswick 1994

Bischof, Günter, Anton Pelinka, Ruth Wodak (Hg.): Neutrality in Austria.
New Brunswick, 2001

Botz, Gerhard: Krisenzonen einer Demokratie, Frankfurt/Main 1987

Brandt, Willy (Hg.): North – South. A Program for Survival,
Cambridge, Mass. 1980

Bunzl, John, Bernd Marin (Hg.): Antisemitismus in Österreich.
Sozialhistorische und soziologische Studien, Innsbruck 1983

Burg, Avraham: Hitler besiegen. Warum Israel sich endlich vom
Holocaust lösen muss, Frankfurt/Main 2009

Butschek, Felix: Vom Staatsvertrag zur EU. Österreichische
Wirtschaftsgeschichte von 1955 bis zur Gegenwart, Wien 2004

Buttinger, Joseph: In the Twilight of Socialism, New York 1953

Charney, Leon H.: Special Counsel, New York 1984

Canetti, Elias: Die Fackel im Ohr. Lebensgeschichte 1921–1931,
München 1980

Dachs, Herbert, Peter Gerlich, Wolfgang Müller (Hg.): Die Politiker.
Karrieren und Wirken bedeutender Repräsentanten der Zweiten
Republik, Wien 1995

Dahlke, Matthias: Das Wischnewski-Protokoll, in: Vierteljahrshefte für
Zeitgeschichte, München 2009

Denscher, Barbara (Hg.): Kunst und Kultur in Österreich.
Das 20. Jahrhundert, Wien, 1999

Dickinger, Christian: Der Kreisky-Androsch-Konflikt. Versuch einer
Annäherung, Saarbrücken 2010

Fabris, Hans Heinz, Fritz Hausjell (Hg.): Die vierte Macht. Zu Geschichte
und Kultur des Journalismus in Österreich seit 1945, Wien 1991

Ferguson, Niall, Charles S. Maier, Erez Manela, Daniel D. Sargent (Hg.):
The Shock of the Global. The 1970ies in Perspective, London 2010

Fischer, Heinz (Hg.): Rote Markierungen '80, Wien 1980

Fischer, Heinz, Leopold Gratz (Hg.): Bruno Pittermann. Ein Leben für
die Sozialdemokratie, Wien 1985

Fischer, Heinz: Die Kreisky-Jahre, 1967–1983, Wien 1993

Fischer, Heinz: Reflexionen, Wien 1998

Gatty, Werner, Gerhard Schmid, Maria Steiner (Hg.): Die Ära Kreisky. Österreich
im Wandel 1970–1983, Innsbruck 1997

Gauß, Karl-Markus: Der wohlwollende Despot: Über die Staats-
Schattengewächse, Klagenfurt 1989

Gehler, Michael, Rolf Steininger: Die Neutralen und die europäische Integration
1945–1995, Wien 2000

Gehler, Michael: Der lange Weg nach Europa. 2 Bände, Innsbruck 2002

Gehler, Michael: Österreichs Außenpolitik der 2. Republik, 2 Bände,
Innsbruck 2005

Gerlich, Peter, Wolfgang Müller (Hg.): Zwischen Koalition und
Konkurrenz, Wien 1983

Gorbatschow, Michail: Was ich wirklich will. Antworten auf die Fragen
der Welt, Vorwort von Bruno Kreisky, Wien 1987

408

Haller, Max: Identität und Nationalstolz der Österreicher, Wien 1996

Hanisch, Ernst: Der lange Schatten des Staates, Wien 1994

Heer, Friedrich: Der Kampf um die österreichische Identität, Wien 1981

Hobsbawm, Eric: Age of Extremes. The Short 20th Century, 1914–1994, London 1995

Hölzl, Norbert: Propagandaschlachten. Die österreichischen Wahlkämpfe 1945–1971, Wien 1974

Horvath, Elisabeth: Ära oder Episode. Das Phänomen Bruno Kreisky, Wien 1989

Judt, Tony: Geschichte Europas von 1945 bis zur Gegenwart, München 2006

Kerschbaumer, Gert, Karl Müller: Begnadet für das Schöne. Der rot-weiß-rote Kulturkampf gegen die Moderne, Wien 1992

Kienzl, Heinz (Hg.): Was wird zählen? Ein Rechenschaftsbericht über die 2. Republik, Wien 1988

Klaus, Josef: Macht und Ohnmacht in Österreich, Wien 1970

Klein-Löw, Stella: Bruno Kreisky. Ein Porträt in Worten, Wien 1983

Koestler, Arthur: Der dreizehnte Stamm. Das Reich der Khasaren und sein Erbe, Wien 1977

Knight, Robert (Hg.): Ich bin dafür, die Sache in die Länge zu ziehen, Frankfurt/Main 1988

Koelbl, Herlinde: Jüdische Portraits, Fotografien und Interviews, Frankfurt/Main 1989

Kopeinig, Margaretha, Wolfgang Petritsch: Das Kreisky-Prinzip, Wien 2008

Kreissler, Felix: Der Österreicher und seine Nation, Wien 1984

Kriechbaumer, Robert: Die Ära Josef Klaus. Österreich in den ‚kurzen' sechziger Jahren, Wien 1998

Kriechbaumer, Robert: Die Ära Kreisky. Österreich 1970–1983, Wien 2004

Lendvai, Paul/Karl Heinz Ritschel: Kreisky. Porträt eines Staatsmannes, Wien 1974

Leser, Norbert: Salz der Gesellschaft, Wien 1988

Liegl, Barbara, Anton Pelinka: Chronos und Ödipus. Der Kreisky-Androsch-Konflikt, Wien 2004

Löw, Raimund: Die Phantasie und die Macht – 1968 und danach, Wien 2006

Maderthaner, Wolfgang, Siegfried Mattl, Lutz Musner, Otto Penz (Hg.): Die Ära Kreisky und ihre Folgen, Wien 2007

Maimann, Helene (Hg.): Die ersten 100 Jahre, Wien 1988

Mann, Golo: ‚Deutsche Geschichte 1919–1945', Frankfurt/Main 1961

Martins, Herbert E.: Die gefährliche Kraft. Arbeitslosigkeit, Inflation und soziale Gerechtigkeit, Wien 2001

Martins, Herbert E.: Armut und Reichtum. Probleme der Welt von heute, Wien 2004

Matzner, Egon: Notizen zur Gesellschaftsreform, Wien 1976

Matzner, Egon (Hg.): Der Wohlfahrtsstaat von morgen, Wien 1982

Mauhart, Beppo: Ein Stück des Weges gemeinsam, Wien 2006

Meadows, Dennis L., (Hg.): Die Grenzen des Wachstums, Stuttgart 1983

Meissl, Sebastian, Klaus-Dieter Mulley, Oliver Rathkolb (Hg.): Verdrängte Schuld, verfehlte Sühne. Entnazifizierung in Österreich 1945–1955, Wien 1986

Merseburger, Peter: Willy Brandt, 1913–1992, Visionär und Realist, München 2002

Messner, Maria (Hg.): Entnazifizierung zwischen politischem Anspruch, Parteienkonkurrenz und Kaltem Krieg. Das Beispiel der SPÖ, Wien 2005

Molden, Fritz: Besetzer, Toren, Biedermänner. Ein Bericht aus Österreich 1945–1962, Wien 1980

Müssener, Helmut: Exil in Schweden, München 1974

Neugebauer, Wolfgang, Peter Schwarz: Der Wille zum aufrechten Gang. Offenlegung der Rolle des BSA bei der gesellschaftlichen Reintegration ehemaliger Nationalsozialisten, hg. vom Bund Sozialdemokratischer AkademikerInnen, Intellektueller und KünstlerInnen, Wien 2005

Neumayr, Anton: Wenn der Jodbaum wieder blüht. Erinnerungen eines Arztes, Wien 1999

Nowotny, Ewald (Hg.): Sozialdemokratische Wirtschaftspolitik. Die solidarische Leistungsgesellschaft, Wien 1992

Palme, Liselotte: Androsch. Ein Leben zwischen Geld und Macht, Wien 1999

Pelinka, Anton, Sieglinde Rosenberger: Österreichische Politik. Grundlagen – Strukturen – Trends, Wien 2000

Petritsch, Wolfgang, Perger, Werner A., Konrad R. Müller: Bruno Kreisky. Gegen die Zeit, Heidelberg 1995

Petritsch, Wolfgang: Bruno Kreisky. Ein biographischer Essay, Wien 2000

Pick, Hella: Guilty Victims. Austria from the Holocaust to Haider, London 2000

Pick, Hella: Simon Wiesenthal. Eine Biografie, Reinbek 1996

Pittler, Andreas: Bruno Kreiky, rororo-Monografie, Reinbek 1996

Pohoryles, Ronald J.: Die goldenen 70er Jahre?, Wien 1990

Rathkolb, Oliver: Die Ära Kreisky, 1970–1983, in: Studienbuch Zeitgeschichte, hg. von Michael Gehler und Rolf Steininger, Wien 1996

Rathkolb, Oliver: Washington ruft Wien. US-Großmachtpolitik und Österreich 1953–1963, Wien 1997

Rathkolb, Oliver: Die paradoxe Republik. Österreich 1945 bis 2005, Wien 2005

Rathkolb, Oliver (Hg.): Sweden – Austria. Two Roads to Neutrality and a Modern Welfare State, Wien 2008

Reimann, Viktor: Bruno Kreisky – Das Porträt eines Staatmannes, Wien 1972

Reiter, Franz R. (Hg.): Wer war Bruno Kreisky?, Wien 2000

Röhrlich, Elisabeth: Kreiskys Außenpolitik, Wien 2009

Schuschnigg, Kurt: Dreimal Österreich, Wien 1937

Secher, H. Pierre: Bruno Kreisky, Chancellor of Austria, Pittsburgh 1993

Segev, Tom: Simon Wiesenthal. Die Biographie, München 2010

Seidel, Hans: Österreichs Wirtschaft und Wirtschaftspolitik nach dem Zweiten Weltkrieg, Wien 2005

Shlaim, Avi: The Iron Wall. Israel and the Arab World, New York 2001

Sieder, Reinhard, Heinz Steinert, Emmerich Tálos (Hg.): Österreich 1945–1995. Gesellschaft – Politik – Kultur, Wien 1995

Stadler, Kurt R.: Adolf Schärf, Wien 1982

Steiner, Maria: Die Beziehung zwischen Bundeskanzler Bruno Kreisky und Libyens Revolutionsführer Muammar al Gaddafi, in: Libyen. Geschichte – Landschaft – Gesellschaft – Politik, Fritz Edlinger, Erwin M. Ruprechtsberger (Hg.), Wien 2010

Stourzh, Gerald: Um Einheit und Freiheit. Staatsvertrag, Neutralität und das Ende der Ost-West-Besetzung Österreich 1945–1955, Wien 1998

Tálos, Emmerich: Vom Siegeszug zum Rückzug. Sozialstaat Österreich 1945–2005, Innsbruck 2005

Taufar, Barbara: Die Rose von Jericho, Wien 1994

Thurner, Erika: Nationale Identität und Geschlecht in Österreich nach 1945, Innsbruck 2000

Torberg, Friedrich: Der Schüler Gerber hat absolviert, Wien 1930

Troller, Georg Stefan: Das fidele Grab an der Donau, Düsseldorf 2004

Troller, Georg Stefan: Selbstbeschreibung, Düsseldorf 2009

Valentin, Hellwig: Der Sonderfall. Kärntner Zeitgeschichte 1918–2004/08, Klagenfurt 2009

Van der Wee, Herman: Prosperity and Upheaval. The World Economy 1945–1980, Berkeley 1986

Veselsky, Ernst Eugen: So leben wir morgen. Österreich 1985, 110 Fachleute analysieren unsere Zukunft, Wien 1976

Vranitzky, Franz: Politische Erinnerungen, Wien 2004

Walter, Franz: Vorwärts oder abwärts? Zur Transformation der Sozialdemokratie, Berlin 2010

Walters, Guy: Hunting Evil. The Nazi War Criminals Who Escaped and the Quest to Bring Them to Justice, New York 2009

Wiesenthal, Simon: Recht, nicht Rache. Erinnerungen, Berlin 1988

Wistrich, Robert S.: Socialism and the Jews, East Brunswick 1982

Wistrich, Robert S.: The Kreisky-Phenomenon. A Reassessment, in: Robert S. Wistrich (Hg.): Austrians and Jews in the Twentieth Century, From Franz Joseph to Waldheim, New York 1992

Wodak, Ruth: Zur diskursiven Konstruktion nationaler Identität, Frankfurt/Main 1998

Ziegler, Senta: Österreichs First Ladies, Wien 1999

Zweig, Stefan: Die Welt von Gestern, Frankfurt 1970

Archive, Printmedien, Filme, Tonträger

Bruno Kreisky Archiv, Wien: http://www.kreisky.org/

Bruno Kreisky Forum für Internationalen Dialog, Wien: http://www.kreisky.org/

Dokumentationsarchiv des österreichischen Widerstands

Tageszeitungen: Arbeiter-Zeitung (AZ), Kurier, Neue Kronen Zeitung, Die Presse, Wiener Zeitung, Neue Zürcher Zeitung, The New York Times, u. a.

Zeitschriften: profil, trend, Der Spiegel, The Economist, u. a.

Kunz, Johannes: Erinnerungen im Gespräch mit Bruno Kreisky, ORF, Wien 1989

Maimann, Helene, Paul Lendvai: Kreisky – Licht und Schatten einer Ära, ORF, Wien 2000

Maimann, Helene: Hannes Androsch. Ein politisches Porträt, ORF, Wien 2008

Ich bin der Meinung: Mitschnitt des Jubiläumsfestes des 40. Jahrestages der Angelobung von Bundeskanzler Bruno Kreisky, Wien 2010

Diagonal: Der rosarote Weg – die Kreisky-Jahre, Ö1 Radio, ORF, Wien 2010

Namensregister

Abdesselam, M. Belaid 257
Adenauer, Konrad 103, 120, 123, 145, 168, 262, 277, 369
Adler, Alfred 20
, Friedrich 36, 54
, Max 36, 53f., 265
, Victor 25, 34, 159, 251
Afritsch, Beppo 66, 132
Aigner, Bruno 298f., 339, 404
Al-Ghadamsi, Mahmoud 217
Aldrin, Buzz 168
Allard, Sven 107f.
Allende, Salvador 305
Allon, Yigal 231
Aloni, Shulamit 232
Altenberg, Peter 29, 46
Amuzegar, Jamshid 259, 327
Amry, Herbert 322, 326, 361, 379f.
Androsch, Hannes 10, 162, 178, 190, 192, 202f., 225f., 234, 239, 248, 262, 265, 274, 279, 301, 333ff., 363, 367, 369, 386
Apfalter, Heribert 275, 330
Arafat, Jassir 133, 228f., 232, 256, 291, 311ff., 319ff., 324ff., 382, 399
Armstrong, Neil 168
Auerhahn, Rudolf 52
Avnery, Uri 232, 312
Bacher, Gerd 156, 197, 283ff.
Banisadr, Abu l-Hasan 310f., 404
Barzani, Massoud 308f.
, Mullah Mustafa 308
Bauer, Franz 183, 347
, Helene 75
, Otto 25, 36f., 42ff., 47, 58, 75, 82, 200, 251, 286
Bebel, August 52
Begin, Menachem 229, 231, 249, 316f., 321, 325, 379
Beheshti, Seyyed Mohammed Hosseini 310
Beinish, Yehezkel 231
Bellow, Saul 193, 382
Benya, Anton 128, 153, 158, 161f., 178, 196f., 271, 274f., 279, 284f., 340f., 347, 364, 373, 398

Berg, Karl 286
Berger, Senta 278
Bergmann, Kurt 284
Bernadotte, Folke, Graf 86
Bernhard, Thomas 198, 289f.
Bernstein, Leonard 192, 279
Bernthaler, Franz Joseph 187f.
Biedenkopf, Kurt 390
Boeckl, Herbert 189, 289
Bielka, Erich 155
Blau, Paul 266
Blecha, Karl 140, 192, 196, 200, 240, 242, 284f., 326, 339, 344, 351, 359, 365, 386, 396, 404
Blum, Léon 54
Böhm, Johann 128
, Vilmos 80
Böll, Heinrich 297
Borodajkewycz, Taras 205, 246
Brandt, Willy 78ff., 118, 120f., 123f., 139, 165, 168, 226, 240ff., 291, 302, 312, 319f., 356, 375, 397, 399
Brantl, Heinz 200
Brecht, Bertolt 71, 118, 300
Breschnew, Leonid 168, 291, 294
Broch, Hermann 46
Broda, Christian 127f., 134, 149, 152, 167, 178, 183, 202, 207, 284, 334, 341, 343, 347
Brodsky, Joseph 382
Bronner, Oscar 342
Brundtland, Gro Harlem 390
Buchacher, Manfred 338
Bucharin, Nikolai 53
Buresch, Karl 40
Busek, Erhard 302
Bush, George, Sr. 311
Buttinger, Joseph 58, 71, 81, 85
Callaghan, James 390
Canetti, Elias 32f., 40, 46
Cap, Josef 266f., 371
Cardenal, Ernesto 307
Carlisle Hart, Kitty 146, 382, 395
Carlsson, Ingvar 398
Câmara, Dom Helder 307
Carrillo, Santiago 74, 307

413

Carter, Jimmy 233, 291, 310f., 316, 323
Carver, Raymond 382
Chirac, Jacques 292
Charney, Leon 311
Chomeini, Ruhollah 309ff.
Chruschtschow, Nikita 104, 107, 109f., 112, 120f., 124, 135ff., 145, 168
Churchill, Winston 79, 102
Cresques, Abraham 16
Cresques, Jehuda 16
Czettel, Hans 150, 158, 161
Dagan, Avigdor 252
Dahrendorf, Ralf 165
Dajan, Moshe 222, 316
Dalma, Alfons 197
De Gasperi, Alcide 128f., 131
De Gaulle, Charles 168, 370, 378
Deix, Manfred 289
Delors, Jacques 391, 399
Dinghofer, Franz 24
Doctorow, E. L. 382
Dohnal, Johanna 333
Dohrn, Klaus 145
Dollfuß, Engelbert 40, 42ff., 46f., 56, 220, 286
Draxler, Ludwig 63f.
Dubček, Alexander 302
Dulles, Allen W. 88
, John Foster 109, 113
Dumas, Roland 330, 399, 404
Dürrenmatt, Friedrich 297
Dusek, Peter 238, 404
Eban, Abba 231
Echeverria, Luis 293
Ehrenburg, Ilja 54
Einstein, Albert 54
Elazar, Dado 222
Eliav, Arie Lova 232, 325, 379f.
Elisabeth II., Königin 102
Emhart, Marie 57
Erhard, Ludwig 168
Erlander, Tage 94, 107, 123
Felix, Herbert 20, 22, 71, 170
, Julius 22
, Moritz 20, 22
, Salomon 22
Felleis, Roman 44, 47, 57
Ferenczy, Josef 192
Fest, Joachim 376
Figl, Leopold 64, 91, 101f., 105f., 109,

111ff., 122, 125, 129
Firnberg, Hertha 166f., 182, 204f., 262f., 341, 343, 347f.
Fischer, Ernst 167
, Heinz 157, 166, 174, 185, 192, 199f., 240, 247, 260, 264, 274, 298, 333, 340, 344, 367, 398, 404
, Marina 167
Ford, Gerald 294, 305, 312
Frank, Josef 188
Franz Joseph, Kaiser 20, 23, 187
Freihsler, Johann 181, 184
Freud, Sigmund 29, 278
Friedell, Egon 29
Frohner, Adolf 285
Frühbauer, Erwin 178, 180
Fuchs, Martin 122
, Robert 288
Fürstenberg, Georg 134
Fürth, Grete 77
, Theo 77f.
Galbraith, John Kenneth 382, 390
Gardiner, Muriel 58
Genscher, Hans-Dietrich 399
Georg, Otto 397
George, Lloyd 53
Geremek, Bronislaw 302
al-Gaddafi, Muammar 218, 306, 323, 326ff., 377, 382
Gleißner, Heinrich 98
Gmoser, Rupert 157
Götz, Alexander 277, 358
González, Felipe 140, 306, 310, 398
Goldmann, Nahum 234, 312f.
Gorbach, Alfons 96, 127, 136, 147f., 152
Gorbatschow, Michail 393
Graff, Michael 157, 366, 384, 386
Grass, Günter 382
Gratz, Leopold 178, 180f., 196, 202, 204, 234, 274, 276, 340, 360, 373, 386, 388, 396
Greene, Graham 297
Grimm, Kurt 88
Gruber, Karl 102ff., 128f., 131
Grünbaum, Fritz 64
Gschnitzer, Franz 132
Gufler, Bernard 120
Gulda, Friedrich 279
Gvishiani, Jermen 293
Gyllenhammer, Per 390

Habsburg, Otto 139, 148f.
Hacker, Ivan 247
Haeussermann, Ernst 192
Haider, Jörg 378, 386
, Johann 207
Haig, Alexander 357
Hájek, Jirí 297
Hammarskjöld, Dag 123
Handke, Peter 289f.
Harish, Micha 226
Hart, Moss 146
Häuser, Rudolf 178, 262
Hausner, Rudolf 289
Havel, Václav 294, 296ff.
Heer, Friedrich 192
Heller, André 278, 336, 352, 404
Helmer, Oskar 95f., 115
Hemingway, Ernest 193
Henderson, Arthur 55
Henisch, Peter 287f.
Hennerbichler, Ferdinand 309, 361,
379, 404
Herrmann, Fritz 266, 287
Herzl, Theodor 29
Hilferding, Rudolf 53
Hindels, Josef 266
Hinterberger, Ernst 286
Hinteregger, Gerald 140, 242, 404
Hitler, Adolf 25, 38, 40, 43, 45f., 53,
59ff., 69, 74, 76, 81, 103, 135, 331, 399
Hoess, Fritz 157
Hofbauer, Peter 237
Hohenfellner, Peter 326, 379, 405
Honecker, Erich 300
Hörbiger, Attila 369
Hörbiger, Christiane 278
Horvath, Elisabeth 43, 186, 341
Huemer, Peter 286
Hundertwasser, Friedensreich 278f., 289
Hussein, Saddam 308, 360
Hutter, Wolfgang 289
Igler, Hans 97, 192, 262
Innitzer, Theodor 57
Jabotinsky, Zeev 19, 249f.
Jalloud, Abedesalam 329
Jankowitsch, Peter 140, 177, 199, 326,
348, 389, 404
Jaruzelski, Wojciech Witold 303
Jonas, Franz 168, 176, 182, 198f., 234, 340
Joseph II., Kaiser 282, 378

Juan Carlos, König 140, 306
Jungk, Robert 216, 273
Jürgens, Curd 278
Jürgens, Udo 192
Kahane, Karl 193, 247, 316, 352, 396, 404
Kamitz, Reinhard 104, 127, 141, 181,
246, 358
von Karajan, Herbert 287
Karasek, Franz 292
Karl I., Kaiser 24
Karl VI., Kaiser 16
Kennedy, Jackie 382
, John F. 137, 144f., 167, 175, 188
, Robert 168
Kery, Theodor 347
Kienzl, Heinz 157, 182, 405
Kiesinger, Kurt Georg 168
Kiewitt, Peter 313f.
King, Martin Luther 168
Kirchschläger, Rudolf 116, 140, 169,
182, 202, 218, 234f., 240, 243, 333,
342, 358, 363, 374
Kissinger, Henry 215, 218, 400, 404
Klaus, Josef 127, 133, 147, 152, 155ff.,
165, 169, 171, 173ff., 183, 186, 237ff.,
246, 270, 386
Klein, Hans-Joachim 258, 309
Klestil, Thomas 157, 331
Klocker, Fritz 391
Köck, Ilse 395
Koestler, Arthur 251
Kohout, Pavel 297f.
Kokoschka, Olda 189
, Oskar 189, 280f.
Komeda, Václav 297
König, Franz, 164, 262, 303f.
Koref, Ernst 156
Koren, Stephan 166, 169, 192, 340f.
Korn, Alfred 145
Körner, Theodor 32, 93, 97ff., 101,
122, 188
Kossygin, Alexej 293
Kowalski, Peter 166
Knöbl, Kuno 286
Knoll, Reinhold 237f.
Kramer, Helmut 267, 389
Kraus, Karl 29, 46
Kreisky, Artur 33
, Benedikt 17, 27
, Bernard 16

, Eva 167, 190, 271, 395, 404
, Irene (geb. Felix) 20ff.
, Jakob 16
, Jossi 230, 253
, Katharina (geb. Neuwirth) 17, 20
, Ludwig 18f.
, Max 17ff., 26, 51, 75f.
, Moses 16ff.
, Oskar 18
, Otto 18f.
, Paul 19ff., 76, 230f., 252f.
, Peter 85, 97, 216, 231, 253,
271f., 395, 398, 404
, Rosa 19
, Rudolf 18, 33, 72
, Suzanne 93, 97, 271, 395
Vera (geb. Fürth) 77f., 90, 93,
97, 342, 394f.
, Viktor 19
Kreuzer, Franz 157, 179
Kunz, Johannes 238, 255, 404
Lacina, Ferdinand 246, 337, 347, 349,
359, 405
Lanc, Erwin 263, 313, 325f., 379, 385,
388, 405
Lange, Halvard Manthey 80
Lausecker, Karl 263
Lehmann, Silvio 166
Lehmden, Anton 289
Leichter, Käthe 383
, Otto 383
Lendvai, Paul 192, 264
Lennkh, Georg 321, 323, 326, 330, 356,
389, 404
Leodolter, Ingrid 202, 334, 348
Leser, Norbert 156, 336f.
Lingens, Peter Michael 342, 369
Lipponen, Paavo 390f.
Lipshutz, Robert 311
Lipuš, Florjan 289
Llosa, Mario Vargas 382
Loos, Adolf 46
Lorenz, Willy 163
Löschnak, Franz 263
Lucbert, Manuel 192
Lütgendorf, Karl 185, 263, 356, 361
MacArthur, Douglas, II. 113
Macmillan, Harold 118
Mahler, Gustav 29, 279
Mahr, Hans 365

Mailer, Norman 382
Maleta, Alfred 127
Mann, Heinrich 54
Mao, Zedong 168
Marboe, Peter 157
Marek, Bruno 223
Maria Theresia, Kaiserin 282
Mark, Karl 115, 383
Marsch, Fritz 240, 339
Marx, Karl 56, , 268, 368, 392
Matzner, Egon 265, 267
Mazowiecki, Tadeusz 302
Meir, Golda 219ff., 224, 226f., 229,
232, 255
Meisl, Mordechai 194
Mengele, Kurt 366
Michalek, Nikolaus 386
Mikojan, Anastas 110
Miller, Arthur 297
Mitterrand, François 329f., 332, 354, 399
Mlynář, Zdeněk 297
Mock, Alois 157, 207, 357f., 363, 366,
384, 386ff.
Molden, Fritz 132, 134, 145
Molotow, Wjatscheslaw
Michailowitsch 105ff., 110
Morton, Frederic 193, 267, 272, 405
Moser, Josef 178, 180
Mueller-Graaf, Carl Hermann 103
Muliar, Fritz 192, 238
Müller-Klingspor, Egon 52
Münichreiter, Karl 42, 47
Musil, Robert 12f., 46, 54, 67, 193f., 368
Mussi, Ingo 326
Mussolini, Benito 38, 46, 53, 57, 61, 249
Nasser, Gamal Abdel 227f.
Nehru, Jawaharlal 126, 143, 377
Neisser, Heinrich 157
Nenning, Günther 148, 157
Neumann, Robert 54
Neumayr, Anton 366f.
Neuwirth, Joseph 17, 20, 130
Nicoletti, Susi 192
Nidal, Abu 316, 321ff., 379
Nilsson, Torsten 65, 70, 72, 74, 80
Nimmerrichter, Richard 384
Nittel, Heinz 321ff.
Nixon, Richard 175, 215f., 218, 272,
305, 400
Nkrumah, Kwame 126

416

Nödl, Frieda 91
Novotny, Franz 286
Nowotny, Eva 360, 389, 405
Nyerere, Julius N. 357
Oberhammer, Otto 284
Olah, Franz 115, 119, 127f., 136, 147ff., 150ff., 157f., 161
Ollenhauer, Erich 70
Öllinger, Johann 179f., 243f.
O'Neill, Eugene 193
Ostleitner, Herbert 267
Ott, Elfriede 192
Oz, Amos 382
Ozick, Cynthia 382
Pahr, Willibald 330
Palme, Olof 240f., 273, 293, 310, 324, 375, 394, 399
Passos, John Dos 193
Patočka, Jan 297f.
Peccei, Aurelio 292f.
Pedro IV., König 16
Pelinka, Anton 196, 266
Pelinka, Peter 206, 341, 370, 375, 405
Peres, Shimon 231, 255f,. 291, 325, 393
Perger, Werner A. 191, 243, 280, 397, 405
Perutz, Leo 13, 193f.
Peter, Friedrich 44, 175, 177, 201, 236, 238, 242ff., 247, 277f., 373
Pevny, Wilhelm 286
Pichlmayr, Rudolf 377
Pinochet, Augusto 305, 361
Pittermann, Bruno 115, 118, 127f., 151ff., 156ff., 267, 375
Pluhar, Erika 278
Podgorski, Teddy 278
Polgar, Alfred 54
Pollak, Oscar 77, 89
Polz, Hermann 192
Polzer, Kurt 366
Portillo, José López 355
Portisch, Hugo 342
Preiner, Hans 286
Proksch, Udo 185, 278, 339, 389, 396
Pusch, Hans 385
Raab, Julius 101f., 104ff., 112f., 118f., 121f., 127, 134ff., 141, 195, 219, 358, 367
Rabin, Jitzhak 224, 230f.
Rabinovici, Doron 249
Rahman, Sami Abdul 309
Rauscher, Hans 348

Rathkolb, Oliver 303, 340, 376, 403
Rawenduzy, Wiriya 309
Reagan, Ronald 308, 311, 327, 331, 356, 265, 388, 391
Reder, Christian 196, 404
Reimann, Viktor 112, 192
Reiter, Alfred 187, 279
Renner, Karl 36, 82, 86, 89, 91, 97, 102, 149
Reitbauer, Alois 67, 77
Rilke, Rainer Maria 52, 54
Rind, Anita 192
Ritschel, Heinz 192
Rocard, Michel 390
Roosevelt, Franklin D. 354
Rösch, Otto 178, 180, 258f., 263, 343
Roszenich, Norbert 166
Roth, Gerhard 11, 287, 289f., 371, 405
Rubey, Peter 190
Rudas, Andreas 266
Rudolf II., Kaiser 194
Rühm, Gerhard 287
Rushdie, Salman 382
Sacharow, Andrej 284
as-Sadat, Anwar 221, 228f., 291, 312, 316f., 324, 356
Sailer, Karl Hans 50, 57
Salameh, Ali Hassan 313, 315
Salcher, Herbert 349, 352, 364, 385
Sallinger, Rudolf 162, 358, 398
Sánchez, Ilich Ramírez 256, 259
Saragat, Giuseppe 133
Sarid, Jossi 232
al-Sartawi, Issam 313ff., 319, 324ff.
Schachner-Blazizek, Alfred 153, 178
Schärf, Adolf 89, 91, 93, 101f., 106, 108ff., 112f., 122, 125, 159, 340, 345
, Paul 345
Scheffenegger, Kurt 62
Scheibenreif, Alois 160
Schleinzer, Karl 199, 236
Schlesinger, Arthur 145
Schleyer, Hanns Martin 314
Schmidt, Helmut 196, 313
, Margit 188, 192, 376, 380, 395, 403
, Werner 238
Schmitz, Wolfgang 157
Schneider, Rolf 300
, Susi 383
Schneyder, Werner 398

Schnitzler, Arthur 17, 29
Schönbauer, Ernst 62
Schönberg, Arnold 29
Schtscharansky, Anatolij 294
Schulmeister, Otto 163, 192
Schumacher, Kurt 70
Schuschnigg, Kurt 42, 46, 57, 59ff.,
 63ff., 90, 102, 220, 286
Scrinzi, Otto 210
Segev, Tom 245ff., 252, 404
Seidel, Hans 341, 349
Seipel, Ignaz 33, 38, 286
Seitz, Karl 24, 32, 93, 159
Senghor, Leopold 293
Seyß-Inquart, Arthur 61, 284
Shamir, Jitzchak 231
Siedler, Wolf Jobst 376
Sima, Hans 179, 208ff., 214
Singer, Israel 384
Sinowatz, Fred 202, 204, 287, 323, 349,
 367, 369, 373ff., 384ff., 396
Slavik, Felix 115, 158, 178
Smith, Carleton 145f.
Soares, Mário 306
Sobieski, Jan, König 303
Somoza, Anastasio 307
Soyinka, Wole 382
Spann, Othmar 53
Stacher, Alois 366
Stalin, Josef 53, 71, 74ff., 86, 104, 124, 137
Starhemberg, Ernst Rüdiger 38
Staribacher, Josef 157, 178, 305, 332
Steger, Norbert 344, 358, 386f., 373f., 386
Steinbauer, Heribert 284
Steinbeck, John 193
Steinberg, Elan 248
Steiner, Gustav 345, 353
 , Ludwig 324
Steinhauser, Mary 238, 404
Steinmayer, Jochen 192
Sterner, Richard 80
Steyrer, Kurt 349, 366, 383
Stoph, Willi 300
Strauß, Franz Josef 378
Ströer, Alfred 390
Štrougal, Lubomir 295
Sukarno, Achmed 126, 143
Suppan, Walter 207
Swoboda, Hannes 267
Talabani, Jalal 309

Taufar, Barbara 27, 226, 255, 325f.,
 379ff., 404
Taus, Josef 157, 237, 239f., 274, 277,
 287, 357
Tennant, Peter 80
Thalberg, Hans 218, 223
Tischner, Józef 302
Tito, Josip Broz 143
Tobisch, Lotte 192
Tohamy, Mohammed Hassan 316
Tončić-Sorinj, Lujo 169
Torberg, Friedrich 54, 118, 134, 193,
 278, 354, 395
 , Marietta 145, 193, 354f., 395
Treichl, Heinrich 349
Troller, Georg Stefan 43, 89
Trudeau, Pierre 190, 293, 356, 369
Truman, Harry S. 84, 145, 188, 365
Tschofen, Heribert 326
Tudjman, Franjo 387
Turrini, Peter 11, 190, 286, 289f.
Unseld, Siegfried 289
den Uyl, Joop 293
Vaculík, Ludvík 297
Vandervelde, Emile 55
Veselsky, Ernst Eugen 166, 178f., 348
Vogl, Gerhard 285, 405
Vogt, Werner 206, 238
Vonnegut, Kurt 382
Vorhofer, Kurt 192, 198, 357
Voska, Helmut 342, 369
Vranitzky, Franz 265, 352, 364, 385f.,
 388f., 396, 398
Wagner, Leopold 211, 347, 389
Waldbrunner, Karl 118, 153, 158, 161,
 182, 305, 340
Waldheim, Kurt 169, 182, 198, 244,
 292, 310, 383ff., 388, 399
Wallisch, Koloman 42
Wallner, Leo 157
Wallnöfer, Eduard 134, 378
Walterskirchen, Ewald 391
Wantoch, Erika 66, 404
Wegenstein, Willy O. 196
Weihs, Oskar 180
 , Peter 238
Weisbier, Erich 305f., 308, 404
Weiser, Peter 202, 225, 352
Weisskopf, Victor 273
Wells, H. G. 54

Wengraf, Senta 395
Weninger, Josef 52, 64, 66, 95
Werfel, Franz 61f.
Wessely, Paula 369
Wiesenthal, Simon 29, 44, 180 f., 207f.,
    238, 242ff.
Wilson, Harold 102
Winter, Adolf 344
Winterstein, Paul 92
Wischnewski, Jürgen 313f.
Withalm, Hermann 127, 155, 169, 176f.
Wittgenstein, Sylvia 383
Wondrack, Gertrude 182
Worm, Alfred 342, 344, 405
Wotruba, Fritz 189, 192, 279
Yamani, Zaki 259, 327
Yew, Lee Kuan 378
Zelenka, Anton 353
Zilk, Helmut 387
Zweig, Arnold 54
Zweig, Stefan 24f., 41, 64
Zykan, Otto M. 286

Fotonachweis

Johann Gürer: 32; Georg Mikes: 29; Konrad Rufus Müller: 13, 14, 18, 19, 24, 25, 26, 33; David Rubinger: 23; Margit Schmidt: 22; Stiftung Bruno Kreisky Archiv, Wien: 1, 2, 3, 5, 6, 7, 8, 9, 10, 11, 12, 15, 16, 17, 21, 27, 28, 30; Agentur Votava: 20.

Der Verlag hat sich um die Einholung der Abbildungsrechte bemüht. Da in einigen Fällen die Inhaber der Rechte nicht zu ermitteln waren, werden rechtmäßige Ansprüche nach Geltendmachung abgegolten.

Gregor Mayer / Bernhard Odehnal

Aufmarsch
Die rechte Gefahr aus Osteuropa

ISBN 978 3 7017 3175 6

Der Leser erfährt aus erster Hand, wie die Netzwerke der rechtsextremen und radikal nationalistischen Gruppen funktionieren und warum sich relativ viele junge Menschen, keineswegs nur aus der Unterschicht, von der Demokratie abwenden und als Verlierer der Globalisierung auch den Glauben an die Politik verlieren.
Paul Lendvai

Ein Standardwerk über Rechtsradikalismus in Osteuropa.
Frankfurter Rundschau

Ebenso erschreckend wie lesenswert.
sueddeutsche.de

Ein hochinformatives, sehr gut lesbares Buch.
Falter, Anton Pelinka

Ein Buch, das auch im Rest Europas aufhorchen lassen sollte.
Deutschlandfunk

Ein aufrüttelndes, wichtiges und politisch hintergründiges Werk
Nürnberger Nachrichten

www.residenzverlag.at

Manés Sperber / Mirjana Stančić (Hg.)

KULTUR IST MITTEL, KEIN ZWECK

ISBN 978 3 7017 1553 4

Ein unbekanntes Werk von dem Autor der Trilogie „Wie eine Träne im Ozean" erblickt das Licht der Welt.

Das Erlebnis des Ersten Weltkrieges in Galizien und die darauffolgenden Jahre in Wien eröffneten Manès Sperber den Zugang zum Marxismus. Doch der junge Psychologe wollte sich nicht den Dogmen der KP beugen und so verfasste er im Jahr 1930 das bestechend klare Essay „Kultur ist Mittel, kein Zweck". Bar jeglicher parteikonformen Engstirnigkeit philosophiert Sperber über die Phänomene des bestehenden Kulturbegriffs und deren Wirkung auf das Leben. Er analysiert die populäre Massenkultur, die Lebensbedingungen der Arbeiter in Deutschland und die Grundsätze der politischen Ökonomie.

Brillant geschrieben und voller jugendlicher Emphase stellte er sein Werk seinen Parteigenossen zur Diskussion. Ein spannendes Dokument aus einer Zeit, die durch die historischen Entwicklungen schon bald ihre politische Unschuld verlieren wird.

www.residenzverlag.at